아리스토텔레스

그의 저술과 사상에 관한 총설

아리스토텔레스
그의 저술과 사상에 관한 총설

초판 1쇄 발행 2016년 7월 25일
초판 2쇄 발행 2020년 6월 25일
–
지은이 W. D. 로스
옮긴이 김진성
펴낸이 이방원
편 집 김명희·안효희·윤원진·정우경·송원빈·최선희
디자인 손경화·박혜옥·양혜진 **영업** 최성수 **기획·마케팅** 정조연
–
펴낸곳 세창출판사
신고번호 제300-1990-63호
주소 03735 서울시 서대문구 경기대로 88 냉천빌딩 4층
전화 02-723-8660 **팩스** 02-720-4579
이메일 edit@sechangpub.co.kr **홈페이지** http://www.sechangpub.co.kr
–
ISBN 978-89-8411-620-7 93160

_ 이 책에 실린 글의 무단 전재와 복제를 금합니다.

이 도서의 국립중앙도서관 출판시도서목록(CIP)은 서지정보유통지원시스템 홈페이지(http://seoji.nl.go.kr)와
국가자료공동목록시스템(http://www.nl.go.kr/kolisnet)에서 이용하실 수 있습니다. (CIP제어번호: CIP2016017075)

아리스토텔레스

그의 저술과 사상에 관한 총설

W. D. 로스 지음 ㅣ 김진성 옮김

세창출판사

아리스토텔레스 탄생 2400년을 기념하며

6판(1995) 머리말

~

J. L. 아크릴

로스의 책은 아리스토텔레스의 철학 작품에 관한 간결하고 포괄적인 설명을 제공한다. 이보다 더 나은 설명은 없다. 이 머리말에서 나는 로스와 그의 책에 관하여 조금 말하고자 한다. 이와 더불어 나는 그가 이 책을 쓴 뒤의 세월 동안 아리스토텔레스에 관한 연구가 전개되어 온 방식 가운데 몇 가지를 개괄할 것이다.

데이비드 로스 경은 1877년에 태어나 1971년에 세상을 떠났다. 그는 대학교수 및 행정가로서 공적인 생활에서 명성을 얻었고, 윤리학 분야에서 영향력 있는 책들을 썼다. 그러나 그는 20세기 전반부의 주도적인 아리스토텔레스 연구가로서 가장 많이 기억될 것이다. 1924년 《형이상학》으로 시작한 권위 있는 일련의 텍스트 편집에서 그는 탁월한 학식, 보기드문 예리한 사고력, 명확한 표현력을 발휘하였다. 그는 19세기 독일 고전 문헌학의 위대한 성취에 정통하였으며, 그로부터 성과를 끌어냈다. 그러나 그가 지닌 커다란 힘은 아리스토텔레스의 작품에 관한 정통한 지식에 있고, 텍스트를 설명하고 논증을 분석하는 그의 능력에 있다. 그는 시원스러운 솔직함으로 접근하고, 허식이나 모호한 용어는 피한다.

탁월한 편집 ―《형이상학》(1924), 《자연학》(1936), 《분석론》(1949), 《자

연학 소론집》(1955), 《혼에 관하여》(1961)— 외에 로스는 자신이 편집 위원장이었던 옥스퍼드 아리스토텔레스 번역 전집에다 《형이상학》과 《니코마코스 윤리학》에 대한 탁월한 번역을 내놓았다. 지금의 책 《아리스토텔레스》는 1923년에 처음 출판되었고, 그동안 여러 번 증쇄되었다.

이 책은 아리스토텔레스의 작품에 관한 정돈된 설명으로서 여기에 어려운 이론들과 복잡한 논증들이, 짧지만 시사적이고 비판적인 논평과 더불어 훌륭하게 요약되어 있다. 이 책은 완전 초보자를 위한 기초적인 입문서가 아니다. 로스는 독자가 전통적인 철학 용어에 관한 지식을 얼마간 갖추고 있다고 여긴다. 이 책은 세 유형의 독자에게 유용할 것이다. 아리스토텔레스에 관해 무엇인가를 알려는 관심을 가진 일반 독자라면 처음부터 이 책을 통독하지 않는 게 좋다고 그는 조언한다. 가장 쉬운 접근법은 윤리학과 정치학, 그다음에 자연철학에 관한 장(章)들을 통독하는 것이다. 둘째, 대학생은 아리스토텔레스의 특정 이론에 관한 학습을 위한 좋은 뼈대와 출발점이 이 책의 관련된 장이나 부분을 독서함으로써 제공될 것이라는 점을 알게 될 것이다. 마지막으로, 전문가는 로스의 이 책을 흥미롭게 그리고 유용하게 읽을(또는 다시 읽을) 것이다. 그리고 명료한 설명에 감탄하고, 논평을 평가하고, 로스가 이 책을 쓴 후로 아리스토텔레스 연구가 발전된 방식들을 돌이켜 볼 것이다.

그간 확실히 발전된 점들이 있었다. 아리스토텔레스 연구는 최근 몇십 년 동안 현저하게 번성하였다. 몇 가지 요인들이 결합되어 이러한 부흥의 힘과 특성을 설명해 준다. 1950년대와 1960년대에 영어권 대학들에 임명된 철학자들의 수가 크게 증가했다. 신진 철학자들의 상당수는 대학원 시절 로스의 고향인 옥스퍼드에서 교육을 받았다. 이곳은 아리스토텔레스(그리고 플라톤) 연구의 전통이 오랫동안 강한 곳이었다. 옥스퍼드에서 고전 연구는 (고대 및 근대) 철학 연구와 결합되어 있었다. 그리고 아리스토텔레스의 저술은 (문학적인 또는 역사적인 텍스트보다는) 철학적인 텍스트로서 연구되었다. 철학 전공 대학원생들은, 그리스어를 읽을 줄 모르는 학생들을 포함하여, 플라톤이나 아리스토텔레스를 철학자로서 연구하도록 —그들 편에서 또는 그들에 대하여 논증을 펼치도록— 격려를 받았다. 새로운 흐름의 철학자들은 이런 방식으로 그리스 철학에 사로잡혀 이 철학을 자신들이 머문 다양한 대학들로 전했다. 그리고 최근 수년에 아리스토텔레스 연구에 나타난 특징은 (특히 미국과 영국에서) 관심이 확장되었다는 점, 그리고 철학 일반과 아리스토텔레스에 관한 연구 간의 상호 작용이 일어나고 있다는 점이다.

그리스어를 모르는 철학자들과 그 학생들의 요구에 응하여 아리스토텔레스의 저술에 대한 새 번역들이 나왔다. 이것들은 이전의 번역들보다 더 높은 수준의 정확함과 철학적인 예민함을 겨냥하고 있다. 아리스토텔레스를 좋은 번역으로 면밀하게 연구하는 것은 대학에서 철학과 정규 과정의 특징이 되었고, 주류 철학자들은 (데카르트나 칸트를 늘 다뤘던 것처럼) 아리스토텔레스를 다룰 줄 알았고, 기꺼이 다루고자 했다. 최근 수년에 이루어진 아리스토텔레스 연구에서 가장 두드러진 발전 중 몇 가지는 철학 일반에 대한 인식 및 그 추세의 영향에 기인한다.

외부 요인들도 대학의 (다른 분야들처럼) 이 연구 분야에서 활발한 활동을 조장하는 데에 한몫했다. 쉬워진 여행으로 국제 학회의 개최가 장려되어, 의견이 교환되고 논문이 발표되었다. 학술지나 논문집에 논문들이 신속하게 발표되어, 계속해서 지식의 냄비가 끓었다. 새로운 견해는 큰 책보다는 논문에서 시도되었다.

나는 이제 논리학부터 시작하여, 몇 가지 특정 주제의 영역으로 논의의 방향을 돌리고자 한다. 아리스토텔레스의 형식 논리학(《앞 분석론》)에 대한 해석은 수리 논리학의 기술을 적용함으로써 보강되었다. 그의 삼단논법 이론의 구조, 그리고 그것의 한계점들과 전제 사항들을 선명하고도 정확하게 밝혀내는 일은 그러한 기술이 없었더라면 거의 불가능했을 것이다. 증명을 수행하는 학문적인 앎과 정의에 관하여 아리스토텔레스가 설명한 《뒤 분석론》에 관한 최근의 작업은 한동안 기묘하고 비현실적으로 보였던 텍스트에 생명을 불어넣었다. 아리스토텔레스가 학자에 돌린 절차 및 설명 목표와 (몇몇) 현대 학문의 절차 및 설명 목표 사이에는 생각해 볼 만한 유사성 또는 유비가 있다. 논리학에 관한 마지막 작품인 《토포스론》[변증론]은 대화술[변증술]적인 논증들에 ─개연적일 뿐인 전제들에 토대를 둔, 모든 종류의 문제에 관한 논증들에─ 관계한다. 이 작품에 대해 로스는 그다지 호의적이지 않았다. "그런 논의는 지나간 사고방식에 속한다." 그러나 '비형식 논리'에 관한 연구는 나름대로 흥미롭고 중요하다. 어쨌든 그것은 일상생활에서, 정치의 영역에서, 법정에서 펼쳐지는 대부분의 논증들에 관한 논리이다. 더 나아가, (증명이 아니라) 대화술은 철학에서 '으뜸 원리들'을 정립하는 데에 유일하게 가능한 통로일 자격이 있다. 어떻게 대화술이 이것을 행한다고 생각할 수 있는지는 논의 중에 있다.

《형이상학》은 아리스토텔레스의 저술 중 에베레스트 산과 같다. 이전의 탁월한 학자였던 보니츠(H. Bonitz)의 편집에 이어 그의 편집은 모든 후속 연구에 확고한 기반을 제공하였다. 최근의 작업은 철학 일반의 추세를 반영하였다. 형이상학은 수년간 구름에 가려져 있다가 강력한 주제로서 ─모호하거나 독단적이지 않고 언어에 세밀하게 주목하며 문제를 제기하는 개념적인 탐구로서─ 다시 나타났다. 아리스토텔레스의 철학함이 보이는 특징들과 그의 수많은 특정 견해 및 논증은 그의 작업을 현대 형이상학자의 마음에 아주 끌리도록 만들었다. 예를 들어, 동일성과 개별화에 관한 물음은 많은 탐구의 중심에 있었고, 언어와 실재의 이해에 기본이 되는 것으로 알려졌다. 아리스토텔레스는 이런 주제에서 중요한 진척을 일궜고, 최근의 논의는 그가 이룬 성과의 정도와 한계를 밝혀 놓았다. 다른 몇몇 영역들에서처럼, 여기에서 아리스토텔레스는 아주 적은 수의 사례들을 가지고 작업하면서 이것들로부터 자신 있게 일반화하려는 경향이 있다. 현대의 철학자들은 넓은 범위의 사례들을 시험해 보고, 이렇게 함으로써 주어진 것이 이전과 같은 성질을 갖는지를 결정하는 요인들의 다양성과 복잡성을 알아낸다.

사례의 다양성에 대해 이렇듯 결실이 풍부하게 주목하는 것은 부분적으로 비트켄슈타인의 영향으로 말미암아 최근의 철학이 띠게 된 특징이다. 그와 연관된 또 다른 착상에 상응하는 것이 아리스토텔레스에게 있다. 비트겐슈타인은 여러 가지 다양한 활동들을 (예를 들어) 놀이로 간주할 수 있는 기준들이 서로 겹치긴 하지만 '놀이'에 대해 어떠한 단일한 정의도 간단하게 주어질 수 없다고 주장했다. 의미의 가족 유사성이 있다. 바로 이러한 생각이 아리스토텔레스의 형이상학에서 (그리고 다른 저술에서) 중심적인 역할을 한다. '건강한'이란 말은 '그는 건강한 사람이다', '본머스[잉글랜드 남부 해안에 위치한 작은 휴양도시]는 건강한 곳이다', '시금치는 건강한 음식이다'에서 정확하게 의미가 같지 않다. 그러나 그 의미들은 연결되어 있다. 그것들은 모두 건강을 중심으로 하고 있으면서도, 다양한 방식으로 그것에 관계한다. 아리스토텔레스는 ('초점 의미'라는) 이 착상을 '있다'(또는 '있는 것')에 적용한다. 본래적인 의미에서 있는 것은 실체이다. 질과 양 따위는 파생적인 또는 의존된 의미에서 있다. 실체가 기본적인 존재이다. 질 따위는 실체의 성질 따위로서만 존재한다. 이런 주제들은 ―실체의 본성, 그리고 다른 범주들에 대한 그것의 우위성은― 아직도 논쟁 중에 있고, 아리스토텔레스의 논의들에 대한 해석은 주류 철학의 영향 아래에서 검증을 받으면서 더욱 정교하게 다듬어지고 있다.

《에우데모스 윤리학》은 최근 수십 년 동안 학자들과 철학자들의 주목을 받는 혜택을 입은 작품이다. 로스의 책 7장은 《니코마코스 윤리학》에 관한 설명이다(그리고 이것이 그가 《윤리학》이라고 말할 때 가리키는 작품이다). 그러나 그가 1장을 설명할 때, 윤리학에 관한 아리스토텔레스의 강연들의 또 다른 판이, 즉 에우데모스판이 있다. 이 판은 니코마코스판에 의해 늘 가려졌고, 좋지 못한 텍스트로 남으며 진지한 주석을 갖지 못했다. 우수하고 쉽게 접할 수 있는 텍스트가, 철학적인 주석이 달린 세심한 번역이, 그리고 《에우데모스 윤리학》의 가치 및 상대적으로 더 잘 알려진 《니코마코스 윤리학》과 그것의 관계에 관한 전통적인 견해들에 도전하기 위해 (다른 논증 형태들과 더불어) 통계적인 분석을 사용하는 단독 저술이 최근에 새로 출판되었다. 이러한 출판물들은 《에우데모스 윤리학》에 관한 연구의 진전을 위해 도약판이 되어, 아리스토텔레스 윤리학 일반에 관한 우리의 이해에 다시 영향을 줄 것이다.

컴퓨터의 도움을 받아 텍스트를 통계적으로 분석하는 일은 보다 쉬워지고 흔해지고 있다. 디스크에 아리스토텔레스의 작품들이 저장되어 있기에 연구자는 일정한 단어나 표현이 어디에 나오는지, 또는 유사한 구절들을 어디에서 찾아볼 수 있는지를 알고자 할 때 자력에 기댈 필요가 없다. 컴퓨터는 로스가 기억력에 기대어 할 수 있었던 일을 곧바로 연구자에게 해 줄 것이다 — 하지만 컴퓨터는 로스가 자신의 뛰어난 판단과 철학적인 예민함 덕분에 할 수 있었던 일을 대신 해 주지는 못할 것이다.

심리철학은 전후의 시기에 특히 왕성한 논쟁 주제가 되었고, 아리스토텔레스의 짧은 작품 《혼에 관하여》는 많은 논의를 불러일으켰다. 마음과 몸의 문제에 관한 그의 견해는 아주 분명하지는 않다. 그는 플라톤의 이원론을 배척하고, 혼(psychē)을 살아 있는 몸의 형상으로서 정의 내린다. 이렇게 그가 형상과 재료라는 익숙한 구분을 사용하는 것은 문제가 된다.

정확하게 그는 심리적인 사건과 신체적인 사건 간의 관계가 어떤 것이라고 생각하는가? 어떤 사람들은 그의 이론을 기능주의의 일종으로 해석하였고, 어떤 사람들은 그것을 설명하면서 작동 중인 컴퓨터의 소프트웨어와 하드웨어 간의 관계에 호소했다. 이러한 생각들을 아리스토텔레스에게 귀속하는 것은 불합리한 시대착오인 듯하다. 그러나 아리스토텔레스를 해석할 때 현대적인 관념들과 용어를 사용하는 데에 아무런 거리낌이 없다는 점은 아리스토텔레스에 관한 몇몇 철학자들의 작업이 ―문헌학자들의 전통적인 작업과 대조적으로― 보이는 특징이다. 그리고 이런 방식으로 그의 철학과 관련하여, 이에 못지않게 그의 심리철학과 관련하여 활발한 대화가 실제로 촉진되어 온 점도 확실하다. (만일 그가 정확히 의미했던 것이 정말 있다면) '아리스토텔레스가 이것으로써 정확히 어떤 것을 의미하는가?'라는 물음은 철학자들이 묻기 좋아할 유일한 물음은 아니다. '이 (부정확한 또는 불분명한) 진술은 어떤 생각들을 함축할 수 있는가? 그는 어떤 종류의 이론에 기운다고 느꼈을까?'라는 다른 물음도 있을 법하다.

이 짧은 머리말에서 최근 수년 동안 아리스토텔레스를 연구하는 학자들과 철학자들의 성과 ―로스와 그의 세대가 이룬 작업 위에 세워지고 이것을 뒤집지 못한 성과― 를 올바르게 다룰 수는 없다. 어떤 영역은 다른 영역보다 왕성하게 일궈졌다. 윤리학은 정치학보다, 자연철학은 창작술보다 왕성하게 일궈졌다. 그러나 이 모든 영역들 각각에서 새로운 텍스트와 번역, 주석서와 논문이 나왔다.

두 개의 덜 알려진 주제에 관한 언급을 약간 하며 머리말을 끝내고자 한다. 《연설술》은 이론 철학에 속한 작품이 아니라, 대중 연설을 하는 사람을 위한 실용적인 지침서이다. 그것은 우수한 텍스트를 새로 얻은 상황인데도 충분히 연구가 이뤄지지 않은 상태로 있었다. 로스 자신은 '인간의 나약한 심정을 이용할 줄 아는 사람이 문예 비평을 이류의 논리학, 윤리학, 정치학, 법률학과 별나게 뒤범벅해 놓은 것'처럼 보일지 모른다고 언급하며 그것을 아주 간단하게 다뤘다. 하지만 그것은 주목할 만한 가치가 있다. 그것은 수 세기 동안 그 주제에서 주도적인 권위를 가졌다. 그리고 논증 형태, 성격 유형, 감정의 종류에 대한 《연설술》의 검토는 아리스토텔레스가 엄밀한 의미에서 철학적인 자신의 저술들에서 이런 문제들을 보다 체계적으로 다룬 내용에 빛을 비춰 준다. 더 나아가, 《연설술》은 여전히 정치인들 및 여타 대중 연설자들 ―그리고 대중 연설자들의 기교에 속지 않으려고 하는 사람들― 에게 좋은 조언을 제공한다. (로스는 연설자들이 오늘날 교습보다는 타고난 재능과 경험에 의존하고, 청중은 여느 때처럼 연설술에 쉽게 흔들리면서도, '이런 사실을 부끄러워하고 그런 속임수가 어떻게 이루어지는지를 아는 데에 별로 관심을 갖지 않기' 때문에 《연설술》에 더는 생명력이 많지 않다고 말했다. 그러나 우리 시대에 정치인들은 TV에서 연설하는 법을 교습받으려고 줄지어 기다리고, 언론인들은 정치인들이 배운 속임수를 폭로하려고 경쟁한다.)

생물학자로서 아리스토텔레스의 위대함은 ―이는 관찰 영역이 폭넓고 정확한 데에, 그리고 이것들을 대담하게 성공적으로 이론화한 데에 기인한다― 항상 찬탄을 불러일으켰다. 그러나 철학자들은 생물학적인 작품들에 든 이론적인 착상들이나 이것들이 (형이상학을 포함하여) 아리스토텔레스의 철학 일반에 끼친 영향에 관해 면밀한 연구를 거의 하지 못했다. 로스의 책 4장은 그 본질적인 내용들에 관한 뛰어난 설명으로서 문제들이 어디에 있는지를 지적한다. 로스 이후로 좋은 텍스트, 철학적인 주석서, 그리고 상상력이 풍부한 논문이 출간되어 많은 견해들과 해석들이 새로 나왔다. 이러한 진전이 특히 경험적인 관찰, 대화술적인 논증, 학문적인 이론이 훌륭하게 복합된 《동물의 발생에 관하여》에 대한 이해에서 추가로 기대될 수 있다. 여기에서 모든 생성 과정은 형상이 재료에 부과되는 과정이라는 아리스토텔레스의 중심 생각이 가장 생생하게 ─암컷이 제공한 재료에 수컷이 형상을 부과하는 과정에서─ 예시된다. 이것은 《자연학》과 《형이상학》에 나오는 형상과 재료에 관한 추상적인 논의들에 새로운 차원을 더해 준다.

로스는 아리스토텔레스에 관한 연구가 20세기 후반에 아주 왕성하고 효과적으로 진전하리라는 것을 알고, 그리고 그 끝에 그의 《아리스토텔레스》가 그러한 작업을 위해 튼튼한 기반으로서 계속 도움을 주리라는 것을 알고 기뻐했을 것이다.

5판(1949) 서문

이번 판에서 다시 참고 문헌을 최근의 것까지 보완했고, 다시 1953년에 재출간하기 위해 보완했다.

⌒

4판(1945) 서문

이번 판에서 몇 가지 수정을 가했고, 참고 문헌을 최근의 것까지 보완했다.

⌒

3판(1937) 서문

이번 판에서 몇 가지 수정을 가했고, 참고 문헌을 최근의 것까지 보완했다. 독자의 편의를 위해, 이 책에서 아리스토텔레스의 작품들을 가리키기 위해 사용한 약칭들에 대한 목록을 덧붙였다.

⌒

2판(1930) 서문

개정판을 내면서, 본인은 라이스 로버츠(W. Rhys Roberts) 교수와 조셉(H. W. B. Joseph)에게 몇 가지 귀중한 조언에 대해서 감사드리고, 나에게 1판에 대한 풍부하고 세심한 논평을 보내 주는 친절을 보여 준 영국 학술원 회원 요아힘 교수(H. H. Joachim)에게 감사의 말을 전하고 싶다. 나는 이들과 수많은 비평가들의 제안으로 이번 판이 상당한 덕을 보았길 기대한다.

~

1판(1923) 서문

쓰는 것이 흥미롭고 아마도 읽는 것이 도움이 될 유형의 책들이 아리스토텔레스와 관련하여 몇 권 있다. 어떤 책에서는 그의 사상 전체가 이전 철학자들로부터 얻은 것들의 모자이크이지만, 얼마만큼 그의 천재성에 의해 두드러지게 독창적인 체계로 변형되었는지가 보일 수 있을 것이다. 또 어떤 책에서는 그의 사상의 연대기적 발전을 추적하려는 시도가 이루어질 수 있을 것이다. 이러한 작업은 최근 얘거(W. Jaeger) 교수에 의해 아주 성공적으로 이루어졌다. 나의 저작이 출판되기 전에 그의 저술이 입수되었더라면 훨씬 더 많은 도움을 받았을 것이다. 그리고 어떤 책에서는 후대의 철학에 대한 아리스토텔레스의 줄기찬 영향이 추적될 수 있을 것이다. 나는 이러한 작업들 중 어떤 것도 시도하지 않았으며, 단지 그의 작품들에 나타난 대로 그의 철학의 주요 특징들을 설명하려고 노력하였다. 나는 비판의 방식으로는 거의 이 책을 쓰지 않았다. '세계사는 세계 법정'이라는 말이 맞다면, 철학사는 이전의 사유 체계들에 대한 은연중의 비판이란 주장은 특히 맞는 말이다. 아리스토텔레스에서 참인 것은 모든 지식인이 받은 유산의 일부가 되고, 그것의 적지 않은 부분이 되어 왔다. 거짓이었던 것은 서서히 거부되어, 명시적인 비판이 이젠 거의 불필요한 상태이다.

내가 가진 아리스토텔레스에 관한 지식의 거의 대부분을 가르쳐 준 은사들인 하디(R. P. Hardie)와 스미스(J. A. Smith) 교수에게 심심한 사의를 표한다. 그다음으로, 여러 증명들을 읽고 많은 귀중한 조언을 해 준 파쿠하슨(A. S. L. Farquharson) 육군 중령에게 감사를 표하고 싶다. 최근의 저술들 중 마이어(H. Maier) 교수의 《아리스토텔레스의 삼단논법》, 망시옹(A. Mansion) 교수의 《아리스토텔레스의 자연학 입문》, 그리고 요아힘(H. H. Joachim) 교수가 편집한 《생성과 소멸에 관하여》는 내게 매우 도움이 되었다.

1923년 9월 15일

W. D. 로스

{차 례}

아리스토텔레스의 저술 목록

라틴어 명칭	우리말 명칭	벡커판 쪽
		〈1권〉
Organon	오르가논	
Categoriae	범주들(범주론)	1–15
De interpretatione	명제에 관하여(명제론)	16–24
Analytica priora	앞 분석론(분석론 전서)	24–70
Analytica posteriora	뒤 분석론(분석론 후서)	71–100
Topica	토포스론(토피카)	100–64
Sophistici elenchi	소피스트식 논박	164–84
Physica	자연학	184–267
De caelo	천체에 관하여(천체론)	268–313
De generatione et corruptione	생성과 소멸에 관하여(생성소멸론)	314–38
Meteorologica	기상학	338–90
[De mundo]	[세계에 관하여](세계론)	391–401
De anima	혼에 관하여(영혼론)	402–35
Parva naturalia	자연학 소론집	436–80
De sensu et sensato	감각과 감각 대상에 관하여	436–49
De memoria et reminiscentia	기억과 기억해 냄에 관하여	449–53
De somno et vigilia	잠과 깨어 있음에 관하여	453–58
De insomniis	꿈에 관하여	458–62
De divinatione per somnum	잠 속의 예언에 관하여	462–64
De longaevitate et de brevitate vitae	수명의 길고 짧음에 관하여	464–67
De iuventute et senectute	젊음과 늙음, 삶과 죽음에 관하여	467–80
De respiratione	호흡에 관하여	470–80
[De spiritu]	[숨에 관하여]	481–86
Historia animalium	동물 탐구(동물지)	486–638
De partibus animalium	동물의 몸에 관하여(동물부분론)	639–97
De motu animalium	동물의 움직임에 관하여(동물운동론)	698–704

라틴어 명칭	우리말 명칭	벡커판 쪽
De incessu animalium	동물의 나아감에 관하여(동물전진운동론)	704-14
De generatione animalium	동물의 발생에 관하여(동물발생론)	715-89
		〈2권〉
Opuscula	소품집	
[De coloribus]	[색에 관하여]	791-99
[De audibilibus]	[청각 대상에 관하여]	800-04
[Physiognomonica]	[관상술]	805-14
[De plantis]	[식물에 관하여]	814-30
[De mirabilibus auscultationibus]	[진기한 이야기들에 관하여]	830-47
[Problemata mechanica]	[역학적인 문제들]	847-58
[De lineis insecabilibus]	[분할되지 않는 선들에 관하여]	968-72
[Ventorum situs et cognomina]	[바람의 위치와 이름]	973
[De Melisso, Xenophane, Gorgia]	[멜리소스, 크세노파네스, 고르기아스에 관하여]	974-80
[Problemata physica]	[자연학적인 문제들]	859-967
Metaphysica	형이상학	980-1093
Ethica Nicomachea	니코마코스 윤리학	1094-181
Magna moralia	대 윤리학	1181-213
Ethica Eudemia	에우데모스 윤리학	1214-249
[De virtutibus et vitiis]	[덕과 악덕에 관하여]	1249-251
Politica	정치학	1252-342
[Oeconomica]	[경제학]	1343-353
Athenaion Politeia	아테네인들의 정치체제	
Ars rhetorica	연설술(수사학)	1354-420
[Rhetorica ad Alexandrum]	[알렉산드로스에게 바치는 연설술]	1420-447
Poetica	창작술(시학)	1447-462
Fragmenta	조각글(단편)	

* [ ] 안의 저술들은 위작(僞作)으로 알려진 것들이다. 로스가 3판 서문에서 밝힌 약칭들 대신에 아리스토텔레스의 현존 작품 전체에 관한 목록을 싣는다.

일러두기

1. 이 책은 1923년 영국 옥스퍼드에서 첫 출간된 로스(W. D. Ross)의 *Aristotle*을 우리말로 옮긴 것이다. 1995년 Routledge사에서 나온 6판 *Aristotle: with a new introduction by John L. Ackrill*을 번역 대본으로 삼았다.

2. 로스가 이 책을 쓸 때 사용한 아리스토텔레스의 저술들에 대한 약칭의 목록은 현존하는 그의 저술 전체에 대한 목록으로 바꿨다.

3. 각주에서, 대강의 내용을 짐작하고 로스의 설명이 어디에서 어디로 옮겨 가는지를 쉽게 알 수 있도록 저술의 권(卷)과 장(章)을 추가로 표기하였다.

4. 각주에서, 간략하게 나오는 저술과 논문에 관한 서지 사항을 상세하게 보충했다.

5. 참고 문헌에서, 새로 편집된 텍스트 세 개를 추가하고('＊옮긴이'로 표시된 것), 국내의 원전 번역 서적들을 추가했다.

6. 찾아보기는 인명, 지명, 개념, 저술로 세분하여 정리했다.

7. ( )과 ―는 로스가 쓴 기호이고, [   ]는 다른 번역어의 소개와 간략한 용어 설명을 위해 옮긴이가 쓴 것이다.

1장
생애와 저술

{ ## 아리스토텔레스의 생애[1] }

아리스토텔레스는 기원전 384년 칼키디케 반도의 북동 연안에 위치한, 지금은 스타브로라 불리는 스타게이라의 작은 마을에서 태어났다. 그의 성품에서 비-그리스적인 경향을 찾아 이것을 그가 북방 태생인 탓으로 돌리는 시도가 때때로 있었다.[2] 그러나 스타게이라는 안드로스와 칼키스로부터 이주한 사람들이 다양한 이오니아 방언을 사용한 곳이기에 완전한 의미에서 그리스 마을이었다. 그의 아버지 니코마코스는 아스클레

---

1 아리스토텔레스의 생애에 대한 주요 전거는 디오게네스 라에르티오스(3세기 초)이다. 몇 가지 정보는 할리카르나소스 출신의 디오뉘시오스(기원전 30-8년에 전성기)가 암마이오스에게 보내는 편지에 담겨 있다. 다른 고대의 인물들은 신-플라톤주의자들이나 비잔틴인이다. 디오게네스의 연표는 대부분 아테네 출신의 아폴로도로스(기원전 144년에 전성기)의 전거에 기대고 있다.
2 베르나이스(J. Bernays)와 폰 훔볼트(W. von Humboldt)가 이런 시도를 했다.

피오스의 가계 또는 길드에 속했고, 아마도 그의 가족은 기원전 8세기나 7세기에 메세니아로부터 이주했을 가능성이 있는 것으로 보인다.[3] 그의 어머니 파이스티스의 가계는 칼키스에 있었다. 아리스토텔레스는 말년에 이곳으로 적을 피해 피신하였다. 그의 아버지는 마케도니아 아뮌타스 2세의 의사이자 친구였고, 아리스토텔레스는 소년 시절의 일부를 왕궁이 있는 펠라에서 보냈을 가능성이 있다. 자연과학, 특히 생물학에 대한 아리스토텔레스의 관심은 그가 의사 집안 출신이라는 데에서 추적하는 것이 마땅하다. 갈레노스는[4] 우리에게 아스클레피오스의 가계가 아들들에게 해부 훈련을 시켰다고 말하는데, 아리스토텔레스가 그런 훈련을 얼마간 받았을 가능성이 있다. 더 나아가, 그는 아버지가 하는 수술을 도왔을 수도 있고, 이것은 아마도 그를 돌팔이 의사로 몰아간 이야기의 근원이 되었을 것이다. 부모는 그가 소년이었을 때에 죽었고, 그는 프로크세노스라 불리는 친척의 보호를 받았다. 훗날 그의 아들 니카노르를 입양했다.

열여덟 살 때 그는 아테네에 있는 플라톤의 학교에 들어갔고, 여기에 플라톤이 죽을 때까지 19년 동안 머물렀다. 우리는 그가 철학의 삶에 매료되어 아카데미아에 이끌렸다고 생각할 필요는 없다. 그는 당시 그리스가 제공할 수 있었던 최고의 교육을 받고 있었을 뿐이었다. 그가 플라톤 학당에 함께하게 된 동기가 무엇이었든, 분명한 점은 플라톤의 철학에서 그가 인생의 지배적인 영향을 발견했다는 것이다. 그렇게 강인한 정신의 소유자가 플라톤의 교설을 모두 무조건적으로 수용했을 가능성은 없었다. 중요한 점들에서 심각한 차이는 차츰 아리스토텔레스에게 분명해졌다. 그러나 과학적인 저술과 구분되는 그의 철학적인 저술들에서는 플라

---

3   U. von Wilamowitz-Möllendorff, *Aristoteles und Athen*, Berlin 1893, 1권 311쪽 참조.
4   *De anatomicis administrationibus*, ii. I, vol. ii. 280 K.

톤주의의 각인이 찍히지 않은 면이 없었다. 플라톤의 특정 학설을 공격할 때조차 그는 종종 자신을 그가 비판하고 있는 사람들로 분류하고, 그들에게 그들의 공통 원리들을 환기시켰다.[5] 여느 고대의 위대한 인물들처럼, 그를 비방하는 사람들이 없지 않았다. 후대의 사람들은 플라톤에 대한 그의 무례한 행동을 비난하였다. 한때 그는 플라톤의 총애를 받았고, 플라톤은 그를 '독서광'이라고, '학당의 정신'이라고 불렀다. 후에 아리스토텔레스의 관점이 보다 뚜렷해졌을 때, 둘의 관계는 온정적이지 않게 되었을 것이다. 그러나 플라톤이 살아 있는 동안 아리스토텔레스는 아카데미아의 충실한 일원으로 남았다. 잘 알려진 구절에서[6] 그는 플라톤학파처럼 그에게 그토록 소중한 사람들을 비판해야 하는 껄끄러운 일에 대해 세심하게 말한다.

그러나 우리는 이 이십 년 동안 그가 단지 제자였을 뿐이라고 생각해서는 안 된다. 고대의 철학 학파들은 공통의 기풍과 결합되고 동일한 근본 견해를 공유하지만, 상대적으로 독립성을 유지하며 나름의 탐구를 철저히 추구한 사람들의 집단이었다. 특히, 이 세월 동안 아리스토텔레스가 플라톤이나 학당의 다른 일원이 그를 데려갈 수 있었던 한계를 넘은 지점까지 자연과학에서 자신의 연구를 수행했다고 생각해 볼 수 있다. 그는 또한 강의를 했던 것으로 보이지만, 아마도 연설술에서만, 그것도 이소크라테스에 반대하는 입장에서 강의를 했던 것으로 보인다. 그는 이소크라테스에게서 배운 것으로 보이지 않지만, 군더더기 없이 정확하게 의미를 전하도록 잘 각색되어 인상적인 품위를 얻을 만한 그의 균형 잡히고 쉬운

---

5   예를 들어, 《형이상학》 1권(A) 9장 990b 16.
6   《니코마코스 윤리학》 1권(A) 6장 1096a 11-17. 《정치학》 2권(B) 6장 1265a 10-12 참조.

문체는[7] 그리스어와 라틴어의 문체에 지대한 영향을 미쳤던 '저 능변의 노인'이 베푼 덕을 많이 보고 있다. 그가 《연설술》에서 그처럼 자주 인용한 작가는 (호메로스를 제외하면) 없다. 그러나 그는 플라톤이 이소크라테스의 사유가 빈곤했고, 그가 진리 추구보다 연설가로서의 성공에 더 치우쳤다고 비난한 것에 공감했다. 그리고 이것은 젊은 나날에 그가 그 연설가를 이소크라테스 학파가 격분할 정도로 비판하도록 이끌었다. 다소간 대중적인 방식으로 아주 독창적이지는 않은 철학적 주장을 펼친 그의 소실된 몇몇 저술들은 아마도 이 시기의 것일 것이다. 더 나아가, 남아 있는 그의 저술들 중 몇 개는 이 시기에 쓰이기 시작한 것으로 보인다.

기원전 348/7년, 플라톤을 계승한 스페우시포스가 아리스토텔레스가 몹시 불만족스러워했던 플라톤주의의 경향들을, 특히 '철학을 수학으로 바꾸려는'[8] 경향을 대변하였을 때, 그는 틀림없이 학당에 계속해서 머물기를 꺼려하는 마음이었을 것이었다. 또한 그는 분명히 자신의 학당을 새로 세울 사명도 의식하지 않았다. 올륀토스의 함락과 그리스 연맹의 파괴로 인한 반-마케도니아 감정의 폭발로 아테네는 마케도니아 연고의 이방인에게 편하지 못한 거주지가 되었을 수도 있다. 그러나 이것은 아테네로부터 그와 함께 이주했던 아카데미아의 동료 크세노크라테스에게 영향을 미친 이유가 전혀 못 된다. 이유야 어쨌든, 그는 노예에서 뮈시아의 아타르네우스와 아소스의 통치자로 신분이 상승한, 아카데미아의 동료 학생 헤르메이아스의 초대를 받아들여, 아소스에서 플라톤적인 소규모 모임을 가졌다. 이 모임에서 아리스토텔레스는 3년쯤을 보냈다. 그는 헤르메이

---

7   예를 들어, 《천체에 관하여》 1권(A), 2권(B), 《동물의 몸에 관하여》 1권(A), 《형이상학》 12권 (Λ), 《니코마코스 윤리학》 10권(K), 《정치학》 7권(H), 8권(Θ)에서.
8   《형이상학》 1권(A) 9장 992a 32.

아스의 조카이자 양녀였던 퓌티아스와 결혼했다. 그녀는 같은 이름의 딸을 그에게 낳아 주었고, 그가 후에 아테네에 머무르는 동안에 죽은 것으로 보인다. 그녀가 죽은 뒤, 그는 스타게이라 출생의 헤르퓔리스와 법적이지는 않았지만 지속적이고 다정한 관계에 들면서 후에 그녀로부터 아들 니코마코스를 얻었다. 《니코마코스 윤리학》은 그의 이름을 딴 것이다.

3년을 보낸 뒤에 아리스토텔레스는 인근 레스보스 섬의 뮈틸레네로 이주했다. 어떻게 해서 그곳으로 가게 되었는지 우리는 알지 못하지만, 아마도 그의 아카데미아 동료로 이미 알려진 그 섬 출신의 테오프라스토스가 그에게 적절한 거처를 마련해 주었을 것이다. 그가 수행한 생물학 분야의 많은 탐구는 아소스 체류 시기, 그리고 이보다 더 많은 것이 뮈틸레네 체류 시기의 것이다. 그의 저술들은 근처에서, 더 특별하게는 퓌라 섬 갯벌에서 관찰된 자연사적인 사실들을 눈에 띌 정도로 빈번히 언급한다.[9]

이 무렵에, 뤼케이온에 정착한 후 존경심이 부족한 채로 자신을 대했던 철학자들을 갑자기 출현시킨 이소크라테스의 언급은[10] 아리스토텔레스와 여타 사람들을 가리키는 것으로 생각되어 왔다. 만일 그렇다면, 고대의 전기 작가들이 전혀 모른 채 그가 이 시기에 아테네를 방문했음에 틀림없다. 그러나 이런 추정은 근거가 없는 것으로 보인다. 기원전 343/2년에, 이전에 또래 소년으로서 그를 알고 있었고 헤르메이아스로부터 그에 관한 소식을 분명히 들었을 마케도니아의 필리포스 왕은 당시 13살이었던 아들 알렉산드로스의 교육을 맡도록 그를 초대하였다. 마케도니아 왕실과의 예전 관계를 회복하길 원하고, 우리가 《정치학》에서 볼 수 있듯이

---

9   그 밖의 언급된 지역은 안탄드리아, 아르기누사이, 레크톤, 포르도셀레네, 프로콘네소스, 스카만드로스, 시게이온, 크산토스, 헬레스폰토스, 프로폰티스이다. 톰슨(D. W. Thompson) 번역의 《동물 탐구》, vii쪽과 그의 저술 *Aristotle as a Biologist*, Oxford 1913, 12쪽 참조.
10 Isocrates, *Orationes*, 12(panathēnaikos). 18-20.

장래 통치자들의 훈련을 아주 중요시했던 아리스토텔레스는 초대를 받아들였다. 이런 상황으로 말미암아 그는 왕실에서 영향력을 행사했으며, 스타게이라와 아테네, 그리고 그와 함께 펠라로 온 테오프라스토스의 고향 에레소스를 위해 성공적으로 중재할 수 있었다. 그가 자신의 유명한 제자에게 전달한 교육에 대해서는 거의 알려져 있지 않거나 아무것도 알려져 있지 않다. 그의 가르침의 주요 주제는 아마도 그리스 교육의 요체였던 호메로스와 극작가들이었을 것이다. 아리스토텔레스가 알렉산드로스를 위해 《일리아스》를 요약한 것으로 전한다. 그러나 그의 제자는 상급 교육의 혜택을 받을 만큼 충분히 나이가 들었다. 특히 아리스토텔레스는 그와 함께 통치자의 의무와 통치술에 대해 토론했음에 틀림없다. 그는 알렉산드로스를 위해 《군주정》에 관한 작품과 《식민 도시들》에 관한 작품을 지었다. 둘 다 장차 그리스의 왕들 중에서, 그리스의 식민지 개척자들 중에서 가장 위대한 인물이 될 자에게 특별히 관심이 끌릴 만한 주제였다. 우리는 그가 알렉산드로스와 함께, 먼저 펠라에, 그리고 나중에 인근의 미에자 왕궁에 머무르고 있었을 때, 아리스토텔레스가 특히 정치적인 주제에 주목하였고, 그의 위대한 수집물인 《정치체제들》에 관한 착상을 얻었다고 생각해 볼 수 있다. 알렉산드로스의 천성은 연구하는 삶이 아니라 행동하는 삶으로, 아리스토텔레스가 하지 말도록 필리포스 왕에게 권했던 소아시아의 정복으로, 그리고 이방인에 대한 그리스인의 의심할 바 없는 우월성에 대한 아리스토텔레스의 신념에 어긋나게 그리스 문명을 오리엔트 문명과 융합하려는 시도로 그를 이끌었다. 두 사람의 관계가 완전히 깨진 것으로는 결코 보이지 않지만, 기원전 340년 알렉산드로스가 아버지의 대리 통치자로서 지명을 받고 미성년의 시기가 끝난 뒤에는 그들 사이의 친밀한 관계는 실질적으로 없었던 것으로 보인다. 아리스토텔레스는 그 뒤 스타게이라에 정착했을 것이다. 그가 마케도니아와 가졌던 여러 친선 관계들 중 가장 지속적인 것, 즉 안티파트로스와의 친선 관계는 그가 알렉산드로스와 함께 머물렀을 때 이루어졌다는 점은 두말할 것도 없다. 안티파트로스는 곧바로 알렉산드로스가 소아시아에 원정을 가 있는 동안 대리 통치할 자로 지명됨으로써, 그리스에서 가장 중요한 인물이 되었다.[11]

기원전 335/4년, 필리포스 왕이 죽은 뒤 바로 아리스토텔레스는 아테네로 돌아갔다. 그리고 그의 생애에서 가장 결실이 풍부한 시기를 시작한다. 도시 바깥 북동쪽에, 아마도 뤼카베토스 산과 일리소스 산 사이에, 지난날 소크라테스가 즐겨 모습을 드러냈던 곳이었던,[12] 뤼케이오스 아폴론과 무사 여신들에게 바쳐진 작은 숲이 있었다. 여기에서 아리스토텔레스는 몇 개의 건물을 외국인으로서는 매입할 수는 없었기에 빌려서,[13] 학교를 세웠다. 여기에서 매일 아침 그는 제자들과 함께 회랑을 또는 숲 속을 이리저리 걸으면서[14] 보다 난해한 철학적 문제들에 관해 토론했다. 그리고 오후나 저녁에는 어렵지 않은 문제들을 보다 많은 청중들에게 설명했다. 이에 따라 강의식의 또는 고급의 담론과 외부 상대의 또는 대중적인 담론을 구분하는 오랜 전통이 있다. 이 구분은 족히 정상적인 구분임에 틀림없지만, 사람들이 때때로 생각하듯 강의식의 담론에 뭔가 신비한 것이 있다거나 대중을 상대로는 으레 적당히 말한다는 것을 의미하지는 않는다. 보다 추상적인 과목들인 논리학, 자연학, 형이상학은 보다 집중적

---

11 그는 유언장에서 자신과 관련된 일들을 안티파트로스에게 맡겼다. 그러나 이것은 법적인 보호에 호소하기 위한 흔한 형식에 지나지 않았던 것으로 보인다.
12 플라톤의 《에우튀프론》 2a, 《뤼시스》 203a, 《에우튀데모스》 271a.
13 테오프라스토스의 유언장에(디오게네스 라에르티오스, 5권 51절) to mouseion과 to hieron (아마도 무사 여신들과 아폴론의 성지인 듯), 그리고 크고 작은 stoa(회랑)라는 표현이 나온다.
14 그래서 '소요학파'(逍遙學派)라는 이름이 나왔다.

인 연구가 요구되었고 소수의 사람들에게 흥미로웠던 반면에, 연설술, 소피스트술, 정치학과 같은 과목들은 폭넓은 요구에 부응했고, 보다 대중적인 방식으로 설명될 수 있었다.[15]

아리스토텔레스는 아마도 여기에서 수백 편의 필사본들을 수집하기도 했을 것이다. 그의 도서관은 최초의 대규모 도서관이었고, 알렉산드리아 도서관과 페르가몬 도서관의 모델이 되었다. 그리고 그는 많은 지도를 수집하였고, 그의 강의를 예시할 온갖 물건들을, 특히 자연 탐구에 관한 표본들을 수집하였다. 알렉산드로스는 그에게 800탈란톤을 주어 이런 수집이 가능하도록 해 주고, 또 마케도니아 제국의 모든 사냥꾼들과 어부들에게 그들이 관찰한 것들 중 학문적으로 흥미로운 것들을 아리스토텔레스에 보고하도록 명령했다고 한다. 금액은 확실히 과장된 것이고, 제국의 보다 먼 지역들에 관한 아리스토텔레스의 지식은 이런 명령으로부터 기대될 만한 성질의 것이 아니다. 그러나 그런 이야기에는 아마도 어느 정도 사실적인 근거가 있을 것이다. 우리는 아리스토텔레스가 자신의 학교에 부과한 조직에 대해 들어서 알고 있다. 이에 따르면, 예를 들어 구성원들은 교대로 일정한 때에 열흘 동안 학교를 '다스렸다.' 아마도 이것은 무엇보다 한 사람이 중세의 대학들에서 흔히 볼 수 있었던 방식으로 모든 참가자들의 도전에 응하여 일정한 입론들을 옹호함으로써 이 기간 동안 선도자의 역할을 떠맡았다는 것을 의미했을 것이다.[16] 우리는 공동 식사를, 그리고 아리스토텔레스가 규칙을 정하는 매월의 좌담회를 익히 알고 있다. 그러나 학교의 작업, 그 안에서의 일의 분배에 관해서는 거의 알

---

15   잭슨(H. Jackson) 교수는 논문 Aristotle's lecture room, in *Journal of Philosophy* 35(1920), 191-203쪽에, 아리스토텔레스의 저술들을 바탕으로 그의 강의실과 강의의 흥미로운 면모를 재구성해 놓았다.

16   J. W. Blakesley, *Life of Aristotle*, Cambridge 1839, 63쪽.

지 못한다. 아리스토텔레스의 현존 저술들에 기록물 형식으로 남은 그의 강의들은 주로 그가 12년 또는 13년 동안 뤼케이온을 이끌었던 시기의 것들일 것이다. 그리고 그의 사유와 이에 함축된 연구는 제자들이 그를 위해 해 주었던 얼마간의 기초 연구를 고려한다 하더라도, 아마도 비할 데 없을 정신의 활기를 의미한다. 이 시간 동안 아리스토텔레스는 현재 남아 있는 형태로 학문들의 분류에 관한 기본 윤곽을 결정하였고, 그때까지 도달한 것보다 더 나아간 지점까지 대부분의 학문들을 이끌었다. 이것들 중 어떤 것들에서, 예컨대 논리학에서,[17] 그는 선행 연구자가 없었음을 주장한다. 맞는 말이다. 그리고 수 세기 동안 그에 견줄 만한 후대 연구자도 없었다. 이와 더불어 그의 학교는, 윤리학과 정치학 같은 실용적인 주제에 대한 관심에 의해, 소크라테스나 플라톤의 것에 비교될 만한 영향력을 동시대의 아카데미아에 틀어박힌 학생들보다 훨씬 더 크게 발휘하고 있었다.

알렉산드로스 대왕이 기원전 323년에 죽자, 아테네는 다시 한 번 반-마케도니아 감정이 터지는 중심이 되었고, 아리스토텔레스가 마케도니아와 가진 연고는 그를 혐의자로 만들었다. 플라톤의 학교와 이소크라테스의 학교가 그에 대한 정치적인 반감을 공모했을 가능성이 있다. 어쨌든, 그가 헤르메이아스에 대해 썼던 찬가와 묘비문에 따르자면, 터무니없는 불경죄 혐의가 그에게 씌워졌다. 아테네인들에게 '철학에 두 번 죄를 짓지' 않도록[18] 결심한 그는 학교를 테오프라스토스의 손에 넘겨주고, 마케도니아의 영향력이 강했던 칼키스로 물러났다. 322년 여기에서 그는 지병으로 말미암아 죽었다. 디오게네스는 우리에게 그의 유언을 보존하여 주고

---

17 《소피스트식 논박》 34장 183b 34-184b 3.
18 Ps.-Ammonius, *Aristotelis Vita*.

있다. 여기에서 그는 친족들을 위해 꼼꼼하게 조항을 남기고, 노예들이 팔리지 않도록 보증하고, 몇몇 노예들의 해방을 준비함으로써 《정치학》의 권고 사항들 중 하나를 실천에 옮긴다. 우리는 때때로 아리스토텔레스를 단순히 지성의 화신으로만 생각하기 쉽다. 그러나 그의 유언은 남에게 감사를 표하는 다정다감한 그의 성품을 아주 분명하게 보여 주는 증거다.

그의 외모나 생활 방식에 대해서는 알려진 바가 거의 없다.[19] 믿을 만한 전승의 묘사에 따르면, 그는 대머리이고, 다리가 가늘고, 작은 눈에다 혀가 잘 돌지 않는 소리로 말했고, 눈에 띄게 옷을 잘 차려입었다. 악의를 품은 적들은 그가 여자 같고 제멋대로인 삶을 산 것으로 표현하였다. 우리가 믿어도 좋은 것은, 그가 표현한 생각으로 보건대, 그의 생활 습관이 금욕주의적이지 않았다는 것이다. 더 나아가, 그는 남을 비꼬는 기질을 가졌다고 한다. 이는 그의 표현에서도 드러난다. 그리고 디오게네스 라에르티오스는 그의 즉흥적인 재치를 보여 주는 격언들을 인용해 놓고 있다.

{ # 아리스토텔레스의 저술 }

아리스토텔레스의 저술은 크게 세 부류로 구분해 볼 수 있다. 첫 번째의 것은 자신이 직접 출간한 다소 대중적인 성격의 저술들로 이루어져 있고, 두 번째의 것은 학문적인 논문들을 위한 메모와 자료 수집으로 이루어져 있고, 세 번째의 것은 학문적인 저술들 자체로 이루어져 있다. 《아테

---

19 그러나 스투드니츠카(F. Studniczka)는 *Ein Bildnis des Aristoteles*, Leipzig 1908에서 지금 남아 있는 일련의 상(像)들을 아리스토텔레스의 모습을 재현하는 것으로 다루는 좋은 사례를 제시하였다.

네인들의 정치체제》를 제외한다면, 현존하는 그의 저술에 관한 전집은 모두 확실한 것이라면 세 번째의 부류에 속한다. 다른 부류들에 대한 우리의 지식은 고대의 작가들에 보존된 조각글들과 고대로부터 전해 내려온 세 개의 목록에 기대고 있다. 이 목록들 중 가장 오래된 것은 디오게네스 라에르티오스(3세기 초)의 것이다.[20] 그의 목록은 대중적인 성격의 것들이었던 것으로 보이고, 대부분이 플라톤을 모방하여 대화체로 쓰인 19개의 저술들로 시작한다. 이 대화편들은 어쨌든 플라톤의 초기 대화편들보다는 덜 극적인 요소를 담은 것으로 보인다. 그러나 그것들은 분명히 현존하는 저술들보다는 문학적인 효과를 위해 더 주의를 기울여 쓴 것들이고, 키케로가 아리스토텔레스의 황금빛의 유창한 말(flumen orationis aureum)을 찬양하고,[21] 퀸틸리아누스가 그의 감미로운 말(eloquendi suavitas)을 찬양한 것도[22] 그것들을 두고 한 말이었을 것이다. 이런 형태의 작문을 사용한 것은 그가 아직 플라톤 학교의 일원이었을 때인 초기의 생애에 속한다고 생각하는 것이 자연스럽다. 그리고 이것은 대화편들 중 몇 가지 플라톤적인 제목들 ―《정치가》,《소피스트》,《메네크세노스》,《향연》― 에 의해, 그리고 그 내용이 일반적으로 플라톤적인 성격을 띤다는 점에 의해 확인된다. 《그릴로스》로도 알려진 《연설술에 관하여》란 대화편도 초기 대화편에 속할 것이다. 그릴로스는 만티네아(기원전 362/1년) 전투에서 죽은 크세노폰의 아들이었고, 그 대화편은 아마도 그로부터 그다지 멀지 않

---

20 이것은 안드로니코스(기원전 1세기 초)가 작성한 목록에 근거한 것일 수 없다. 왜냐하면 그것은 안드로니코스의 목록에 상응하는 현존하는 저술들 중 많은 것들을 빠뜨리고 있기 때문이다. 그것은 현존하는 저술들 중 몇 개를 담고 있기 때문에 그의 목록을 보완하는 것일 수도 없다. 그것은 아마도 후에 안드로니코스가 편집한 저술들 중 많은 것들이 잊힌 때였던 기원전 200년 무렵 헤르미포스가 만든 목록이거나 이 목록에 근거한 것일 것이다.
21 Cicero, *Academica*, 2. 38. 119.
22 Quintilianus, *Institutio Oratoria*, 10. 1. 83.

은 때에 쓰인 것으로 추정된다. 다른 초기 대화편은 《에우데모스 또는 혼에 관하여》이다. 이것은 기원전 354/3년에 죽은 아리스토텔레스의 친구인 퀴프로스 출신의 에우데모스로부터 이름을 딴 것이다. 그것은 플라톤의 《파이돈》을 면밀하게 본뜬 것이었고, 플라톤의 전생, 윤회, 상기(想起)에 관한 이론들을 확실하게 수용한 것이었다. 퀴프로스의 왕자 테미손에게 부친 철학적인 삶의 권유문인 《프로트렙티코스》도[23] 같은 저술 시기에 속할 것이다. 이것은 고대에 아주 널리 보급되었고, 이암블리코스에게 《프로트렙티코스》를 쓸 자료를 제공했고, 키케로에게는 《호르텐시우스》를 위한 본보기를 제공했다. 《철학에 관하여》는 이보다 늦은 시기의 것으로 놓아야 한다. 이 대화편에서 아리스토텔레스는 인류의 진보에 관하여 설명하였는데, 플라톤적인 요소가 많지만, 세계의 영원한 선(先)-존재를 주장한 점에서는 플라톤과 달랐고, 단호하게 이데아들에 관한 이론과 이데아적인 수들에 관한 이론에 반대하는 데까지 나아갔다. 이 대화편은 《형이상학》의 가장 이른 부분들과 같은 저술 시기에 속한다. 《알렉산드로스 또는 식민지 개척자들(식민 도시들?)에 관하여》와 《군주정에 관하여》는 조금 더 지난 시기에, 즉 그가 마케도니아 궁전에 머물고 있을 때에(또는 그 후의 시기에) 속한다. 다른 대화편들, 즉 《정의에 관하여》, 《작가들에 관하여》, 《부에 관하여》, 《기도에 관하여》, 《좋은 태생에 관하여》, 《교육에 관하여》, 《즐거움에 관하여》, 《네린토스》, 《사랑에 관하여》는 제목만 겨우 알려져 있다.

이런 저술들과 더불어 세 개의 표본이 보존되어 있는 그의 시들과 그의 편지들을 거명할 수 있을 것이다. 편지들에 대해 우리가 소유한 조각글들

---

23 이것이 대화편인지 아니면 연속된 연설이었는지에 관해 그간 많은 논의가 있었다. 논의의 저울은 후자의 견해 쪽으로 기울고 있다.

중 안티파트로스에게 보내는 편지는 진품인 것으로 보인다.

소실된 메모와 자료 수집물,[24] 그리고 소실된 학문적인 저술들에 관해서는 말할 필요가 거의 없을 것이다. 당대에 아리스토텔레스의 것이라고 믿었던 200개가 넘는 저술 명칭이 고대의 세 목록에 보존되어 왔다. 그러나 그 명칭들은 종종 반복되는 것들이고, 목록들이 독립된 책들의 목록이라기보다는 독립된 필사본들의 목록이라고 생각하는 것이 얼마든지 가능하다. 디오게네스 라에르티오스의 목록에 실린, 언뜻 보기에 익숙하지 않은 많은 명칭들은 그럼에도 현존하는 저술들의 일부를 언급하고 있다.[25] 이런 전후 관계 속에서 상대적으로 분량이 긴 현존 저술들은 단일한 전체가 아니라 관련 주제들에 관한 소론들을 모은 것들이라는 점을, 그리고 독립된 소론들은 원래 각기 단일한 것들로서 때로는 아리스토텔레스가 때로는 (《형이상학》의 경우처럼)[26] 그의 편집자들이 한데 묶은 것이라는 점을 주목해야 한다. 소실된 책들 중 몇몇에 관한 꽤 많은 조각글들이 고대의 작가들에 의해 인용되어 있고, 그런 경우 그 내용을 상당히 정확하게 알아낼 수 있다. 적어도 하나의 확실한 작품이 상당히 완전한 형태로 축약되어 우리에게 이른 것으로 보인다.[27] 그간 많은 연구비를 들여, 소실된 저술들과 현존하는 저술들 사이에 있을 법한 관계들을 추적하였는데, 성과가 전혀 없지는 않았다. 그러나 현존하는 저술들만으로도 충분히 우

---

24 이러한 자료 수집물은 때때로 아리스토텔레스에 의해 공동 작업의 형태로 산출되었다. 델포이의 어떤 비문은 퓌티아 경기의 방문객들 목록이 아리스토텔레스와 그의 조카인 칼리스테네스의 공동 작업이었음을 보여 준다.

25 예를 들어, 31, 32, 53, 57-60번(V. Rose, *Aristotelis Fragmenta*, Leipzig 1886)은 《토포스론》의 일부를 언급하는 것으로 보이고, 36번은 《형이상학》 5권(Δ)을 언급하는 것으로 보인다.

26 이 점을 애거(W. Jaeger)는 *Entstehungsgeschichte der Metaphysik des Aristoteles* (148-63쪽)에서 잘 보여 주고 있다. 이는 아리스토텔레스의 저술들의 산출 방식에 관한 최고의 논의이다.

27 파르취(J. Partsch)는 《나일 강의 범람에 관하여》(*Des Aristoteles Buch 'Über das Steigen des Nil'*, Leipzig 1909)란 책의 아리스토텔레스적 기원에 관한 좋은 사례를 제시하였다.

리는, 아리스토텔레스의 광대한 저술 활동은 아닐지라도, 그가 다룬 다양한 주제들에 관해서 광범위하게 그 내용을 알아낼 수 있다.

현존하는 저술들 중에서 우리는 먼저 적어도 6세기에 《오르가논》 또는 사유의 도구로 알려진 일련의 논리학적인 저술들을 살펴보는 것이 좋을 것이다. 이 저술들 중 첫 번째의 것은 보통 《범주들》이다. 이 책이 진품이라는 것은 그간 부인되기도 했다. 그것에 대한 명시적인 언급은 아리스토텔레스의 작품으로 인정된 것들에는 있지 않다. 그러나 그것은 고대에 의심할 여지 없이 수용되었고,[28] 3세기 포르퓌리오스에서 시작하여 일련의 주석가들에 의해 진품으로서 그에 대한 주석서들이 쓰였다. 그것을 수용한 증거는 실제로 안드로니코스(기원전 1세기 초)로 되돌아간다.[29] 아리스토텔레스 이론의 관점에서 볼 때 그것에 반대하는 논변들은[30] 결정적이지 못하고, 그 책의 문법과[31] 문체는 철두철미 아리스토텔레스의 것이다. 이른바 후-범주들을 다루고 있는 마지막 6개의 장들은 약간 다른 발판 위에 서 있다. 그것들은 안드로니코스에 의해 가짜라고 의심되었고, 그 책

---

28 명시적으로 *Scholia*, 33a 28-30(베를린에서 편집된 아리스토텔레스 전집, 4권)에 언급되어 있는 이름이 알려지지 않은 비평가는 예외다.

29 이는 그가 후-범주들을 배척한 것에 의해 함축되는 것으로 보인다(*Scholia*, 81a 27-29). 암모니오스는 테오프라스토스와 에우데모스가 아리스토텔레스의 작품을 흉내 내어 《범주들》을 썼다고 말한다(*Scholia*, 28a 40).

30 가장 최근에 제시된 것은 뒤프렐(E. Dupréel)의 것이다(Aristote et le Traité des Catégories, in *Archiv für Geschichte der Philosophie* 22, 1909, 230-51쪽). 그가 이 책의 무미건조하고 독단적인 문체를 지적한 것은 옳다. 그런 문체는 아리스토텔레스가 보통 문제점들에 대한 자유로운 토론에 의해 나아가는 방식과는 사뭇 다르다. 그러나 나는 이런 특징을(이는 또한 《명제에 관하여》와 《앞 분석론》의 상당 부분에서도 발견된다) 논리학이 아리스토텔레스의 관점에서는 학문과 철학으로의 예비적인 학습이라는 사실에 돌리고 싶다. 덜 진전된 학생들을 상대로 한 책들의 논조는 당연히 보다 독단적이다.

31 아리스토텔레스의 진짜 저술과 가짜 저술의 문법에 관한 상세한 증거는 오이켄(R. Eucken)의 *De Aristotelis Dicendi Ratione*, Göttingen 1866과 (불변화사와 전치사 각각의 사용에 관해) *Über den Sprachgebrauch des Aristoteles*, Berlin 1868에서 볼 수 있을 것이다.

의 목적에도 이질적이다. 하지만 그것들을 아리스토텔레스의 작품으로 보아도 좋다.

《명제에 관하여》는 안드로니코스에 의해 가짜라고 의심되었다. 그것이 명시적으로[32] 《혼에 관하여》를 언급하고 있으나,[33] 그 책의 어떤 부분도 이에 대응하지 않는다는 것이다. 그러나 그러한 언급들은 아리스토텔레스가 쓴 것이라고 확실하게 밝혀진 저술들에도 많이 있고, 그것들은 여러 가지 방식으로 설명된다. 그것이 진품이라는 강한 외형적 증거가 있다. 테오프라스토스와 에우데모스는 둘 다 그것을 전제하는 듯한 책들을 썼고, 암모니오스는 안드로니코스가 그것에 의심을 품은 유일한 비평가라고 우리에게 말한다.[34] 마지막으로, 그것의 문체와 문법은 진실로 아리스토텔레스의 것으로 보인다. 그에 반대하여 실제로 말할 수 있는 모든 것은 그것의 많은 부분이 다소 기초적이라는 것이다. 그러나 아리스토텔레스는 분명히 고급 강의뿐만 아니라 기초 강의도 해 주었다.[35]

《앞 분석론》과 《뒤 분석론》은, 《토포스론》과[36] 《소피스트식 논박》이 또한 그렇듯, 확실히 그의 저술이다. 아리스토텔레스는 《소피스트식 논박》을 《토포스론》의 이름으로 인용하고, 그것의 결론 부분은 《토포스론》 전체에 대해 끝맺는 글이다.

자연학적인 논문들은 확실하게 그의 저술들인 《자연학》, 《천체에 관하

---

32 *Scholia*, 97a 20.

33 《명제에 관하여》 1장 16a 8.

34 *Scholia*, 97a 13.

35 이 책이 진품이라는 것은 마이어(H. Maier)가 Die Echtheit der Aristotelischen Hermeneutik, in *Archiv für Geschichte der Philosophie* 13(1899), 23-71쪽에서 공들여서 성공적으로 방어하고 있다. 그는 16a 8의 언급을 16a 13으로 옮길 것을 제안하고, 이를 《혼에 관하여》 3권(Γ) 6장에 결부시킨다.

36 5권(E)은 제외될 수 있다.

여〉, 《생성과 소멸에 관하여》, 《기상학》으로 시작한다. 《자연학》은 원래 별개의 두 논문으로 구성되어 있었다. 첫째 부분은 1권(A)-4권(Δ)으로 되어 있고, 둘째 부분은 5권(E), 6권(Z), 8권(Θ)으로 되어 있다. 왜냐하면 아리스토텔레스는 보통 첫째 그룹을 《자연학》으로 또는 《자연에 관한》 책들로 언급하고, 둘째 그룹을 《운동에 관한》 책들로 언급하고, 이런 구분의 흔적이 후대의 페리파토스학파(소요학파) 사람들 사이에 많이 남아 있기 때문이다. 그러나 그는 또한 《자연학》이란 용어를 뒤 그룹의 책들뿐만 아니라 다른 자연학적인 논문들을 포함하는 데에 사용하기도 한다. 7권(H)은 에우데모스가 개작하여 전한 저술이었고, 예비적인 기록의 성격을 띤 것이다.[37] 《기상학》의 4권(Δ)은 거의 확실하게 그가 쓴 것이 아니고,[38] 아마도 빠진 책을 대신 메운 것일 가능성이 있다.

전집에서 다음의 논문인 《세계에 관하여》는 아리스토텔레스의 것이라고 여길 만한 자격이 없다. 그것은 대중적인 철학 작품이고, 많은 양의 아리스토텔레스의 실제 이론이 상당한 양의 스토아에 기원을 둔, 특히 포세이도니오스(기원전 약 135-51년)에게 많이 빚지고 있는 부분과 결합되어 나온 것이다. 그것의 저술 연대는 기원전 50년-기원후 100년 사이로 추정된다.

그다음으로, 심리학에 관한 일련의 진짜 저술들이, 즉 《혼에 관하여》와 《자연학 소론집》으로 묶여 알려진 저술들인 〈감각과 감각 대상에 관하여〉, 〈기억과 기억해 냄에 관하여〉, 〈잠에 관하여〉, 〈꿈에 관하여〉, 〈잠 속의 예언에 관하여〉, 〈수명의 길고 짧음에 관하여〉, 〈삶과 죽음에 관하여〉,

---

37 아마도 어떤 학생이 적어 두었을 것이다. R. Eucken, *De Aristotelis Dicendi Ratione*, Göttingen 1866, 11쪽 참조.
38 한 비평가는 최근에 그것을 스트라톤의 것으로 돌렸다.

〈호흡에 관하여〉가 나온다. 〈삶과 죽음에 관하여〉의 처음 두 장에 편집자들은 〈젊음과 늙음에 관하여〉란 제목을 붙인다. 그러나 아리스토텔레스가 다른 곳에서 이 주제에 관한 저술을 약속했지만 그것을 썼는지는 분명하지 않다. 확실히 그 두 장은 관련 주제를 다루고 있지 않다.

일련의 심리학적인 저술들을 마감하는 《숨에 관하여》는 아리스토텔레스의 것이 아니다. 그것은 정맥과 동맥의 구분을 인정하나, 아리스토텔레스는 이것을 몰랐기 때문이다. 그것은 유명한 의사 에라시스트라토스(기원전 약 304-250년)의 가르침을 반영하고 있는 듯하며, 저술 연대는 기원전 250년으로 추정된다.

심리학적인 저술들은 자연 탐구에 관한 저술군(群)으로 이어진다. 이 가운데 첫 번째 것인 《동물 탐구》 중 10권(K)은, 그리고 아마도 7권(H), 8권(Θ) 21-30장, 9권(I)은 위작이고, 연대는 기원전 3세기일 가능성이 많다. 《동물 탐구》는 사실들의 수집물이다. 그것은 사실들에 근거하여 아리스토텔레스가 이론을 서술하는 저술들로 이어진다. 이것들 중 첫 번째 것은 《동물의 몸에 관하여》이다. 이것의 1권(A)은 일반적인 생물학 입문이다. 《동물의 움직임에 관하여》를 많은 학자들은 위작이라고 여겼다. 그 안에 《숨에 관하여》에 대한 언급이[39] 추정된다는 것이 주된 이유이지만, 최근의 견해는 아리스토텔레스의 작품이라는 쪽이다. 문체가 그의 것이고,[40] 그 내용도 대가의 것으로 손색이 없다. 《동물의 나아감에 관하여》와 《동물의 발생에 관하여》는 확실하게 그의 작품이다. 뒤 저술의 마지막 5권(E)은 《동물의 발생에 관하여》뿐만 아니라 《동물의 몸에 관하여》를

---

39 《동물의 움직임에 관하여》 10장 703a 10. 파쿠하슨(A. S. L. Farquharson)은 자신의 번역 *On the Motion of Animals*, Oxford 1912에서 이 언급이 가리킬 가능성이 있는 다른 저술들을 제안하였다.

40 오이켄(R. Eucken)은 그것에서 아리스토텔레스의 것이 아닌 문법을 전혀 찾지 못했다.

끝맺는 글이다.

생물학적인 저술들 다음으로 다수의 의심스러운 논문들이 이어진다. 〈색에 관하여〉는 테오프라스토스와 스트라톤의 것으로 돌려졌고, 〈청각 대상에 관하여〉는 스트라톤의 것일 가능성이 더욱 크다. 〈관상술〉(기원전 3세기?)은 두 개의 논문이 합쳐진 것으로서, 둘 다 페리파토스학파 사람이 썼을 것이다. 〈식물에 관하여〉는 전집의 모든 저술들 중 가장 특이한 내력을 가졌다. 아리스토텔레스는 스스로가 언급하고 있듯이 식물에 관한 저술을 썼던 것으로 보이지만, 그것은 아프로디시아스 출신의 알렉산드로스 시절에 소실되었고, 현존 작품은 아우구스투스 시절의 페리파토스학파 사람이었던 다마스코스 출신의 니콜라오스(기원전 64-?년)가 아마도 저자였을 작품의 아랍어 번역에 대한 라틴어 번역에서 옮긴 것이다. 〈진기한 이야기들에 관하여〉로 알려진 흥미진진한 작품은 (1) 테오프라스토스와 여타 사람들의 생물학적인 작품들로부터 발췌한 것과 (2) 포세이도니오스를 통해 타우로메니온 출신의 티마이오스(기원전 약 350-260년)로부터 대부분 유래한 역사적인 발췌물로 구성되어 있다. 이 두 부분은 아마도 하드리아누스 시절 이전에 합본되지는 않았을 것이다. 그리고 그것에 (3) 6세기 정도까지 늦은 시기의 것으로 추정되는 부록(152-178절)이 붙어 있다. 〈역학적인 문제들〉은 초기 페리파토스학파 ―아마도 스트라톤이나 그의 제자 중 한 명― 의 것으로 보인다. 이 저술은 지레, 도르래, 저울을 다루고, 정역학의 몇 가지 기본 원리들 ―가상 속도의 법칙, 힘의 평행사변형 법칙, 관성의 법칙― 을 상당히 성공적으로 해설한다.

《자연학적인 문제들》은 아리스토텔레스적인 전제 사항들에 기본적으로 기대고 있지만, 후대 페리파토스학파의 특징이었던 유물론의 흔적들을 상당히 보여 준다. 이 작품은 아마도 5, 6세기 이후에, 다양한 ―수학적인, 광학적인, 음악적인, 생리학적인, 그리고 의학적인― 문제들의 수집물로부터 합쳐진 것으로 보인다. 이 수집물은 주로 테오프라스토스 전집으로부터, 그리고 많은 부분 히포크라테스학파의 저술들로부터, 그리고 몇 가지 경우에서는 현존하는 아리스토텔레스의 작품들로부터 발췌한 것이다. 이것은 아리스토텔레스가 자신의 제자들을 북돋았던 다양한 연구들에 관하여 흥미로운 증거를 제공한다. 전반적으로 가장 흥미로운 저술인 〈음악적인 문제들〉은 두 부분이 모인 것이다. 저술 연대는 빠르면 기원전 300년, 늦으면 기원후 100년으로 측정되어 있다.

〈분할되지 않는 선들에 관하여〉는 일차적으로 크세노크라테스를 겨누고 있고, 여하튼 그가 살았던 때보다 많이 늦지 않은 시기의 것이다. 그것의 이론은 테오프라스토스의 것과 유사하여, 심플리키오스는 그것을 테오프라스토스의 것으로 돌린다. 스트라톤이 그것의 저자로 제시되기도 했다. 〈바람의 위치와 이름〉은 테오프라스토스의 것으로 흔히 돌려진, 연대가 그가 살았던 때로 측정되는 〈징후들에 관하여〉라는 논문으로부터 발췌한 것이다. 〈크세노파네스, 제논, 고르기아스에 관하여〉(또는 보다 적절하게는 〈멜리소스, 크세노파네스, 고르기아스에 관하여〉)는 아리스토텔레스가 쓴 논문들에 근거한 것일 수도 있지만, 실제로는 1세기의 어느 절충주의자의 작품이다.

《형이상학》은 같은 이름으로 다마스코스 출신의 니콜라오스의 저술에서 처음으로 언급된다. 그로부터 이 이름이 계속해서 언급되고 있기 때문에, 그의 동시대인이었던 연장자 안드로니코스의 편집 작업에 기인한 이름이라고, 그리고 그것이 단지 안드로니코스의 편집에서 자연학적인 저술들 다음에 놓인 논문들을 가리킨 것일 뿐이었다고 생각하는 것이 안전할 것이다. 아리스토텔레스의 저술들에 대한 헤쉬키오스의 목록은 《형이상학》을 10권으로 된 저술로 언급한다. 그것은 아마도 다음의 네 권을 《형이상학》에서 뺀 것일 것이다. (1) 2권(A)은 그 이름이 보여 주듯

원래의 권수가 다 매겨진 다음에 《형이상학》에 끼워졌다. 이 권은 형이
상학에 대한 입문이 아니라, 자연학이나 이론 철학 일반에 대한 입문이
다. 그것은 특징상 아리스토텔레스의 것이나, 고대의 전통은 그것을 에
우데모스의 조카 파시클레스의 것으로 돌렸고,[41] 이런 귀속은 더 잘 알
려진 어떤 사람의 것으로 돌리는 것보다 더 적절할 것 같다. 10권의 《형
이상학》은 (2) 5권(Δ)을 제외한다. 이 권은 헤쉬키오스의 목록에 별도로
《단어들의 다양한 의미에 관하여》라는 책으로 나타난다. 그리고 그것은
(3) 11권(K)을 제외한다. 이 권의 앞부분은 3권(B), 4권(Γ), 6권(E)의 요약
본에 지나지 않고, 뒷부분은 《자연학》 2권(B), 3권(Γ), 5권(E)에서 뽑아낸
일련의 발췌물이다. 11권(K)의 문법은 몇 가지 면에서 아리스토텔레스
의 것이 아니라,[42] 어떤 제자의 기록물임을 아주 확실하게 드러낸다.[43] 마
지막으로, 10권의 《형이상학》은 (4) 12권(Λ)을 제외한 것으로 보인다. 이
권은 다른 어떤 것을 언급하지 않고, (자연적인 실체에 관한 예비적인 설명과
더불어) 으뜸 원인에 관한 독립된 저술 형태를 띤다.

《형이상학》은 애초에 1권(A), 5권(Δ), 11권(K)(의 앞부분), 12권(Λ), 14권
(N)으로 이루어졌을 것이다. 11권은 나중에 3권(B), 4권(Γ), 6권(E)으로
대체되었다. (14권에 대한 아주 다른 나중 판인) 13권(M)은 14권 앞에 붙었
다. 그리고 Α Β Γ Ε Ζ Η Θ Ι Μ Ν는 아리스토텔레스 자신이 직접 했을
법한 빈번한 교차 언급에 의해 서로 연결된 채, 꽤나 잘 짜인 하나의 전체
를 이루었다.

다음으로 일련의 윤리학적인 논문들이, 즉 《니코마코스 윤리학》, 《대

41 *Scholia*, 589a 41.
42 R. Eucken, *De Aristotelis Dicendi Ratione*, Göttingen 1866, 10-11쪽.
43 알렉산드로스는 앞부분에 대해서만 해설한다.

윤리학〉, 《에우데모스 윤리학》이 따른다. 많은 학자들은 그간 《에우데모스 윤리학》이 아리스토텔레스의 제자 에우데모스가 쓴 후대의 작품이라고 생각했지만, 《니코마코스 윤리학》과 《에우데모스 윤리학》이란 명칭에 대한 가장 자연스러운 설명은 이 작품들이 각기 아리스토텔레스가 윤리학에 관하여 행한 두 개의 강좌를 니코마코스와 에우데모스가 편집한 것이라는 점이다.[44] 아리스토텔레스의 문법을 가장 상세하게 연구한 사람은[45] 《에우데모스 윤리학》의 문법이 아리스토텔레스의 것이라는 결론에 이르렀다. 게다가 최근에 이 작품이 《프로트렙티코스》로부터 《니코마코스 윤리학》에 이르는 직접적인 발전의 선상에 서 있다는 점이 지적되었다.[46] 그것은 상당히 초기에 쓰인 작품으로서, 애초에 《형이상학》을 이뤘던 부분들처럼 아리스토텔레스가 기원전 348-345년 사이에 아소스에 머무르고 있던 때의 것으로 추정된다. 많은 학자들의 호기심과 재간을 발동시킨 문제는 《에우데모스 윤리학》 3권(Γ)(《니코마코스 윤리학》 4권에 상응)의 끝부분에 필사본들이 다음의 세 권[4, 5, 6권]은 《니코마코스 윤리학》의 다음 세 권[5, 6, 7권]과 일치한다고 진술하고, 곧바로 그것들이 7권(Η)이라 부르는 것으로 넘어간다는 사실이다. 이 세 권은 《니코마코스 윤리학》에 속하는가, 《에우데모스 윤리학》에 속하는가, 아니면 일부는 하나에, 일부는 다른 하나에 속하는가? 이 세 권들에서 다뤄진 주제에 관한 두 개의 저술이 존재하기라도 했는가, 아니면 우리가 가지고 있는 판이 여태 존재했던 유일한 판인가? 있을 수 있는 거의 모든 답변들이

44 알렉산드로스는 우리에게 《형이상학》이 그와 비슷하게 에우데모스에 의해 편집되었다고 전한다(*Scholia*, 760b 20). Asclepius, *Scholia*, 519b 38 참조.
45 R. Eucken.
46 W. Jaeger, *Aristoteles*, Munich 1923, 237-70쪽. T. Case, *Encyclopaedia Britannica*, 11판, 2권 512-15쪽 참조.

다양하게 이런 물음들에 주어졌고, 몇 가지 답변들은 설득력 있는 논증에 의해 지지되었다. 이 문제에 대해서는 여전히 의견이 분분하다. 이 세 권들과 두 저술의 다른 권들 사이에 있는 대부분의 유사점들이나 교차 언급들은 똑같이 적합한 다른 것들을 직면할 것이다. 그러나 다음의 점들은 아직 마땅히 받아야 할 주목을 받지 못했다. (1) 아리스토텔레스의 저술들에 대한 가장 오래된 목록(디오게네스 라에르티오스의 목록)은 하나의 《윤리학》을 언급하면서, 이것에 다섯 권을 할당한다. 이는 의심스러운 권들을 제외한 《에우데모스 윤리학》일 수밖에 없다. 그다음으로 오래된 목록에는 하나의 《윤리학》만이 담겨 있고, 여기에 열 권이 할당되어 있다. 이것은 의심스러운 권들을 포함한 《니코마코스 윤리학》일 수밖에 없다. 만일 흔히 추정하듯 이 두 목록이 헤르미포스의 권위에 기대고 있다면, 우리는 의심스러운 권들이 이르면 기원전 200년에 《에우데모스 윤리학》이 아니라 《니코마코스 윤리학》에 귀속되었음을 알게 된다. (2) 논쟁이 되고 있는 권들에는 나타나지 않는 몇 가지 문법적으로 특이한 점들이 《에우데모스 윤리학》에 있는 것으로 관찰되었다.[47]

그렇다면, 이 권들은 아마도 《니코마코스 윤리학》에 속할 것이다. 《에우데모스 윤리학》은 아마도 한때 그에 상응하는 부분을 자기 것으로서 가졌을 것이다. 왜냐하면 (1) 중심이 되는 세 권의 주제를 다소 다르게 취급함을 전제하는 듯한 언급들이 《에우데모스 윤리학》에 있기 때문이고, (2) 아주 가까이 《에우데모스 윤리학》을 따르는 《대 윤리학》이 상응하는 부분에서 우리가 가지고 있는 세 권에서 찾아볼 수 없는 문제들을 소개하

---

47 R. Eucken, *De Aristotelis Dicendi Ratione*, Göttingen 1866, 9, 34쪽과 *Über den Sprachgebrauch des Aristoteles*, Berlin 1868, 10쪽 참조. 이런 특이한 점들은 에우데모스에서 비롯된 것일 수 있다.

기 때문이다. 《대 윤리학》은 명시적으로 기원전 3세기 초의 것으로 연대가 추정된다. 그것은 테오프라스토스 학설의 흔적을 담고 있고, 그것의 언어는 몇 가지 면에서 후대의 것이다.[48] 기원전 1세기나 기원후 1세기의 것으로 추정되는 《덕과 악덕에 관하여》는 페리파토스학파의 윤리학과 플라톤의 윤리학을 절충하려는 시도다.

《정치학》은 확실하게 아리스토텔레스의 작품이다. 그동안 그것을 이루는 권들의 '적절한' 순서에 대해 많은 토론이 있었다. 그러나 실제로 그것은 원래 다수의 독립적인 논문들로 구성되어 있는 것으로서, 하나의 전체를 완전하게 이루고 있지 못하다.[49]

《경제학》 1권(A)은 《정치학》 1권과 크세노폰의 《경영론》에 기반을 둔 저술이다. 아마도 테오프라스토스나 1세대나 2세대 페리파토스학파에 속하는 다른 어떤 사람에 의해 쓰였을 것이다. 2권(B)은 다양한 재정적 장치들을 예시하는 역사적인 사례들의 편찬으로서 저술 연대는 기원전 300년쯤으로 추정된다. 3권(Γ)은 라틴어 번역본으로만 남아 있다. 아마도 헤쉬키오스의 목록에 언급된 《부부에 관한 법률들》과 일치할 것이다. 그러나 그것은 아리스토텔레스의 것이 아니다. 그것은 일부는 기원전 250-30년 사이에 살았던 페리파토스학파 사람의 작품이고, 일부는 기원후 100-400년 사이에 살았던 스토아학파 사람의 작품이라고 생각된다.

《연설술》은 처음 두 권에 관한 한, 확실히 아리스토텔레스의 작품이다. 3권(Γ)은 한때 의심되었으나, 그것이 아리스토텔레스의 작품임은 그동안 충분히 입증되었다.[50] 《알렉산드로스에게 바치는 연설술》은 몇몇 학자들

---

48 그러나 그것이 세 윤리학서 중 가장 오래된 것이라는 폰 아르님(von Arnim)의 견해(그의 책, 294쪽 이하 참조)는 주의 깊게 살필 만한 가치가 있다.
49 이 책의 1장 각주 66, 8장 395-97쪽 참조.
50 딜스(H. Diels)는 3권(Γ)이 원래 독립적인 논문으로서, 아마도 디오게네스의 목록에 'peri

에 의해 아리스토텔레스의 초기 동시대인이었던 람프사코스 출신의 아낙시메네스에게 귀속되었지만, 그것은 아리스토텔레스 학설의 요소들을 담고 있고, 저술 연대는 기원전 3세기 초로 추정된다.[51] 전집은 일부분만 남은 그의 작품 《창작술》로 끝난다. 아리스토텔레스의 소실된 작품들 중 158개의 그리스 도시국가의 《정치체제들》에 관한 그의 서술만큼 아쉬운 것이 없다. 1890년 이집트에서 운 좋게도 이것들 중 첫 번째의 것인 《아테네인들의 정치체제》를 담은 파피루스가 빛을 보게 되었다.

아리스토텔레스의 현존하는 저술들 전부 또는 거의 전부는 보통 그가 뤼케이온을 이끌었던 시기에 속한다고 생각된다. 그러면 당연히 글로 쓰인 작품들과 그의 말을 통한 가르침의 관계는 어떤 것인지 의문이 난다. 그의 많은 작품들의 거칠고 마무리되지 못한 상태, 많은 반복과 지엽적인 논의는 출간을 위해 준비된 작품들이 아니라 아리스토텔레스 자신의 강의 기록물이거나 제자들이 적어 둔 기록물이라는 데에 기인한다는 의견들이 종종 제시되었다. 뒤의 가설은 여러 가지 점을 고려하건대 가능성이 없다. 제자들의 기록물이 현존하는 대부분의 작품들처럼 그토록 정합적이고 지적인 결과를 산출했으리라고 생각하기 어렵다. 또는 다른 제자들의 기록물들이(전집을 모두 한 사람이 책임지고 맡았다고 생각하기 어렵기 때문이다) 그렇게 단일한 문체를 보였으리라고 생각하기 어렵다.[52] 작품들을

lexeōs'라는 제목으로 모습을 드러낸 것일 거라는 점을 보여 주었다(Über das dritte Buch der aristotelischen Rhetorik, in *Abhandlungen der Königlichen Akademie der Wissenschaften zu Berlin*, in Philologisch-historische Klasse 4, 1886, 11-16쪽).

51 케이스(T. Case)는 *Encyclopaedia Britannica*, 11판, 2권 515-16쪽에서 그것이 《연설술》보다 이른 진품이라고 주장한다. 그는 만일 그것이 《연설술》보다 이른 것이라면 아리스토텔레스의 것임에 틀림없고, 따라서 그것은 아낙시메네스의 것일 수 없다는 점을 성공적으로 보여 준다. 그러나 그것의 언어는 어떤 점에서 아리스토텔레스의 것보다 나중의 시기에 속한다.

52 《자연학》 7권(H), 《형이상학》 2권(A), 11권(K)은 어쩌면 아리스토텔레스의 강의에 대한 제자들의 기록물일 수도 있다.

오로지 아리스토텔레스 자신이 강의를 위해 대강 기록해 둔 것만으로 볼 수도 없다. 어떤 권의 일부는 확실하게 그런 특징을 보이고,[53] 간결한 문체로 말미암아 모호한 지경에 이르게 되는 다른 것들도[54] 근원이 비슷하다.[55] 그러나 대부분의 작품들은 그렇지 않다. 그것들은 완전한 표현을 보여 주고, 강연을 위한 대강의 메모라는 것과 양립하기 어려운 저술 형태에 힘을 쏟고 있다는 점을 보여 준다. 아리스토텔레스가 독자가 아니라 청중을 상대로 하고 있다는 증거로 두 곳이 인용되었지만, 둘 다 설득력이 없다.[56] 그러나 글로 쓰인 작품들이 대부분 뤼케이온에서의 가르침과 긴밀하게 연관되어 있다는 점은 의심할 수 없는 사실이다.[57] 아리스토텔레스가 강의를 하기 전에 글로 완성해 놓았을 수 있고, 글로 쓰인 작품들은 아마도 이런 의미에서 그의 강의일 것이다. 그러나 그는 이것보다 훨씬 자유롭게 강연을 했을 것이고, 우리가 가지고 있는 책들은 그가 강의를 놓친 사람들에게 보여 주기 위해, 학생들이 제공할 수 있는 기억이나

---

53 《형이상학》 12권(Λ) 1-5장에는 다른 저술이 딱 한 번 언급되고, 'meta tauta hoti'(다음으로 이런 점이 있다)란 구절이 두 번 나온다(1069b 35, 1070a 4). 《앞 분석론》 1권(A) 1장 24a 10-15 참조.

54 예를 들어, 《혼에 관하여》 3권(Γ).

55 잭슨(H. Jackson) 교수는 그의 논문 Aristotle's lecture-room and lectures, in *Journal of Philology* 35(1920), 191-200쪽에 아리스토텔레스의 저술들에 나타난, 강연자들의 수많은 습관적 방식들을 잘 드러냈다.

56 (a) 《소피스트식 논박》 34장 184b 3-8. 'pantōn hymōn ē tōn ēkroamenōn'[우리들 모두의 또는 청중들의]은 더 넓은 상대 집단 ―독자(讀者)처럼 보이는 사람들('theasamenois hymin'[관조한 우리들에게] 참조)― 으로부터 강연 참석자들을 구분한다. (b) 《니코마코스 윤리학》 2권(B) 3장 1104b 18의 'hos kai prōēn eipomen'[그저께 우리가 말했듯이]. 그러나 여기서 prōēn은 '그저께'뿐만 아니라 '조금 앞에서'를 뜻할 수도 있다.
　　《윤리학》은 모든 저술들 중 가장 빈번하게 청중들을 언급하고 있다(1권 3장 1095a 2-4, 12, 4장 1095b 4, 7권 3장 1147b 9, 10권 9장 1179b 25).

57 《자연학》은 필사본들에서 '자연학 강의'란 제목이 달려 있고, 《정치학》은 한때 '정치학 강의' 란 제목이 달렸었다.

기록물보다 더 정확하게 자신의 견해를 기록하는 방식으로, 강연 후에 적어 둔 메모였을지 모른다. 그의 저술들에서 관찰되는 반복이라든가 약간 차이 나는 점들은 그가 어떤 주제를 딱 한 번만 다루지는 않고, 거듭 그 주제로 복귀했다는 사실에 의해 설명될 수 있다. 서투른 편집자는 대가가 써 놓은 것을 조금도 포기하지 않으려는 마음에서 같은 물음에 대한 그의 생각을 담은 두어 개의 판들을 가끔 그대로 보존하기도 했다.

현존 작품들이 대부분 아리스토텔레스가 두 번째로 아테네에 거주한 시기(기원전 335-323년쯤)와 관련된다는 개연성은 전반적으로 작품들 자체에서 찾아낼 수 있는 시간 기록에 의해 확인된다. 일상적인 언급 ─아테네에서 테바이로 가는 길, 아이기나로의 항해, 디오뉘소스 축제와 타르겔리온 축제, 배우 테오도로스의 목소리 운용에 대한 언급[58]─ 은 아테네 청중을 전제한다. 왕관자리의 위치 관찰은 펠라의 위도보다는 아테네의 위도와 일치한다.[59] 그리고 그는 뤼케이온 자체를 종종 언급하고 있다. 이것은 그가 아테네에 머무른 첫 번째 시기가 아니라 두 번째 시기를 시사한다.[60] 역사적인 사건들에 대한 언급들도 같은 쪽을 가리킨다. 《기상학》에서 아리스토텔레스는 니코마코스의 통치(기원전 341년)를 언급한다.[61] 《정치학》은 필리포스 왕의 살해(기원전 336년)를 언급한다.[62] 《연

---

58 《자연학》 3권(Γ) 3장 202b 13, 《형이상학》 5권(Δ) 5장 1015a 25, 30장 1025a 25, 24장 1023b 10, 《연설술》 3권(Γ) 2장 1404b 22. 《정치학》 7권(H) 17장 1336b 28, 《창작술》 3장 1448a 31 참조.
59 《기상학》 2권(B) 5장 362b 9. 그러나 이 구절이 진짜인지 의심할 근거들이 있다.
60 《범주들》 4장 2a 1, 《자연학》 4권(Δ) 11장 219b 21, 《연설술》 2권(B) 7장 1385a 28. 그러나 앞의 두 곳에서 뤼케이온이 아고라와 연결되어 있는 것은 이곳들이 소크라테스가 즐겨 찾은 곳이라는 점을 우리에게 일러 준다. 이것들을 장소의 예로 선택한 것은 아리스토텔레스가 학교를 세우기 이전일 수도 있는 것이다.
61 《기상학》 1권(A) 7장 345a 1.
62 《정치학》 5권(E) 10장 1311b 1.

설술》은 기원전 338-336년에 일어난 사건들을 언급한다.[63] 《아테네인들의 정치체제》는 기원전 329-328년보다 이를 수 없다.[64] 아리스토텔레스가 《형이상학》 12권(Λ)에서 언급하고 있는 칼리포스의 천문학 이론은 기원전 330-325년보다 앞선 때일 수 없다. 다른 한편으로, 《기상학》 3권(Γ) 1장 371a 31에서 에페소스 신전의 화재(기원전 356년)와 《정치학》 5권(E) 10장 1312b 10에서 디온이 시라쿠사로부터 디오뉘시오스를 추방한 것(기원전 357/6년)은 nyn[방금] 일어난 일처럼 언급되고 있다. 이로부터 미루건대 이 작품들은 아리스토텔레스가 아테네에 처음 머물렀을 때 쓰이기 시작했을 것이다.

우리가 만일 어떤 심리적인 순서로 아리스토텔레스의 작품들이 쓰였을 가능성이 가장 많은지를 묻는다면, 답은 틀림없이 그의 저술들은 점진적으로 플라톤의 영향에서 물러남을 반영했을 것이라는 점이다. 이것을 주도적인 원리로 삼고, 우리 수중에 있는 것과 같은 약간의 연대 측정 지식을 사용하여, 우리는 그가 플라톤을 본보기로 삼아 대화편들로 글쓰기를 시작했다고, 하지만 이것들의 말미에서 플라톤이 감각 대상들로부터의 이데아의 '분리'를 내세운 것에 대한 그의 반발이 느껴지기 시작했다고 말할 수 있을 것이다. 대화편들은 대부분 아마도 그가 아카데미아의 일원이었을 때에 쓴 것일 것이다. 그가 트로아스, 레스보스, 마케도니아에 머물렀던 시기에는, 특징상 많은 부분이 플라톤적인 현존 작품들 ― 《오르가논》,[65] 《자연학》, 《천체에 관하여》, 《생성과 소멸에 관하

---

63 《연설술》 2권(B) 23장 1397b 31, 1399b 12.
64 《아테네인들의 정치체제》 54장 7절을 보라.
65 《토포스론》은 2권(B)-7권(H) 2장, 7권(H) 3-5장, 1권(A), 8권(Θ)의 순서로 쓰였을 것이다. 마이어(H. Maier, *Syllogistik des Aristoteles*, 2-2권, 78쪽 각주 3)도 같은 생각이다. 이 저술의 주요 부분인 2권(B)-7권(H) 2장은 대부분 플라톤적인 착상의 범위 안에서 진행되고 있다.

여), 《혼에 관하여》의 3권(Γ), 《에우데모스 윤리학》, 《형이상학》과 《정치학》의[66] 가장 오래된 부분들— 의 초기 형태가 속한다. 이것들에 우리는 아마도 《동물 탐구》 중 그가 초기에 쓴 부분들을 추가해야 할지도 모른다. 그의 두 번째 아테네 시기에는 나머지 연구 결과물들 —《기상학》, 심리학과 생물학에 관련된 작품들, 《정치체제들》의 수집 및 이름 말고는

졸름젠(F. Solmsen)은 그의 저술 *Entwicklung der Aristotelischen Logik und Rhetorik*, Berlin 1929에서 먼저 대화술의 논리를 (《토포스론》에서) 완성하였고, 그다음에 (《뒤 분석론》에서) 학문의 논리를, 마지막으로 (《앞 분석론》에서) 대화술과 학문에 모두 적용될 수 있는 형식 논리를 완성하였다고 주장하였다. J. L. Stocks, The Composition of Aristotle's Logical Works, in *Classical Quarterly* 27(1933), 115-24쪽 참조. 이 견해는 몇 가지 점에서 관심을 끌지만, 그것이 참이라는 결론이 분명하게 나오기에는 아직 충분하게 검토되지 않았다. 만일 《뒤 분석론》이 《앞 분석론》보다 먼저 쓰인 것이라면, 그 견해에 많은 손질이 가해졌을 것이다.

마이어는 그의 논문 Die Echtheit der Aristotelischen Hermeneutik, in *Archiv für Geschichte der Philosophie* 13(1899), 23-72쪽에서 《명제에 관하여》가 현존하는 모든 작품들 중 가장 늦은 시기의 것이고, 아리스토텔레스가 미완으로 놔둔 것이라는 견해를 펼친다. 그러나 케이스(T. Case)는 *Encyclopaedia Britanica*, 11판, 2권 511-12쪽에서 《명제에 관하여》의 판단에 관한 분석이 《앞 분석론》의 그것보다 더 미숙하고, 플라톤의 《소피스트》 261e-262b에 나오는 것에 더 유사하다는 점을 지적하였다.

66 《정치학》의 권들의 상대적인 연대에 관해 최근에 많은 논의가 있었다. 그 주인공들은 애거(W. Jaeger, *Aristoteles*, Munich 1923, 6장)와 폰 아르님(H. von Arnim, *Zur Entstehungsgeschichte der aristotelischen Politik*, Vienna 1924)이다. 애거는 3권(Γ), 2권(B), 7권(H), 8권(Θ) → 4권(Δ), 5권(E), 6권(Z) → 1권(A)의 순서를 지지한다. 폰 아르님은 1권, 3권 → 4권, 5권 → 6권 → 2권 → 7권, 8권의 순서를 지지한다. 폰 아르님을 따르는 호흐밀러(B. Hochmiller, *Opuscula Philologa*, 1928)의 논의도 있고, 전반적으로 애거를 따르는 망시옹(A. Mansion, La genese de l'oeuvre d'Aristote d'après les travaux recents, in *Revue Néo-Scolastique de Philosophie* 29, 1927, 451-63쪽), 스탁스(J. L. Stocks, The Composition of Aristotle's Politics, in *Classical Quarterly* 21, 1927, 177-87쪽), 바커(E. Barker, The Life of Aristotle and the Composition and Structure of the Politics, in *Classical Review* 45, 1931, 162-72쪽), 로젠베르크(A. Rosenberg, Aristoteles über Diktatur und Demokratie, in *Rheinisches Museum* 82, 1933, 338-61쪽)와 지그프리트(W. Siegfried, Zur Entstehungsgeschichte von Aristoteles' Politik, in *Philologus* 88, 1933, 362-91쪽)의 논의도 있다. 이런 논의들을 검토한 결과 나는 7권, 8권이 4권, 5권, 6권에 앞선다는 결론을 얻었다. 그러나 분리된 세 논문인 1권, 2권, 3권이 다른 권들과 갖는 관계는 여전히 의문이다. 이 문제는 여기에서 깊이 다루기에는 너무 복잡하다. 이 책의 395-97쪽 참조.

알지 못하는 기타 대규모의 역사 탐구물들— 이 속한다. 이 시기에 또한 《니코마코스 윤리학》, 《창작술》, 《연설술》, 그리고 중간 시기에 시작된 현존 작품들이 완성되고 다듬어졌다.[67] 일반적인 움직임은 저 세상으로 부터 벗어나 자연 및 역사의 구체적인 사실들에 관한 집중된 관심을 향한 움직임이었고, 세상의 '형상'과 의미는 '재료'와 따로 찾지 않고 '재료' 안에 구현된 채로 찾아야 한다는 확신을 향한 움직임이었다고 말해도 좋을 것이다.

[67] 얘거가 이런 순서를 뒷받침하기 위해 그의 저술 *Aristoteles*에서 펼치는 뛰어난 논증은 설득력이 있어 보인다.

2장
논리학

아리스토텔레스는 학문을 이론적인 학문, 실천적인 학문, 제작적인 학문으로 나눈다.[1] 각 종류의 직접적인 목적은 아는 것이지만, 궁극적인 목적은 각각 앎, 행위, 유용하거나 아름다운 물건의 제작이다. 논리학이 만일 이런 분류의 틀 속으로 들어간다면, 이론적인 학문에 포함되어야 할 것이다. 그러나 이론적인 학문은 수학, 자연학, 신학 또는 형이상학뿐이고,[2] 논리학은 이런 것들 중 어느 것에도 포함될 수 없다. 그것은 실제로 아리스토텔레스에 따르면 실질적인 학문이 아니라,[3] 누구든 어떤 학문을 학습하기 전에 받아야 할 교양 일반의 일부이다. 그리고 이것만이 어떤 종류의 명제들에 대해서 증명을 요구하고 어떤 종류의 증명을 그것들에 대해 요구해야 하는지를 알게 해 준다.[4] 이와 비슷한 생각이 '오르가

---

1 《형이상학》 6권(E) 1장 1025b 25.
2 《형이상학》 6권(E) 1장 1026a 18.
3 그는 '분석적인 학문'을 한 번 언급하고 있기는 하다(《연설술》 1권 4장 1359b 10).
4 《동물의 몸에 관하여》 1권(A) 1장 639a 4, 《형이상학》 4권(Δ) 3장 1005b 3, 4장 1006a 6, 《니코마코스 윤리학》 1권(A) 3장 1094b 23.

논'(Organon) 또는 '(학문의) 도구'라는 말을 논리학적인 이론에,[5] 그리고 궁극적으로는[6] 아리스토텔레스의 논리학적인 저술들 전체에 적용하는 것에 깔려 있다.

'논리학'이라는 말은 아리스토텔레스에게는 알려지지 않은 것이다. 그 말의 기원은 키케로의 시대 이전으로 거슬러 올라갈 수 없다. 키케로의 시대에도 logica는 논리학보다는 대화술[변증술]을 의미하고, 알렉산드로스는 처음으로 logikē를 논리학의 의미로 쓴 저술가이다. 이런 지식 분야, 또는 적어도 추리의 연구에 대해 아리스토텔레스 자신이 붙인 명칭은 '분석론'이다. 일차적으로 그것은 추리를 삼단논법의 여러 가지 격(格)들로 분석하는 일을 가리키지만,[7] 우리는 이것을 확대하여 삼단논법을 명제들로, 명제를 개념들로 분석하는 일까지 포함할 수 있을 것이다.

논리학적인 논문들은 크게 세 가지 부분으로 구분된다. (1)《앞 분석론》에서 아리스토텔레스는 그가 모든 추리에 공통된 것으로 여기는 구조 —삼단논법— 를 드러내고, 다루는 주제의 성격과 무관한 그것의 다양한 형태를 제시하는 것을 목표로 삼는다. 이것을 형식 논리학이라든가 무모순의 논리학이라 불러도 괜찮을 것이다. (2)《뒤 분석론》에서 그는 추리가 단지 모순이 없을 뿐만 아니라 완전한 의미에서 학문적이기 위해서 갖춰야 할 추가의 특징들을 논의한다. 이것은 그저 무모순성에만 관심을 갖지 않고 진리에도 관심을 둔 논리학으로 강조된다. (3)《토포스론》과《소피스트식 논박》에서 그는 삼단논법적으로 타당하지만 학문적인 사유의 한 가지 또는 여러 가지 조건들을 충족시키지 못하는 추리 형식들을 연구

---

5   아프로디시아스 출신의 알렉산드로스(2세기)에 의해.
6   6세기에.
7   《앞 분석론》1권(A) 32장 47a 4,《뒤 분석론》2권(B) 5장 91b 13 등.

54

한다. 대략 말하자면 개념과 명제를 각각 연구하는 《범주들》과 《명제에 관하여》는 예비적인 논문들이라고 말할 수 있다.

아리스토텔레스는 이 문제를 명시적으로 다루지는 않지만, 논리학과 이것과 때로는 동일시되고 혼동되는 다른 학문들 ─문법, 심리학, 형이상학─ 간의 차이점에 대해 분명한 생각을 가지고 있다. 그것은 그에게는 사유의 기호인 말들에 관한 연구가 아니라 사유에 관한 연구이다. 그리고 사유는 자연 탐구에 관련한 사유가 아니라 진리에 성공적으로 도달하느냐 그렇지 못하느냐에 관련된 사유이고, 사물들의 본성을 만들어 내는 사유가 아니라 그것을 이해하는 사유이다.

{ 개 념 }

《범주들》은 모든 논리학이 아마도 그래야 하듯이 언어적인 사실들의 고찰에 의해 시작한다. 그것은 '결합되지 않고 말해진 것들'을 '결합되어 말해진 것들'로부터 구분한다.[8] 다시 말해, '사람', '달린다', '뤼케이온에' 와 같은 단어들과 표현들을 '사람이 달린다'와 같은 명제들로부터 구분한다. 아리스토텔레스는 '결합되지 않은 낱말들'이 다음과 같은 것들 중 어느 하나를 의미한다고 말한다.[9]

실체	(예를 들어, '사람')
양	(예를 들어, '1미터만큼 긴')

8   《범주들》 2장 1a 16.
9   《범주들》 4장 1b 25.

질	(예를 들어, '흰')
관계	(예를 들어, '두 배')
장소	(예를 들어, '뤼케이온에')
시간	(예를 들어, '어제')
자세	(예를 들어, '앉아 있다')
소유	(예를 들어, '신을 신고 있다')
능동	(예를 들어, '자르다')
수동	(예를 들어, '잘리다')

이러한 범주들 ―이것들 중 어떤 것들 또는 모두― 은 아리스토텔레스의 거의 모든 저술들에 나오고, 이 이론은 어디에서든 이미 정립된 것으로 간주된다. 범주들의 개수에 대해 그는 일관된 입장을 보이려고 애쓰지 않는다. 자세와 소유는 마찬가지로 초기 작품으로 추정되는 것에[10] 한 번만 다시 나오고, 한 번은 나머지 8개 범주가 완전한 목록을 이루는 것으로서 인용된다.[11] 아리스토텔레스가 나중에 자세와 소유는 궁극적이고 더는 분석될 수 없는 개념들이 아니라는 결론에 이른 것처럼 보인다.

그동안 범주 이론의 의미에 대하여 많은 논쟁이 있었다. 이는 대부분 우리가 아리스토텔레스의 저술 어디에서도 완성되어 가고 있는 그 모습을 보지 못한다는 사실에 기인한다. 트렌델렌부르크(F. A. Trendelenburg)는 범주들 사이의 구분은 문법적인 구분에서 유래한다고 주장하였다. 언어의 형식에 관한 연구가 범주 이론의 형성에서 아리스토텔레스에게 길

---

10 《토포스론》 1권(A) 9장 103b 23.
11 《뒤 분석론》 1권(A) 22장 83b 15. 《자연학》 5권(E) 1장 225b 5-9, 2장 226a 23-25 참조.

잡이가 된 중요한 점들 중 하나였다는 것을 보는 것은 쉽다. 예를 들어, 관계의 범주들은 그것들을 가리키는 이름들이 한 단어를 2격이나 3격으로 지배한다는 사실에 의해 다른 범주들로부터 구분된다.[12] 그러나 그는 범주들의 목록에 토대가 될 만한 언어의 부분들의 목록을 가지고 있지 않다. 그가 그 자체로 인정한 언어의 부분들은 명사와 동·형용사뿐이다.[13] 그리고 범주 이론은 문법이 갈라놓는 것들을 한데 모으고,[14] 문법이 한데 모으는 것들을 갈라놓는다.

더 나아가, 범주 이론은 플라톤의 아카데미아 안에서 발전되었고 아리스토텔레스는 이것을 이어받았을 뿐이라는 주장도 있었지만,[15] 이를 뒷받침할 만한 실제 증거는 없다. 범주들은 《소피스트》의 '최대의 유(類)들'[16] ―있음, 같음, 다름, 정지, 운동― 과 또는 《테아이테토스》의 '공통 속성들'[17] ―비슷함과 안 비슷함, 있음과 있지 않음, 같음과 다름, 홀과 짝, 하나와 수(여럿)― 과 공통점이 거의 없다. 아리스토텔레스가 플라톤에게 빚진 것은 그보다는 실체, 질, 양, 관계, 능동과 수동이란 추상적인 개념들의 인지이다. 이런 개념들에 대한 암시가 아주 우연히도 플라톤에서 일어난다. 하지만 그는 결코 그것들을 체계적으로 연결하지 않는다. 그러

---

12 《범주들》 7장 6b 6-11, 8a 17-18. 이렇게 해서 학문은 pros ti [관계 범주]에 속하지만, 특정 학문들은 그렇지 않다(8장 11a 23-32). stasis [서 있기]는 관계 범주에 속하지만, to hestanai [서 있음]은 그렇지 않다(7장 6b 11).
13 《명제에 관하여》 2장, 3장. 진품인지 아주 의심이 가는 《창작술》 20장은 연결사와 관사를 추가한다.
14 예를 들어, 양과 질의 범주는 형용사뿐만 아니라 일정한 명사들도 포함한다. 《범주들》 6장 4b 23, 8장 9a 29.
15 예를 들어, A. Gerske, Ursprung der aristotelischen Kategorien, in *Archiv für Geschichte der Philosophie* 4(1891), 424-41쪽에 의해.
16 《소피스트》 251-53, 특히 254d.
17 《테아이테토스》 185.

나 그가 그것들을 실재의 일반적인 양상으로서 인지한 것은 아리스토텔레스의 사유에 상당한 도움이 되었음에 틀림없다.

범주 이론은 메가라학파 및 초기의 다른 철학자들을 괴롭혔던 술어에 관한 일정한 난점들을 해결하기 위한 시도로서 시작되었을 가능성이 많다.[18] 아리스토텔레스의 목표는 결합되어 문장을 이룰 수 있는 단어들 및 표현들이 갖는 의미의 핵심 유형들을 구분함으로써 문제를 해결하는 것이었던 것으로 보인다. 그리고 이것을 수행하면서 그는 실재의 구조에 함축된 존재의 핵심 유형들에 관한 최초의 것으로 알려진 분류에 도달했다.

왜 그것들은 범주라 불리는가? katēgoria의 보통의 의미는 '술어'이지만, 첫 번째 범주에 주로 속하는 것은 개별적인 실체들이고, 이것들은 아리스토텔레스의 이론에 따르면 결코 술어로서 적합하지 않고 항상 주어이다. 그래서 으뜸 실체들은 범주 이론에 적절하게 들어맞지 않는다고 때때로 생각되었다. 그러나 그렇지 않다. '소크라테스'는 물론 아리스토텔레스의 원칙에 따르자면 술어로 적합하지 않다. 그러나 빨강이 무엇인지를 묻는다면 궁극적인 대답이 '질'이듯이, 우리가 소크라테스가 무엇인지 묻는다면 궁극적인 대답, 즉 가장 일반적인 대답은 '실체'다. 범주들은 이름을 들 수 있는 다양한 존재들에 대해 본질적으로 술어가 될 수 있는, 즉 우리에게 그것들이 근본적으로 어떤 종류의 존재인지를 말해 줄 가장 폭넓은 술어들의 목록이다.

첫 번째 범주는 실체이다. 이것은 다른 모든 범주들에 의해 전제되는 기체(基體)이다. 실체를 아리스토텔레스는 (1) '어떤 주어에 대해서 술어가 되지도 않고 어떤 주어 안에 있지도 않은', 예를 들어 특정 사람들이나

---

18 이 견해는 O. Apelt, Die Kategorienlehre des Aristoteles, in *Beiträge zur Geschichte der griechischen Philosophie*, Leipzig 1891, 101-216쪽에 훌륭하게 나타나 있다.

말들과 같은 으뜸[제일] 실체들과 (2) 버금[제이] 실체, 즉 으뜸 실체들을 포함하는 종(種)들과 유(類)들로 구분한다.[19] 뒤의 것들은 '어떤 주어에 대해서 술어가 되지만, 어떤 주어 안에 있지 않다.' 여기에서 '어떤 주어에 대해서 술어가 된다'는 보편자와 개별자의 관계를 언급하고, '어떤 주어 안에 있다'는 속성과 이것을 소유한 것의 관계를 언급한다. 실체 외의 다른 모든 범주들은 '어떤 주어 안에 있다.' 그것들 가운데 어떤 것들은, 예를 들어, 지식은 또한 '어떤 주어에 대해서 술어가 된다.' 그러나 문법 지식의 특정한 일부는 그렇지 않다.[20] 이렇듯, 으뜸가는 것과 버금가는 것을 (즉, 개별자와 보편자를) 실체 범주뿐만 아니라 다른 범주들에서도 구분할 수 있었겠지만, 아리스토텔레스는 명확하게 구분하지 않는다.

개별적인 실체의 우위성은 아리스토텔레스의 사유에서 가장 확고한 점들 중 하나이다 — 이 점에서 그는 극명하게 플라톤의 이론으로부터 벗어난다. 그러나 으뜸 실체가 그에게는 가장 실재하는 것이지만, 버금 실체는, 그것도 특히 최하위의 종(infima species)은 그의 논리학에서 중심점이다. 왜냐하면 논리학은 사유의 연구이고, 개별자가 그것의 종적인 본성에 더하여 포함하는 것은 그것이 구현되어 있는 특수한 재료에 기인하고, 그래서 사유를 벗어나 있기 때문이다. 최하위의 종에 속한 구성원들은 그

---

19 《범주들》 5장 2a 11.
20 《범주들》 2장 1a 29, 23. 일반적인 질, 양 따위와 이것들의 사례인 개별적인 질, 양 따위를 명시적으로 구분하는 일을 아리스토텔레스는 자신의 저술 중 어디에서도 하지 않는다고 나는 생각한다. 아리스토텔레스와 이후 철학 모두에서 보이는 일반적인 경향은 실체 범주를 제외하고는 보편적인 것과 개별적인 것을 구분하지 않는다는 점이다. 스타우트(G. F. Stout) 교수는 그러나 최근에 (The Nature of Universals and Propositions, in *Proceedings of British Academy* 10, 1921-1922, 157-72쪽에서) 바로 그와 같은 구분을 주장했다. '구체적인 사물이나 개별자를 특징짓는 특징은 그것이 특징짓는 사물이나 개별자처럼 개별적인 것이다. 당구공들이 일반적으로 서로 구분되고 따로 분리되어 있듯이, 두 개의 당구공 각각도 서로 분리되어 있고 구분되는 저에게만 고유한 특별한 둥긂이 있다.'

것들이 인식될 수 있는 한에서 같은 것들이고, 학문에 의해 파악될 수 있는 특성들은 그것들의 종적인 본성으로부터 흘러나온 특성들뿐이다.

아리스토텔레스는 《범주들》 중 그가 쓴 것이 확실한 나머지 부분에서[21] 비교를 통해 실체의 특징들과 나머지 범주들의 주요 특징들을 내놓는 작업에 몰두한다. 실체의 주요 특징들은 다음과 같다. (1) 실체는 '주어 안에' 있지 않다. (2) 그것은 같은 의미로 술어가 된다(이는 버금 실체에 대해서만 맞는 말이다). (3) 그것은 개별적인 것이다(이는 으뜸 실체에 대해서만 맞는 말이다). (4) 실체에 반대되는 실체는 없고, 실체들에는 정도의 차가 없다. (5) 그것은 반대되는 성질들을 받아들인다. 나머지 범주들도 그것들이 이러한 특징들을 똑같이 갖느냐 그렇지 않느냐에 따라 검토된다. 마지막 특징만 모든 실체들에 대해서 맞고 다른 어떤 것에 대해서는 맞지 않는 것으로 드러난다.

우리는 이제 '결합되지 않은 낱말들'의 의미들이 우리의 정신에 주어지는 행위에 대해, 이후 논리학이 말하는 단순한 파악(apprehensio simplex)에 대해[22] 아리스토텔레스가 어떤 할 말이 있을까? 하는 물음으로 관심을 돌려도 될 것이다. 그는 명시적으로 그것을 판단과 구분한다. 그것은 그것의 대상과의 접촉과 비슷하다.[23] 이러한 비교에 의해 우리는 아리스토텔레스의 지각 심리학으로 들어간다. 그는 여기에서 (1) 각 감각에 고유한 감각 성질들의 —색, 소리 따위의— 파악과 (2) 크기, 형태 같은 '공통

---

21 《범주들》 5-9장. 10-15장은 일반적으로 아리스토텔레스가 쓰지 않은 것으로 의심된다.
22 단순한 파악은 예를 들어 《혼에 관하여》 3권(Γ) 6장에서 noēsis라 불린다. 그것의 언어적인 표현은 phasis이다(《명제에 관하여》 4장 16b 27, 5장 17a 17, 《형이상학》 9권 10장 1051b 25). 하지만 phasis는 때로는 긍정과 같은 뜻으로 쓰이고, 때로는 긍정과 부정을 아우르는 말로 쓰인다.
23 《형이상학》 9권(Θ) 10장 1051b 24.

된 감각 성질들'과 (어떤 대상을 보면서 그것의 촉각 성질을 떠올리는 경우처럼) 부수적인 것들의 파악을 구분한다. 첫 번째 종류의 파악은 잘못된 것일 수 없지만, 두 번째 종류의 파악은 잘못된 것일 수 있다. 낱말들의 의미를 파악하는 일은 첫 번째 종류의 파악과 마찬가지로 잘못된 것일 수 없다고 아리스토텔레스는 말한다. 그것은 참이지도 않고 거짓이지도 않다.[24] 또는 그것은 '참'이란 말이 갖는 넓은 의미에서 항상 참이다.[25] 아리스토텔레스는 때로는 모든 존재들에 대한 파악이, 그것들을 결합하는 판단과 구분된 것으로서, 그렇게 단순하고 직접적인 유형의 파악인 것처럼 말한다.[26] 다른 곳에서 그는 '단순한 존재들'에 대한 파악을 이러한 성격의 것으로서 기술한다.[27] 그러나 단순한 존재들에서 단순성의 정도는 두 가지가 있을 수 있다. (1) 그것들은 재료[질료]와 형상으로 분석되지 않을 수 있다(예를 들어, '오목함'은 그 둘로 분석될 수 없지만, '들창코'는 그것이 특정 종류의 재료 —코— 를 포함하기 때문에 그것들로 분석될 수 있다).[28] 아니면, (2) 단순한 존재들은 유(類)적인 요소와 차이를 나타내는 요소로조차도 분석되지 않을 수 있다. 엄밀하게 말해, 실체, 질, 그리고 다른 범주들 또는 최고의 유들(summa genera)만이 그렇게 보다 완전한 의미에서 단순하다.[29] 단순한 존재들에 대한 파악이 단순한 파악이라고 아리스토텔레스가 말할 때 우리가 그의 언어를 진지하게 받아들인다면, 다른 모든 존재들에 대한 파악에는 이 파악이 형상과 재료의 결합, 또는 적어도 유와

---

24 《형이상학》 6권(E) 4장 1027b 27, 《명제에 관하여》 1장 16a 10.
25 《형이상학》 9권(Θ) 10장 1051b 24, 1052a 1, 《혼에 관하여》 3권(Γ) 6장 430b 28.
26 《명제에 관하여》 4장 16b 27, 5장 17a 17.
27 《형이상학》 6권(E) 4장 1027b 27, 9권(Θ) 10장 1051b 17.
28 《혼에 관하여》 3권(Γ) 4장 429b 14, 6장 430b 30, 7장 431b 13, 《형이상학》 6권(E) 1장 1025b 31, 7권(Z) 10장 1035a 26.
29 《형이상학》 8권(H) 6장 1045a 36.

종차의 결합에 대한 인지(認知)를 함축하기 때문에, 한 낱말에 대한 인과적인 정의에 추론이 암시되어 있듯이,[30] 판단이 암시되어 있다는 결론이 나온다. 그러나 이러한 이론은 《오르가논》에 나오지 않는다. 여기에서는 어떠한 존재에 대한 단순한 파악도 판단과 구분되어 있다.

{ ## 명 제 }

《명제에 관하여》는 앎에 관하여 순수 '재현적인' 견해를 표방한다. 혼이 겪은 것들은 '사물들을 닮은 것들'이다.[31] 이런 견해에 따르면, 판단은 실재에서 이루어지는 결합들에 대한 파악으로서 기술되지 않고, '개념들'이라고도 불리는 혼이 겪은 것들 사이에 이루어지는 결합들(또는 부정 판단의 경우에는 분리들)의 정립으로서 기술된다.[32] 그리고 A와 B를 분리하는 것은 A와 ～B를 연결하는 것으로 간주될 수 있으므로, 모든 판단은 긍정 판단이든 부정 판단이든 《혼에 관하여》에서[33] '마치 개념들이 하나인 것처럼 이것들을 연결함'으로 ―판단이 이전에 마음속에 느슨하게 놓여 있는 개념들을 함께 묶는 것으로 이루어져 있는 양― 기술된다. 아리스토텔레스는 똑같이 분리[34] ―혼돈된 상태의 복합물들을 분석하는 것[35]― 도 그렇게 발견된 요소들을 정돈된 전체로서의 판단에다 다시 연결시키

---

30 《뒤 분석론》 1권(A) 8장 75b 32, 2권(B) 10장 94a 2, 12.
31 《명제에 관하여》 1장 16a 7.
32 《명제에 관하여》 1장 16a 9-14.
33 《혼에 관하여》 3권(Γ) 6장 430a 27.
34 《혼에 관하여》 3권(Γ) 6장 430a b 3.
35 《자연학》 1권(A) 1장 184a 21-b 14 참조.

는 것처럼 판단이라고 할 수 있다고 덧붙임으로써 그런 기술의 일면성을 교정한다. 그러나 판단이 개념들의 종합이나 분리로 기술되는 한, 진리와 허위에 관한 근본적인 견해는, 판단은 각기 실재 A, B라는 두 개의 연결된 요소들과 '비슷한' 두 개념 A′, B′를 묶을 때 참이라는 것이다. 그리고 이에 반대되는 경우들에서는 거짓이라는 것이다. 그러나 이러한 투박한 진리 대응설은 그 문제에 관해 아리스토텔레스가 가진 최상의 생각을 나타내지 않는다. 다른 곳에서[36] 그는, 묶이거나 떼어 놓일 마음속에 흩어져 있는 '개념들'이라는 생각을 완전히 버리고서, 사유가 실재와 직접적으로 관련되어 있다고 말하고, 판단은 실재에서 실제로 결합되어 있는 요소들이 결합되어 있다거나 실제로 분리되어 있는 요소들이 분리되어 있다고 주장할 때 참이라고 간단하고도 정확하게 말한다. 이렇게 말하는 것은 어떤 의미에서 진리 대응설을 진술하는 것이지만, 실재의 구조를 실제로 모사하는 사유의 구조가 있다는 생각으로부터 벗어난 진리관이다.

명제에 관련하여, 또는 판단을 낱말들로 표현함에 관련하여, 아리스토텔레스는 문장을 명사와 동·형용사로 분석하는 플라톤에서 출발한다.[37] 그러나 그는 나아가 독자적인 정의와 구분을 확립한다. 명사는 '합의에 의해 의미가 자리 잡히고, 시간 규정이 없고, 그 어떤 부분도 따로는 의미를 갖지 않는 음성'이다.[38] 동·형용사는 명사와 마찬가지로 확정된 의미를 전달하는 것 외에 시간을 언급하고 다른 어떤 것에 대해 주장되는 어떤 것을 가리킨다.[39]

명사와 동·형용사 외에 아리스토텔레스는 더 나은 명칭이 없어 그가

---

36 《형이상학》 9권(Θ) 10장 1051b 3. 4권(Γ) 7장 1011b 27 참조.
37 《명제에 관하여》 3장 16b 17, 5장 17a 10, 10장 19b 10. 플라톤의 《소피스트》 261e-263 참조.
38 《명제에 관하여》 3장 16a 19-20.
39 《명제에 관하여》 3장 16b 6-8, 19-21.

'비한정 명사'(예를 들어, 사람-아닌 것)와 '비한정 동·형용사'(예를 들어, 안-아프다)라고 부르는 것을 분간한다. 이것들은 존재하든 존재하지 않든 똑같이 모든 방식의 사물들에 대해 주장될 수 있기 때문에 한정되어 있지 않다.[40] 열렬한 관심을 가지고 언어적으로 가능한 다양한 명제들을 밝혀내는 《명제에 관하여》는 그런 형태들을 상당한 정도로 강조하지만, 아리스토텔레스는 정신 활동에서, 부정일뿐인 것이 중요하지 않다는 것을 알아차린다. 그리고 다른 논리학적인 작품들에서 그런 형태들은 거의 완전히 무시된다.

《명제에 관하여》에서 주로 아리스토텔레스를 사로잡는 것은 명제들 사이에 가능한 대립 관계를 밝혀내는 일이다. 그는 존재 판단을 주요한 종류로 삼는다. 우리가 얻을 수 있는 다양한 형태의 판단들은 다음과 같다.

> 어떤 사람은 존재한다.
> 어떤 사람은 존재하지 않는다.
> 어떤 사람 아닌 것은 존재한다.
> 어떤 사람 아닌 것은 존재하지 않는다.[41]

(더 나아가, 우리가 '어떤'을 '모든'으로 대체할 때 생기는 다양한 형태들도 지적된다.) 명사와 동·형용사로 된 단순한 명제도 똑같이 여러 가지 형태들을 제공한다.

---

40 《명제에 관하여》 2장 16a 30-33, 3장 16b 12-15.
41 《명제에 관하여》 10장 19b 14-19.

어떤 사람은 걷는다.

어떤 사람은 걷지 않는다.

어떤 사람 아닌 것은 걷는다.

어떤 사람 아닌 것은 걷지 않는다.[42]

그러나 또 다른 유형의 명제는[43] 보다 다양한 형태들을 산출한다.

어떤 사람은 정의롭다.

어떤 사람은 정의롭지 않다.

어떤 사람은 아니 정의롭다.

어떤 사람은 아니 정의롭지 않다.

어떤 사람 아닌 것은 정의롭다.

어떤 사람 아닌 것은 정의롭지 않다.

어떤 사람 아닌 것은 아니 정의롭다.

어떤 사람 아닌 것은 아니 정의롭지 않다.

'어떤 사람은 정의롭다'와 같은 형태의 명제들은 그 안에 '…이다가 제3
의 요소로서 추가되어 주장된', '제3의 명사-또는-동·형용사가 다른 둘
에 연결된' 명제들이다. '사람'과 '정의로운'은 기체들이고, '…이다'는 덧붙
이이다.[44] 아리스토텔레스는 여기에서 ─그다지 성공적이지는 않지만─

---

42 《명제에 관하여》 10장 20a 3-15.
43 나중에 논리학자들은 이것을 '제3의 덧붙이(third adjacent)가 든 명제'라고 불렀다.
44 《명제에 관하여》 10장 19b 19-20a 3, 12장 21b 26-33.

이음말(계사) 개념과 씨름하고 있다. 그는 존재사로서의 있다와 이음말로서의 …이다 간의 구분을 인지하고 있다.[45] 그러나 그는 아직 그것들의 관계에 대해서 그다지 명확한 견해를 갖고 있지는 않다. 그는 명제를 명사와 동·형용사로 분석하는 일로는 항상 충분하지 않다는 점을 알고 있다. 그러나 그는 모든 명제들을 주어, 술어, 이음말로 분석하려는 시도는 하지 않는다. 그는 이음말이 주어와 술어로 된 네 가지 형태의 명제 모두에 속한 요소가 아니라는 점을 알고 있다. 그러나 그는 그 결합이 주장되는 실재의 요소들과 구분되어, 이음말이 결합을 주장하는 행위에 대한 표현일 뿐이라는 점을 지적하지 않는다. 보다 발전된 아리스토텔레스의 생각을 나타내는 《앞 분석론》에서 이음말은 (그것이 적절하게 표현되어 왔듯이) 술어로부터 완전히 풀려난 것으로서 나타난다. 명제들이 삼단논법의 전제들로서 간주될 때 ─이것은 《앞 분석론》의 관점이다─ 다른 명제의 주어가 될 수도 있는 술어를 각각의 명제에서 떼어 놓는 일이 필요하게 된다. 이에 따라, 아리스토텔레스는 모든 명제들을 그곳에서 'A는 B이다' 또는 'B는 A에 들어 있다'의 형태로 정형화한다.[46]

판단은 일차적으로, 긍정 판단과 부정 판단의 형식으로 구분된다. 긍정과 부정은 대부분의 경우 대등한 것으로서 취급되지만, 때로는 긍정이 부정에 앞서는 것으로 기술된다.[47] 그러나 아리스토텔레스는 그것이 심리적으로 앞선다는 것을 뜻하지 않는다. 부정은 이전의 긍정에 대한 거부가 아니다. 마찬가지로 그것은 제시된 결합의 거부이지만, 긍정은 제시된

---

45 《명제에 관하여》 11장 21a 24-33.
46 케이스(T. Case)는 이 점을 *Encyclopaedia Britannica*. 11판, 2권 512쪽에서 잘 드러내 주고 있다.
47 《명제에 관하여》 5장 17a 8-9, 《뒤 분석론》 1권(A) 25장 86b 33-36, 《형이상학》 4권(Γ) 4장 1008a 16-18.

결합의 수용이라는 점도 참이다.[48] 두 가지 태도는 추구와 회피처럼 같은 수준에 놓여 있다.[49] 하지만 아리스토텔레스는 세 가지 이유를 들어 긍정을 앞선 것으로 여기고 있는 듯하다. (1) 긍정은 언어적인 형태에서 더 단순하다. (2) 부정의 결론은 긍정의 전제를 요구하는 반면, 긍정의 결론은 부정의 전제를 가질 필요도 없고, 심지어는 가질 수도 없다.[50] (하지만 부정은 순수하게 긍정인 것에만 근거할 수 없다. 부정의 결론은 부정의 전제도 가져야 한다. 그러므로 긍정들 못지않게 궁극적인 증명할 수 없는 부정들이, 즉 최고의 유들, 즉 summa genera 또는 범주들의 상호 배척을 나타내는 부정들이 있어야 한다.)[51] (3) 우리에게 주어에 관한 보다 정확한 정보를 제공하기 때문에, 긍정은 가치 면에서 부정에 앞선다.[52]

아리스토텔레스는 후속 논리학자들이 흔히 저질렀던 두 가지 잘못을 피한다. (1) 그는 ―마치 우리가 '먼저 부정하고, 그다음에 부정했던 것을 긍정함으로써 부정을 피할 수 있기라도 하듯이'[53]― 'A는 B가 아니다'는 실제로 'A는 B가 아닌 것이다'를 의미한다고 말함으로써 부정문을 긍정문으로 되돌리려는 어떠한 시도도 거부한다. 그리고 (2) '비한정' 판단을 긍정 판단과 부정 판단과 병립하는 한 가지 판단으로서 인정하지 않는다. 'A는 B가 아닌 것이다'는 그의 견해에 따르면 기묘하고 중요하지 않은 종류의 술어를 가진 긍정문이다.[54]

---

48 《형이상학》 5권(Δ) 7장 1017a 31-35.
49 《니코마코스 윤리학》 6권(Z) 2장 1139a 21-22.
50 《뒤 분석론》 1권(A) 31장 87b 37-39.
51 《뒤 분석론》 1권(A) 15장.
52 《형이상학》 3권(B) 2장 996b 14-16.
53 F. H. Bradley, *Principles of Logic*,¹ Oxford 1922, 3권.
54 《명제에 관하여》 10장 19b 24-35, 20a 23-26, 《앞 분석론》 1권(A) 3장 25b 22-23, 46장 51b 31-35, 52a 24-26.

그는 양의 측면에서 판단을 다음과 같이 구분한다. (1) 먼저, 보편자에 대한 판단들이 있다. 이것들은 (a) 보편적이거나 ―'모든 사람은 희다'― (b) 보편적이지 않다 ―'흰 사람이 있다' 또는 '몇몇 사람은 희다.' 그리고 (2) 개별자들에 대한 판단들이 있다 ― '소크라테스는 희다.'[55] 이 세 가지 판단은 일반성의 정도가 줄어드는 모습을 띠지 않는다. 보편자에 대한 보편적이지 않은 판단은 예를 들어, 흰 사람이 딱 한 명 있다고 하더라도 참이다. 보편자에 관한 판단과 개별자에 관한 판단은 종류가 다른 실재에 관한 판단이다.[56] 여기에는 보편자를 거의 순수하게 양화(量化)되지 않은 방식으로 생각하고 있는 《뒤 분석론》의 이론이 이미 함축되어 있다. 더 나아가, 판단은 주어가 술어 안에 포함됨을 표현하는 것으로 생각되지 않고, 그보다는 술어에 의해 주어의 특징이 기술되는 것으로 생각된다. 술어는 결코 양화되지 않는다. 그리고 특히, 환위(換位) 규칙들을 정당화하고 정하는 데에 이를 때,[57] 아리스토텔레스는 형식 논리학처럼 술어가 배분되거나 배분되지 않음에 주목하지는 않는다. 판단을 '포함'으로 보는 견해는 그가 삼단논법에 이를 때에야 뚜렷해지고,[58] 그의 논의가 삼단논법에서 증명으로 옮겨 갈 때에 다시 한 번 사라진다.

《앞 분석론》에서[59] 우리는 양화의 관점에서 판단들에 대해 다른 분류가 이루어지고 있는 것을 발견한다. 그것들은 전칭(全稱) 판단, 특칭(特稱) 판단, 부정(不定) 판단으로 나뉜다. 부정 판단은 '즐거움은 좋은 것이 아니

55 《명제에 관하여》 7장.
56 《명제에 관하여》 7장 17a 38, 《앞 분석론》 1권(A) 27장 43a 25-32.
57 《앞 분석론》 1권(A) 2장 25a 14-26.
58 예를 들어, hypo to A einai[A 아래에 있음], en holō tō A einai[A 전체 안에 있음]란 표현에서.
59 《앞 분석론》 1권(A) 1장 24a 17-22.

다'와 같은 판단들이다. '부정'은 실제로 전칭이거나 특칭이지만 둘 중 하나로 분명하게 표현되어 있지 않은 판단들에 대한 잠정적인 기술인 것처럼 보일 수도 있다. 이러한 애매성이 제거될 때까지 그러한 판단들은, 삼단논법의 전제들로서, 오로지 특칭 판단의 값만을 갖는다. 그리고 삼단논법의 관점을 유지하는 《앞 분석론》은 그것들을 그렇게 다룬다.[60] 그러나 실제로 '즐거움은 좋은 것이 아니다'와 같은 판단은 《뒤 분석론》에서 인정된 유형의 학문적인 보편 판단으로서, 그곳에서 주어의 양적인 완전성은 없어서는 안 되지만, 중요한 문제는 아니다. 그리고 그것의 정확한 형식은 '모든 A는 B이다'가 아니라 'A는 그 자신인 한에서 B이다'이다.

《앞 분석론》은 단칭(單稱) 판단을 독립된 종류로 인정하지 않는다는 점을 우리는 알게 될 것이다. 삼단논법의 격들에 관한 논의에서[61] 단칭 판단은 어떤 것도 전제나 결론으로서 나타나지 않는다. 단칭 판단을 생략한 이유는 아리스토텔레스가 세 가지 유형의 존재 ―개별자들, 최고의 유들(summa genera), 그리고 개별자들을 포함하고 최고의 유들에 포함되는 부류들― 를 인정한 다음에 '논의와 탐구는 대부분 마지막 유형에 속하는 것들에 대한 것이다'라고 덧붙이는 구절에[62] 나온다. 본질적으로 판단을 살펴보고 있는 《명제에 관하여》는 단칭 판단을 독립된 종류로 인정한다. 실제의 추리 과정에서 판단들이 갖는 값에 주목하여 그것들을 살펴보는 《앞 분석론》은 학문적인 추리와 대화술적인 추리가 둘 다 대부분 부류들에 대한 것이지, 개별자들에 대한 것이 아니라는 사실을 고려한다.

판단들의 질과 양 외에도 아리스토텔레스는 그것들의 양상을 인정한

---

60 《앞 분석론》1권(A) 4장 26a 28-33.
61 《앞 분석론》1권(A) 4-22장.
62 《앞 분석론》1권(A) 27장 43a 25-43.

다. 그는 여느 때처럼 형이상학적인 구분에서 시작하지 않고 언어의 일상적인 용법에 보이는 구분들에서 시작하면서, 'A는 B이다', 'A는 B임에 틀림없다', 'A는 B일 수 있다'는 판단들을 구분한다.[63] 그러나 뒤의 두 유형은 즉시 이차 등급에 속하는 판단인 것들로 인정된다. 그것들은 'A가 B라는 것은 필연적이다', 'A가 B라는 것은 가능하다'는 형태로 환원되고, 'A가 B라는 것은 참이다'는 형태와 동위의 것이다.[64] 가능성 개념에는 두 가지 계기가 포함되어 있다. 가능한 것은 어떠한 불가능한 결과도 함축하지 않는 것이어야 한다. 그러나 또한 그것은 그것에 반대되는 것이 필연적으로 거짓이지는 않은 것이어야 한다.[65] 이렇게 해서, 그것은 불가능한 것에 모순되는 것이 아니다. 그것은 불가능하지도 않고 필연적이지도 않은 것이고, 두 번째 특징으로 볼 때 'A는 B일 수 있다'는 'A는 B가 아닐 수 있다'로 전환될 수 있다.[66] 아리스토텔레스가 다루는 가능성 개념에 생기는 몇 가지 어려운 점들은 그가 두 번째 계기의 본질을 종종 무시한다는 사실에서 비롯한다. 이렇게 해서, (1) 필연적인 것, (2) 필연적이지 않은 것, 그리고 (3) 있을 수 있는 것은 가능한 것이라고 말해진다.[67] 그러나 이것들 중 첫 번째의 것은 어떤 것이 가능하기 위한 조건들 중 하나만을 충족시킨다. 그것은 불가능하지 않다. 그것은 두 번째 조건을 충족시키지 않는다. 그래서 그것은 부차적인 의미에서만 가능한 것이라고 말해진다.[68] 실제로 있는 것도 이와 비슷하게 본래적이지 않은 의미에서 가능한

63 《명제에 관하여》 12장 21a 34-37. 《앞 분석론》 1권(A) 2장 25a 1-2, 8장 29b 29-32 참조.
64 《명제에 관하여》 12장 21b 26-33, 22a 8-13.
65 《앞 분석론》 1권(A) 13장 32a 18-20, 《형이상학》 5권(Δ) 12장 1019b 28-30.
66 예를 들어, 《명제에 관하여》 12장 21b 35-37.
67 《앞 분석론》 1권(A) 3장 25a 37-39.
68 《앞 분석론》 1권(A) 13장 32a 20.

것이라고 말해질 수 있다.[69] 필연적이지 않은 것과 있을 수 있는 것 간의 구분으로 향할 때, 우리는 아리스토텔레스가 뒤의 것으로써 우연과 변화의 세계에서 어떤 기체가 어떤 속성을 흔히 갖지만 변함없이 갖지는 않는 경우들을 뜻하고 있다는 점을 알게 된다. 그리고 앞의 것으로써 대체적으로도 적용되는 규칙이 없거나 그러한 규칙이 예외적으로 위반되는 경우들을 뜻하고 있다는 점을 알게 된다.[70] 아리스토텔레스가 결국 이 세계에 실제로 우연성의 영역이 있다고 생각하는지 확인하는 일은 극히 어렵다.[71] 그는 때때로 필연성이 천체의 영역을 지배하고 우연성이 달 아래의 지역을 지배하는 것처럼 말한다. 그러나 달 아래의 세계에서도 필연적인 연관들이 —기체와 이것의 유(類), 종차들, 속성들 사이의 연관들이— 존재한다. 그리고 천체의 영역에서도 우연성이 존재한다. 여기에 있는 행성은 저기에 있을 수 있다. 하지만 천체에 붙은 우연성은 운동 능력에 한정된다. 반면, 지상의 사물들은 질의 변화, 성장과 쇠퇴, 생성과 소멸의 능력도 갖는다.

아리스토텔레스는 논리학에서 이러한 형이상학적인 구분을 언급하고 있긴 하지만, 실제로 판단 및 삼단논법의 양상적인 유형들을 다룰 때에는 그것들을 고려하지 않는다. 그는 세 가지 유형의 판단들이 존재한다는 점을 주목하고, 그것들로부터 대립과[72] 환위와[73] 삼단논법에[74] 의해 도출될 수 있는 추론들을 완성해 내는 것으로 만족한다.

---

69 《형이상학》 5권(Δ) 12장 1019b 32, 《명제에 관하여》 13장 23a 6-18.
70 《앞 분석론》 1권(A) 3장 25a 37-b 18, 13장 32b 4-18, 《명제에 관하여》 9장 19a 7-22.
71 이 책의 141-45, 149-50, 283, 342쪽 참조.
72 《명제에 관하여》 12장.
73 《명제에 관하여》 13장.
74 《앞 분석론》 1권(A) 8-22장.

아리스토텔레스는 가언(假言) 판단과 선언(選言) 판단이 정언(定言) 판단과 구분되는 유형들이라고 생각하지 않는다. 그는 실제로 단순 명제와 복합 명제를 구분하지만,[75] 뒤의 명제로써 그는 'A와 B는 C이다', 'A는 B와 C이다', 또는 'A는 B이고, C는 D이다'와 같은 유형의 명제들을 뜻한다. 가설에 관한 그의 논의는 삼단논법의 항목 아래에서 살펴보는 것이 보다 적절할 것이다.

{ ## 삼단논법 }

삼단논법 이론은 전적으로 아리스토텔레스에 기인한다고 말해야 마땅할 것이다. syllogismos란 말은 플라톤에도 나오지만, 그것은 아리스토텔레스가 그 말에 부여한 의미로 쓰인 것은 아니다. 그리고 이전에는 추론 과정에 관한 일반적인 설명을 제공하려는 어떠한 시도도 이루어지지 않았다. 이에 가장 근접한 것은 아마도 플라톤이 논리적인 분할 과정을 정형화한 것일 것이다. 아리스토텔레스는 이것을 '약한 삼단논법'이라고 부른다.[76] 그러나 이것은 추론 과정 일반에 관한 최초의 밑그림도 못 된다. 무엇이 정확히 아리스토텔레스로 하여금 그 문제에 착수하도록 이끌었는지 묻는다면, 아마도 그의 일차적인 관심은 학문적인 지식의 조건들을 세우는 데에 있었다고 대답해야 할 것이다. 이 점은 《앞 분석론》의 시작 부분에 그의 목표로서 공표되어 있고, 삼단논법에 관한 형식 연구는 이것으로 향한 첫 단계이다. 다른 어떤 조건들을 추가로 충족시켜야 하든지,

---

75 《명제에 관하여》 5장 17a 20-22.
76 《앞 분석론》 1권(A) 31장 46a 33.

학문은 적어도 그것이 밟는 각 단계의 타당성을 확신하고 있어야 하고, 이것은 삼단논법의 규칙들을 준수함으로써 보장된다고 아리스토텔레스는 주장한 것으로 보인다. 우리는 그의 방법이 대단한 주의를 기울여 학문의 실제적인 절차를 연구하는 것이라고는 말할 수 없다. 만일 그가 그것을 했다면 ―만일 그가 자신에게 (또는 우리에게) 알려진 하나의 엄밀한 학문이라도 면밀하게 연구했더라면― 그는 책을 아주 다르게 썼을 것이다. 분석적인 방법에 대해서 보다 많은 것을 말했을 것이고, 삼단논법 못지않게 설득력이 있는 비-삼단논법적인 추론들 ―주술 관계의 함축이 아니라 상등, '…의 오른쪽에' 등과 같은 관계들의 함축을 통찰하는 우리의 능력을 이용하는 추론들― 의 존재를 인정했을 것이다. 왜냐하면 수학은 그러한 관계 추론들로 가득 차 있기 때문이다. 아리스토텔레스가 내리는 삼단논법에 대한 정의는 아주 일반적이다. 그것은 "어떤 것들이 전제된 상태에서 그것들과 다른 어떤 것이 그것들이 참이라는 것으로부터, 외부로부터 어떠한 개념도 필요함이 없이, 필연적으로 따르는 논증이다."[77] 그러나 이런 것은 두 개념 간의 주어-술어 관계는 그것들과 제3의 개념 간의 주어-술어 관계로부터 추론될 때에만 일어날 수 있다는 점이 충분하게 증명되지 않은 채로[78] 전제되어 있다. 위에서 언급한 다른 유형의 추론들을 무시하는 정당성은, 그것이 정당화될 수 있는 한, 다음의 두 가지 사실에 놓여 있다. (1) 그것들은 그것들의 기초를 이루는 특별한 관계뿐만 아니라 주어-술어 관계를 사용한다. 주어-술어 관계는 모든 판단과 추리에 공통된 형태이고, 따라서 논리적인 연구의 주요 주제이다. 그리고 (2) 다양한 삼단논법들은 완전하게 탐구되고 그것들의 규칙들은 명확하게 설

---

77 《앞 분석론》 1권(A) 1장 24b 18-22. 《토포스론》 1권(A) 1장 100a 25-27 참조.
78 《앞 분석론》 1권(A) 23장.

정되지만, 있을 수 있는 다양한 관계 추론들을 모두 열거하려는 시도는 어떠한 것이든 실패할 수밖에 없다.

그의 저술 중 이 부분에서 아리스토텔레스가 쓰는 많은 용어가 수학적인 색채를 띤다는 점은 주목할 만하다 ― schēma(도형→격), diastēma(간격→명제), horos(경계→개념). 그는 삼단논법의 각각의 격을 다양한 기하학적 도형으로써 표현했던 것 같다. 여기에서 선은 명제를, 점은 개념을 나타낸다. 그러나 그 용어들은 기하학 일반이 아니라 비례 이론에서 차용한 것이다. schēma, diastēma, horos뿐만 아니라 akron[바깥 항]과 meson[중간 항]도 비례 이론에서 사용되는 전문 용어들이었다. 그리고 우리는 아리스토텔레스가 다양한 격들의 ―'A는 B에 대해 술어가 된다. B는 C에 대해 술어가 된다'(1격), 'B는 A에 대해 술어가 된다. B는 C에 대해 술어가 된다'(2격), 'A는 B에 대해 술어가 된다. C는 B에 대해 술어가 된다'(3격)의― 전제들을 어느 정도 다양한 비례의(또는 우리가 부르듯이 수열의) 유비에[79] ―'A:B=B:C', 'A-B=B-C' 등에― 근거하여 생각한 것으로 말할 수 있을 것이다.

아리스토텔레스의 용어는 몇 가지 면에서 혼란스럽다. 각각의 격에서, 결론의 술어가 되는 개념은 '맨 처음' 개념이고, 결론의 주어가 되는 것은 '마지막' 개념인 것으로 알려져 있다. 이것은 그가 1격을 정형화하는 방식에 기인한다. 즉,

> A는 B에 대해서 참이다(또는 거짓이다)
> B는 C에 대해서 참이다
> 그러므로 A는 C에 대해서 참이다(또는 거짓이다)

[79] 물론 아주 일반적인 의미에서의 '유비'를 말한다.

여기에서 A가 맨 처음 언급되고 C는 마지막에 언급된다. 2격에서 개념들의 순서는 다음과 같다.

> B는 A에 대해서 참이다(또는 거짓이다)
> B는 C에 대해서 거짓이다(또는 참이다)
> 그러므로 A는 C에 대해서 거짓이다

그러나 결론의 술어(A)는 여전히 맨 처음 개념이라 불린다. 왜냐하면 이것이 1격 또는 완전한 격에서 그것이 차지하는 자리이기 때문이다.

더 나아가, 결론의 술어는 더 큰 바깥 항 또는 대개념이라 불리고, 결론의 주어는 더 작은 바깥 항 또는 소개념이라 불린다. 이런 용어법은 엄밀히 말해 1격의 전칭긍정식에만 적합하다.

> A는 모든 B에 대해서 참이다
> B는 모든 C에 대해서 참이다
> 그러므로 A는 모든 C에 대해서 참이다

여기에서 A는 적어도 C만큼 넓어야 하고, 보통은 더 넓다. 다른 식(式)들에서 결론의 술어가 주어보다 더 넓다는 가정은 없고, 결론은 (부정적인 결론일 때에는) 주어를 술어에 포함시키려는 시도가 실패한 것으로, 또는 (특칭의 결론일 때에는) 부분적으로 성공한 것으로 생각된다. 따라서 술어가 여전히 더 큰 바깥 항으로 불린다.

우리는 아리스토텔레스의 관점이 여기에서 주로 양적인 것이라는 점을 보게 될 것이다. 이는 아주 분명하게 1격의 원칙에 대한 규정에 나타난다. "마지막의 것이 중간의 것 전체에 포함되고, 중간의 것은 처음의 것 전체에 포함되는 방식으로 세 가지 개념이 서로 관계되어 있을 때, 바깥 항들을 연결하는 완전한 삼단논법이 필연적으로 존재한다."[80] 여기에서 세 가지 개념 모두 명백하게 외연(外延)과 관련하여 다뤄지고 있다. 그러나 우리는 이것이 아리스토텔레스의 일반적인 판단 이론이 아니라, 그가 판단들로부터 무엇이 추론될 수 있는지를 살펴볼 때 편리하다고 생각한 판단들에 대한 특별한 주목 방식이라는 점을 기억해 두어야 한다.

조금 전에 규정된 원칙은 아리스토텔레스에서 모든 삼단논법이 근거하고 있는 원칙이다. 그는 다른 두 가지 격들은 1격과 독립적으로 타당성을 갖지 않는다고 보기 때문이다. 그 격들에서 도출된 결론들은 전제들로부터 직접적으로 따르지 않고, 그 전제들로부터 간접적으로 따르고 1격의 조건들에, 즉 위에서 규정된 전칭 긍정과 전칭 부정에 관한 원칙(dictum de omni et nullo)['어떤 주어 전체에 대해 긍정되거나 부정된 것은 그것의 부분에 대해서도 긍정되거나 부정된다'는 원칙]에 부응하는 명제들로부터 따른다. 아리스토텔레스가 2격과 3격을 독립적인 논증 방식으로 인정하는 쪽으로 기우는 것이 옳은지에는 논쟁의 여지가 있다. 대체로 옳지 않은 것으로 보인다. 1격은 다른 격들보다 직접적임이 아니라 자연스러움에서 우월한 것으로 보인다. 1격에서 사유의 움직임은 모두 한 방향으로 ―소개념으로부터 중간 개념을 통해 대개념으로― 나 있다. 2격에서는 바깥 항들[소개념과 대개념] 각각이 중간 항[중간 개념]으로 가는 움직임이 있고, 이럴진대 바깥 항들은 어떤 것도 결론의 주어로서 불가피하게 나타나지 않는다. 이것은 적어도 두 전제들이 보편적일 때 참이다. '어떠한

---

80 《앞 분석론》 1권(A) 4장 25b 32-35.

A도 B가 아니다'와 '모든 C는 B이다'로부터는 '어떠한 A도 C가 아니다'
도 '어떠한 C도 A가 아니다'도 불가피한 결론으로 나오지 않는다. 이와
같은 언급은 3격의 긍정식들에 대해서도 해당된다. 아니, 달리 말하자면,
한 개념에 관련하여 우리가 태도를 바꿔 전제에서 주어로 나온 것을 결
론에서 술어로 다루거나, 맨 처음에 술어로 나온 것을 주어로 다루는 한,
그 두 가지 격들에는 자연스럽지 못한 점이 일정 정도 존재한다. 4격의
특이한 점은 우리가 여기에서 이런 자연스럽지 못한 두 가지 사유의 움
직임들을 결합한다는 것이고, 더 안 좋은 점은 불필요하게 그렇게 한다는
것이다. 2격과 3격에서 결론을 얻어 내기라도 하려면, 우리는 한 가지 개
념 쪽으로 향한 우리의 태도를 거꾸로 돌릴 수밖에 없다. 4격의 대부분 식
들에서[81] 우리는, 동일한 전제들로부터 자연스러운 결론이 1격에 의해 나
오고 있기 때문에, 불필요하게 그렇게 한다.

아리스토텔레스가 전제들을 외연과 관련하여 다룬다는 사실로부터 그
가 4격을 인정하지 않는다는 점이 따른다. 만일 그가 격들을 나누는 근거
(fundamentum divisionis)가 중간 항의 위치였다면, 네 번째로 가능한 격으
로서 중간 항이 대전제의 술어이고 소전제의 주어인 경우를 인정했어야
할 것이다. 그러나 그가 격들을 나누는 토대는 바깥 항들과 비교한 중간
항의 넓이이고, 여기에서는 세 가지만 가능하다. 그것은 한 바깥 항보다
는 범위가 넓고 다른 바깥 항보다는 좁거나, 둘보다 넓거나, 둘보다 좁거
나일 것이다.

그러나 아리스토텔레스는 후에 4격의 식들로 분류된 추론들의 가능성
을 모르고 있지 않다. '어떠한 C도 B가 아니다'와 '모든(또는 몇몇) B는 A
이다'로부터 이 전제들의 환위에 의해 '몇몇 A는 C가 아니다'를 추리할

---

[81] Bramantip, Camenes, Dimaris.

수 있다는 점을 지적할 때, 그는 Fesapo와 Fresison을 암묵적으로 인정한다.[82] 그리고 1격 중 Barbara, Celarent, Darii의 결론들, 즉 '모든 C는 A이다', '어떠한 C도 A가 아니다', '몇몇 C는 A이다'로부터 우리는 환위에 의해 각각 '몇몇 A는 C이다', '어떠한 A도 C가 아니다', '몇몇 A는 C이다'는 결론을 더 나아가 얻을 수 있다는 점을 지적할 때, 그는 Bramantip, Camenes, Dimaris를 암묵적으로 인정한다.[83] 테오프라스토스는 이 다섯 가지 식을 1격에 추가적으로 속하는 식들로 간주했다. 이로부터 조금 더 나아가 갈레노스는 그것들을 4격에 속하는 식들로 취급하게 되었다. 그러나 이 발걸음은 격들에 대한 새로운 분할 근거를 수용함을 뜻했다.

1격을 다루면서 아리스토텔레스는 부당한 격들로부터 타당한 격들을 가려내는 것은 직관의 문제라고 —우리는 어떤 경우들에서 결론이 따르고 다른 경우들에서는 그렇지 않다는 것을 직접적으로 파악한다고— 생각한다. 다른 격들에서는 타당한 식들의 타당성을 그는 때로는 환위에 의해서, 때로는 귀류법(reductio ad impossibile)에 의해, 때로는 '추출'에[84] 의해 증명한다. 이 마지막 절차의 내용은 다음과 같다. 예를 들어, 모든 S가 P이고 모든 S가 R인 경우에서, S인 것들 중에서 하나를, 이를테면 N을 '추출하자.' 그러면 N은 P이고 또한 R이 될 것이고, 그래서 '몇몇 R은 P이다'는 결론이 확인될 것이다.[85] 여기에서 실제의 경험이 아니라 상상에 호소가 이루어지고 있다. 그것은 이런 맥락에서 가치가 크지 않은 것처럼 보인다.[86] 그리고 아리스토텔레스는 그것을 환위에 의해 또는 귀류법에 의

---

82 《앞 분석론》 1권(A) 7장 29a 19-26.
83 《앞 분석론》 2권(B) 1장 53a 3-12.
84 ekthesis.
85 《앞 분석론》 1권(A) 6장 28a 22-26.
86 기하학에서는 ekthesis[추출] 또는 특정 사례를 빼내는 것이 매우 중요하다.

해 타당하다고 증명될 수 있는 식들의 타당성을 확인할 때에만 사용한다.

그의 논의는 순수 삼단논법에서 양상 삼단논법으로 옮겨 간다. 그는 지칠 줄 모르는 주의력으로써, 필연 형태의 전제와 필연 형태의 전제, 필연 형태의 전제와 정언 형태의 전제, 개연 형태의 전제와 개연 형태의 전제, 개연 형태의 전제와 정언 형태의 전제, 그리고 개연 형태의 전제와 필연 형태의 전제의 결합으로부터 끌어낼 수 있는 결론들을 검토한다.[87] 그의 저술 중 이 부분의 형식 논리학에는 몇 가지 오류가 존재한다. 그리고 그의 양상 삼단논법 이론은 테오프라스토스가 '결론은 더 약한 전제로부터 나온다'는 원칙, 즉 전제 하나가 부정 형태라면 결론도 부정 형태이고, 전제 하나가 특칭이라면 결론도 특칭이듯이, 두 전제가 정언 형태라면 필연 형태의 결론은 나올 수 없고, 두 전제가 개연 형태라면 개연 형태의 결론만이 나올 수 있다는 원칙을 수용함으로써 훨씬 단순해지고 개선되었다.

우리는 아리스토텔레스가 가설 형태의 명제를 독립된 유형의 명제로서 다루지 않는다는 점을 보았다. 이로부터 그에게는 가언 삼단논법 이론이 정언 삼단논법과 동등한 자격의 유형으로서 성립하지 않는다는 점이 따른다. 하지만 그는 '가설로부터의 논증'과 이것의 두 가지 종류를 인정한다.[88] 우리는 먼저 (1) 귀류법을 들 수 있다. 그는 이것을 두 부분으로 분석한다. 그중 하나는 거짓인 결론이 삼단논법에 의해 추론되는 부분이고, 다른 하나는 증명될 명제가 가설로부터(ex hypothesi) 증명되는 부분이다.[89] 여기에서 언급된 가설은 그로부터 거짓인 결론이 추론되는 가설(즉, 증명될 명제에 대립되는 명제)이다. 아리스토텔레스가 말하고자 하는 요지

87 《앞 분석론》 1권(A) 8-22장.
88 《앞 분석론》 1권(A) 23장 40b 25-26, 41a 22-b 1.
89 《앞 분석론》 1권(A) 23장 41a 23-37, 44장 50a 29-32.

는 대립되는 것으로부터 거짓인 결론이 삼단논법적으로 따르는 명제는 참이라는 추론 자체는, 삼단논법적이지 않다는 점이다. 이렇게 해서, 그 분석의 내용은 다음과 같게 된다. '어떤 B는 A가 아니다'와 '모든 B는 C이다'로부터 '어떤 C는 A가 아니다'는 결론이 따른다는 것을 보여 줄 필요가 있을 때, 우리는 (a) '모든 C는 A이다'고 가정하고, 이것과 '모든 B는 C이다'로부터 삼단논법에 의해 '모든 B는 A이다'고 추론한다(이것은 거짓인 것으로 알려져 있다). (b) '모든 C는 A이다'는 가정에 의해(즉, 이런 가정으로부터 거짓인 것이 따른다는 점을 발견함에 의해) 우리는 (삼단논법이 아닌 방식으로) '어떤 C는 A가 아니다'는 결론을 낸다.

(2) 보통의 '가설로부터의 증명'도 두 부분으로 나뉜다. 일정한 명제를 증명할 필요가 있을 때, 보다 쉽게 증명할 수 있는 다른 명제가 '도입'되거나 그것으로 '대체'된다. 그다음에, (a) 도입된 명제가 삼단논법에 의해 증명된다. (b) 원래의 명제가 '동의에 의해 또는 다른 어떤 가설에 의해' 확증된다.[90] 다시 말해, 도입된 명제로부터 원래의 명제가 귀결되는 것은 논증을 수행하고 있는 개인들 간의 단순한 동의 문제이거나, 아니면 추가의 가설에 의존한다. 앞의 것이 아리스토텔레스가 주로 염두에 두고 있는 가능성이고,[91] 따라서 가설로부터의 증명은 그에게 대개는 학문적인 논증이 아니라 대화술적인 논증이다. 그러나 그 귀결이 단순한 동의 문제가 아니라 실제적인 연관에 기대고 있다면, 가설로부터의 증명은 그것의 종류들 중 하나, 즉 귀류법에만 완전한 정도로 들어 있는 귀결성에 다가갈 것이다.

---

90 《앞 분석론》 1권(A) 23장 41a 37-b 1.
91 《앞 분석론》 1권(A) 44장 50a 16-19.

아리스토텔레스는 삼단논법에 대해 제기되어 온 반론,[92] 즉 그것은 선결문제 요구(petitio principii)에 빠진다는 반론을 알고 있다. '모든 B는 A이다. 모든 C는 B이다. 따라서 모든 C는 A이다'라고 논증을 펼칠 경우, 이미 (B인) C가 A임을 알고 있지 않다면 모든 B는 A라고 말할 권리가 없다는 반론이 나올 수 있고, 이미 C가 A임을 알고 있지 않다면(이 앎은 그것이 B임에 함축되어 있다) 내가 모든 C가 B라고 말할 권리가 없다는 반론이 나올 수 있다. 이런 반론들은 잘못된 가정들에 기대고 있다. (1) 첫 번째 반론은 모든 B는 A라는 것을 아는 유일한 방식이 B의 모든 사례들을 검토하는 것이라는 가정에 의거한다. 이에 반대하여, 아리스토텔레스는 (예를 들어, 수학에서) 일정한 유형의 탐구 주제들을 다루는 경우, 보편적인 진리가 단 하나의 사례에 대한 고려에 의해 확인될 수 있다는 점 —유(類)적인 보편자는 열거적인 보편자와 다르다는 점— 을 알고 있다. (2) 두 번째 반론은 모든 C가 B라는 것을 알기 위해서는 B임에 포함된 모든 속성들을 그것이 갖는다는 점을 알아야 한다는 가정에 의거한다. 이런 반론에 대해 그는 특성과 본질을 구분함으로써 암묵적으로 대응한다. 그는 B임에 필연적으로 포함된 속성들 가운데 필연적이고 여타의 것들로부터 B를 구별해 주기에 충분한 일련의 근본적인 특성들을 구분한다. 그리고 그는 그것의 다른 필연적인 속성들이 그런 속성들로부터 흘러나오고 그것들로부터 증명될 수 있다고 여긴다. C가 B라는 것을 알기 위해서는 그것이 B의 본질적인 속성들 —유와 종차들— 을 갖는다는 점을 아는 것으로 충분하다. 그것이 B의 특성들을 갖는다는 것을 알 필요가 없다. 이렇듯, 우리는 각각의 전제를 결론과 독립적으로 알 수 있다. 그리고 결론을 알

---

92 Sextus Empiricus, *Pyrrhoneiae Hypotyposeis*, 2권 195-97쪽과 J. S. Mill, *System of Logic*, London 1872, 2권 3장 2절 참조.

지 않고서도 두 전제를 모두 알 수도 있다. 결론을 도출하는 일은 전제들을 '함께 결합하여 관조함'을 함축한다. 그리고 전제들을 이렇듯 그것들의 상호 관계 속에서 살피지 않는다면, 우리는 결론을 모를 수 있고, 심지어는 모순율을 명시적으로 깨뜨리지 않고서도 그것에 반대되는 것을 믿을 수 있다. 전제들로부터 결론으로 나아감은 사유의 실제적인 움직임이자, 함축되었던 것의 해명이자, 잠재적인 것이었을 뿐인 앎의 현실화이다.[93] 그리고 삼단논법은 이 점에서, 즉 그것에서는 두 전제가 함께 결론을 함축하지만 선결문제 요구에서는 하나의 전제만 그렇다는 점에서 선결문제 요구와 구별된다.[94]

{ ## 귀납, 예시, 엔튀메마, 환원 }

우리는 근본적으로 다른 두 가지 사유 진행 방식으로서 삼단논법(또는 연역)과 귀납이[95] 대립되어 있는 점을 아리스토텔레스에서 반복해서 발견한다. 앞의 것은 보편적인 것으로부터 특수한 것으로, 뒤의 것은 특수한 것으로부터 보편적인 것으로 진행한다. 그리고 앞의 것이 본성상 앞서고 더 지성에 의한 것이고, 더 힘이 있고, 뒤의 것은 '우리에게 더 분명하고', 더 믿기고, 더 감각에 의해 알 수 있고, 더 대중을 상대로 사용된다.[96] 그

---

93 《앞 분석론》 2권(B) 21장 67a 12-b 11, 《뒤 분석론》 1권(A) 1장 71a 24-b 8, 24장 86a 22-29.
94 《앞 분석론》 2권(B) 16장 65a 10-25.
95 아리스토텔레스의 귀납에 관해서는 M. Consbruch, On Induction in Aristotle, in *Archiv für Geschichte der Philosophie* 5(1892), 302-21쪽, P. Leuckfeld, Zur logischen Lehre von der Induction. Geschichtliche Untersuchungen, in *Archiv für Geschichte der Philosophie* 8(1895), 33-45쪽, G. E. Underhill, Aristotle, Prior Analytics, II. 23, in *Classical Review* 28(1914), 33-35쪽 참조.

렇다면, 귀납이 학문적이거나 대화술적이거나 연설술적인 다른 모든 논증 방식들처럼 본질적으로는 삼단논법이라는 점을 보여 주려고 하는 아리스토텔레스의 모습을 발견한다는 것은 다소 의외다.[97] 귀납의 특징은 '하나의 바깥 항을 다른 바깥 항에 의해 중간 항과 연결한다'는 점이다. 아리스토텔레스는 이를 다음과 같이 예시한다.

> '사람, 말, 노새는(C) 오래 산다(A).
> 사람, 말, 노새는(C) 쓸개가 없다(B).
> 따라서 (만일 B가 C보다 범위가 더 넓지 않다면) 모든 쓸개 없는 동물들은(B) 오래 살아야 한다(A).'

이것은 앞으로 보겠지만 현대 논리학의 '완전한 귀납'에 해당된다. 이 삼단논법은 소전제가 단순하게 환위될 수 있을 때에만 타당하다. 그러나 만일 그것이 그렇게 환위될 수 있다면, 결론의 범위는 전제들보다 더 넓지 않다. 언뜻 보기에는 특수한 것으로부터 보편적인 것으로의 추리가 실제로 없는 것처럼 보일지도 모른다. 그러나 이런 비판을 한다면 잘못이다. 보편적인 것, '모든 쓸개 없는 동물들'은 '사람, 말, 노새'보다(이것들이 쓸개 없는 동물들 모두라고 가정한다면) 범위가 더 넓지 않지만, 표현의 진행뿐만 아니라 사유의 실제적인 진행은 우리가 하나에서 다른 하나로 옮겨 갈 때 이루어진다. 왜냐하면 우리가 모든 쓸개 없는 동물들은 오래 산다

---

96 《앞 분석론》 2권(B) 23장 68b 35, 《뒤 분석론》 1권(A) 3장 72b 29, 《토포스론》 1권(A) 12장 105a 16, 8권(Θ) 2장 157a 18.
97 《앞 분석론》 2권(B) 23장.

고 말할 수 있을 때, 우리는 합리적인 연관을 이해하는 쪽으로 향한 길 위에서 한 걸음 더 나아가 있기 때문이다. 그러나 완전한 귀납은 이렇듯 때때로 제시되는 경우보다 덜 무가치하지만, 이 구절에서의 귀납을 완전한 열거에 기초한 것으로서 기술하는 것은[98] 다른 곳에 나타난 아리스토텔레스의 귀납 개념과 전혀 어울리지 않는다. 우리는 결론이 한 가지 사례에만, 또는 오직 몇 가지 사례에만 기대고 있는 수많은 논증들이 귀납적인 논증으로 기술되고 있는 것을 발견한다.[99] 그리고 만일 우리가 듣듯이 학문의 으뜸 원리들을 귀납에 의해 배운다면,[100] 분명히 이것들처럼 폭넓은 일반성을 지닌 명제들은 완전한 귀납에 의거하고 있을 수 없다. 그렇다면, 모든 타당한 논증은 삼단논법적이라는 자신의 입론을[101] 지지하기 위해, 아리스토텔레스는 여기에서 보편적인 것 아래에 드는 모든 특수한 것들이 그 보편자에 대한 결론이 도출되기 전에 검토되는 제한된 귀납의 경우에만 적용되는 용어들로써 귀납을 기술하도록 스스로 허용하는 것처럼 보일 것이다. 특수한 것들은 개별자들이 아니라 종들이라는 점 ―이 사람, 저 말이 아니라 사람, 말이라는 점― 을 주목할 필요가 있다. 아리스토텔레스는 귀납을 일반적으로, 항상 그렇지는 않지만, 종에서 유로 진행하는 것으로 여긴다.[102] 이런 사실은 그가 완전한 귀납을 모든 귀납이 접근하는 이상적인 형태로 여기는 것을 더 쉽게 한다. 왜냐하면 (1) 논리학

---

98 《앞 분석론》 2권(B) 23장 68b 23, 27, 24장 69a 16. 《뒤 분석론》 2권(B) 7장 92a 37 참조.
99 예를 들어, 《토포스론》 1권(A) 12장 105a 13-16, 2권(B) 8장 113b 17-18, 29-36, 《형이상학》 5권(Δ) 30장 1025a 9-11, 9권(Θ) 6장 1048a 35-b 4.
100 《뒤 분석론》 1권(A) 1장 100b 3, 《니코마코스 윤리학》 6권(Z) 3장 1139b 29-31.
101 《앞 분석론》 2권(B) 23장 68b 9-13.
102 예를 들어, 《토포스론》 1권(A) 12장 105a 13-16. 그러나 《토포스론》 1권(A) 8장 103b 3-6, 14장 105b 25-29, 8권(Θ) 1장 156b 4-7, 《연설술》 2권(B) 23장 1398a 32-34에서는 개별자들로부터 진행한다.

과 수학에서는 선험적으로(a priori) 남김없이 열거되는 것으로 보이는 선언(選言)들을 구성하는 것 ―예를 들어, 삼각형을 정삼각형, 이등변삼각형, 부등변삼각형으로 나누는 것― 이 가능하기 때문이다. 그렇다면 삼각형의 속성은, 만일 그것이 삼각형의 세 종류 각각에 대해 타당하다는 점이 알려진다면, 완전한 귀납에 의해 추론될 수 있다. 그리고 (2) 한정된 수의 고정된 생물학적 종에 대한 믿음을 붙들고 있었듯이, 그렇게 함으로써 그는 쓸개 없는 동물종들의 모든 사례들을 검토하는 것은 가능하다고 생각할 수는 없었겠지만, 그 종들을 모두 검토하는 것은 가능하다고 생각할 수 있었을 것이다. 종으로부터 유로 진행하는 완전한 귀납은 개별자들로부터 종들로 진행하는 불완전한 귀납을 전제한다.

아리스토텔레스에 의해 제시되고 귀납적인 것으로 기술된 실제의 논증들을 살펴보면, 우리는 그것들이 완전한 귀납으로부터, 일반적인 규칙이 단 한 가지 사례를 언급함으로써 지지되는 논증들까지 걸쳐 있음을 발견한다. 그가 본 귀납의 근본적인 성격은 그것이 한 사람이 다른 사람을 특수한 앎으로부터 보편적인 앎으로 '이끈다'는[103] 점인 듯하다. 한 가지, 또는 몇 가지, 또는 많은, 또는 모든 사례가 필요한지는 탐구 주제의 상대적

---

[103] epagein, epagesthai는 플라톤에서 중인이나 사례를 '끌어댐'에 대해 사용된다(예를 들어, 《크라튈로스》 420d 2, 《국가》 364c 6). 《동물의 몸에 관하여》 3권(Γ) 10장 673a 15, 《형이상학》 2권(A) 3장 995a 8에서도 그렇다. 그러나 아리스토텔레스에서 이 동사의 목적어는 그보다는 흔히 '이끌리는' 사람이다(《뒤 분석론》 1권 1장 71a 2, 24, 18장 81b 5, 《형이상학》 1권 8장 989a 33). 플라톤의 《정치가》 278a 5와 epagōgos(꾀어내는 사람)의 용법 참조. 이로부터 epagein이 목적어 없이 '귀납을 행하다'는 뜻의 용법이 나온 듯하다(《토포스론》 8권 1장 156a 4, 2장 157a 21, 34). 그리고 이것으로부터 다시 to katholou epagein('보편적인 것을 귀납해 내다', 《토포스론》 1권 18장 108b 10)이란 용례가 나온다. epagōgē는 다른 작가들에 의해(예를 들어, Demosthenes, Orationes, 19. 322에서) '이끎'의 뜻으로 쓰이고 있다(분명히 '끌어댐'의 뜻은 결코 아니다). 플라톤의 《국가》 532c 5에는 비슷한 뜻으로 epanagōgē(끌어올림)가 쓰이고 있다.

인 인식 가능성에 달려 있다. 아리스토텔레스는 학문의 으뜸 원리들은 귀납에 의해서 또는 감각에 의해서 파악된다고 말하지만,[104] 그는 귀납과 감각이 그 원리들을 배우는 근본적으로 다른 방법들이라는 뜻으로 말하지 않는다. 수학에서처럼, 형상이 재료로부터 사유에서 쉽게 분리되는 곳에서는 정신은 한 가지 사례에서 그 진리를 지각함으로부터 한 종류의 모든 사례들에 대한 그것의 적용 가능성을 파악하는 데로 넘어간다. 형상이 재료로부터 보다 쉽지 않게 분리되는 곳에서는 몇 가지 사례들로부터의 귀납이 필요하다. 그러나 두 가지 경우 모두에서 동일한 '지적 작용'의 활동이 개입한다.[105] 이러한 활동과 관련하여 아리스토텔레스는 그다지 일관된 모습을 보이지 않는다. 때로는 그것은 nous[이성]의 일로서 제시된다. 이 이성은 혼 안에 있으면서도 혼의 것이 아니라 외부로부터 발달 초기의 혼 안으로 들어오는 어떤 것이다.[106] 다른 때에는 그것은 마치 감각으로부터 기억과 경험을 거치는 연속적인 발전 과정에서 마지막 단계인 것처럼 제시된다.[107] 그리고 감각 자체는 이미 보편자와 관계하고 있는 것으로서, 즉 보편자를 이것이 개별적으로 나타나는 것으로부터 분리시키지는 않지만 감각 대상 안에 든 보편적인 성격을 파악하는 것으로서 제시된다.[108]

아리스토텔레스의 귀납 이론을 살펴보면서, 《앞 분석론》 2권(B) 23장이 귀납을 어느 정도 상세하게 다루는 유일한 구절이지만, 우리는 그것에 의해 너무 많은 영향을 받아서는 안 된다. 본질적으로, 아리스토텔레스에서 귀납은 추리 과정이 아니라, 특수한 사례들의 검토에 의해 심리적으로

---

104 《니코마코스 윤리학》 1권(A) 7장 1098b 3. 《뒤 분석론》 1권(A) 13장 78a 34 참조.
105 《뒤 분석론》 1권(A) 31장 88a 12-17, 2권(B) 19장 100b 3-15.
106 《동물의 발생에 관하여》 2권(B) 3장 736b 28.
107 《뒤 분석론》 2권(B) 19장, 《형이상학》 1권(A) 1장.
108 《뒤 분석론》 1권(A) 31장 87b 28, 2권(B) 19장 100a 17.

중개된 직접적인 통찰 과정이다. 그러나 《앞 분석론》에서 자신이 새로 발견한 삼단논법에 대한 관심으로 말미암아 그는 귀납을 일종의 삼단논법으로 여기고, 따라서 귀납을 가장 덜 중요한 형태 속에서, 즉 특수한 것들에 대한 검토가 남김없이 이루어지는 형태 속에서 다룬다.

아리스토텔레스가 삼단논법의 형태로 환원시키는 다른 논증 방식들에 대해서[109] 조금 말할 필요가 있다. 예시와 엔튀메마는 각각 귀납과 삼단논법에 상응하는 연설술의 논증 형태들이다.[110] 예시는 (1) 모든 사례들로부터 진행되지 않는다는 점에서, 그리고 (2) 일반화된 결론을 특수한 것에 새로 적용함으로써 끝난다는 점에서 (완전한) 귀납과 다르다.[111] 엔튀메마는 (1) 개연적일 뿐인 전제들로부터, 또는 (2) 표시들로부터 추리함으로써 ―다시 말해, 원인들로부터 결과들을 끌어내지 않고, 결과들로부터 원인들을 끌어냄으로써― 삼단논법과(아니면 그 형태가 충분히 삼단논법이니까 그보다는 학문적인 삼단논법과) 다르다.[112] 환원은[113] 수학의 분석적인 방법에 상응하기 때문에 흥미롭다. 이 방법으로써 수학자는 증명되어야 할 정리(定理)로부터 증명이 더 쉽고 다른 정리를 증명하는 데로 이끄는 정리로 돌아가며 작업한다. 그러나 아리스토텔레스는 여기에서 이런 방법이 아주 중요하다는 점을 깨닫고 있는 것으로 보이지 않는다. 다른 곳에서 그는 그것이 수학적인 발견의 전형적인 방법이라는 점을 깨닫고 있는 것처럼 보인다.[114]

---

109 《앞 분석론》 2권(B) 24-27장.
110 《뒤 분석론》 1권(A) 1장 71a 9-11, 《연설술》 1권(A) 2장 1356b 2-5.
111 《앞 분석론》 2권(B) 24장 69a 16-19.
112 《앞 분석론》 2권(B) 27장, 《연설술》 1권(A) 2장 1357a 32.
113 apagōgē, 《앞 분석론》 2권(B) 25장. 아리스토텔레스가 명시적으로 둘을 연결시키지는 않지만, 이것은 결국 가설로부터의(ex hypothesi) 삼단논법과 같은 것처럼 보인다. 하지만, 그는 귀류법(apagōgē eis to adynaton)을 가설로부터의 논증의 특별한 종류로 취급한다.

학문의 논리

《앞 분석론》에서 《뒤 분석론》으로 넘어가면서, 우리는 모든 추리에 공통된 형식의 연구로부터, 대화술적인 추리 또는 대중을 상대로 한 추리로 불릴 법한 추리로부터 학문적인 추리를 구분해 주는 특징들의 연구로 넘어간다. 《뒤 분석론》의 내용은 대략 다섯 부분으로 나뉜다.[115] (1) 아리스토텔레스는 먼저 학문의 본성으로부터 학문의 전제들이 될 명제들이 충족시켜야 할 조건들을 끌어낸다(1권 1-6장). (2) 다음으로, 그는 학문이 증명으로서 갖는 성격에서, 즉 그것이 왜 특성들이 기체들에 들어 있는지를 보여 주는 것을 목표로 삼는 한에서, 증명이 결과적으로 갖는 특징들을 보여 준다(1권 7-34장). (3) 다음으로, 그는 증명을 특성들에 대한 정의에 이르는 수단으로서 간주했을 때 그것이 갖는 특징들을 검토한다(2권 1-10장). (4) 그다음 부분에서 아리스토텔레스는 앞부분들에서 지나치듯 언급했을 뿐인 다양한 주제들을 다룬다(2권 11-18장). (5) 마지막으로, 그는 증명의 출발점인 직접적인 명제들 자체가 알려지게 되는 과정에 대한 설명을 증명에 관한 탐구에 추가한다(2권 19장).

증 명

모든 가르침과 모든 배움은 기존의 앎으로부터 출발한다고 아리스토

---

114 《니코마코스 윤리학》 3권(Γ) 3장 1112b 20-24. 이 책의 338쪽 참조.
115 이것은 자바렐라(J. Zabarella)의 구분이다.

텔레스는 지적한다. 이런 식으로 전제된 앎은 두 가지 유형의 사실에 관한 것이다. 그것은 '어떠어떠하다는 것'을 아는 것이거나, '사용된 단어의 의미가 무엇인지'를 아는 것이다. 어떤 사물들에 관련해서는, 단어들의 의미가 아주 분명한 상태에서, 명시적으로 받아들여야 할 필요가 있는 것은 해당 사물이 어떻다는 것이 전부다. 이 점은, 예를 들어, 모든 것은 참인 것으로 긍정되거나 부정될 수 있다는 법칙에 들어맞는다. 다른 사물들에 (예를 들어, 삼각형에) 관련해서는, 그 이름의 의미를 명시적으로 아는 것으로 충분하다. 그렇다면, 그 사물이 존재한다는 것은 충분할 정도로 분명하고, 이 점은 명시적으로 서술될 필요가 없다. 다른 사물들에(예를 들어, 단위에) 관련해서는, 우리는 그 이름의 의미가 무엇인지를, 그리고 그것이 존재한다는 것을 명시적으로 알아야 한다.[116]

우리는 이 구절을 아리스토텔레스가 학문적인 탐구의 가능한 주제들을 지적하고 있는 구절과 연결할 수 있을 것이다.[117] 그 주제들은 '어떻다는 것', '왜 그런지', '해당 사물이 있는지', '그것이 무엇인지'이다. 앎의 대상에는 모두 다섯 가지가 있다 — (1) 어떤 이름의 의미가 무엇인지, (2) 그 이름에 상응하는 사물이 있다는 점, (3) 그 사물이 무엇인지, (4) 그것이 일정한 특성들을 갖는다는 점, (5) 왜 그것이 이러한 특성들을 갖는지. 이것들은 우리가 그것들을 알게 되는 자연스러운 순서로 지적되어 있다. 다섯 가지 중 맨 처음의 것은 결코 탐구 대상이 못 된다. 모든 탐구는 일정한 앎의 토대로부터 출발하고 이 토대에 앞선 것은 없기 때문이다. 마지막의 것은 결코 더 나아간 탐구를 위해 승인된 토대 역할을 하지 못한다. 더는 탐구될 것이 없기 때문이다. 따라서 아리스토텔레스가 탐

---

116 《뒤 분석론》 1권(A) 1장.
117 《뒤 분석론》 2권(B) 1장.

구 대상들을 열거하는 곳에서는 마지막 네 가지 것만 지적되고, 그가 사전 인지의 대상들을 열거하는 곳에서는 처음 네 가지 것만 언급된다. 그리고 처음 두 가지 것만이 명시적으로 언급된다. 이렇게 해서, 과학의 전(全) 과정은 다음과 같게 된다. 그것은 이름에 의해 알려진 탐구 대상을 자기 앞에 설정함으로써 시작한다. 이름들은 순수하게 관습적인 상징물이므로, 그것들의 의미에 대해 탐구할 필요가 없다. 그것은 서술되기만 하면 된다. 그렇다면, 첫 번째 물음은 '특정 이름에 상응하는 무엇인가가 존재하는가?'이다. 이것이 첫 번째 물음이어야 한다. 왜냐하면 어떤 사물이 무엇인지, 그것이 어떤 특성들을 갖는지, 또는 왜 그것이 그것들을 갖는지를 묻는다는 것은, 우리가 그것이 존재한다는 것을 알지 못한다면, 어리석은 짓일 것이기 때문이다. 마찬가지로, 우리는 그것이 어떤 특성들을 갖는지를 탐구하기에 앞서 그것이 무엇인지를 알아야 한다. 우리는 그것의 정의를 앎으로써 그것의 특성들을 증명하기 때문이다. 그리고 마지막으로 왜 그것이 일정한 특성들을 갖는지를 묻는 이유는, 우리가 그것이 그것들을 갖는다는 것을 알지 못한다면 어리석은 짓일 것이기 때문이다.

증명은 학문적인 삼단논법, 즉 의견이 아니라 철두철미 앎인 삼단논법이다. 그러므로 일반적으로 삼단논법의 전제들은 거짓일 수도 있지만, 증명의 전제들은 반드시 (1) 참이어야 한다. 그것들은 (2) 일차적인 것, 달리 말하면 직접적인 것이거나 증명할 수 없는 것이어야 한다. 왜냐하면 만일 그것들이 증명될 수 있는 것이라면, 그것들은 증명되어야 할 것이고, 따라서 으뜸 원리들일 수 없기 때문이다. 그것들은 (3) 그것들로부터 끌어낸 결론들보다 더 지성에 의한 것이어야 하고, 그 결론들보다 ―우리가 정신 활동에서 더 일찍 그것들을 깨닫게 된다는 의미에서가 아니라, 우리가 그것들을 깨닫게 될 때 그것들의 진리성을 보다 분명하게 알게 된다는 의미에서― 앞선 것이어야 한다. 그것들은 결론의 원인들이어야 한다. 다시 말해, 그것들은 결론에 서술된 사실의 원인들인 사실들을 서술해야 하고, 이와 동시에 그것들을 우리가 안다는 것은 우리가 결론에 대해 안다는 것의 원인이어야 한다.[118]

학문의 그러한 궁극적인 출발점들로 세 가지가 있다. 그것들은 (1) 공리들 —우리가 어떤 것을 알고자 한다면 반드시 알고 있어야 할 명제들— 을 포함한다. 아리스토텔레스는 공리들에다, 모순율과 배중률처럼[119] 어떤 대상에 대해서든 타당한 명제들을 구별 없이 포함한다. 그리고 '같은 것들에서 같은 만큼을 빼면 같은 것들이 남는다'는 법칙처럼 —이것은 양에 적용되는 경우를 제외하면 무의미하다— 개별 학문들에 공통된 것이지만 적용되는 영역이 완전히 무제한적이지는 않은 명제들을 포함한다. 모든 공리들에 대해서 그는, 각 학문은 그것들을 보편적인 형태에서 받아들이지 않고, 그것들이 각 학문의 대상들에 적용되는 한에서 받아들인다는 점을 주목한다. 그리고 모순율과 배중률에 대해서 그는, 그것들은 보통의 방식으로 증명의 전제들 속에 포함되지는 않는다는 점을 주목한다. 우리는 그것들로부터 추리를 하지 않고 그것들과 일치하게 추리한다는[120] 것이다.

학문의 출발점들은 개별 학문들에 독특한 (2) '정립들'을 포함한다. 이것들은 (a) '가설들', 즉 위에서 언급된 전제들로서 '이러이러한 것이 있다거나 있지 않다'고 말하는 것들과 (b) '이러이러한 것이 무엇인지를 말하는 '정의들'로 세분된다. 학문은 그것에 속한 용어들에 대한 정의들을 수용하지만, 그것에 속한 근본적인 대상들의 존재만을 수용하고(예를 들

---

118 《뒤 분석론》1권(A) 2장 71b 9-72a 7.
119 'A는 B이면서 B가 아닐 수 없다', 'A는 B이거나 B가 아니어야 한다.'
120 《뒤 분석론》1권(A) 2장 72a 16-18, 10장 76a 38-b 2, 11장 77a 10-12, 22-25.

어, 산술은 단위의 존재를 받아들이고, 기하학은 공간적인 크기의 존재를 받아들인다), 나머지 것들의 존재는 증명한다. 이렇게 해서, 학문의 대상에는 세 가지 —존재한다고 수용하는 유(類), 증명이 전제하는 공통의 공리들, 그리고 공리들에 의해 해당 유가 갖는 것으로 증명되는 속성들— 가 있게 된다. 달리 말하면, 증명과 관련된 대상, 증명의 기초가 되는 것, 그리고 우리가 증명하는 것이 있게 된다.[121]

학문에 의해 전제되는 세 가지 유형의 명제는 아리스토텔레스가 전제되는 것으로 허용하지 않는 유형, 즉 배우는 사람의 의견에 반대되는(즉, 보편적으로 인정되지 않은) 가정들인 '요청들'과, 또는 가정되지 않고 증명되어야 할 명제들과 구분되어야 한다. 그것들은 또한 결론이 참임을 학습자에게 가져오는 데에 기여하지만, 참이라고 증명하도록 요구되지 않는 가정들, 예컨대 자신이 그리는 선이 1피트만큼 길다거나 그것이 직선이라는 기하학자의 가정과는[122] 구분되어야 한다.

학문의 전제 사항들에 관한 이러한 설명은 에우클레이데스가 진술한 전제 사항들과의 비교를 불러일으킨다. 학문은 덜 친숙하지만 더 지성에 의한 것으로부터, 더 친숙하지만 덜 지성에 의한 것으로 건너가는 것이라고 기술하면서, 분명히 아리스토텔레스는 탐구하는 학문처럼 더는 초기 단계에 있는 학문이 아니라, 연속적이고 설명적인 형태로 서술될 수 있을 만큼 발전된 학문을 마음에 두고 있다. 그리고 그가 자신 앞에 두었던 그러한 학문의 유일한 모델은 수학, 특히 기하학이 제공하는 모델이었다. 에우클레이데스는 아리스토텔레스보다 한 세대 뒤질 뿐인 사람이었고, 그가 그저 확대하고 개작했을 뿐인 《기하학 원론》은 아리스토텔

---

121 《뒤 분석론》 1권(A) 2장 72a 14-16, 18-24, 10장 76a 32-36, b 3-22.
122 《뒤 분석론》 1권(A) 10장 76b 23-34, 39-77a 3.

레스의 시절에 이미 존재했다. 《뒤 분석론》 1권(A)에 있는 전제 사항들과 증명에 관한 거의 모든 사례들이 수학에서 가져온 것이라는 점은 주목할 만하다.[123] 그는 '공리'라는 말을 수학에서 차용한 것이라고 명시적으로 말한다.[124] 아리스토텔레스의 공리는 에우클레이데스의 공통 개념에 해당되고, 그가 즐겨 드는 공리의 사례, 즉 '같은 것들에서 같은 만큼을 빼면 같은 것들이 남는다'는 에우클레이데스의 시절까지 거슬러 올라가는 것처럼 보이는 세 가지 공통 개념 중 하나이다.[125] 아리스토텔레스의 horismoi(정의들)는 에우클레이데스의 horoi[정의들]에 해당된다. 그리고 아리스토텔레스의 가설들은 일정 정도 에우클레이데스의 공준들에 해당된다. 왜냐하면 다섯 개의 공준 가운데 둘은 사실상 존재 —직선과 원의 존재— 의 가정이기 때문이다.[126]

아리스토텔레스는 공통의 기반에 기대고 있는 두 가지 오류가 있다고 말한다. 먼저, 증명되지 않은 채로는 어떤 것도 받아들이지 않도록 앎은 전제로부터 전제로 무한히 되돌아감을 함축한다거나, 아니면 증명되지 않은, 따라서 미지(未知)인 전제들의 수용을 함축한다고, 따라서 앎은 불가능하다고 생각하는 오류가 있다. 그리고 앎은 가능하지만 순환적으로 진행한다고 —그래서 진리는 독립적으로는 참인 것으로 알려지지 않는 명제들의 상호 함축으로 환원된다고— 생각하는 오류가 있다. 이 두 오류의 공통 기반은 증명이 앎의 유일한 방식이라는 가정이다. 그러한 오류들에 반대하여 그는 증명이 필요 없고 증명을 허용하지 않는 으뜸의 전제들

---

123 《뒤 분석론》 1권(A) 7, 9, 10, 12, 27장을 보라. 1권(A) 1장 71a 3, 14장 79a 18 참조.
124 《형이상학》 4권(Γ) 3장 1005a 20.
125 T. L. Heath, *A History of Greek Mathematics*, Oxford 1921, 1권, 376쪽.
126 위의 책, 374쪽.

이 있다는 원칙을 확인한다.[127]

어떤 것을 알 때, 우리는 그것이 달리 있을 수 없다는 것을 안다. 그리고 결론들이 이렇게 해서 필연적인 것이어야 한다면, 전제들도 마찬가지로 필연적이어야 한다. 이는 그것들이 (1) 그것들의 주어에 속한 모든 사례들에 대해 참임을 함축한다. 그러나 (2) 그것들이 주어와 술어 간에 성립한다고 서술하는 관계는 자체적인(per se) 관계이거나 본질적인 관계이어야 한다. 자체적임에는 네 가지 경우가 있다. (a) 첫 번째 유형에서는 한 개념이 다른 개념의 본질 속에 포함되어 있고, 이 본질에 대한 정의 속에 포함되어 있다. 예를 들어, 선은 삼각형의 본질 속에, 이 본질에 대한 정의 속에 포함되어 있다. 이런 의미에서 주어에 그 자체로 든 술어는 정의, 유, 또는 주어의 종차이다. (b) 두 번째 경우에서는 한 개념이 다른 개념의 속성이고, 다른 개념을 자신에 대한 정의 속에 포함한다. 예를 들어, 모든 선은 '곧거나 굽었고', '곧음'과 '굽음'은 선을 언급하지 않고서는 정의될 수 없다. 이런 의미에서 그것의 주어에 그 자체로 든 술어는 그 주어의 고유한 **특성**이거나, 아니면 주어에 든 선택 가능한 특성들의 선언(選言)적인 나열이다. 주어들에 (a)의 방식으로도 (b)의 방식으로도 들어 있지 않은 속성들은 그것들에 붙는 우연적 성질들이거나 부수적인 성질들이다. (c) 이제, 술어 명제로부터 존재 명제로 향하면서, 아리스토텔레스는 자기 자신 이외에 다른 어떤 주어에 대해서도 술어가 되지 않는 것들은 그 자체로 존재한다고 덧붙인다. '흼'과 '걸음'은 자기 자신 이외의 주어 ─희거나 걷고 있는 어떤 것─ 를 함축한다. 그러나 개별자적인 실체는 전혀 술어로서 고유하게 쓰일 수 없고, 보편자적인 실체만이 그것과 다르지 않고 그것의 종이거나 개별적인 원소일 뿐인 주어에 대한 술어일 수 있다.

---

127 《뒤 분석론》 1권(A) 3장.

(d) 술어가 주어 안에 내재함을 전혀 주장하지 않고 원인과 결과 간의 연관을 주장하는 명제들은 자체성을 나타내고, 단지 두 가지 사건이 병존함을 주장하는 명제들은 우연성을 나타낸다. 아리스토텔레스는 자체성의 의미에 대한 설명이 완전한 것으로 보이도록 (c)와 (d)의 의미를 규정할 뿐이다. 그는 학문의 전제들은 (a)나 (b)의 의미에서 자체적일 것이라고 말한다.

그러나 엄밀한 의미에서 보편적이려면, 명제는 (3) 그것의 주어에 대해, 이 주어가 그 자신인 한에서(qua ipsum), 참이어야 한다. 술어는 주어에 필연적으로 들어 있어야 할 뿐만 아니라, 주어가 다른 종들과 공유하는 일반적인 특징 때문이 아니라 그 주어의 종적인 본성 때문에 그것에 들어 있어야 한다. 이래야만 주어가 술어와 무관한 것은 어떤 것도 포함하지 않을 것이기 때문이다. 어떤 주어가 제시되든, 우리는 정확하게 술어와 범위가 같은 주어에 이를 때까지 그 주어로부터 무관한 종차들을 모두 '벗겨 내야' 한다. 학문의 전제들은 [주어와 술어가] 맞바뀌거나 단순 환위될 수 있는 서술들이다 — 이러한 것들만이 학문의 이상이 요구하는 기품을 지닌다.[128]

학문의 전제들이 충족시켜야 할 이러한 조건들로부터 이 전제들의 일정한 특성들이 따른다. 이 중 첫 번째의 것은 이 전제들은 어느 학문의 탐구 대상에 고유하거나 독특할 것이라는 점이다. 먼저, 그것들은 다른 학문으로부터 차용되어서는 안 된다. 왜냐하면 중간 항이 한 가지 유에 대해 보편적인 술어, 즉 범위가 같은 술어라면, 그것은 다른 유에 대해 범위가 같은 술어일 수 없기 때문이다. 이에 따르면, 기하학의 명제들은 산술의 전제들에 의해 증명될 수 없다. 그것들은 공간적인 크기가 수일 경우

---

128 《뒤 분석론》 1권(A) 4, 5장.

에만 그렇게 증명될 수 있을 것이다. 바깥 항들과 중간 항들은 같은 유에 속해야 한다. 한 학문에서 나온 전제들은, 광학과 화성학의 탐구 주제가 각각 기하학과 산술의 탐구 주제 아래에 드는 것처럼, 다른 학문의 탐구 주제가 그 학문의 탐구 주제 아래에 들 때에만 다른 학문에서 사용될 수 있다. 사실, 광학은 기하학과 전혀 다른 학문이 아니고, 화성학도 산술과 전혀 다른 학문이 아니다. 광학과 화성학은 각각 기하학과 산술의 응용 학문들일 뿐이다.[129]

둘째, 같은 이유로, 개별 학문의 명제들은 일반적인 전제들에 의해 증명될 수 없다. '같은 것들보다 더 크거나 더 작은 것들은 같다'는 원칙을 사용해서 원을 정사각형으로 만들려 한 브뤼손의 시도는 옳지 않다. 왜냐하면 이 원칙은 공간적인 크기뿐만 아니라 수에 대해서도 참이고, 기하학의 탐구 주제에만 특별한 본성을 고려하지 않기 때문이다. 이로부터 한 학문에 독특한 으뜸 원리들은 증명될 수 없다는 점이 따른다. 왜냐하면 증명될 수 있다고 해도 그것들은 일반적인 전제들에 의해서만 증명될 수 있을 것이기 때문이다. 더 나아가, 여러 학문들에 공통적인 '공리들'은 그 학문들의 전제들이 아니고, 그보다는 그것들에 의해 결론들이 전제들로부터 따른다는 점이 보일 수 있는 원리들이라는 점이 따른다.[130]

학문적인 앎의 이상은 더 나아가 '어떻다는 것' 또는 사실을 앎과 '왜 그런지'를 앎을 구별함으로써 규정된다. 이런 구별은 (1) 단일 학문의 한계 내에서 할 수 있을 것이다. 첫째, 전제들이 직접적이지 않고, 그것대로 증명이 필요할 때, 둘째, 결과로부터 원인을, 더 친숙한 것으로부터 더 지성에 의한 것을 끌어낼 때, 우리는 '왜 그런지'에 관한 앎이 아니라 '어떻다

---

129 《뒤 분석론》 1권(A) 7장. 이 책의 134쪽 참조.
130 《뒤 분석론》 1권(A) 9, 11장, 77a 10-12, 22-23.

는 것'에 관한 앎을 갖는다. 우리는 반짝이지 않음으로부터 행성들이 근접해 있음을 추리할 수도 있지만, 이렇게 하면 우리는 진정한 논리적 순서를 뒤집어 놓게 된다. 존재의 원인(causa essendi)은 또한 인식의 원인(causa cognoscendi)이어야 한다. 여기처럼 중간 개념과 대개념을 바꾸어 말할 수 있는 곳에서, 우리는 결과로부터 원인으로의 추리를 원인으로부터 결과로의 추리로 대체할 수 있을 것이다. 그러나 그것들을 바꾸어 말할 수 없는 곳에서는 그렇게 할 수 없고, 그래서 '어떻다는 것'을 아는 것에 그치게 된다.

(2) 한 학문은 '어떻다는 것'을 알고 다른 학문은 '왜 그런지'를 알 수도 있다. 수학은 광학, 화성학, 천문학이 연구하는 사실들에 대해, 심지어는 그것에 '종속되지' 않은 학문들, 예를 들어 의학이 연구하는 몇 가지 사실들에 대해 근거들을 제공한다. 이렇게 해서, 기하학자이면서 의사인 사람은 기하학적인 근거에 바탕을 두고 '왜 둥근 상처가 다른 상처들보다 더 디게 낫는지'를 해명할 수 있을 것이다.[131]

'왜 그런지'에 대한 앎을 얻지 못하는 까닭은 학문의 전제들과 관련하여 앞에서 규정한 두 가지 규칙들 중 하나 —그것들은 직접적이어야 한다는 규칙이나 결론보다 더 지성에 의해 파악될 수 있는 것이어야 한다는 규칙— 를 위반했기 때문이라는 점을 우리는 보게 될 것이다. '어떻다는 것'에 대한 앎은 이렇게 해서 고유한 의미의 학문은 아니다. 고유한 의미의 학문은, 으뜸 원리들 자체는 제외하고, 알게 되는 모든 것이 으뜸 원리들로부터 필연적으로 흘러나오는 체계이다.

학문의 전제들은 직접적이어야 하므로, 학문적인 증명은 '채워 넣음,'[132]

---

131 《뒤 분석론》 1권(A) 13장.
132 《뒤 분석론》 1권(A) 14장 79a 30, 23장 84b 35.

즉 필연적인 중간 항[개념]들을 우리가 주어와 술어로서 연결하고자 하는 두 항들 사이에 삽입하는 과정으로 제시될 수 있을 것이다. 아리스토텔레스가 이런 방식으로 말할 때, 그는 학문의 절차를 분석적인 것으로서, 참이라고 증명해야 할 정리(定理)나 해내야 할 작도의 문제를 자기 자신 앞에다 내놓는 것으로서 생각하고 있고, 요구되는 전제들이 무엇인지를, 즉 문제 해결의 조건들을 묻고 있다. 그러나 대부분의 경우, 그는 학문을 종합적인 것으로서, 직접적인 전제들에서 출발하여 매개된 결론에 도달하도록 그것들을 짜 맞추는 것으로서 생각하는 듯하다. 앞의 것은 결국 발견의 방법이고, 뒤의 것은 해명의 방법이다. 그리고 둘 다 학문의 실제적인 절차에서 각기 맡은 역할이 있다.

학문의 본성에 대한 일반적인 파악에 비추어, 아리스토텔레스는 한 학문이 다른 학문보다 '더 정확하고 더 앞서게 되는' 조건들을 서술할 수 있게 되었다.[133] (1) 한 학문은 사실과 이유를 알지만, 다른 학문은 사실만을 알 때 그렇다. 이에 따르면, 관찰뿐만 아니라 수학을 포괄하는 천문학은 관찰 천문학에 앞선다. (2) 한 학문은 기체로부터 추상된 특징들을 연구하지만, 다른 학문은 구체적일 때에도 그렇다. 이에 따르면, 산술이 화성학에 앞선다. (3) 한 학문이 더 적은 전제 사항들을 필요로 할 때에도 그렇다. 이에 따르면, 산술이 기하학에 앞선다. 점에는 위치가 있지만, 단위에는 위치가 없기 때문이다.

감각은 특수한 사실들에 대한 것이기 때문에, 그것은 결코 증명을 수행할 수 없다. 설령 우리가 달 위에 서서 지구가 태양의 빛을 막고 있는 것을 보고 있다고 하더라도, 우리는 월식의 원인을 알지 못할 것이다. 우리는 빛이 일시적으로 없어지는 것을 보겠지만, 이 현상의 일반적인 원인은

133 《뒤 분석론》 1권(A) 27장.

알지 못할 것이다. 이렇듯 감각에 의한 앎의 한계를 강조하면서도, 아리스토텔레스는 감각이 학문의 발전에서 맡는 역할을 잘 알고 있다.[134] 감각이 결여된 곳에서는, 학문도 결여되어 있을 것이다. 왜냐하면 학문이 기반을 두고 있는 보편적인 진리들은 감각-지각으로부터 출발한 귀납에 의해 획득되기 때문이다. 그리고 우리는 사물들의 근거들을 감각에 의해 알지는 못하지만, 그것들을 감각으로부터 배운다. 우리에게는 어떤 사실에 대해 일정 횟수로 경험한 뒤에 직관적 이성의 작용에 의해 보편적인 의미가 점차 나타나기 시작한다.[135] 아리스토텔레스는 우리로 하여금 '순간적으로 중간 항을 추측하게' 해 주는 과학적인 상상력의 중요성을 분명하게 인정한다.[136]

《뒤 분석론》 1권(A) 마지막 가까이에서[137] 아리스토텔레스는, 플라톤에게 그랬듯이 그에게도 중요했던, 앎과 의견의 구분에 관심을 돌린다. 그는 먼저 그 둘에 속한 대상들의 차이를 지적함으로써 그것들을 구분한다. 앎은 필연적인 것에 관한 것이고, 의견은 불확실한 것, 거짓일지도 모를 참인 것이나 참일지도 모를 거짓인 것에 관한 것이다. A가 달리 있을 수 없다고 생각할 때, 아무도 A가 B라고 생각한다고 자신의 모습을 기술하지 않을 것이라고 그는 지적한다. 그때에 그는 A가 B임을 안다고 말할 것이다. 그러나 어떤 사람은 두 명의 사람이 실제로 정확하게 동일한 전제들을, 그리고 이것들로부터 따르는 동일한 결론들을, 한 사람은 알고 있고 다른 사람은 생각하고 있을 수 있지 않느냐고 대꾸할지도 모른다. 이

---

134 《천체에 관하여》 2권(B) 13장 293a 25-30, 306a 5-17, 《생성과 소멸에 관하여》 1권(A) 2장 316a 5-10.
135 《뒤 분석론》 1권(A) 31장.
136 《뒤 분석론》 1권(A) 34장.
137 《뒤 분석론》 1권(A) 33장.

에 대해 아리스토텔레스는 먼저, 그들이 그런 상태에 있다고 하더라도, 그것이 앎과 의견 사이에 있는 구분을 없애지는 않는다고 응답한다. 둘의 대상들이 같더라도, 정신의 태도는 다르다. 한 사람은 이를테면 전제를 그것에 속한 주어의 본질과 정의를 서술하는 것으로서 인지하겠지만, 다른 사람은 그 전제를 주어에 대해 우연히 참인 사실을 그저 서술하는 것으로서 인지한다. 그러나 둘째, 참인 의견과 거짓인 의견이 같지 않듯이, 앎과 의견의 대상들도 같지 않다. 참인 의견과 거짓인 의견은 그것들이 같은 주어에 대한 것이라는 점에서 '같은 것에 관한' 것이다. 그러나 그것들은, 그것들이 이 주어에 대해 다른 술어들을 주장하는 한에서는, '다른 사물들에' 관한 것이다. 이와 마찬가지로, 앎과 의견은 둘 다 사람은 동물이라고 판단할 수도 있지만, 하나는 '동물'이 사람의 본질에 관한 것이라고 판단하고, 다른 것은 '동물'이 사람이 우연히 가질 수 있는 속성이라고 판단한다.

{ ## 정 의 }

2권(B)에서 아리스토텔레스의 논의는 증명을 정의에 도달하는 수단으로서 살펴보는 데로 향한다. 네 가지 큰 유형의 문제, 즉 '어떻다는 것', '왜 그런지', '…인지', '무엇인지'는[138] 모두 중간 항과 관련되어 있다. A가 있는지 또는 A가 B인지 묻는 것은 그것이 있음을 또는 그것이 B임을 설명할 중간 항이 있는지를 묻는 것이다. A가 무엇인지 또는 왜 A가 B인지를 묻

138 《뒤 분석론》 2권(B) 1장.

는 것은 이 중간 항이 무엇인지를 묻는 것이다.[139] 중간 항 개념은 A가 B 인지를(또는 왜 A가 B인지를) 묻는 물음에 더 쉽게 적용될 수 있다. 그러면, 우리는 A가 성질 B를 갖는다는 것을 설명해 줄 A의 본질 안에 든 요소를 찾고 있다. 다른 한편으로, A가 단적으로(simpliciter) 있음을 설명하는 중간 항으로써 아리스토텔레스는 무엇을 의미하는가? 여기에서는 삼단논법에 나오는 중간 항이 문제가 아니다. 왜냐하면 A가 그 사이에 있을 두 개의 항이 존재하지 않기 때문이다. A라는 항만 있을 뿐이다. '중간 항'은 여기에서 그 의미가 확장되어 단순히 '본질적인 원인'의 뜻으로 쓰였다. 아리스토텔레스는 A가 있는지를 묻는 것은 그 이름에 상응하는, 지성에 의해 파악되는 본질이 있는지를 묻는 것이라고, 그리고 A가 무엇인지를 묻는 것은 이런 본질을 정의 속에서 드러내는 것이라고 말한다. 그러나 실체들에다 '왜 그런지'라는 물음과 중간 항 개념을 모두 적용하는 것은 다소 자연스럽지 못하다. 그것을 주장하면서 아리스토텔레스가 실제로 흥미를 가진 것은, 속성에 대한 정의를 추구하는 것은 그 속성과 어떤 주어를 연결하는, 왜 일정한 주어가 그 속성을 갖는지를 보여 주는, 중간 항을 추구하는 것이라는 점이다. 만일 지구가 사이에 끼어들어 햇빛이 달에게 차단됨으로써 월식이 일어난다면, 월식에 대한 정의는 '지구가 사이에 끼어듦으로 말미암아 달이 빛을 빼앗김'이다. 속성에 대한 진정한 정의, 단어의 사용에 관한 단순한 설명 이상의 것인 유일한 정의는 속성을 유발하는 작용인 또는 목적인을 서술하는 정의이다. 이렇게 해서, 표현만 조금 바꾸면, 속성이 일정한 원인으로부터 필연적으로 따른다는 증명으로부터 그것에 대한 정의가 나온다.

아리스토텔레스는 우리가 어떤 사물이 무엇인지를 삼단논법에 의해

---

139 《뒤 분석론》 2권(B) 2장.

서, 분할에 의해서, 그 사물이나 이것에 대립되는 것에 대한 정의에 의해서, 또는 어떤 다른 방법에 의해서 증명할 수 없다는 점을 보여 주고자한 대화술적인 논의에 이어[140] 증명과 정의의 관계를 적극적으로 설명하는 데로 나아간다.[141] 증명의 도움을 받아 정의에 이르려고 한다면, 우리는 정의되는 것(definiendum)의 본성에 대한 부분적인 앎에서, 즉 월식에 대한 정의인 빛의 상실과 같은, 그것에 관한 명목상의 정의에서 출발해야 한다. 그다음에 우리는 달이 그러한 상실을 겪는다는 점을 보여 줄 중간 항이 있는지 묻는다. 우리는 '달과 우리 사이에 아무것도 없지만 그림자를 드리울 수 없음'과 같은 중간 항에 부딪힐 수도 있다. 다시 말해, 우리는 달이 겪는 징후인 것으로부터 달이 빛을 빼앗김을 추리할 수도 있다. 이것은 월식에 대한 실질적인 정의로 향하도록 우리에게 도움을 주지 못한다. 그러나 우리는 월식의 원인을 진술하는 중간 항에 부딪힐 수도 있다. 우리는 다음과 같은 삼단논법을 구성할 수 있다. '다른 어떤 물체가자신과 제 빛의 근원 사이에 끼어드는 것은 모두 빛을 잃는다. 달에게는자신과 제 빛의 근원 사이에 끼어드는 다른 물체(지구)가 있다. 따라서 달은 제 빛을 잃는다.' 그리고 이렇게 월식의 존재를 그것의 원인이 존재한다는 점으로부터 증명하는 삼단논법을 약간 고쳐 주기만 하면, 원인 언급을 통한 월식의 정의가 다음과 같이 나온다. '월식은 지구가 달과 태양 사이에 끼어듦으로써 일어난 달빛의 상실이다.' 이렇듯, 유와 주어에 의해(per genus et subjectum) 속성이나 사건에 대한 명목상의 정의가 주어졌을때, 우리는 유와 주어와 원인에 의해(per genus et subjectum et causam) 그것에 대한 실질적인 정의로 나아갈 수 있다. 이때 우리는 정의를 증명한 것

---

140 《뒤 분석론》 2권(B) 3-7장.
141 《뒤 분석론》 2권(B) 8장.

이 아니라, 증명의 도움을 받아 정의를 얻는다.

그런 방식으로 정의될 수 있는 것은 속성들과 사건들뿐이다. 다른 한편으로, 산술의 단위처럼 한 학문의 근본 대상인 것들에게는 그것들 자체 외에는 다른 이유가 없다. 그리고 이것들에 대해서는 명목상의 정의만이 가능하고, 이것은 단순히 받아들여지거나, 아니면 곧 기술할 방식으로 알려져야 한다.[142] 이렇게 해서, 세 가지 정의가 있게 된다. (1) 근본 개념에 대한 증명될 수 없는 정의. (2) 속성이나 사건에 대한 실질적인 또는 인과적인 정의. 이것은 삼단논법의 내용을 한 문장으로 꾸린다. (3) 속성이나 사건에 대한 명목상의 정의. 이것은 전제들이 빠진 삼단논법의 결론과 같다.[143] 우리는 이 셋이, 밀(J. S. Mill)의 자연의 법칙, 파생적 법칙, 경험적 법칙처럼 상관되어 있다는 점을 주목할 수 있을 것이다.

아리스토텔레스는 나아가 네 가지 원인 —형상인, 재료인, 작용인, 목적인— 은 어떤 것이든 그 원인으로 말미암은 대상이 존재한다는 것을 증명해 줄 중간 항 구실을 할 수 있음을 보여 준다.[144] 재료인이 이 구절에서 (이는 아마도 그것이 나오는 최초의 구절일 것이다) 그것이 아리스토텔레스에서 흔히 지니는 모습과 다르게 나타난다는 점은 주목할 만하다. 그것은 '그로부터 주어진 사물이 있다는 점이 따르는 조건들로서' 기술되고, 이것들은 결론을 증명하기 위해 필요한 전제들과 동일시된다. 네 가지 원인이 나오는 전형적인 자리(locus classicus)에서 '결론의 가설들(또는 전제들)' 은, 보다 일상적인 다른 사례들인 조각상의 청동, 음절에 포함된 자모들 등과 더불어 재료인의 사례로 등장한다.[145] 《뒤 분석론》에서는 그것이 보

---

142 《뒤 분석론》 2권(B) 9장. 이 책의 108쪽 이하 참조.
143 《뒤 분석론》 2권(B) 10장. 1권(A) 8장 75b 31 참조.
144 《뒤 분석론》 2권(B) 11장.
145 《자연학》 2권(B) 3장 195a 18.

다 좁게 파악되고 있고, 이로부터 재료인의 개념이, 전제들이 결론과 갖는 관계와 재료가 형태를 갖춘 사물과 갖는 관계 간의 유비를 인정함으로써, 나중에 도달된 것처럼 보인다. 11장은 상당히 혼란스러운 점을 드러내고 있기에, 아리스토텔레스 사유의 초기 산물인 것처럼 보인다.

어떻게 비인과적인 정의로부터 인과적인 정의로 넘어갈 수 있는지를 먼저 보여 준 다음에, 아리스토텔레스는 어떻게 앞의 것 자체가 확립되는지를 살피는 데로 나아간다.[146] 최하위의 종(infima species)은 그것에 본질적인 속성들을 수집하여 열거함으로써 정의되어야 하고, 이 속성들은 홀로는 그 종을 넘어서 다른 종에도 미치지만 집합적으로는 그 종과 동연(同延)이다. 이 점에서 아리스토텔레스는 분할에 의한 정의라는 플라톤의 방법을 수용하지 않는다. 플라톤의 방법은 정의될 사물과 동연인 속성들의 수집에 이를 때까지 그것들을 단순히 하나씩 쌓아 가는 방법이다. 그러나 정의들에 도달하는 방법을 보다 신중하게 살피는 데로 넘어가면서,[147] 아리스토텔레스는 분할에 어느 정도 가치를 부여한다. 분할이 아무것도 증명하지 않는다는 것은 맞다. 그러나 (1) 그것은 특징들이 올바른 순서로 얻어지는 것을 보장한다. 우리는 동물을 길든 것과 야생의 것으로 나눌 수 있지만, 길든 것들을 동물들과 여타의 것들로 나눌 수는 없다. 동물들은 (엄밀한 의미에서) 길들일 수 있는 유일한 것들이기 때문이다. 따라서 분할의 방법을 사용한다면, 우리는 합리적이지 못한 순서로 ―'길든 것, 동물, 두 발 달린 것'으로― 인간에 대한 정의를 서술하는 일을 피하게 될 것이다. 특징들을 올바른 순서로 ―'동물, 길든 것, 두 발 달린 것'으로― 놓게 될 것이다. (2) 더 나아가, 분할은 또 다른 이점을 보장한다. 그

146 《뒤 분석론》 2권(B) 13장.
147 《뒤 분석론》 2권(B) 13장 96b 15-97b 6.

것은 최하위의 종에 대한 정의가 언제 완성되는지를 우리에게 말해 준다. 정의를 내릴 때 우리가 유(類)로부터 이것에 가장 가깝지 않은 종차로 넘어간다면, 전체의 유가 이 종차 및 이것과 동위인 것들에 의해 남김없이 망라되지 않는다는 점을 알게 될 것이다. 모든 동물이 통 날개이거나 쪽 날개이거나 둘 중 하나인 것은 아니다. 만일 우리가 유를 나누는 문제를 계속해서 유념한다면, 우리는 종에 대한 정의에 필요한 중간의 종차들 중 어느 것도 빠뜨리지 않도록 대비하게 될 것이다. 유념해야 할 것으로 다음의 세 가지가 있다. (1) 종의 본질에 드는 속성들만을 종의 지표들로 택할 것. (2) 규정 가능한 것으로부터 규정된 것으로 계속 나아가면서, 그것들을 올바른 순서로 놓을 것. (3) 정의되는 것을 여타의 것으로부터 구별하기 위해 필요한 모든 지표들을 택할 것.

분할이 정의에 도움을 줄 수 있는 측면들을 그렇게 진술한 다음, 아리스토텔레스는 어떤 유에 대한 정의에서 그 밖에 무엇이 필요한지를 말하는 데로 나아간다.[148] 그 유가 최하위의 종들로 나뉘고 이것들이 정의되었을 때, 우리는 모든 종들에 공통적으로 들지 않은 요소들은 모두 그 유에 무관한 것으로서 배척하면서 그 종들에 대한 정의들에 공통적으로 든 요소들을 찾을 필요가 있다. 이러한 과정은, 분할의 과정이 그래서는 안 되듯이, 비약적으로(per saltum) 진행되어서는 안 된다. 우리는 각 단계에서 우리가 정의를 확인한 종들 바로 위의 유로 나아가는 데에 만족하고, 점진적인 일반화의 과정을 지난 뒤에야 정의될 수 있는 최고의 유에 도달하는 데에 만족해야 한다. 그리고 우리는 어떤 유에 속하는 것으로 발견하리라고 기대한 종들이 다른 유들에 속하고 다의적으로만 같은 이름으로 불리는 것으로 드러난다는 점을 때때로 발견할 준비를 해야 한

---

148 《뒤 분석론》 2권(B) 13장 97b 7.

다. 자존심에 대해 정의 내리기를 원한다고 해 보자. 알키비아데스, 아킬
레우스, 아이아스에게 자존심이 의미하는 것은 모욕을 참지 못하는 것이
다. 뤼산드로스와 소크라테스에게 그것이 의미하는 것은 운명을 대수롭
지 않게 대하는 것이다. 그러므로 그 말의 의미와 정의는 한 가지가 아
니다.

이 장에서 아리스토텔레스는, 그의 의도가 항상 쉽게 잡히지는 않지만,
실제로 올바른 비인과적 정의들을 얻는 옳은 방법인 결합된 분할 및 일반
화의 과정을 잘 기술하고 있다.

아리스토텔레스는, 《뒤 분석론》의 첫 부분에서, 학문은 안에 든 주어
와 술어가 동연인 '보편적인' 명제들, 즉 [주어와 술어가] 맞바뀌는 명제들
을 목표로 삼으므로, 그것의 전제들도 [주어와 술어가] 맞바뀌는 명제들이
어야 한다고 주장한 바 있다. 이제 그는 원인과 결과가 필연적으로 동연
인지를 묻는 데로 나아간다. 이 물음의 형태를 새로 바꾸면 다음과 같다.
'결과의 존재가 원인의 존재로부터 추리될 뿐만 아니라 원인의 존재가 결
과의 존재로부터 추리될 수도 있는가?'[149] 또는 (바꾸어 말하면) '하나의 결
과에 대해 다수의 원인이 있을 수 있는가?'[150] 아리스토텔레스는 바로 원
인의 의미가, 원인이 주어져 있음이 결과가 주어져 있음으로부터 추리될
수 있음을 함축한다고 대답한다. 만일 추정된 원인이 주어져 있지 않은
상태에서 결과가 주어져 있다면, 그것은 추정된 원인이 실제 원인이 아니
라는 것을 보여 줄 뿐이다. 모든 학문의 문제는 보편적인 문제, 즉 주어와
술어가 동연인 문제이다. '왜 주어 C가 속성 A를 갖는지' 물을 때, 우리는
속성 A를 갖는 것이 바로 C라는(그리고 다른 것들이기도 한 것은 아니라는)

---

[149] 《뒤 분석론》 2권(B) 16장.
[150] 《뒤 분석론》 2권(B) 17장.

106

점을 함축한다. 다음과 같은 삼단논법을 보자.

> 모든 B는 A이다.
> 모든 C는 B이다.
> 그러므로 모든 C는 A이다.

여기에서 B는 C의 본질적인 속성이고, 특성 A의 원인이다. 만일 결론이 간단하게 환위될 수 있다면, 우리는 전제들도 반드시 그래야 하고, 따라서 원인 B는 결과 A와 동연이라는 점을 쉽게 본다.

아리스토텔레스의 서술대로, 이 이론은 학문의 이상에 관련하여 서술될 때 맞다는 점을 우리는 보게 될 것이다. 왜냐하면 학문은 [주어와 술어가] 맞바뀌는 서술들을 목표로 삼고 있고, 다수의 원인들에 머무르며 만족할 수는 없기 때문이다. 그러나 지금까지 아리스토텔레스는 학문이 그 진행 과정에서 이겨 내야 할 난점들을 고려하지 않았다. 학문이 어떤 속성이 들어 있는 주어 전체를 지정해 낼 수 있는 일은 드물다. 그것은 이 주어와 저 주어에 나타나는 속성을 발견하지만, 다른 어떤 것들에 그것이 나타날 수도 있는지 알지 못한다. 그것들을 모두 포함하는 유가 무엇인지는 더더욱 알지 못한다. 그렇다면 학문은 '왜 이 주어 C가 속성 A를 갖는지'를 물어야 하고, 어떤 B가 모든 A와 동연이 아니라 'C 안에 있는 A'와 동연이라는 점에 만족해야 한다. 그리고 이것은 종종 'D 안에 있는 A'의 원인인 것과 다른 어떤 것일 것이다. 그렇다면, B가 주어져 있음은 모든 경우에서 A가 주어져 있음으로부터 추리될 수는 없다. 그리고 A는 다수의 원인들을 갖게 될 것이다. 우리가 맞바뀌는 원인을 인지할 수 있기 전에 이렇게 어떤 결과의 맞바뀌지 않는 원인들을 인지할 가능성이 있다는

점을 아리스토텔레스는 분명하게 지적한다.[151]

학문에 속한 으뜸 원리들의 파악

아리스토텔레스는 《뒤 분석론》에서 대부분 증명에 몰두한다. 증명은 그 자체로 증명에 의해서 알려지지 않는 으뜸 전제들에 관한 앎을 전제한다. 2권(B)의 마지막 부분에서[152] 그는 어떻게 그것들이 알려지는지를 묻는 물음에 이른다. 우리가 그것들을 아는 수단이 되는 능력은 무엇인가? 그리고 그 앎은 획득되는 것인가, 아니면 우리 삶이 시작될 때부터 우리 안에 잠재해 있는가? 모든 앎 중 가장 확실한 것임이 틀림없는 이것이 우리가 알지 못한 채 처음부터 우리 안에 있다고 생각하기 힘들다. 마찬가지로 처음부터 주어져 있지 않다면, 어떻게 그것이 획득될 수 있는지를 아는 것도 힘들다. 왜냐하면 (증명을 통한 앎과 달리) 그것은 기존의 앎에 전혀 근거하지 않고 획득되어야 할 것이기 때문이다. 이런 두 가지 난점을 피하려면, 우리는 그런 앎이 전개되어 나올 보다 보잘것없는 능력에서 출발해야 한다. 이러한 능력을 아리스토텔레스는 모든 동물들에게 선천적으로 주어진 분별력인 감각에서 찾는다. 감각에서 앎으로 발전하는 단계에서 첫 번째의 것은 기억이다. 이것은 감각의 순간이 지났을 때 '감각된 것이 남은 것'이다. 다음 단계는 '경험', 또는 같은 종류의 사물에 대한 반복된 기억에 근거한 일정한 관념의 구성, 즉 보편적인 것의 정착이다. 이것은 다시 우리의 관심이 생성에 있는 한에서는 기술이 발전하는 근원

---

151 《뒤 분석론》 2권(B) 16장 98b 25-31, 17장 99a 30-b 8.
152 《뒤 분석론》 2권(B) 19장. 《형이상학》 1권(A) 1장 참조.

이 되고, 우리의 관심이 존재에 있는 한에서는 학문이 발전하는 근원이 된다. 특수한 것들로부터 보편적인 것들로 나아가는 것은 한 명씩 세워 전체가 규율이 잡힌 상태로 돌아올 때까지 오합지졸의 군대를 재집결하는 것과 같다. 이러한 전이는 감각 자체에 보편적인 요소가 있다는 사실에 의해 가능하게 된다. 우리가 특수한 사물을 감각한다는 것은 맞지만, 우리가 그것에서 감각하는 것은 그것이 다른 사물들과 공유하고 있는 특징들이다. 이런 최초의 보편적인 요소로부터 우리는 끊임없이 더 높은 보편성의 한도들을 거쳐 모든 것 중 최고인 보편자들, 즉 '분석될 수 없는 것들'로 나아간다. 특수한 것들에서 이것들에 함축된 보편적인 것들로 나아감은 귀납으로서 기술된다. 아리스토텔레스는 학문의 으뜸 전제들이 될 보편자들을 파악하는 것은 학문의 능력보다 더 높은 능력의 일이어야 하고, 이 능력은 직관적 이성일 수밖에 없다고 말한다.

감각으로부터 이성에 이르는 끊임없는 전개에 대한 이 근사한 설명에서 한 가지 점이 (다른 점은 언급하지 않는다면) 여전히 분명하지 않다. 그렇듯 이성에 의해 알려지는 '으뜸가는 것들'은 정확히 무엇인가? 많은 언어적 표현들로 미루건대 그것은 개념들을 파악하는 것이다. 그렇다면 으뜸가는 것들은 더는 분석될 수 없는 개념화의 최고 대상들, 즉 범주들임에 틀림없다. 그러나 범주들에 관한 앎은 증명을 수행하는 사유를 위한 충분한 출발점이 아니다. 학문의 으뜸 원리들은 공리들, 정의들, '가설들', 학문의 근본 대상들이 존재한다는 가정들이다.[153] 아리스토텔레스가 이 구분을 여기에서 인지하고 있을지도 모른다. 감각에 특수한 것들로부터 보편적인 개념들로 오르는 과정을 기술한 다음 그는 말한다.[154] "그렇다면

---

153 《뒤 분석론》 1권(A) 10장.
154 《뒤 분석론》 2권(A) 19장 100b 3.

분명히, 귀납에 의해 (즉, 특수한 것들로부터 일반화를 함으로써) 우리는 '으뜸가는 것들'을 인지한다. 왜냐하면 이렇게 해서 또한 감각도 우리 안에서 보편적인 것을 산출하기 때문이다." 다시 말해, 그는 특수한 것들에 대한 감각으로부터 보편적인 것들의 파악으로 진행하는 것 말고도, '이것은 같은 부분에서 다양한 색깔들을 가질 수 없다'와 같은 특수한 판단들로부터 모순율 및 여타 학문의 으뜸 원리들과 같은 보편적인 판단들로 진행하는 것을 인지하고 있는 것처럼 보인다.[155]

{ 《토포스론》 }

《토포스론》은 보다 간략하게 다뤄야 할 것이다. 이 저술은 크게 두 부분으로 나뉜다. (1) 원래의 논문인 2권(B)-7권(H) 2장은 topoi 또는 논증의 자리들을 수집한 것이다. 대부분 아카데미아로부터 차용한 것들이다.[156] 이 부분은 아리스토텔레스가 삼단논법을 발견하기 전에 쓴 것으로 보인다.[157] (2) 1권(A), 7권(H) 3-5장, 8권(Θ)은 삼단논법을 발견한 후에, 그러나 《분석론》을 저술하기 전에 쓰인 머리말과 맺음말 부분이다. 《소피스트식 논박》은 아마도 《토포스론》보다는 나중에, 《분석론》보다는 이전에 쓰였을 것이다.

---

155 《형이상학》 1권(A) 1장 981a 7 참조. 여기에서 아리스토텔레스는 '칼리아스, 소크라테스 등이 이런 병을 앓았을 때 이런 치료법의 도움을 받았다'와 같은 판단이 empeiria[경험]에 의해 형성된다고 말한다.

156 함브루흐(E. Hambruch)는 이 점을 *Logische Regeln der platonischen Schule in der aristotelischen Topik*, Berlin 1904에서 잘 다뤄 놓고 있다.

157 H. Maier, *Syllogistik des Aristoteles*, Tübingen 1900, 2-2권, 78쪽의 각주 3은 이에 대한 좋은 사례를 찾아 놓았다.

《토포스론》의 목적은 "제시된 문제에 대하여 개연적인 전제들을 바탕으로 논증할 수 있게 해 주고, 우리가 자신의 생각을 검토할 때 자기모순에 빠지지 않게 해 줄 방법을 찾는 것"이다.[158] 다시 말해, 온갖 대화술적인 토론에 관여하는 양쪽 ―'질문하는 쪽'(이쪽의 사람은 상대방에게 질문을 던지고 그가 받은 모든 답변들을 바탕으로 논증하며 주도적으로 말을 한다)이나 '응답하는 쪽'― 을 성공적으로 지지할 방법을 찾는 것이다. 바꿔 말하면, 우리의 목적은 대화술적인 삼단논법을 연구하는 것이다. 대화술적인 삼단논법은 그것의 전제들이 참인 것도, 직접적인 것도 아니고 개연적인 것, 즉 모든 사람들, 대부분의 사람들, 또는 지혜로운 사람들의 마음에 끌리는 것일 뿐이라는 사실에 의해 학문적인 삼단논법과 구분된다. 다른 한편으로, 그것은 실제로 개연적인 전제들을 바탕으로 타당하게 추리하지만, 논쟁적이기만 한 삼단논법은 개연적인 것처럼 보일 뿐인 전제들로부터 추리하거나 아니면 부당하게 추리한다는 사실에 의해, 논쟁적이기만 한 삼단논법과 구분된다.[159] 대화술은 학문이 갖는 최상의 가치를 갖지 못하지만, 그저 논증을 위해 논증을 하는 것과 같은 무가치한 일은 아니다. 대화술을 연구하면 크게 세 가지 측면에서 유용하다. (1) 그것은 지적 훈련과 관련해서 유용하다. (2) 그것은 우리가 대면하는 사람들을 상대로 논증 능력을 발휘할 수 있다는 점에서 유용하다. 만일 우리가 사전에 다수의 의견들과 이것들로부터 따르는 것에 친숙한 상태에 있다면, 우리는 사람들을 상대로 이들 자신의 전제들로부터 논증을 펼칠 수 있을 것이다. (3) 그것은 학문들과 관련해서 유용하다. 이 유용성은 이중적이다. (a) 주어진 쟁점들을 찬반양론으로(pro et contra) 논증해 내는

<hr />

158 《토포스론》 1권(A) 1장 100a 18.
159 《토포스론》 1권(A) 1장 100a 27-b 25.

능력을 갖춘다면, 우리는 그런 쟁점들을 대할 때 진위를 더 잘 인지하게 될 것이다. 그리고 (b) 학문들의 으뜸 원리들은 그 자체로 학문적으로 증명될 수 없기 때문에, 우리는 대화술이 제공하는 것과 같은 공통의 의견들에 대한 연구로부터 그것들에 가장 잘 접근할 수 있다.[160] 《토포스론》에 실제로 나오는 대화술에 관한 연구는 주로 (1)과 (2)의 관점에서 이루어지고 있다.[161] 아리스토텔레스는 어떻게 그것이 학문들에 관한 연구에서 우리에게 도움을 줄 수 있는지를 거의 보여 주지 않는다. 그는, 우리가 대화술의 방식에 의해 학문의 으뜸 원리들에 접근한다는 진술을 어디에서도 우리가 귀납에 의해 그것들에 접근한다는 진술과 관련지어 놓고 있지 않다. 그러나 우리는 귀납이 대화술에 고유한 두 가지 논증 방식 중 하나라는 점을[162] 기억해 두어야 한다. (으뜸 원리들을 대화술에 의해 확립하는 것에 대한 가장 좋은 본보기는 《형이상학》 4권의 모순율과 배중률을 지지하는 논증이다.)

아리스토텔레스는 먼저, 논증이 시작되는 전제들에, 또는 토론을 위해 제기된 문제들에 나타날 수 있는 주어와 술어의 다양한 관계들을 살핀다. 어떠한 명제든 그것의 술어는 주어와 맞바뀔 수 있거나 맞바뀔 수 있지 않거나 둘 중 하나다. 맞바뀔 수 있다면, 그것은 주어의 본질을 서술하거나 —이 경우, 그것은 그 주어에 대한 정의이다— 그것을 서술하지 않는다 —이 경우, 그것은 그 주어의 고유성이다. 맞바뀔 수 없다면, 그것은 정의 속에 든 한 가지 요소이거나 —이 경우, 그것은 주어의 유이다[163]— 정

---

160 《토포스론》 1권(A) 2장.
161 예를 들어 《토포스론》 1권(A) 11장 105a 9 참조.
162 《토포스론》 1권(A) 12장.
163 또는 아리스토텔레스가 여기에서 유 아래에 포함시키고 있는 종차이다.

의 속에 든 한 가지 요소가 아니다 —이 경우, 그것은 우연성이다.[164] 이것은 가(可)술어[술어일 수 있는 것]들에 관한 아리스토텔레스의 분류이다. 이것을 후에 포르퓌리오스는 다섯 번째 가술어로서 종을 포함함으로써 절망적으로 혼란스럽게 만들어 놓았다. 아리스토텔레스의 설명에서 종의 위치는 가술어의 자리가 아니라 주어의 자리이다. 왜냐하면 그가 줄곧 검토하고 있는 판단들은 (우연성들을 드는 판단들의 경우를 예외로 한다면) 개별자들에 대한 것들이 아니라 종들에 대한 것들이기 때문이다.

한 가지 면에서 아리스토텔레스는 가술어들에 관한 자신의 이론을 나중에 스스로 변경했다. 현재의 구절에서 유와 종차의 차이는 또렷하지 않다. 종차는 유와 마찬가지로, 그 종차를 가진 것보다 범위가 넓은 것으로서 다뤄진다. 여기에 함축된 이론은 우리가 《뒤 분석론》에서도 발견하는 이론이다.[165] 이는 정의될 개념보다 개별적으로는 범위가 더 넓지만 집합적으로는 그 개념과 동연인 속성들을 모음으로써 정의가 이루어진다는 이론이다. 다른 한편으로, 《형이상학》에서[166] 아리스토텔레스는 서술된 종차는 각기 이전 종차를 특화한 것이라고, 그리고 마지막 종차는 정의되는 것(definiendum)과 동연이라고 주장한다. 《뒤 분석론》은[167] 그가 이 이론 쪽으로 향해 가고 있다는 것을 보여 준다.

모든 전제와 모든 문제는 가술어들 중 어느 하나나 다른 하나와 관련되어 있다. 다시 말해, '동물, 발 달린 것, 두 발 달린 것이 인간에 대한 정의인가, 아닌가?', '동물은 인간이 속한 유인가, 아닌가?'와 같은 문제들이 토론거리로 제시될 수 있다. 그리고 질문자가 (응답자가 대답한 것들을 그의 전

---

164 《토포스론》 1권(A) 4, 8장.
165 《뒤 분석론》 2권(B) 13장 96a 24-b 14. 이 책의 107쪽 참조.
166 《형이상학》 7권(Z) 12장.
167 《뒤 분석론》 2권(B) 13장 96b 30-32, 97a 28-b 6.

제로서 받아들이면서) 응답자에게 던질 물음들도 같은 유형에 속한 것들이다. 가술어들과 팽팽하게 관련되어 있는 문제들, 전제들과 더불어 그것들에 보다 느슨하게 관련되어 있는 문제들, 전제들이 분류된다. 이렇게 해서, 딱 하나의 단어는 결코 다른 단어에 대한 정의일 수 없지만, '아름다운 것은 어울리는 것이다'와 같은 명제는 아름다운 것에 대해 정의를 내리는 문제에 관련되어 있다. 더 나아가, 두 사물의 수적인 동일성에 관한 물음들은 정의의 문제에 관련되어 있다. 수적인 동일성은 하나가 다른 하나에 대해 정의를 내릴 때 사용될 수 있다는 점을 함축하지 않지만, 수적인 차이성은 그것이 그렇게 사용될 수 없다는 점을 보여 준다.[168] 이런 방식으로 모든 문제들은 가술어들 중 어느 하나나 다른 하나에 관련될 수 있고, 가술어들은 문제들 및 이것들의 토론에 유용한 자리들을 전반적으로 다루기 위한 뼈대를 이룬다. 2권(B)과 3권(Γ)은 우연성의 문제들을 다루고, 4권(Δ)과 5권(E)은 각각 유와 고유성의 문제를, 6권(Z)-7권(H) 2장은 정의의 문제들을 다룬다.

　대화술의 기술에서 세 가지 중요한 개념은 '전제', '문제', '정립'이다. 대화술적인 전제는 '모든 사람들, 대부분의 사람들, 또는 지혜로운 사람들에게 개연적인 것으로서 다가오는 물음'(물론 엄밀히 말하자면 대답)이다. 토론 중인 상대에게 적절하게 제시될 수 있는 물음이 모두 토론을 위한 문제로서 적절하게 제기될 수 있는 것은 아니다. 어떤 것이 문제라면 그것은 실천적이거나 이론적인 관심을 가진 물음이어야 한다. 그리고 그것에 대해 통용되고 있는 의견이 없거나, 다수의 사람들과 지혜로운 사람들 사이에서, 또는 다수의 사람들 사이에서, 또는 지혜로운 사람들 사이에서 의견 차가 있는 물음이어야 한다. 더 나아가, 모든 문제가 정립인 것은 아

<hr />

168 《토포스론》 1권(A) 5장.

114

니다. 정립은 '어느 저명한 철학자의 역설적인 의견'이거나, 아무도 주장하지는 않지만 논증에 의해 지지될 수 있는 견해이다. 아리스토텔레스는 모든 문제들, 모든 정립들이 토론할 만한 가치가 있지는 않고, 응징이나 부족한 감각이 아니라 논증을 추구하는 사람들이 제기할 법한 것들이 그럴 만한 가치가 있다고 특유의 양식으로써 덧붙인다. 우리는 신들에게 경의를 표해야 하고 부모를 사랑해야 하는지에 대해서 토론하지 않을 것이고, 눈이 흰지에 대해서도 토론하지 않을 것이다.[169]

우리에겐 topoi[자리들], 즉 대화술적인 추리가 논증을 끌어내는 곳인 정리함들에 대해 장황하게 탐구하고 있는 아리스토텔레스를 쫓아갈 여유도 소망도 없다. 그런 논의는 지나간 사고방식에 속한다. 그것은 일반적인 문화로 향한, 우리가 소피스트 운동으로 알고 있는, 그리스적인 사유 운동이 보이는 —모든 방식의 대상들에 대해 이것들에 적합한 으뜸 원리들을 연구함이 없이 토론하려고 하는— 마지막 노력들 가운데 하나이다. 아리스토텔레스를 소피스트들로부터 구분해 주는 것은, 적어도 그 자신과 플라톤이 기술한 대로라면, 그의 동기가 청중들과 독자들이 허상의 지혜에 의해 이득이나 명예를 얻도록 돕는 데에 있지 않고, 특수한 것에 대한 앎이 없는 상태에서 물음들을 가능한 한 분별 있게 논의하도록 돕는 데에 있다는 점이다. 그러나 그는 스스로 더 나은 길인 학문의 길을 보여주었다. 《토포스론》을 시대에 뒤떨어진 것으로 만들었던 것은 다름 아닌 그 자신의 《분석론》이었다.

169 《토포스론》 1권(A) 11장.

《소피스트식 논박》

《소피스트식 논박》은 《토포스론》의 흥미로운 부록이다. 원제는 엄밀히 말해 '소피스트식 반박'을 뜻한다. 여기에서 소피스트는 주로 평범한 사람이 아끼는 의견들을 외형적으로 반박함으로써 그를 혼란시키려고 애쓰는 부정적인 인물로 여겨진다. 그러나 소피스트식 논박의 방법들은 또한 소피스트가 자신의 입론들을 증명하는 데에 사용할 방법들이기도 하다. 《소피스트식 논박》은 오류에 관한 일반적인 연구이다. 다른 모든 오류 분류들이 근거하고 있는 아리스토텔레스의 오류 분류는 다음과 같다. 오류는 크게 두 가지가 있다. 사용된 언어에 따라 결정되는 오류들과 그렇지 않은 오류들이 있다. 언어와 관련된(in dictione) 오류들은 다음과 같다.[170]

(1) 애매어: 한 단어 안에 든 애매한 의미.
(2) 애매문: 한 문장의 구조에 든 애매한 의미(단어들의 순서가 어떤 단어가 주어이고 어떤 것이 목적어인지에 대한 확실한 증거가 되지 못하는 그리스어에서 쉽게 이에 대한 실례를 들 수 있다).
(3) 합성: 단어들을 잘못 짝짓는 것에 기인함. 어떤 사람은 걸을 수 있는데, 그때 앉아 있다. 그러나 이로부터 그가 앉아 있을 때 그가 걸을 수 있다는 결론은 나오지 않는다.
(4) 분할: 단어들을 잘못 떼어 놓는 것에 기인함. 다섯은 둘 더하기 셋이다. 그러나 그로부터 다섯이 둘이고 셋이라는 결론은 나오지 않는다.

---

170 《소피스트식 논박》 4장.

(5) 강조: 한 단어를 잘못 (예를 들어, 양음[′] 악센트 대신 곡절[^] 악센트로) 강조함으로써 쓰인 말을 잘못 해석하는 것.

(6) 언어 형태: 문법적인 형태를 바탕으로 잘못 추론하는 것. 예를 들어, '자르는'이나 '짓는'과 같은 변형을 갖는다고 '앓는'이 능동적인 행위라고 생각하는 것.

언어 외적인(extra dictionem) 오류들은 다음과 같다.[171]

(1) 우연성: 어떤 것에 타당한 것은 그것이 우연히 가진 것들 각각에 대해서도 타당하다고, 또는 거꾸로 생각하는 것. 코르시코스가 소크라테스와 다르고 소크라테스가 사람인 경우, 그로부터 코르시코스는 사람과 다르다는 결론은 나오지 않는다.

(2) 제한된 의미의 진술로부터 단적인 의미의 진술로 감(a dicto secundum quid ad dictum simpliciter): 있지 않은 것이 의견의 대상으로서 있는 경우, 그로부터 그것이 단적으로 있다는 결론은 나오지 않는다. 더 나아가, 어떤 사물이 자신의 다른 부분들에서 대립되는 성질들을 갖는다고, 그것에 대해 그 성질들을 절대적으로 서술하는 것은 옳지 않다.

(3) 논점 일탈(ignoratio elenchi): 논박이 함축하는 바를 깨닫지 못함으로써 생김. 어떤 주어가 갖지 않는 것으로 증명되는 속성은, 같은 이름으로, 그리고 아마도 거기에서도 애매한 이름으로 불리는 속성이 아니라, 그 주어가 갖는다고 주장되었던 바로 그 동일한 속성이어야 한다. 그것은 동일한 관점, 관계, 방식에서, 그리고 그것이 들어

---

[171] 《소피스트식 논박》 5장.

있다고 주장되었던 때에 그 주어에 들어 있지 않다고 증명되어야 한다. 그리고 논박은 주어진 전제들로부터 필연적으로 따라야 한다. 우리는 둘이 하나의 두 배이지만 셋의 두 배는 아니라고 지적하면서 둘이 두 배인 동시에 두 배가 아니라고는 증명하지 않는다.

(4) 선결문제 요구(petitio principii): (a) 어떤 명제를 바로 이 명제를 가정함으로써 증명하는 것, 또는 (b) 그 명제에 의해 증명되어야 할 전제들로부터 그 명제를 증명하는 것. 예를 들어, 그 자체가 평행선들의 작도를 전제하는 방법으로 평행선을 작도할 때. 아리스토텔레스는 실제로 선결문제 요구의 오류인 것들과 겉보기에 선결문제 요구의 오류인 것들의 다양한 형태를 다른 곳에서 설명한다.[172]

(5) 귀결: 단순 환위하지 말아야 할 명제를 단순 환위하는 것. 이것은 감각으로부터 잘못 추론하는 사례에 의해(예를 들어, 꿀이 노랗다고 실제로 쓸개즙인 노란 물질을 꿀로 여기는 경우), 그리고 지표들에 의한 증명이 잘못 사용되는 사례에 의해 예시된다.

(6) 거짓 원인(non causa pro causa): 결론이 따라 나오는 전제들 중 하나가 실제로는 아닌, 그런 어떤 명제를 반박하기 위해, 결론이 명백한 거짓이라고 주장하는 경우. 예를 들어, '만일 혼과 생명이 같은 것이라면, 생성은 소멸에 반대되니까 특정의 소멸에 반대되는 것은 특정의 생성일 것이다. 그러나 죽음은 소멸이고 생명에 반대된다. 그러므로 생명은 생성이다. 그러나 이것은 불가능하다. 그러므로 혼과 생명은 같지 않다.' 그것이 논박하고자 한 명제는 전제로서 사용되지 않았다. 따라서 거짓인 결과에 의해 논박되지 않는다.

(7) 복합 질문: 예를 들어, 실제로 어떤 것들은 좋고 어떤 것들은 그렇지

---

172 《앞 분석론》 2권(B) 16장, 《토포스론》 8권(Θ) 13장.

않은데, '이 모든 것들은 좋은가, 좋지 않은가?'라고 묻는 경우.

아리스토텔레스의 오류 이론은 처음부터 끝까지 고른 평가를 받지는 않는다. 어떤 오류들은 아주 순진한 사람조차도 속이지 못할 말장난일 뿐이다. 어떤 것들은 보다 남을 속일 만한 것들이지만, 극히 인위적이다. 그러나 다음과 같은 오류들에서, 즉 애매어, 우연성, 제한된 의미의 진술로부터 단적인 의미의 진술로 감, 논점 일탈, 선결문제 요구, 귀결, 거짓 원인에서 아리스토텔레스는 온갖 오류들 가운데 남을 속이기 위해 수용되는 오류들이 아니라, 말하는 사람 자신을 속이는 가장 중요한 오류들을 적시한다.[173] 그는 오류들을 다루면서 추리가 노출되어 있는 아주 미묘한 많은 위험들을 설명한다. 이 점에서 그는 자신의 논리학이 줄곧 그랬듯이 선구자이다.[174]

그의 분류는 결코 완전한 것이 아니다. 아리스토텔레스 자신도 어떤 오류 논증은 여러 가지 오류 아래에 분류될 수 있다는 점,[175] 그리고 모든 오류들은 논점 일탈의 오류의 다양한 형태들로 여길 수 있다는 점을 주목한다.[176] 그러나 이후의 이론가들은 그가 오류들을 다루는 핵심 노선을 그대로 따르는 것이 필요하다고 생각했고, 그가 다룬 것과 의견 차가 있는 것에서는, 드물지만 그것을 개선하였다. 그들은 많은 사례들에서 그의 의도를 오해했고, 다른 어떤 사례들에서는 그가 쓴 개념들을 완전히 다른 유형의 오류에 자의적으로 적용함으로써 더욱더 혼란에 빠졌다.

---

173 《소피스트식 논박》 5장 167b 35.
174 대화술을 다루면서 (예를 들어, 연설술을 다룰 때와 달리) 처음부터 그에 대한 연구를 새로 세워야 했다는 그의 서술을 참조. 《소피스트식 논박》 34장 183b 16-184b 3.
175 《소피스트식 논박》 5장 167a 35, 33장 182b 10.
176 《소피스트식 논박》 6장.

3장
자연철학

아리스토텔레스가 분류한 것을 보면, 학문들은 앎 자체를 겨냥하는 이론적인 학문, 행위의 안내자로서의 앎을 겨냥하는 실천적인 학문, 유용하거나 아름다운 것을 만드는 데 사용되는 앎을 겨냥하는 제작적인 학문으로 나뉜다. 이론적인 학문들은 '신학'(또는 형이상학), 자연학, 수학으로 세분된다. 자연학은 분리되어 존재하지만 변하는 사물들을(즉, 안에 운동과 정지의 근원을 갖는 '자연적인 물체들'을) 다루고, 수학은 불변하지만 독립적으로 존재하지 않는 사물들을(즉, 실체들을 한정하며 부가적으로만 존재하는 수와 공간적인 도형들을) 다룬다. 신학은 독립적으로 존재하고 불변하는 사물들을(즉, 재료와의 어떠한 연관으로부터도 벗어나 존재하는 실체들을) 다룬다. 그것의 이름은 이러한 순수한 실체들의 우두머리가 신이라는 사실에 기인한다.[1] 앞에서 정의한 대로의 '자연학'은 길게 이어진 일련의 저술들에서 아리스토텔레스에 의해 해설된다. 이 저술들이 단일성을 이루고 있는 것으로 생각된다는 점은 《기상학》의 머리말 부분에서 지적된다. 아리

---

1 《형이상학》 6권(E) 1장 1025b 18-1026a 19.

스토텔레스는 여기에서 (1) 자연의 으뜸 원인들(즉, 《자연학》 1권, 2권에서 모든 변화에 관련되어 있다고 보여 주는 구성 요소들)을 다뤘고, 자연적인 운동 일반(《자연학》 3권-8권)을 다뤘고, (2) 별들의 질서와 운동(《천체에 관하여》 1권, 2권), 물체적인 요소들의 개수와 본성 및 상호 변형(《천체에 관하여》 3권, 4권)을 다뤘고, (3) 생성과 소멸 일반(《생성과 소멸에 관하여》)을 다뤘다고 주장한다. 그리고 그는 (4) '자연 —그렇지만 으뜸가는(또는 천체를 이루는) 요소의 자연보다는 못한 자연— 에 일치하여, 별들의 운동에 가장 근접한 지역에서 발생하는 것들을' 다룰 것(《기상학》)을,[2] 그리고 (5) 동식물을 일반적으로 그것들의 종에 따라 다룰 것(생물학적인 작품들)을 제안한다.

운동은, 앞으로 보겠지만, 일반적인 것으로부터 특수한 것으로 나아간다.[3] 《자연학》은 실제로 자연적인 물체 일반을, 안에 운동과 정지의 근원을 가진 모든 물체들에 공통된 본성을 다룬다. 이것은 살아 있는 물체뿐만 아니라, 요소들 및 이것들로 된 비유기적인 복합물들을 포함한다. 뒤의 것들도 원형으로든, 우주의 중심을 향해서든, 그로부터 벗어나는 것이든 운동하려는 내재적인 경향을 갖기 때문이다. 심지어 제작물들조차도 만들어진 재료가 자연적인 물체인 한에서, 자연적인 운동을 한다. 그러나 제작된 사물들에는 그것들을 만드는 장인의 손과 그것들을 사용하는 사람의 손에 의해 운동이 부가된다.[4]

아리스토텔레스는 《자연학》이 '자연에 관한 학문'을 다룬다고 선언하지만, 처음에는 '자연'의 의미가 무엇인지 아무런 설명도 제공하지 않는

2 《기상학》 1권(A) 1장 338a 26-b 3.
3 《자연학》 1권(A) 1장 184a 23, 3권(Γ) 1장 200b 24.
4 《자연학》 2권(B) 1장 192b 9-20.

다. 이 저술 뒤에 '자연에 관한' 일련의 저술들이 모두 자리 잡고 있다. 이것은 소크라테스 이전 철학자들이 애호하는 제목이기도 하다. 그리고 이런 초기 저술들에 비추어 볼 때 아리스토텔레스는 자신의 의도가 충분히 분명하다고 생각했을 수 있다. 그는 물질을 갖춘 물체들을 이루는 궁극적인 재료와 그것들에서 분간할 수 있는 변화들의 본성과 원인들을 다루려 한 사람으로 이해될 것이다. 원인들을 발견함의 중요성은 시작부터 강조된다. 경험의 사실들은 우리가 그것의 궁극적인 함축들을, '본성상 분명하지만' 우리에게 처음에는 불명확한 '근원들', '원인들', 또는 '요소들'을 볼 때까지 분석되어야 하는 혼돈 덩어리를 의미한다.[5] 이런 근원적인 원인들에 대해 상이한 견해들이 나올 수도 있다. 그러나 아리스토텔레스는 자연철학의 철폐로 귀결하는 한 가지 견해 ―실재는 하나이고, 분할되지 않고, 불변한다는 견해― 가 있다고 지적한다. 우리는 변화가 존재한다는 점을 경험에 의해 정립된 것으로 받아들여야 하고, 이것을 우리의 토대로 삼아야 한다. 그러나 엘레아학파는 그리스 사상에서 큰 역할을 하고 있어, 아리스토텔레스는 그것을 단지 경험에 호소함으로써 무시할 수는 없었다. 그래서 그는 그것이 의거하고 있는 갖가지 혼란들을 지적하는 데로 나아간다.[6]

{ 기체, 형상, 결여 }

(원칙적으로 자연의 존재를 부인했던 엘레아학파에 대립한) '자연철학자들'

5 《자연학》 1권(A) 1장.
6 《자연학》 1권(A) 2장, 3장.

의 견해는 크게 두 가지다. 어떤 사람들은 기체(基體)가 되는 하나의 물체가 있고, 다른 모든 사물들은 이것의 응축과 희박에 의해 생성된다고 주장한다. 다른 어떤 사람들은 사물들 간에 근본적인 질적 차이가 있지만, 모든 사물들은 온갖 '반대성들'이 들어 있었던 단일한 덩어리로부터 분리되어 나왔다고 주장한다. 뒤의 견해는 비판을 받는다.[7] 반대되는 것들을 으뜸 원리로 인정한다는 점을 아리스토텔레스는 이전의 모든 학파에 공통된 점으로 발견한다. 성김과 촘촘함, 참과 빔, 있음과 있지 않음, 위와 아래, 앞과 뒤, 곧음과 굽음 ― 이런 대립되는 것들이 이전의 모든 이론들에서 중요한 역할을 한다. 이는 으뜸 원리들의 본성으로부터 따라 나온다. (1) 그것들은 서로로부터도, 다른 사물들로부터도 생겨나서는 안 되고, (2) 다른 모든 사물들이 그것들로부터 생겨나야 한다. 으뜸으로 반대되는 것들은 무엇이든 이런 조건을 분명히 만족시킨다. 그러나 이 이론은 보다 정교한 논증에 의해 확인될 수 있다. 세계에 있는 모든 것은, 우리가 우연적인 연관을 배제한다면, 그것이 출현하는 것 안에 특수한 성격이 존재할 것을 요구한다. 흰 것이 교양 있는 것으로부터 나올 수 있는 것은 오직 희지 않은 것이 우연히 교양 있기 때문이다. 교양 있는 것으로부터 나올 수 있는 것은 엄밀히 말해 그것은 희지 않은 것, 즉 검은 것으로부터, 또는 검은 것과 흰 것 사이에 있는 것으로부터 나온다. 그리고 중간에 있는 것들은 반대되는 것들을 혼합함으로써 형성되므로, 어떤 상태로의 변화는 그 상태에 반대되는 것을 전제한다.[8]

그래서 적어도 두 가지 으뜸 원리가 있게 된다. 그것이 무한히 많을 수는 없다. 왜냐하면 (1) 만일 그럴 경우, 있는 것은 알 수 없는 것이 될 것

---

7 《자연학》 1권(A) 4장.
8 《자연학》 1권(A) 5장.

이기 때문이다. (2) 실체는 한 가지 유이고, 한 가지 유는 오직 하나의 근본적인 반대성을 갖는다. (3) 유한한 수의 원리들로부터 실재를 도출하는 것은 가능하다. 그리고 단순한 설명은, 그것이 가능한 곳이라면, 보다 복잡한 설명보다 낫다. (4) 어떤 반대되는 것들은 분명히 파생적이지만, 으뜸 원리들은 영원하고 파생된 것이 아니어야 한다. 그러나 우리는 원리들을 아껴서 둘로 줄일 수는 없다. 왜냐하면 (1) 촘촘함은 성김에 작용하지 않고, 반대로 성김이 촘촘함에 작용하지도 않기 때문이다. 사랑은 불화를 모으지 않고 불화는 사랑을 분리시키지 않는다. 하나가 모으고 다른 하나가 나누는 제3의 것이 있어야 한다. (2) 두 가지 반대성 중 하나를 철저하게 가진 실체는 전혀 없는 듯하다. 반대성들은 본질적으로 어떤 것에 덧붙은 것들이다. 그것들은 자신들이 들어 있을 실체를 전제한다. (3) 실체는 결코 실체에 반대되지 않는다. 그렇다면, 반대성들을 으뜸 원리로 삼는다는 것은 실체를 실체가 아닌 것들로부터 도출한다는 것이다. 그러나 실체보다 앞선 것은 있을 수 없다. 그렇다면, 우리는 이 점에서 모든 사물들에 대해 물질적인 하나의 기체를 놓았던 이전 철학자들의 견해로 되돌아가면서 제3의 어떤 것(tertium quid)을 전제해야 한다. 그러나 우리는 이 궁극적인 기체를 분명한 요소적인 물체들 중 하나와 동일시해서는 안 된다. 불, 공기, 흙, 물은 제 본성에 반대성들을 포함한다 ─ 예를 들어, 불은 올라가고 흙은 내려간다. 기체를 네 가지 '요소들' 사이에 있는 중간적인 것과 동일시하는 것이 보다 합당할 것이다.

단일한 기체, 그리고 일정한 질의 과도와 부족에 의해 차이 나는 반대성들 ─ 이것들이 변화의 연구로 드러나는 원리들이고, 실제로 이전의 사유가 도달했던 원리들이다. 세 개보다 많은 원리를 인정함으로써 얻을 것은 없지만, 잃을 것은 있다. 분명히, 수동적인 원리들은 하나로 충분하다. 그러나 만일 한 쌍보다 많은 반대되는 능동적인 원리들을 허용한다면, 각각의 쌍은 거기에 작용할 수동적인 원리를 별도로 요구할 것이다. 게다가, 한 가지 유인 실체는 유에서 차이 나는 근본적 원리들을 가질 수 없고, 우위성의 순서에 의해 구별된 원리들을 가질 수 있을 뿐이다. 그렇다면 으뜸 원리가 둘보다 적을 수도 없고 셋보다 많을 수도 없다고 말하는 게 안전하다.[9]

우리는 사물의 생성을 두 가지로 다르게 말한다. '그 사람은 교양 있게 된다'고 말하기도 하고, '교양 없는 것이 교양 있게 된다'고 말하기도 한다. 앞의 경우에는 어떻게 되는 것이 계속 있고, 뒤의 경우에는 사라진다. 그러나 'a가 b가 된다'고 말하든 'b가 아닌 것이 b가 된다'고 말하든, 항상 일어나는 일은 'b 아닌 a'가 'b인 a'가 된다는 것이다. 결과물은 두 요소들을(하나의 기체와 하나의 형상을) 포함하지만, 변화는 제3의 요소를(형상의 결여를) 전제한다. 기체는 변하기 전에 개수가 하나였지만, 구별될 수 있는 두 가지 요소 ―변화하는 동안 줄곧 지속하게 될 것과 반대되는 것에 의해 대체될 것― 를 포함했다. 이렇게 해서 우리는 변화의 전제 사항으로서 세 가지 ―재료, 형상, 결여― 를 얻는다.[10] 이전의 철학자들은 생성의 문제로 곤란을 겪었다. 언뜻 보기에 있는 것은 있는 것으로부터 생겨날 수 없었고, 그것은 있지 않은 것으로부터도 생겨날 수 없었다. 아리스토텔레스는 이 문제를 다음과 같은 점을 지적함으로써 해결한다. (1) 어떤 것도 단순히, 있지 않은 것으로부터 생겨나지 않는다. 어떤 것은 단적으로 있지 않은 것이라고 할 만한 그것의 결여로부터 생겨나지만, 그것으로부터 단적으로가 아니라 부수적으로 생겨난다. 그것은 순전히 결여일 뿐인 것으로부터 생겨날 수 없고, 어떤 기체 안에 든 결여

9 《자연학》 1권(A) 6장.
10 《자연학》 1권(A) 7장.

로부터만 생겨날 수 있을 것이다. 그리고 다시, 어떤 것도 있는 것으로부터 단적으로 생겨나지 않는다. 그것은 있는 것으로서의 그것으로부터 생겨나지는 않고, 부수적으로 어떠하게 있는 것으로부터 생겨난다. 그러나 그것은 그것이 되려고 하는 특수한 것이 아직 아닌 것으로서 생겨난다. (2) 그런 어려움은 있는 것의 정도 ―잠재태와 현실태[한 사물이 제 모습을 완전히 실현한 상태 또는 제 능력을 발휘하고 있는 상태]― 를 구분함으로써 제거된다. 어떤 것은 현실적으로는 아니지만 잠재적으로 그것인 것으로부터 생겨난다.[11]

우리는 첫째, 자연적인 사물들의 재료와 형상은 사유에 의해 구분될 수 있지만, 현실에서는 분리될 수 없는 요소들이라는 점을 주목해야 한다. 재료는 결코 그것만으로는 존재하지 않고 항상 형상을 갖추고 있다. 그것은 적어도 그것이 에테르나 불이나 공기나 물이나 흙이라는 점에서 함축된 만큼의 형상이나 특징을 지닌 채로 존재한다. 이것들은 가장 단순한 '자연적인 물체들'이다. 그리고 형상이 때때로 그것만으로도 존재한다면, 그런 존재는 자연적인 사물들의 형상이 아니다. 순수한 형상들은 신(神), 천구들을 움직이는 지성적인 존재들, 그리고 아마도 신체와 결합되기 전후 시기의 인간 이성뿐이다. 그리고 둘째, 우리는 결여가 있는 것으로서 사물의 본성에 함축된 제3의 요소가 아니라는 점을 주목해야 한다. 하나의 형상을 갖는다는 것은 사실상 대립되는 형상이 결여되어 있다는 것을 뜻하고, 결여의 사실이 형상을 갖는다는 사실처럼 언급될 필요는 없다. 결여의 국면은 사물들의 생성을 연구하는 곳에서 인정되어야 한다. 그렇기 때문에 그것은 《자연학》에서는 중요한 개념이지만, 《형이상학》에서는 상대적으로 중요하지 않다.

---

11 《자연학》 1권(A) 8장.

아리스토텔레스는 기체는 생겨나지도 사라지지도 않는다고 덧붙인다. 만일 그것이 생겨나는 것이라면, 그것은 그로부터 그것이 생겨났을 지속적인 기체를 함축할 것이다 ─ 그러나 이 점이 바로 기체의 본성이다. 만일 그것이 파괴되는 것이라면, 다른 어떤 기체가 지속할 것이다. 그래서 그것은 그것이 생겨나기 전에 있어야 할 것이고, 파괴될 수 있기 전에 파괴되어야 할 것이다.[12]

{   자 연   }

《자연학》 2권(B)은 크게 세 부분으로 나뉜다. 1장은 '자연'의 의미를 검토한다. 2장은 자연학과 수학을 구분한다. 3-9장은 자연학이 인정하는 '원인들'을 검토한다. 아리스토텔레스는 먼저 자연에 의해 존재하는 것들과 그렇지 않은 것들을 구분한다. 앞의 것들로 (1) 동물들과 그 부분들, (2) 식물들, (3) 단순 물체들이 있다. 이것들은 그 자체로 자신들 안에 운동이나 정지의 근원을 가지는 반면, 제작된 사물들은 그 자체로가 아니라 그것들이 만들어진 재료 덕분에 (예를 들어 위나 아래로) 움직이는 경향을 갖는다는 구별이 분명하게 있다. 아리스토텔레스가 '자연'에 관한 설명에서 정지의 원리라는 개념을 항상 포함시키고 있는 것은 아니다. 그리고 천체들은 사실상 그에 따르면 전혀 그러한 경향을 갖지 않는다. 그러나 그것들은 여기에서 '자연에 의해 존재하는 것들'에 속하는 것으로 언급되지 않는다. 게다가 그는 아직 그것들을 전혀 정지하지 않고 항상 움직이며 존재하는 것들로 정립하지도 않았다. 천체들의 운동을 제외한 모든 자

12 《자연학》 1권(A) 9장.

연적인 과정들 ―지상의 요소들 및 이것들로 복합된 것들의 상하 운동, 동식물의 성장, 질적인 변화― 은 그것들이 자연적으로 가서 멈추는 종착점(terminus ad quem)을 갖는다.

아리스토텔레스는 요소들 및 이것들의 복합물들이 하는 상승 운동이나 하강 운동에서, 그리고 동물들의 운동에서, 내부로부터 움직임의 시작이 있기라도 하듯 버릇처럼 말한다. 그리고 이것은 실제로 그가 자연적인 대상들과 제작된 대상들 간에 짓는 구별이다. 그러나 운동이 언젠가 시작하거나 그칠 수 있는 것인지를 조사하기에 이를 때에 그는 이런 외견상의 운동이 실제적인 시작이 아니라는 점을 지적한다. (1) 동물들의 공간적인 움직임은 먹이와 양분에 의해 제 몸에 일어난 움직임에, 그리고 자신들의 혼에 일어난 감각과 욕구에 수반되는 과정들에 기인한다.[13] 그리고 (2) 혼이 없는 물체들의 '자연적인' 움직임들은 자신들에 의해 시작되지 않고, 그것들의 자연적인 움직임의 방해물을 제거하는 것에 의해 간접적으로 시작되며, 그것들을 산출하고 그것들을 각각 가볍거나 무겁게 만들어 놓은 것에 의해(즉, 짐작건대 '으뜸가는 반대성'인 뜨거움과 차가움에 의해 ―이것들은 무거운 물체에서 가벼운 물체를 또는 가벼운 물체에서 무거운 물체를 산출하는 데에서 작용하는 원리들이다) 직접적으로 시작된다. 이렇듯, 혼이 없는 물체들은 제 안에 '움직임을 일으키는 시작'을 갖지 않고, '움직여짐의 시작'을 갖는다.[14]

그렇다면, 자연은 '움직임으로의 천성적인 충동'이다. 이것이 존재한다는 것은 경험으로 보더라도 분명하고, 증명할 필요가 없다. 그것의 존재를 논증하는 것은 직접 감지할 수 없기 때문에 색깔에 관하여 논증하려는

---

13 《자연학》 8권(Θ) 2장 253a 7-20, 6장 259b 1-16.
14 《자연학》 8권(Θ) 4장 254b 33-256a 3. 《천체에 관하여》 4권(Δ) 3장 311a 9-12 참조.

맹인의 처지에 자신을 놓는 것이나 다름없다. 아리스토텔레스는 크게 두 가지 견해가 사물들의 '자연'[본성]에 관련하여 주장되고 있다고 지적한 다. 어떤 철학자들은 자연을 재료에서, '본질적으로 무정형 상태로, 주어 진 것 안에 직접 들어 있는 것'에서 찾는다. 그래서 사람들은 상대적으로 무정형인, 침대의 지속적인 물질인 나무를 침대의 '자연'으로 말한다. 그 러나 나무 자체는 보다 근본적인 어떤 것에, 예를 들어 흙에 부과된 일시 적인 모습일 수도 있다. 그렇게 되면 흙이 나무의 '자연'이 될 것이다. 그 렇기 때문에 불, 공기, 물, 흙은 모두 사물들의 자연으로, 다른 모든 것들 은 영원한 재료의 일시적인 변형인 것들로 기술되어 왔다. 다른 철학자 들은 사물들의 자연을 그것들의 정의에 서술되어 있는 형상과, 그것들이 충분히 발전했을 때 갖는 모습과 동일시한다. 아리스토텔레스는 이것이 재료보다 더 적절하게 한 사물의 자연이라고 주장한다. 왜냐하면 사물은 잠재태로 존재할 때보다는, 즉 그것의 재료인 것만이 존재할 때보다는 그 것이 현실태로 존재할 때, 그것의 형상에 도달했을 때 보다 완전하게 자 기 자신이고 제 자연을 갖기 때문이다.[15] 그는 버릇처럼 운동의 힘으로서 의 자연을 형상으로서의 자연과 동일시한다. 한 사물 ―예를 들어, 한 동 물― 의 형상 또는 구조 방식에 의해서 바로 그것이 움직이고, 자라고, 질 이 변하고, 움직임의 끝에 도달했을 때 멈추게 된다. 뒤집어 말하면, 일정 하게 정해진 방식으로 움직이고, 자라고, 질이 변하는 힘이 바로 각 사물 의 형상이거나 특징이다.

　우리는 아리스토텔레스에서 '자연'이란 말의 이러한 용법들 말고도 많 은 표현들에서 그것이 사용되는 것을 인정해야 한다. 그중 전형적인 실례 는 '자연은 헛된 일을 하지 않는다'는 말이다. 여기에서 자연을 초월적인

15 《자연학》 2권(B) 1장.

원리로 생각해서는 안 되고, 서로 조화롭게 작동하는 모든 '자연적인 물체들'의 자연들을 나타내는 집합 개념으로 생각해야 한다.

{ ## 자연학과 수학 }

아리스토텔레스는 나아가,[16] (1) 자연학의 대상을 수학의 대상과 비교함으로써, (2) 그것이 자연을 재료로서 연구하는지 형상으로서 연구하는지를 고찰함으로써 자연학의 성격을 규정한다. (1) 첫 번째의 것에서 그는 어려움을 발견한다. 자연학에 의해 연구되는 물체들은 그 안에 수학적 연구의 대상들인 '평면과 입체와 선과 점'이 있다. 두 학문의 대상은 이렇게 해서 어떤 점에서 같다. 그렇다면 어떻게 우리는 이 학문들을 구별할 수 있을 것인가? 그의 대답은, 수학자는 실로 이런 것들을 탐구하지만, '자연적인 물체의 한계들'로서 연구하지는 않는다는 것이다. 수학의 대상들은 움직일 수 있는 자연적인 물체로부터 분리될 수는 없지만, 운동으로부터 추상된 상태에서 연구되고, 이 추상은 어떠한 오류도 함축하지 않는다. 플라톤의 이데아 이론이 저지른 잘못은 제 본성 안에 바로 수학적인 대상들과 달리 재료가 함축되어 있는 실재들을 재료로부터 추상하려고 시도한 데에 있다. 홀과 짝, 곧음과 굽음, 수, 선, 도형은 운동과의 연관으로부터 벗어나 연구될 수 있지만, 살, 뼈, 사람은 그럴 수 없다. 이것들이 수학적인 대상들에 대해 갖는 관계는 ─아리스토텔레스가 즐겨하는 예시를 사용하자면─ '들창코'가 '오목함'에 대해 갖는 관계와 같다. '들창코'는 일정한 자연적 대상인 코가 갖는 일정한 성질, 즉 오목함으로

---

[16] 《자연학》 2권(B) 2장.

만 정의될 수 있는 개념이다. '오목함'은 그러한 언급을 끌어들이지 않고서 정의될 수 있고, 그것에 대한 명제들이 서술될 수 있다.[17] 뒤의 것은 추상의 결과이고, 앞의 것은 부가나 구체화의 결과이다.[18] 수학자는 감각될 수 있는 모든 것, 예를 들어 무거움과 가벼움, 딱딱함과 부드러움, 뜨거움과 차가움을 추상한다.[19] 그는 양적이고 연속적인 것, 그리고 이것의 속성들만을 남겨 놓는다. 산술은 분리된 또는 연장되지 않은 양을 다루고, 기하학은 연속적인 또는 연장된 양을 다룬다.[20] 기하학적인 대상들은 일정한 재료를 갖지만, 이것은 순수한 연장, 사유될 수 있는 재료이지 감각될 수 있는, 자연적인, 또는 움직일 수 있는 재료는 아니다.[21] 그것은, 감각될 수 있는 재료가 다수의 감각될 수 있는 것들을 가능하게 만들 듯, 다수의 사유될 수 있는 것들을 가능하게 만드는 것이다. 그러나 수학도 자연학도 개별적인 차이점들을 고려하지는 않는다. 모든 학문의 대상은 보편적인 것, 종류이다. 자연학은 이 사람 또는 저 사람의 재료를 연구하지 않고, 모든 사람들에서 발견되고 보편적으로 사람의 형상의 기체인 재료의 유형을 연구한다. 이것을 토마스 아퀴나스는 개별적인 재료(materia individualis)에 대립된 것으로서 감각될 수 있는 공통 재료(materia sensibilis communis)라 부른다. 재료는 종종 정의(定義)에 대립되지만, 사람이나 다른 어떤 종에 대한 자연학자의 정의는 그 종에 고유한 재료에 대한 서술을 포함해야 한다.[22] 자연학자가 고려하는 이 감각될 수 있는 재료의 다양

17　《형이상학》 6권(E) 1장 1025b 30-1026a 10.
18　《천체에 관하여》 3권(Γ) 1장 299a 15 등.
19　《형이상학》 11권(K) 3장 1061a 28-b 3.
20　《범주들》 6장 4b 20-22, 《형이상학》 5권(Δ) 13장 1020a 7-14.
21　《형이상학》 7권(Z) 10장 1036a 2-12, 11장 1036b 32-1037a 5, 《혼에 관하여》 1권(A) 1장 403b 17.
22　《혼에 관하여》 1권(A) 1장 403a 25-b 12, 《형이상학》 7권(Z) 10장 1035b 27-31, 11장 1037a

한 단계들이 인정되어야 한다. 우리가 가장 복잡한 종류의 자연적인 실재인 살아 있는 것에서 출발한다면, 완전한 자연학적 정의에서 규정되어야 할 이것의 재료는 '등질적이지 않은 부분들' —이것들은 성질상 그것들과 다르고 서로로부터도 다른 하위의 부분들로 세분될 수 있다— 또는 기관들의 일정한 조합이고, 이 안에서, 게다가 이 안에서만 종의 형상이 구현될 수 있다. 이 부분들의 재료는 다시 일정한 '등질적인 부분들' 또는 조직들이다. 그리고 이것들의 재료는 네 가지 요소들이다.[23] 이 요소들은 감각될 수 있는 재료의 가장 단순한 사례들이다. 왜냐하면 그것들에 적용될 수 있는 유일한 분석은 최초 재료와 따뜻함과 차가움, 마름과 축축함이라는 반대성들로의 분석이고, 최초 재료는 감각될 수 없고, 결코 따로 경험에서 발견되지 않고, 추상적인 사유에 의해서만 인지될 수 있기 때문이다.[24]

수학과 자연학에 관한 아리스토텔레스의 일반적인 구분이 만족스러운 것이라면, 특별한 어려움은 응용 수학들(천문학, 광학, 화성학, 역학), '수학 중 보다 자연학적인 분과들'의 경우에 일어난다.[25] 이 학문들은 겉보기에 자연학적인 대상들을 다루지만, 그것들의 방법은 수학적이고, 아리스토텔레스는 그것들이 보통 수학의 분과들로 다루어지고 있음을 발견한다. 그럼에도 현재의 구절에서 그는 그것들을 전체적으로 자연학적인 학문들에 넣는다. "기하학은 자연적인 선을 고찰하지만, 그것이 자연적인

5-7, 8권(H) 2장 1043a 14-19.
23 《동물의 몸에 관하여》 2권(B) 1장 646a 12-24.
24 《생성과 소멸에 관하여》 2권(B) 1장 329a 24-26.
25 《뒤 분석론》 1권(A) 7장 75b 14-17, 9장 76a 22-25, 13장 78b 35-39, 27장 87a 31-37, 《자연학》 2권(B) 2장 193b 25-30, 194a 7-12, 《형이상학》 3권(B) 2장 997b 20-998a 6, 12권(Λ) 8장 1073b 5-8, 13권(M) 2장 1077a 1-6, 3장 1078a 14-17.

것인 한에서 고찰하지 않는다. 광학은 수학적인 선을 고찰하지만, 그것이 수학적인 것인 한에서 고찰하지 않고, 자연적인 것인 한에서 고찰한다." 그러나 그의 설명이 완전히 분명한 것은 아니다. 조금 전에 그는 태양, 달의 모양 같은 것들이 자연학자에 의해서도 수학자에 의해서도, 뒤의 사람이 그것들을 '자연적인 물체의 한계로서 다루지는 않지만', 고찰될 수 있다고 의도한 것처럼 보인다. 다른 말로, 수학적인 천문학 및 관련 학문들은 구체적인 실재들을 다루지만, 구체적인 실재로부터 추상된 일정한 속성들의 측면에서 그것들을 다룬다는 점에서 여기에서는 바로 순수 수학과 같은 것처럼 다뤄진다.

다른 곳에서 그는 이 학문들이 어떤 특수한 종류의 선이나 수를 다룬다는 점에서, 그것들을 명확하게 순수 수학의 하위 학문인 것들로 취급한다.[26] 그러나 그는 기하학의 특별한 적용인 수학적인 광학을 수학적인 광학의 특별한 적용인 자연학적인 광학으로부터 구분함으로써 —그리고 화성학과 천문학에 관련해서도 이와 비슷하게— 보다 복잡한 상황을 허용한다.[27] 그러한 분류 체계에서 상위의 학문은 하위의 학문에 의해 연구되는 사실들에 대한 근거들을 연구한다.[28]

(2) 자연을 앞서 규정한 두 가지 의미 —재료와 형상— 에서 연구하는 것은 자연학자의 일이다. 선대의 사람들을 생각해 보면, 우리가 자연학이 재료만을 탐구한다고 생각할지 모른다고 아리스토텔레스는 진술한다. 그러나 다음의 세 가지 점에 대한 고려는 그렇지 않다는 것을 보여 준다. (a) (자연의 모방일 뿐인) 기술은 형상에 관한 지식뿐만 아니라, 일정 정

---

26 《뒤 분석론》 1권(A) 7장 75b 14, 9장 76a 9, 22, 27장 87a 31-37.
27 《뒤 분석론》 1권(A) 13장 78b 35-79a 13.
28 《뒤 분석론》 1권(A) 9장 76a 9-13, 13장 78b 34, 79a 10-13. 이 책의 96쪽 참조.

도로 재료에 관한 지식도 요구한다. 의사는 건강의 본성뿐만 아니라 건강이 구현될 '쓸개즙과 점액'의 본성을 알아야 한다. (b) 동일한 학문이 목적과 수단을 연구한다. 그런데 한 사물의 형상으로서의 자연은 그 사물이 발전하며 향해 가는 목적이다. 이로부터 자연학은 형상과 재료를 연구해야 한다는 결론이 나온다. 그러나 (아리스토텔레스가 다른 곳에서 분명히 말하는데)[29] 이 논증은 자연학의 연구가 주로 사물들의 형상에 관한 것이고, 형상의 실현을 위해 요구되는 것인 한에서는 재료에 관한 것이기도 하다는 점을 시사한다. (c) 재료는 상대적인 것이다. 형상들은 그것들의 실현을 위해 각기 다른 재료를 요구하기 때문이다. 상대적인 개념에 대한 앎은 그것에 상관된 개념에 대한 앎을 함축하므로, 자연학은 따라서 둘 다 연구해야 한다. 그러나 자연학은 사유에서 분리될 수 있지만 재료 안에 구현되어 있는 형상만을 고찰한다. 참으로 분리될 수 있는 형상은 자연학의 대상이 아니라 으뜸[제일] 철학의 대상이다.

자연학의 탐구 주제에 대한 이 같은 아주 추상적인 설명의 의의는 무엇인가? 이런 설명의 대상은 자연학을 그것이 끼어 있는 두 가지 종류의 연구로부터 구별하는 것이다. 한편으로, 자연학은 분리되어 존재하는 순수 형상에 관한 연구인 형이상학과 구별된다.[30] 그런데 아리스토텔레스의 견해에 따르면, 오직 몇몇 형상만이 순수한 형태로 존재한다. 신은 순수한 형상이다. 그리고 천구들을 움직이는 지성적인 존재들도 그러한 것이다. 인간 혼 안에 든 이성적인 요소도 그러한 것이다. 자연학은 이것들 중 어떤 것과도 관계하지 않는다. 그러나 다른 한편으로, 자연학은 전적으로

---

29 《형이상학》 6권(E) 1장 1025b 27.
30 형상과 재료는 상관 개념이기 때문에, 형상이 때로는 순수한 형태로 존재한다는 아리스토텔레스의 견해에는 어려움이 있다. 사실, 그것은 복합물들 안에 든 형상적 요소처럼 철저히 사유의 대상인 어떤 것이 때로는 존재한다고 말하는 방식일 뿐이다.

재료에만 집중하는 연구, 즉 예를 들어 살아 있는 신체라든가 혼이 없는 화학적인 복합물을 그것의 요소들로 환원하고, 살아 있는 신체나 복합물로 하여금 있는 대로의 것으로 만드는 구조에 대한 사유를 전혀 하지 않는 연구와 구별된다. 아리스토텔레스는 사실상 단순한 기계론에 반대하는 것으로서의 목적론에 편을 들고, 전체를 단순히 부분들의 합으로 취급하는 대신 전체에 비추어 부분들을 연구하는 것에 편을 드는 입장을 표명하고 있다. 자연학은 형상만 따로 연구하지 않고, 재료만 따로 연구하지도 않고, 형상을 갖춘 재료나 재료를 갖춘 형상에 대해 연구한다.[31]

네 가지 원인

이제 아리스토텔레스는 자연에서 작동 중인 원인들을 기술하는 문제 ─해결할 것으로 《자연학》의 서두에서 제시했던 문제─ 로 넘어간다.[32] 안다는 것은 원인들에 의해 안다는 것이다.[33] 그러므로 자연학의 일은 자연적인 변화의 원인들을 배우는 것이다. 자연학자가 어떤 종류의 원인들을 주의 깊게 찾아야 할지 규정할 필요가 있다. 이 물음에 대해 아리스토텔레스는 네 가지로 대답한다. (1) '원인' 개념은 먼저, 입상(立像)이 청동으로 만들어져 있고 청동을 그 안에 가지듯이, '한 사물이 그로부터 생겨나는 것과 산출물 안에 구성 요소로서 들어 있는 것'에 적용된다. (2) 그것은, 2:1의 비율이 옥타브의 규정이듯이, '형상이나 유형, 즉 문제가 되

---

31 《혼에 관하여》 1권(A) 1장 403a 29-b 29, 《동물의 몸에 관하여》 1권(A) 5장 645a 30-36.
32 《자연학》 2권(B) 3장.
33 《뒤 분석론》 1권(A) 2장 71b 9-12, 2권(B) 11장 94a 20, 《자연학》 1권(A) 1장 184a 10-14.

는 사물이 무엇인지에 대한 규정'에 적용된다. (3) 그것은 '운동이나 정지의 직접적인 근원인 것'에 적용된다. 이 원인은 행위의 영역에서 찾아볼 수 있고(어떤 행동을 하도록 조언하는 사람은 그 행위의 원인이다), 자연의 영역에서 찾아볼 수 있다(아버지는 아이의 원인이다). 이 관계는 일반적으로, 행위자와 한 일의 관계, 변화를 일으킨 것과 변한 것의 관계이다. (4) '원인' 개념은 '목적이나 목표'에 적용될 수 있다. 건강은 이런 의미에서 산책의 원인이다.

다음과 같은 몇 가지 중요한 점들이 네 가지 원인들과 관련하여 지적된다. (1) 한 사물에 여러 종류의 원인들이 있다. (2) 두 사물이 서로에 대해 원인일 수 있다. 운동은 건강의 작용인이고, 건강은 운동의 목적인이다. 바꿔 말하면, 기계론과 목적론은 상호 배타적이지 않다. A가 기계적으로 B를 필요로 하는 곳에서, B가 목적론적으로 A를 필요로 한다는 점도 참일 수 있다. (3) 우리는 네 가지 원인들의 각 경우에서, 어떤 사물과 같은 종류에 속하는, 그것에 가장 가까운 원인을 기술하거나, 같은 종류에 속하는 그 원인을 포괄하는 일정한 유(類)인 먼 원인을 기술할 수 있다. 건강의 원인으로 '의사'를 말하듯, 이에 조금도 못지않게 '전문인'을 말할 수 있다. (4) 만일 A가 C의 원인인 B에 부수되는 것이라면, A가 부수적으로 (per accidens) C의 원인이라고 말할 수 있다. 입상의 실제 원인은 '어느 조각가'지만, 만일 그 조각가가 폴뤼클레이토스라면, 폴뤼클레이토스가 그 입상의 원인이라고 말할 수 있다. (5) 우리는 결과 B의 원인이 해당 능력의 소유자인 A라고 서술하거나, 아니면 '능력을 발휘하고 있는 A'라고 서술할 수 있다. 집이 지어짐의 원인은 '건축가'이거나 '집을 짓고 있는 건축가'이다. (6) 현실적이고 개별적인 원인들은 그것들의 결과들과 동시에 시작하고 동시에 끝난다. 그러나 잠재적인 원인들은 그렇지 않다. 집과 건축가는 동시에 소멸할 필요가 없다. 그러나 건축가가 집을 짓고 있다면, 집은 지어지고 있어야 하고, 거꾸로도 마찬가지다. (7) 우리는 정밀한 원인을 서술하려고 노력해야 한다. 예를 들어, 어떤 사람이 어떤 집의 원인이라고 말할 수 있다. 그러나 그것은 그가 사람이기 때문이 아니라 건축가이기 때문이고, 건축가는 오직 그가 건축술을 소유하고 있기 때문에 집을 짓는다. 이것, 즉 그로 말미암아 다른 것들이 해당 결과를 야기하는 것이 그 자체로 정밀한 원인이다.

아리스토텔레스의 네 가지 원인들 중 둘만이, 즉 작용인과 목적인만이 영어에서 '원인'의 자연스러운 의미에 부합한다는 점을 우리는 주목할 것이다. 우리는 재료와 형상을 그것들이 야기하는 사건에 관계된 것으로 생각하지 않고, 복잡한 사물 안에서 분석을 통해 발견하는 정적인 요소로서 생각한다. 이것은 우리가 원인을 어떤 결과를 산출하기 위해 필요하기도 하고 충분하기도 한 것으로 생각하기 때문이다. 그러나 아리스토텔레스에게는 네 가지 원인들 중 어떤 것도 어떤 사건을 산출하기 위해 충분하지 않다. 그리고 일반적으로 말해 그의 견해에 따르면, 네 가지 것이 어떤 결과의 산출을 위해 모두 필요하다고 우리는 말할 수 있을 것이다. 그렇다면 우리는 그의 '원인'들을 필요조건으로 생각해야지, 별개로 어떤 사물의 존재를 설명하기에 충분한 조건으로 생각해서는 안 된다. 그리고 우리가 그것들에 이런 식으로 주목한다면, 재료와 형상이 원인으로 불리는 것에 놀라는 것을 그치게 될 것이다. 왜냐하면 분명히 그것들 없이는 어떤 자연물도 있거나 있게 될 수 없기 때문이다. 아리스토텔레스는 사실상 여기에서 '원인', 즉 필요조건이라는 일반적인 항목 아래에, 이미 생성의 분석에 의해 발견된 두 개의 내부적인 또는 구성적인 요소들과(선행 조건이었지만 구성 요소는 아닌 결여는 제외하고), 자연스럽게 떠오르는 두 개의 외부적인 조건들, 즉 작용인 또는 뒤에서 미는 힘(vis a tergo)과 목적인 또는 는 앞에서 끄는 힘(vis a fronte)을 모아 놓고 있다.

'재료'[질료]는 아리스토텔레스에서, 우리가 정신에 대립하여 물질을 말하는 것과 같은 일정한 종류의 사물이 아니다. 그것은 순수하게 상대적인 —형상에 상대적인— 용어이다.[34] 그것은 물질들을 한데 붙드는 구조에 대립되는 것으로서 한 사물의 물질들이다. 규정하는 것에 대립되는 것으로서 규정될 수 있는 것이다. 그리고 복합물 내에서 수많은 다양한 수준들에 따라 재료와 형상을 구분할 수 있을 것이다. 기술의 영역에서 제련공의 최종 산물인 쇠는 주물공에게는 재료다. 그리고 자연의 영역에서, 요소들은 최초 재료+주요 반대성들(뜨거움과 차가움, 마름과 습함)에 의해 결정된 산물로서 그것들의 단순 복합물인 조직들에 대해서는 재료다. 그리고 이 조직들은 다시 기관들에 대해서 재료이고, 이 기관들은 살아 있는 신체에 대해서 재료다. 주목해야 할 점은, 최초 재료는 결코 따로 존재하지 않는다는 것이다. 요소들은 가장 단순한 자연물들이고, 그것들 내에서 재료와 형상의 구분은 오직 사유의 추상 작용에 의해서만 이루어질 수 있다. 이차적인 재료는 그것의 모든 단계들에서 따로 존재한다. 우리는 경험상, 예를 들어 기관으로 결합된 조직뿐만 아니라 그것으로 결합되지 않은 것도 발견한다. 그리고 이차적인 재료는 그것의 형상으로부터 분리되어 사유될 수 있을 뿐만 아니라 실제로도 떼어질 수 있다. 예를 들어 기관은 그것을 구성하는 조직들로 해체될 수 있다.

'형상'의 의미는 아리스토텔레스에서 다양하다. 때때로 그것은, 조각가가 자신의 재료에 새로운 형상을 부과한다고 말할 때처럼, 감각될 수 있는 형태에 대해 쓰인다. 그보다 자주, 아마 그것은 감각의 대상보다는 사유의 대상인 어떤 것으로서, 한 사물의 정의 속에 표현된 그 사물의 내적인 본성, 그것의 구조 방식으로서 생각될 것이다. 그리고 감각될 수 있

---

34 《자연학》 2권(B) 2장 194b 9.

는 형태들조차도 그렇게 표현될 수 있다. 입상의 형태는, 필연적으로 아주 복잡한 것이 될 테지만, 수학적인 규정에 의해서 표현될 수 있을 것이다. 대체로, morphē는 감각될 수 있는 형태를 지시하고, eidos는 사유될 수 있는 구조를 지시한다. 그리고 뒤의 것이 아리스토텔레스의 형상 개념에서 중요한 요소다. 그래서 logos(규정 또는 정의)와 to ti ēn einai('어떤 것이 이러이러하다는 것은 무엇이었는가', 즉 본질)는 항상 eidos의 동의어로 사용된다. 그러나 더 나아가 아리스토텔레스는 가끔 형상이 작용인, 목적인과 동일함을 보여 준다. 하지만 이것들이 같다고 하더라도, '그것들의 본질은 같지 않다.' 형상은 자연이나 기술의 특정 산물에 형상을 부여하는 것으로서 간주되는 구조 방식이다. 목적인은 아직 특정 사물 안에 구현되지 않았지만 자연에 의해 또는 기술에 의해 겨냥된 구조 방식이다. 그러나 그렇게 말하는 것은, 아리스토텔레스가 가끔 그렇듯, 추상적으로 말하는 것이다. 자연도 기술도 그에게는 그것만으로 존재하는 힘이 아니다. 자연은 모든 자연물들이 갖는 각각의 자연들을 모두 지칭하는 집합명사이고, 기술은 개개의 기술자들 안에 든 실제 지식을 지칭하는 명사이다. 그렇다면 기술에서 목적인은 엄밀히 말해 어떤 기술자가 의식적으로 특정 물질 안에 구현하려고 노력하는 일정한 구조이다. 자연에서 목적인은 모든 최하위의 종(infima species) 전체에 공통된 구조이다. 이것에다 그 종의 개별 구성원들은 의식적으로 의도함이 없이 새로운 개별적 구현을 주려고 노력한다.

이 형상-목적인은 분명히 작용인이기도 하다. 아리스토텔레스에게서, 정신은 완전히 형상을 갖춘 것이고 그것이 아는 것에 의해 특징이 규정된다. 기술자의 상상력에 의해 파악된 침대나 헤르메스의 형상은 실제로 '그의 혼 안에' 있다. 그리고 그의 혼 안에 있는 형상은 그로 하여금 그것을 나무나 대리석 안에 구현하도록 일하게 만든다. 그리고 자연에서, 새로운 구현을 찾게 될 형상은 이미 주어져 있고, 운동의 원인이다.

이 자연적인 운동의 주도적인 유형은 생식에 관련된 것이다. 생식에서 순수하게 형상의 기능을 하는 것으로 간주되는 수컷은 암컷이 제공하는 재료에서 해당 종의 형상을 위한 새로운 구현을 발견한다.

그러나 자연적인 운동이나 과정에 새로운 개체적 실체의 산출보다 덜 근본적인 형태들이 있다. 장소와 질과 크기에서의 변화가 있다. 어떤 의미에서 형상-목적인이 여기에서도 작용인인가? 각 유형의 물질적인 사물은, 아리스토텔레스에 따르면, 자연적인 운동을 한다. 그것은 방해받지 않는다면 그런 운동을 하려고 한다. 그것은 우주의 일정 지역으로 향하려고 한다 — 불은 그것의 주변으로, 흙은 그것의 중심으로 향하려고 한다. 그것이 그런 지역에 있다는 것이 바로 그것이 가진 형상의 일부이고,[35] 이 사실은 목적인과 작용인으로서 작용한다. 질의 변화에서, 그리고 성장이나 쇠퇴에서 같은 원리가 적용된다. 한 사물이 완전한 발전에 도달함을 수반하는 질과 크기는 그 사물의 형상 안에 포함되어 있고, 그것의 형상으로서 작용하고, 그럼으로써 작용인으로서 작용한다.

{ 우 연 }

다음으로, 아리스토텔레스는 이미 언급된 네 가지에 추가되는 원인으로 흔히 간주되는 것으로 그가 발견한 것, 즉 운과 우발을 살펴본다.[36] 그는 (1) 사람들이 항상 같은 방식으로 일어나는 일들과 대체로 일어나는 일

---

35 《천체에 관하여》 4권(Δ) 3장 311a 1-6.
36 《자연학》 2권(B) 4-6장.

들 이외에 통상적인 자연 법칙에 예외가 되는 일들이 있다고 일반적으로 동의한다는 점을 지적함으로써[37] 그러한 것이 존재함을 확인하려고 한다. 아리스토텔레스가 '항상 일어나지도 대체로 일어나지도 않는 것'으로 규정하는 그러한 사건들의 특징은 우연히(per accidens), 즉 '부수적인 방식으로' 일어나는 것으로 규정되기도 한다. 만일 B가 C를 야기하고, A가 B에 부수되는 것이라면, 또는 만일 A가 B를 야기하고, C가 B에 부수되는 것이라면, A는 우연히 C를 야기한 것이다. 만일 동일한 사람이 건축가이고 핼쑥하다면, '핼쑥함'은 우연히 어떤 집의 원인이 된다. 건축가가 핼쑥할 필요가 있는지 또는 핼쑥한 사람이 건축가일 필요가 있는지 특별한 이유가 없으므로, 핼쑥한 사람에 의한 집의 산출은 '항상 일어나는 일도 대체로 일어나는 일도' 아닐 것이다.

그러나 (2) 예외적이거나 부수적인 일들이 모두 다 우연한 일인 것은 아니다. 우연한 일들은 덧붙여 '어떤 목적을 위한' 것이다. 다시 말해, 그것들은, (a) 인간 행위자의 의도적인 행동을 위해, 또는 (b) 자연의 무의식적인 노력을 위해, 자연적으로 목적일 법한 욕구된 결과를 산출한다.

(1)과 (2)의 특징이 결합되는 곳에서, 우리는 '우연'과 관련된 것을 얻는다. 예를 들어, 어떤 사람이 시장에 간다. 그는 자신의 채무자가 제3의 인물로부터 분담금을 받고 있는 것을 발견하고서, 빚을 되받는다. 이것은 '우연'과 관련된 것이다. 왜냐하면 (1) 빚을 되받은 것은 사실상 자신의 행위의 대상이었던 것에 부수된 예외적인 일이지만, (2) 만일 그가 그런 일이 벌어질 거라는 것을 알았더라면 그에 의해 행위의 대상이 합리적으로 되었을 것이기 때문이다. 이렇게 해서 운은 '의도적인 행위를 하게 만드는, 목적을 위한 일들의 영역에서 발견되는 부수적인 원인'으로 정의될

---

37 《자연학》 2권(B) 5장.

수 있다.[38] 우연한 결과의 원인일지도 모르는 일들은 아주 확정되어 있지 않다. 그것들을 제한하기 위해 어떠한 법칙도 내려질 수 없고, 우연은 확정되어 있지 않고 인간이 이해할 수 없다는 대중적인 의견은 맞다. 더 나아가, 어떤 일도 우연에 의해 일어나지 않는다는 견해는 일리가 있다. 우연은 어떤 결과를 산출하는 원인이 아니라 사건들 간의 일정한 종류의 연관을 가리키는 이름일 뿐이다.

아리스토텔레스는 나아가 운과 우발을 구분한다.[39] 당연히, '우발'이 더 넓은 개념이고, 그것은 (1) 운 좋은 일들에, 숙고된 선택의 결과로서 행동할 수 있는 존재들에게 일어나는 우발적인 일들에 적용된다. 운은 숙고된 행위의 실제 결과에 단지 부수하는 것으로서, 자연히 그런 행위의 대상이 될 법한 것의 발생이다. 그것은 무생물, 하등동물, 그리고 아이들에게는 적용이 불가능하다. 우발은 (2)(a) 숙고된 선택을 갖지 않는 것들의 행동에 그와 비슷하게 부수되는 결과를 포함한다. 어떤 말이 제 주인이 있는 곳으로 우연히 오게 됨으로써 가해자들을 피하게 되는 경우를 예로 들 수 있다. 여기에서 말이 이 방향으로 온 이유는 말 바깥에 있다. 그러나 우발과 운의 차이는 다음과 같은 경우에 가장 잘 찾아볼 수 있다고 아리스토텔레스는 언급한다. (b) 원인이 내부에 있는 경우, '자연에 의한'(즉, 수컷 안에 든 생식적인 충동에 의해 이루어진) 기형적인 출산의 경우. 하지만 이것은 '자연에 따른' 것은 아니다. 왜냐하면 수컷에 의해 제공된 형상이 암컷에 의해 제공된 재료를 지배하는 데 실패했기 때문이다. 그러한 출산은 우발적인 것이지만, 운 좋은 것은 분명히 아니다.

이것이 엄밀한 용법이지만, 아리스토텔레스가 때때로 tychē(운)를 넓은

38 《자연학》 2권(B) 5장 197a 5.
39 《자연학》 2권(B) 6장.

[상위 개념의] 의미로 사용하고, to automaton(우발)을 좁은[하위 개념의] 의미로 사용한다는 점을 주목해야 한다.

《자연학》의 것과 짜 맞추기 쉽지 않은, 우발에 관한 논의가 《형이상학》에 있다. 여기에 두 가지가 구분되어 있다. 각각 기술의 행위와 자연의 행위를 조장하는 것이다. 이것들은 대략, 그리고 대략적으로만 앞선 (1)과 (2)(b)에 상응한다. (1) 아리스토텔레스는 의사의 의도적인 활동에 의해 산출될 수 있는 건강이 또한 우발적으로 생겨날 수 있다는 점을 주목한다.[40] 의사의 활동은 두 부분으로 나뉜다. 하나는 욕구된 목적으로부터 출발하여 채택될 직접적인 수단들로 되돌아 생각하는 활동이고, 하나는 직접적인 수단들로부터 출발하여 욕구된 결과에 이르는 행위를 하는 활동이다. 이 과정들 중 두 번째의 것은, 환자의 신체가 정확히 의사가 처방을 내렸을 법한 일련의 변화들을 정확히 만들어 낼 수 있을 경우, 예를 들어 신체의 자연적인 열이 의사의 마사지에 의해 생길 법한 일련의 변화를 똑같이 만들어 낼 경우 마사지가 없어도 일어날 수 있다. 그리고 이와 비슷하게 (2) 자연적인 발생에서 수컷이 암컷 안에 일으키는 것과 같은 일련의 생명 산출 과정을 그 자체로 만들어 낼 수 있는 재료가 있을 경우, 우연한 또는 우발적인[자연] 발생이 있을 수 있다.[41] 아리스토텔레스는 많은 저급한 형태의 생명이 태양열의 작용을 받은 재료로부터 그처럼 모호한 발생(generatio aequivoca)에 의해 일어날 수 있다고 믿는다.[42]

아리스토텔레스의 우연에 관한 논의의 단점은 분명하다. 통상적인 것과 예외적인 것의 구분은 만족할 만한 것이 아니다. 그는 예외적인 것의

40 《형이상학》 7권(Z) 7장 1032a 27-29, 9장 1034a 9-21.
41 《형이상학》 7권(Z) 7장 1032a 30-32, 9장 1034b 4-6.
42 《동물 탐구》 5권(E) 1장 539a 15-25, 《동물의 발생에 관하여》 2권(B) 6장 743a 35, 3권(Γ) 11장 762a 8-15.

존재를 여러 번의 한정을 받는 재료의 능력에 기인한 것으로 돌린다. 그러나 분명히 재료는 동일한 힘들에 의해 작용을 받을 때 동일한 한정을 수용한다. 그것이 한정되어 있지 않다는 것이 우연을 함축하지는 않는다. 법칙에는 예외가 있을 것이지만, 이러한 예외는 법칙에 따를 것이다. 적어도 한 곳에서 아리스토텔레스는 이것을 인정한다.[43] 그리고 대체로 우연에 관한 《자연학》의 논의는 부수성의 존재를 함축하지 않는다. 모든 사건은 제 원인들로부터 확정적으로 따라 나오는 것으로 나타난다. A는 여러 가지 충분한 이유로 시장에 간다. B도 그렇다. 그러나 A의 관점에서 보면, B가 그곳에 있음은(자신이 그곳에 있음은 그렇지 않지만) 우연한 일이다. 왜냐하면 그것은 A가 전혀 모르는 원인들로부터 나오는 것이기 때문이다. 그리고 A가 그곳에 있음도 B에게, B의 관점에서 보면 우연한 일이다. 우연은 확고한 인과 관계의 두 사슬이 예기치 않게 만나는 것을 가리키는 이름일 뿐이다. 이렇게 본다면 아리스토텔레스에게 비결정론을 귀속할 어떠한 명분도 없다.[44]

{ · 목적론과 필연성 }

아리스토텔레스는 자연철학은 네 가지 원인 각각을 고려해야 하고, 일어나는 일들을 설명할 때 그것들 모두를 언급해야 한다고 주장한다.[45] 그러나 그는 자연에 목적인들이 존재한다는 것을 부인하는 이론에 부딪힌

---

43 《형이상학》 6권(E) 2장 1027a 25-26.
44 그러나 이 책의 149, 342쪽 참조.
45 《자연학》 2권(B) 7장.

다.[46] 엠페도클레스는 외관상 자신의 부분들을 모두 목적에 적응시키는 것으로 보이는 현존하는 동물종들은 적자생존에 의한 자연 선택의 결과일 뿐이고, 자연은 (사람 얼굴의 황소 등) 종의 다양성을 광범위하게 산출했고, 생존에 적합한 것만이 살아남았다는 훌륭한 이론을 내놓았다. 이 이론에 반대하여 아리스토텔레스는 자연에 목적론이 존재함을 증명하려고 노력한다. 관찰된 적응 사례들은(예를 들어, 치아가 제 할 일에 적응되는 것은) 항상 또는 대체로 발견되는 것들이라고 주장한다. 그러나 우연의 결과들은 항상 또는 대체로 존재하지 않는다. 그러므로 관찰된 적응 사례들은 우연의 결과가 아니다. 유일한 대안은 그것들이 목적을 향해 있다는 것이다. 그러나 그것들은 자연적인 것으로 인정된다. 그러므로 어떤 자연적인 사물들은 목적을 향해 있다.

이 논증은 언뜻 보기에 실패한다. 왜냐하면 그것은 외견상의 적응이 '항상 또는 대체로' 존재한다는 전제에 기대지만, 엠페도클레스의 이론 전체는 적응 사례들이 소수의 경우에 일어났고, 비-적응 사례들은 기계적인 필연성에 의해 소멸되었다는 것이기 때문이다. 그러나 아리스토텔레스는 왜 기형적인 성장이 정상적인 성장처럼 자주 계속해서 산출되는지 물을 것이다. 왜 동물들은 유형에 맞춰 번식하는가? 유형의 영구성은 근본적으로 그가 목적을 주장하는 핵심 논거이다. 이곳에 끌어들인 다른 논증들을[47] 우리가 다룰 여유는 없다.

아리스토텔레스는 자연의 목적성에 관하여 인격화된 언어를 많이 구사한다. '좋은 주부처럼 자연은 쓸모 있는 것을 만들어 낼 수 있는 것은 어떤 것도 내버리지 않는다.' '자연은 헛된 일을, 불필요한 일을 하지 않

---

46 《자연학》 2권(B) 8장.
47 《자연학》 2권(B) 8장 199a 8-b 32.

는다.' '자연은 미래를 예견이라도 하듯이 행동한다.'⁴⁸ 이는 지극히 사실 상의(de facto) 목적론을 기술한 것에 지나지 않는다. 세계는 잘 정돈되어 있다고 아리스토텔레스는 주장하고 있다. 다시 말해, 세계 속의 모든 것 은 가능한 최상의 상태를 향한 과정을 확보하도록 배치되어 있다. 그러나 그가 신에게 의도적인 행동을 귀속하는 것은 드물 뿐이고,⁴⁹ 그런 귀속은 《형이상학》의 신학과 일치하지 않는다. 그것은 아마도 문학적인 고안이 자 일상인들의 사유 방식에 양보한 것으로 간주되어야 할 것이다.

아리스토텔레스는 자연에 존재하는 필연성이 '가설적'인 것인지, 아니 면 '단순한' 필연성인지를 검토하는 데로 간다.⁵⁰ 대중적인 견해는 자연 의 사실들을 단순한 필연성에 기인한 것으로, 앞서 존재하는 원인들에 의 해 기계적으로 결정되는 것으로 생각되는 결과들로 설명한다. 이는, 마치 우리가 벽의 토대인 돌들은 무게에 의해 밑에 놓이고 흙은 가운데 자리 를 차지하고 목재는 그 위에 놓이기 때문에, 벽이 지금의 형태를 지닌다 고 말하는 것과 같다고 그는 말한다. 이렇게 말하는 것은 벽이 어떤 목적 을 위해 존재한다는 사실을 간과하는 것이다. 그것은 물질들이 없이는 생 겨날 수 없겠지만, 그 물질들 때문에 생겨나지는 않는다. 그렇다면, 여기 에서 발견된 필연성은 가설적인 필연성이다. A가 있었기 때문에 B가 있 어야 하는 것이 아니라, B가 있으려고 하기 때문에 A가 있어야 한다. 형 상이 자신의 실현을 위해 요구하기 때문에 재료는 그곳에 있어야 한다. 그래서 자연학자의 우선 과제는 그가 무엇을 탐구하든 그것의 형상, 정의 또는 목적을 기술하는 것이어야 한다. 왜냐하면 이것으로부터 그것의 재

---

48 《동물의 발생에 관하여》 2권(B) 6장 744b 16, a 36, 《천체에 관하여》 2권(B) 11장 291b 13, 9장 291a 24, 《동물의 몸에 관하여》 4권(Δ) 10장 686a 22 등.
49 《천체에 관하여》 1권(A) 4장 271a 33, 《생성과 소멸에 관하여》 2권(B) 10장 336b 32.
50 《자연학》 2권(B) 9장. 《동물의 몸에 관하여》 1권(A) 1장 639b 21-23 참조.

료가 도출될 수 있기 때문이다. 그러나 그는 재료를 기술하는 데로 나아가야 한다. 그리고 완전한 정의는 형상뿐만 아니라 재료도 포함한다.

이와 더불어, 많은 자연적인 현상들은 단순한 또는 절대적인 필연성에 기인한다. 그것들은 재료의 본성으로부터 불가피하게 흘러나온다. 때때로 이런 절대적인 필연성은 목적들을 돕는다. 빛은 그 입자들이 뿔에 난 구멍들보다 잘기 때문에 [뿔로 만든] 등(燈)을 통과할 수밖에 없다. 그렇지만 그렇게 함으로써 우리가 넘어지는 것을 막는 데에 기여한다.[51] 이와 비슷하게, 자연은 뿔을 만들 목적으로, 어떤 식으로든 상대적으로 큰 동물들 안에 있을 수밖에 없는 잉여 물질을 사용한다.[52] 이는 다른 경우들에서도 마찬가지다.[53] 그러나 기계론과 목적론이 서로 협력하는 경우들과 별도로 기계론만 작동하는 경우들이 있다. 우리는 항상 목적인만을 추구해서는 안 된다. 어떤 것들은 재료인과 작용인에 의해서만 설명되어야 한다.[54] 동물들은 보기 위해 눈을 가져야 하지만, 그 색깔은 태어난 환경에 기인한 것으로 어떤 목적에도 기여하지 않는다.[55] 더 나아가, 때때로 필연성은 목적론에 대립한다. 기형적인 탄생의 경우, 그것은 흠 있는 재료에 기인한다.[56] 다른 경우들에서, 그것은 어떤 외부적인 작용인의 간섭에 의한 것이다. 예를 들어, 공기와 불은 천체의 운동에 의해 빙 둘리어 이끌림으로써 자연적인 경로를 따라가지 않는다.[57] 하지만 이런 비자연적인 운

51 《뒤 분석론》 2권(B) 11장 94b 27-31.
52 《동물의 몸에 관하여》 3권(Γ) 2장 663b 20-35. 4권(Δ) 2장 677a 15-17 참조.
53 예를 들어, 〈호흡에 관하여〉 13장 477a 17-19, 《동물의 몸에 관하여》 1권(A) 1장 642a 31-b 2, 3권(Γ) 2장 663b 13-14, 《동물의 발생에 관하여》 1권(A) 23장 731a 20-31.
54 《동물의 몸에 관하여》 1권(A) 1장 642a 2, 4권(Δ) 2장 677a 17-19, 《동물의 발생에 관하여》 2권(B) 6장 743b 16, 5권(E) 8장 789b 19.
55 《동물의 발생에 관하여》 5권(E) 1장 778a 16-b 19.
56 《동물의 발생에 관하여》 4권(Δ) 3장 767b 13-23.
57 《기상학》 1권(A) 3장 341a 1-3.

동은 지상의 물체들에 열을 가하는 데에서 중요한 역할을 하고, 그래서 자연 과정의 일부를 형성한다.

아리스토텔레스는 절대적인 결정론자가 아니다. 《명제에 관하여》에서[58] 미래의 특정 사건들에 관한 서술들에 배중률이 적용될 가능성을 부인한다. 이런 가능성을 주장하는 것은 어떤 것도 우연히 일어나지 않는다고 말하는 것과 같다. 만일 A가 B가 될 것이라는 서술이나 그렇지 않을 것이라는 서술이 지금 참이라면, A는 필연적으로 B가 되거나 필연적으로 B가 되지 않을 것이다. 이는 숙고를 무의미한 것으로 만든다. 이에 반대하여 아리스토텔레스는 숙고와 행위는 후속의 일들을 위해 진정한 출발점이 된다고 주장한다. 그러나 이 문제를 좀 더 일반적으로 말하자면, 항상 능력을 발휘하지는 않는 것들은 어떤 행위를 하거나 하지 않을 능력이 있다. 예를 들어, 인간 행위와 별개로도 우연성이 있다. 어떤 경우들에서도, 부정에 못지않게 긍정이 참이고, 거꾸로도 마찬가지다. 다른 경우들에서는, 하나가 참일 경향이 더 크고, 다른 하나는 참일 수도 있다. 어떤 것에 대해 그것이 어떻게 될 거라고 또는 그렇지 않을 거라고 말하는 것은 필연적으로 참이다. 그러나 그것이 어떻게 될 거라는 것이나 그렇지 않을 거라는 것, 이 가운데 하나가 참이지는 않다. 틀림없이, 내일 해전이 있거나 있지 않을 것이지만, 그것이 틀림없이 내일 있을 것이라거나 있지 않을 것이라는 것, 이 가운데 하나가 참이지는 않다.

이와 비슷하게 《형이상학》에서[59] 우리는 필연적인 인과 관계의 사슬이 어느 지점까지는 추적될 수 있지만, 더는 추적될 수는 없다는 점을 읽는다. 이 지점은 어떠한 원인도 갖지 않는 원인이다. 모든 사람이 죽을 것이

---

58 《명제에 관하여》 9장.
59 《형이상학》 6권(E) 3장.

라는 것을 확실한 것으로 만드는 기존의 조건들이 있다. 그러나 그가 병으로 죽을지 사고로 죽을지는 아직 결정되어 있지 않고, 그런 원인 없는 원인 ─선택 행위─ 이 이루어졌을 때만 결정될 것이다.

다른 곳에서[60] 아리스토텔레스는 분명히 어떤 일들은 필연적이지 않다고 주장한다. 우리는 그것들에 관해 '그것들이 있게 될 것이다'가 아니라 단지 '그것들이 있으려고 한다'고 말할 수 있다. 그는 묻는다. 그렇다면, 절대적으로 필연적인 것들로 어떤 것들이 있는가? 절대적인 필연성이 서술될 수 있는 유일한 일들은 회귀적인 계열의 일부를 이루는 것들이다. 천체의 궤도처럼 말 그대로 순환적인 계열, 또는 계절의 연속처럼 비유적으로 주기적인 계열, 또는 구름-비-구름-비 …, 또는 성인-씨-아이-소년-성인 … 과 같은 계열이 그런 것들이다. 이는 분명히 세계의 역사에 (심지어 자유의지와 별개로) 많은 세부적인 부분들을 우연성의 먹이로 내놓는 것이다. 하지만 그것이 아리스토텔레스의 진짜 생각인지는 의문이다.

{ 운 동 }

자연은 운동의 원리이다. 이제 아리스토텔레스는 운동이란 것이 무엇인지 살펴본다.[61] 이를 바탕으로 운동에 함축된 몇 가지 개념들을 살펴보는 데로 나아가려 한다. 운동은 연속적이고, 연속적인 것은 종종 무한히 나뉠 수 있는 것으로 정의된다. 장소, 시간, 허공도 운동에 관련된 개념들로 생각된다.

60 《생성과 소멸에 관하여》 2권(B) 11장.
61 《자연학》 3권(Γ) 1장.

엘레아학파는 운동(또는 변화)의 존재를 부인했다. 기계론자들(엠페도클레스, 아낙사고라스, 원자론자들)의 철저하지 못한 엘레아학파는 질적인 변화의 존재를 부인했다. 그들에 따르면, '혼합과 분리'가 있을 뿐이었다.[62] 다른 한편으로, 메가라학파는 운동을 분할될 수 없는 단일한 운동들로 나눔으로써 운동의 연속성을 없앴다.[63] 우리는 이것을 운동은 '한순간에' 비연속적으로 일어난다는 플라톤의 제안과[64] 비교할 수 있을 것이다. 아리스토텔레스는 운동의 실재성과 연속성을 모두 주장한다. 그에 따르면, 운동은 한 상태가 다른 상태로 갑자기 바뀌는 것이 아니라, 두 상태 간의 진행이다.

운동은 '잠재적으로 있는 것이 그런 것인 한에서의 현실화'이다. 다시 말해, 현실태로 x이고 잠재태로 y인 것이 있다면, 운동은 이것의 y-임을 현실적인 것으로 만듦을 뜻한다. 예를 들어, 건축이라는 운동은 집으로 지어질 수 있는 것들인 벽돌과 모르타르를 집인 상태로 끌고 감이다. 건축이 시작하기 전에 건축 가능한 것은 아직 현실화되지 않았다. 건축이 끝나면, 건축 가능한 것은 더는 현실화되고 있지 않다. 건축이 진행되고 있을 때에만 건축 가능한 것은 그런 것인 한에서 현실화되고 있고, 건축은 바로 그것의 현실화이다. 그리고 운동은 일반적으로 잠재적인 것을 현실화하는 것이다. 이렇게 해서, 잠재적인 것이 아직 완전히 제 잠재성을 잃지 않고 현실적인 것이 된다는 점은 운동의 본성을 이루는 일부다. 그 점이 운동과 활동의[65] 차이다. 활동의 매 순간에, 잠재태는 완전히 취소되고 현실태로 변형된다. 운동에서 그 변형은 움직임이 끝날 때까지 완성

---

62 예를 들어, 《생성과 소멸에 관하여》 1권(A) 8장 325a 23-34.
63 《자연학》 6권(Z) 1장 232a 6-10, 10장 240b 30-241a 6.
64 《파르메니데스》 156d, e.
65 energeia.

되지 않는다. 바꿔 말하면, 미완의 것이 완성된 것과 다르듯, 운동은 활동과 다르다. 아니, 보다 느슨하게 말하자면, 운동은 미완의 활동이고 활동은 완성된 운동이다. 운동은 잠재성이나 활동으로 단적으로 분류될 수 없다. 그것은 현실화이지만, 미완성을 함축하고 잠재성의 연속적인 존재를 함축하는 현실화이다.

변화에 관련된 요소들은 움직임을 일으키는 것, 움직여지는 것, 이것이 움직여지는 시간, 그것이 움직여져서 그로부터 빠져나오는 상태와 그로 들어가는 상태이다. (마지막의 둘은 이동에 관련된 두 개의 장소뿐만 아니라 생성과 소멸에 관련된 두 개의 실체적 특징, 성장과 수축에 관련된 두 개의 크기, 그리고 질 변화에 관련된 두 개의 성질을 포함한다.)[66] 변화는 항상 반대되는 것들 사이에서, 또는 반대되는 것과 (다른 반대되는 것을 대신하는) 중간에 있는 것 간에, 또는 모순되는 것들 간에 일어난다. (a가 실제 변화의 기체인 b에 부수하는 것이기 때문에 a에 붙는 변화인) 우연적인 변화와 실제 변화의 기체인 b가 a의 일부이기 때문에 a에 붙는 변화를 고려하지 않는다면, 우리는 고유한 의미의 운동은 다음과 같은 것이어야 함을 알게 된다.

(1) 긍정적인 것에서 긍정적인 것(그것에 반대되는 것)으로의 운동
(2) 긍정적인 것에서 그것에 모순되는 것으로의 운동
(3) 부정적인 것에서 그것에 모순되는 것으로의 운동
(4) 부정적인 것에서 부정적인 것으로의 운동

그러나 (4)는 변화가 아니다. 왜냐하면 그것은 대립되는 것들 간에 일

---

66 《자연학》 5권(E) 1장.

어나지 않기 때문이다. (3)의 경우는 생성이고, (2)의 경우는 소멸이다. (3)의 경우는 변화지만, 운동은 아니다. 왜냐하면 있는 것만이, 장소 안에 있는 것만이 움직여질 수 있기 때문이다. (2)의 경우도 변화이지만, 운동은 아니다. 왜냐하면 운동에 반대되는 것은 운동이거나 정지인 반면, 소멸에 반대되는 것은 생성이기 때문이다. 그래서 (1)의 경우만이 운동이다.[67]

운동의 종류를 발견하기 위해서, 우리는 그것이 어떤 범주들에 드는지 물어야 한다.[68] 실체의 측면에서는 운동이 없다. 왜냐하면 한 실체에 반대되는 실체는 없기 때문이다. 관계의 측면에서도 운동은 없다. 왜냐하면 만일 b와 관계된 a가 변한다면, 관계를 표현하는 개념이 b가 전혀 변하지 않음에도 b에 적용되는 것을 그칠 수 있기 때문이다. 실제로, 관계의 변화는 항상 다른 어떤 종류의 변화에 부수적으로 일어나고, 독립적인 종류를 이루지 못한다. 능동자와 수동자[작용을 가하는 것과 작용을 받는 것]의 운동도 없다. 변화의 변화란 없기 때문이다. 다시 말해, 그것에 대해 변화가 있는 변화는 어떤 것도 기체이거나 시작점(terminus a quo)이거나 종착점(terminus ad quem)이지 않기 때문이다. 아리스토텔레스는 암묵적으로 시간의 측면에서 운동이 없다고 받아들인다. 이는 틀림없이 그가 시간을 모든 변화의 요소로서 인정했고, 따라서 특정 종류의 변화를 구분하는 것으로 쓸 수 없었기 때문이다. 그렇다면 세 가지 운동 ―질, 양, 장소의 측

---

67 《자연학》 3권(Γ) 1장에서 아리스토텔레스는 '운동'을 '변화'와 동의어로 사용했다. 그리고 생성과 소멸을 포함하는 말로 사용했다(200b 32-201a 16). 여기에서 그는 '실체 측면에서의 변화', 즉 생성과 소멸을 배제하기 위해 '운동'이란 말을 제한함으로써 그 말을 보다 엄밀하게 사용하고 있다. 운동을 이런 두 가지 의미로 말하는 방식이 종종 그의 다른 저술들에서도 나온다.
68 《자연학》 5권(E) 2장.

면에서 이루어지는 운동— 만 남는다는 결론이 나온다. 이것들 각각에는 요구된 반대성들이 있다. 덧붙여, 질은 사물들의 차이를 이루는 본질적인 질의 의미로(이런 질의 측면에서의 변화는 운동이 아니라 생성·소멸일 것이다) 받아들여서는 안 되고, '수동적인' 질의 의미로 받아들여야 한다. 이것과 관련하여 한 사물은 어떤 작용을 받거나 받지 않는다. 다시 말해, 그것은 개별 감각들의 대상이 되는 질들이다.[69] 네 가지 변화 중 다른 모든 것들에 함축된 이동이 가장 근본적이다. 그리고 질적인 변화와 생성·소멸은 크기의 변화에 함축되어 있다. 그러나 아리스토텔레스는, 이러한 함축 관계를 지적하기는 해도, 결코 한 종류의 변화를 다른 종류의 변화로 환원하려 하지 않는다. 범주의 차이가 그러한 시도에 대한 장애물로 버티고 때문이다.

{ 무 한 }

아리스토텔레스가 여기에서 하고 있는 예비적인 구분은 크게 (1) 부가의 측면에서 무한한 것, 즉 부분을 부분에 더해도 소진되지 않는 것과 (2) 분할의 측면에서 무한한 것, 즉 무한히(ad infinitum) 분할될 수 있는 것 간에 이루어진다.[70] 간단히 말해, 아리스토텔레스가 본 바에 따르면, 수는 첫 번째 의미에서 무한하고, 공간은 두 번째 의미에서 무한하고, 시간은 두 가지 의미에서 무한하다. 먼저 그는 가장 자연학에 적절한 물음, 즉 무한히 큰 물체가 있느냐는 물음에 집중하고, 이에 대한 부정적인 시

---

69 이 점은 《자연학》 7권(Z) 3장에 다듬어져 있다.
70 《자연학》 3권(Γ) 4장 204a 6.

각의 근거들을 제시한다.[71] 이 근거들은 주로 네 가지 원소들의 '자연적인 장소들'에 대한 자신의 이론으로부터 가져왔고, 따라서 다소 결정적이지 못하다. 그러나 만일 무한한 것이 전혀 있지 않다면, 불가능한 결과들이 따른다고 그는 덧붙인다.[72] (1) 시간의 시작과 끝이 있을 것이다. (2) 크기들은 크기가 아닌 것들로 분할될 수 있을 것이다. (3) 수는 무한하지 않을 것이다.

그러므로 어떤 의미에서 무한한 것은 있지 않지만, 어떤 의미에서 그 것은 있다. 공간적인 크기는 현실태로는 무한하지 않지만, 분할 가능성의 측면에서는 무한하다. 그러나 이런 잠재성은 입상이 될 청동의 잠재성처럼 언젠가 완전하게 현실화될 수 있는 것이 아니다. 어떠한 공간적 크기도 현실태로 무한한 수의 부분들로 분할되지 않을 것이다. 무한은, 하루나 경기처럼, 그것의 일부가 다른 일부 다음에 생겨남으로써 존재한다. 그것은 토마스 아퀴나스의 표현을 빌리자면, 영원한 현실태로(in actu permanente), 사실로(in facto) 존재하지 않고, 연속적으로(successive), 생성 상태로(in fieri) 존재한다.

시간의 경우와 생성의 연속의 경우는, 무한이 '일부가 다른 일부 다음에 확보됨으로써' 존재한다는 점에서, 그리고 '확보된 것'은 항상 유한하지만, 새로운 부분들이 무한히 확보될 수 있다는 점에서 공간적인 크기의 경우와 비슷하다. 그래서 무한은 사람이나 집과 같은 개별자적인 실체가 아니다. 그러나 두 경우는, 공간적인 크기의 경우에서는 확보된 각 부분이 지속하지만, 그것들의 경우에서는 그렇지 않다는 점에서, 공간적인 크기의 경우와 비슷하지 않다 ─ 두 경우에서 확보된 각 부분은 사라지지만,

---

71 《자연학》 3권(Γ) 5장 204b 1-206a 8.
72 《자연학》 3권(Γ) 6장.

공급은 결코 끊이지 않는다.

다음으로 아리스토텔레스는, 부가의 측면에서의 무한이 어떤 점에서는 분할의 측면에서의 무한과 같다고 지적한다. 유한한 하나의 전체를 살펴보자. 그것에서 똑같은 크기의 부분들을 확보함으로써, 그 부분들이 아무리 작다고 하더라도, 우리는 매번 언젠가 전체를 소진할 것이다. 그렇지 않고, 일정한 비율로 줄어드는 부분들을 연속적으로 확보한다면, 우리는 결코 전체를 소진하지 못할 것이다. 유한한 하나의 전체는 그럼에도 우리가 결코 부분들을 일정한 비율로 줄이면서 더함으로써 그것에 이를 수 없다는 특별한 의미에서, '부가의 측면에서 무한하다.' 다시 말해, 아리스토텔레스는 유한한 총합으로 수렴하는 무한한 계열의 존재를 인정한다. 그에 따르면, 공간은 무한한 수렴 계열이다. 시간과 수는 무한한 발산 계열이다. 크기가 무한히 분할될 수 있다는 사실이 바로 수가 무한히 증가될 수 있다는 것을 함축한다. 수는 최소치를 갖지만 최대치를 갖지 않는다. 공간은 최대치를 갖지만 최소치를 갖지 않는다. 수학자들은 무한한 수를 필요로 하지 않고 그들이 원하는 만큼의 유한한 수만을 필요로 한다고 그는 언급한다.[73] 그의 이론은 여기에서 다소 모호하다. 그는 물리적인 세계는 유한한 크기의 구임을 강하게 주장한다. 수학자는 이 구의 지름보다 큰 직선을 자신의 감각에 주어진 채로 가질 수 없다. 그리고 그 의미는 그가 자유롭게 선택한다면, 그리고 그가 할 수 있다면, 그러한 선을 상상한다는 것임에 틀림없다.

아리스토텔레스가 펼친 이론의 요점은 어떠한 형태의 무한한 것이라도 그것과 동시에 하나의 전체가 존재하는 방식으로는 존재하지 않는다는 것이다. 어떠한 연장도, 같은 크기의 유한한 부분들이 유한한 수로 모

---

73 《자연학》 3권(Γ) 7장 207b 27-34.

여 이뤄질 수 없기 때문에, '부가의 측면에서 무한'하지 않다. 어떠한 연장도, 무한한 수의 점들에서 반복해서 또는 연속적으로 분할될 수도 있지만, 어느 한때에 현실태로 무한한 수의 부분들로 분할되지 않는다. 시간은, 동시에 존재하는 것이 그 부분들의 본성이 아니므로, 무한한 하나의 전체로서 주어져 존재하지 않지만, 연장과 달리 부가의 측면에서 잠재적으로 무한하다. 연장과 마찬가지로 시간은 무한히 분할될 수 있지만, 무한히 분할되어 있지는 않다. 수는 시간처럼 부가의 측면에서 잠재태로 무한하다. 연장이나 시간과 달리 그것은 무한히 분할될 수 있지 않다. 왜냐하면 그것은 연속되지 않은 것이고, 단위는 수가 분할될 수 있다는 것에 제한이 되기 때문이다.

{ 장 소 }

아리스토텔레스는 장소의 존재를 한 물체가 있는 곳에 다른 물체가 있게 될 수 있어서 장소는 그것을 차지하고 있는 물체들 중 어떤 것과도 다른 것일 수밖에 없다는 사실에 의해 증명한다.[74] 장소는 존재할 뿐만 아니라 '의미를 갖는다'는 점을 그는 원소들이 일정한 장소들로 옮겨 가서 그곳에서 멈춰 있으려는 자연적인 성향을 갖는다는 점에 의해 증명한다. 위와 아래는 단지 우리에게 상대적인 것만은 아니다. '위'는 불이 움직이는 쪽이며, '아래'는 흙이 움직이는 쪽이다.

아리스토텔레스는 한 사물이 다른 사물들과 공유하는 '공통의 장소'와

---

[74] 《자연학》 4권(Δ) 1장.

그것에 고유한 또는 특유한 장소를 구분한다.[75] 각 사물은 실제로 하나가 다른 하나 안에 있는 식으로 이루어진 장소들의 겹 속에 있지만, 그것에 고유한 장소는 그것을 직접 둘러싸는 것, 다시 말해 그것 말고는 다른 어떤 것도 둘러싸고 있지 않은 장소이다. 이것을 우리는 장소에 대한 첫 번째 정의로 받아들일 수 있을 것이다.

장소는 틀림없이 다음의 네 가지 것들 ―형상, 재료, 극단들 간의 간격, 또는 극단들 자체― 중 하나이다.[76] 그것은 (1) 형상이 아니다. 둘러싸는 것과 둘러싸인 것의 극단들은 일치하지만 서로 다르고, 한 사물의 형상은 그 사물의 경계이지만, 그것의 장소는 둘러싸는 물체의 경계이기 때문이다. (2) 둘러싸인 것은 종종 변하지만 둘러싸는 것은 그대로 있기 때문에, 극단들(다시 말해, 둘러싸인 것의 외부 극단들이나 둘러싸는 것의 내부 극단들) 간의 간격은 때로는 구별된 실재라고 생각된다. 그러나 그렇지가 않다. 간격은 독립적이지 않고, 그릇을 계속해서 채우는 물체들에 딸린 것으로서 존재한다. 만일 독립적이고 움직이지 않은 채로 있는 간격이 있다면, (a) 한 곳에 무수히 많은 장소들이 있게 될 것이다. 왜냐하면 물과 공기가 그릇 안에서 교체될 때, 물의 부분들은 물이 그릇 안에서 하듯 물 전체 안에서 똑같은 것을 할 것이기 때문이다. 다시 말해 그것들은 자립적인 장소들을 뒤에 남길 것이기 때문이다. 그리고 (b) 만일 그릇이 움직인다면, 둘러싸인 사물의 장소가 움직일 것이며, 그래서 한 장소가 또 다른 장소를 갖게 될 것이다. 그러나 우리의 견해에 따르면, 둘러싸인 사물의 정확한 또는 직접적인 장소는 그릇이 움직일 때 달라지지 않는다. 그릇은 새로운 장소로 옮겨지지만, 그것이 담고 있는 것의 장소는

---

75 《자연학》 4권(Δ) 1장 209a 31-b 2.
76 《자연학》 4권(Δ) 4장 211b 6-9.

그대로다. 즉, 그릇의 내부 면이다. (3)(a) 정지 상태에 있고, (b) 둘러싸는 것과 연속되어 있는 사물의 경우를 고려해 볼 때 재료가 장소라는 생각이 들 수도 있다. 재료는 두 가지 같은 성질을, 즉 정지 상태(변화를 통과해서도 그대로임)와 연속성을 갖는다. 장소에 대한 믿음을 일으키는 현상은 재료에 대한 믿음을 일으키는 현상과 비슷하다. 우리는 공기였던 것이 지금은 물이기 때문에 재료가 있다고 믿으며, 공기가 있던 곳에 지금은 물이 있기 때문에 장소가 있다고 믿는다. 하지만 한 사물의 재료는 그 사물로부터 분리될 수 없으며, 그것을 둘러쌀 수도 없다. 반면, 한 사물의 장소는 그 사물로부터 분리될 수 있으며 그것을 둘러싼다. 그래서 재료는 장소가 아니다.

그러므로 (4) 장소는 둘러싸는 물체의 한계이다.[77] 그러나 한 사물의 그릇이나 그것을 둘러싸는 물체와 그 사물의 장소는 구분되어야 한다. 그릇은 움직일 수 있는 장소라고 말하거나 장소는 움직일 수 없는 그릇이라고 말할 수 있을 것이다. 움직이는 강물은 그것이 흘려보내는 배의 장소라기보다는 그릇이다. 이렇게 해서 우리는 장소에 대한 마지막 정의에 이른다. 장소는 둘러싸는 것의 맨 처음의 움직이지 않는 한계이다.[78] 다시 말해, 한 사물의 장소는 그것을 둘러싸는 맨 처음의 (그 사물의 바깥쪽으로부터 세어 맨 처음의) 움직이지 않는 물체의 내부 경계이다. 이로부터 물리적인 우주 안의 모든 것은 장소 안에 있지만, 우주는 그렇지 않다는 점이 따른다.[79]

아리스토텔레스가 공간에 관한 이론을 제시하고 있는 것은 아니라는

---

77 《자연학》 4권(Δ) 4장 212a 5.
78 《자연학》 4권(Δ) 4장 212a 20.
79 《자연학》 4권(Δ) 5장 212b 20-22.

점을 기억해 두는 것이 중요하다. 그는 결코 공간에 해당되는 그리스어를[80] 사용하지 않으며, 그의 공간에 관한 견해는 megethē(공간적인 크기들)에 관한 논의에서 발견된다. 그는 여기에서 장소에 관한 다양한 생각을 논하고 있으며, '필요 이상으로 실재들을 증가시키지' 않고서 한 사물의 장소 개념에 함축된 것을 정당하게 다루고자 했던 그의 정교함을 칭찬하지 않을 수 없다. 둘러싸는 물체의 내부 한계에서 그는 장소의 요구 조건들을 충족해 주는 뭔가를 찾아낸다. 그러므로 그는 그 개념에 함축된 추가적인 실재는 인정하려 들지 않는다.

{ 허 공 }

아리스토텔레스는 허공[진공]을 말하는 사람들이 그것을 일종의 장소로 생각한다는 점을 주목하면서 논의를 시작한다.[81] 어떤 장소가 그것이 받아들일 수 있는 덩이를 가질 땐 '충만'(plenum)이 있고, 그렇지 못할 땐 '허공'(vacuum)이 있다. 충만과 허공, 그리고 장소는 같은 것이지만, 그것들의 본질은 같지 않다. 다른 한편으로, 허공의 존재를 부정하려는 사람들은 공기의 물체성을 실험적으로 입증함으로써 그런 시도를 하지만, 그것은 빗나간 것이다. 허공의 존재를 믿는 사람들이 의도하는 바는 공기도 어떠한 다른 재료도 없는 곳에 장소들이 있다는 점이다. 장소에서 일어나는 운동이라는 사실은 장소의 존재에 대한 믿음과 허공에 대한 믿음을 모두 지지해 주는 것으로 생각된다.[82] 그러나 운동은 허공을 함축하지 않는

---

80 chōra.
81 《자연학》 4권(Δ) 6장.

다. 왜냐하면 물체들은 물체들로부터 분리될 수 있는 간격들이 있지 않아도 서로의 장소들을 차지할 수 있기 때문이다.[82] 이것을 우리는 액체들에서 일어나는 소용돌이 운동에서 관찰할 수 있다. 더 나아가, 물체들은 자신들 안에 담긴 것들의(예를 들어, 물 안에 담긴 공기의) 압착을 통해 '촘촘해질' 수 있다. 성장에 의한 물체들의 팽창으로부터 끌어온, 허공의 존재에 대한 논증 자체는 여러 가지 문제점들에 얽혀 있다. 먼저, (1) 성장하는 물체는 어느 부분이나 다 자라지는 않는다는 결과가 따를 것이다. 또는 (2) 만일 그렇게 자란다면, (a) 사물들은 물체를 더하는 방식이 아닌 방식으로 자라거나, (b) 같은 장소에 두 개의 물체가 있을 수 있다는 결과가 따를 것이다. 또는 (c) 그것이 모든 곳에서 증가되고 그 안에 있는 빈 공간을 수단으로 증가될 경우, 물체 전부가 비어 있어야 한다는 결과가 따를 것이다 — 이것들은 모두 불가능한 결과들이다.

아리스토텔레스는 (1) 물체들로부터 분리된 허공은 있지 않다는 점을 손수 증명하고자 한다.[84] 그의 몇몇 논증들은 '자연적인 운동'에 관한 그의 잘못된 생각에 기인한다. 그렇긴 하지만, 그중 가장 정교한 논증은 다음과 같은 형태로 재구성될 수 있다. 운동의 속도는 (a) 매체의 밀도와, (b) 움직이는 물체의 무게에 따라 달라진다. (a)의 점에서 보면, 허공을 통과하는 것은 시간이 걸리지 않는다. (b)의 점에서 보면, 무거운 물체는 가벼운 물체보다 (매체로서 작용하는) 허공을 더 빠르게 통과한다. 그러나 실제로는, 어떤 것도 시간이 걸리지 않은 채 움직이지는 않는다. 그리고 '쉽게 갈라지는' 매체가 없을 때에는 무거운 물체가 가벼운 물체보다 더

---

82 《자연학》 4권(Δ) 7장 214a 22.
83 이것을 아리스토텔레스는 antiperistasis[자리를 맞바꿈]라고 부른다.
84 《자연학》 4권(Δ) 8장 214b 12–216a 26.

빠르게 움직일 이유가 전혀 없다.[85]

(2) 물체들이 차지하는 허공이란 없다.[86] 우리가 물체의 덩이를 물체가 갖는 감각 성질들과 구분되는 것으로서 인정한다면(오직 사유 속에서만 분리될 수 있다고 하더라도), 우리는 추가로 허공을 인정할 필요가 없다.

(3) 물체들 안에는 빈틈들이 없다.[87] 허공의 존재를 증명하기 위해, 물체들 간에 밀도의 차이가 있다면 허공이 있어야 한다고 주장되었고, 물체들 사이에 밀도의 차이가 있지 않다면 압착과 같은 것은 있지 않고 운동은 불가능하다고 주장되었다. 이런 논증에 직면하여 아리스토텔레스는 먼저, 허공은 사실들을 설명하는 데에 도움을 주지 못할 것이라는 점을 보여 준다. 그다음에 그는 적극적인 설명을 시도한다.[88] 촘촘해짐과 성겨짐

---

85 갈릴레오는 아리스토텔레스가 무거운 물체는 가벼운 물체보다 '허공[진공] 안에서' 더 빠르게 낙하할 것이라고 말하고 있는 것으로 추정하였다. 이에 대해 회의적인 반응을 보인 갈릴레오는 피사의 사탑 위에서 다양한 무게의 추들을 낙하시켜 봄으로써 역학의 혁명을 이루었다. 그러나 사실, 아리스토텔레스는 허공 안에서는 무거운 물체와 가벼운 물체가 어떤 점에서는 같은 속도로 움직여야 할 것이지만, 어떤 점에서는 같지 않은 속도로 움직여야 할 것이라는 점을 보여 줌으로써 허공의 존재를 부인하려 했다.

　'자연적이지 않은' 또는 강제적인 운동의 속력에 관한 아리스토텔레스의 견해는 《자연학》 7권(H) 5장 249b 30-250a 7, 《천체에 관하여》 3권(Γ) 2장 301b 4-11에서 살펴볼 수 있다. 여기에서 그는 가상 속력의 원리를 맹아의 형태로 표명한다. 'A는 운동[의 힘]이고, B는 움직이는 물체[의 무게]이고, C는 그것이 움직인 거리이고, D는 걸린 시간이라면,

　　A는 　$\frac{1}{2}$B를 거리 　2C만큼 움직이는 데 시간 　D가 걸릴 것이다.
　　A는 　$\frac{1}{2}$B를 거리 　C만큼 움직이는 데 시간 $\frac{1}{2}$D가 걸릴 것이다.
　　A는 　　B를 거리 $\frac{1}{2}$C만큼 움직이는 데 시간 $\frac{1}{2}$D가 걸릴 것이다.
　$\frac{1}{2}$A는 　$\frac{1}{2}$B를 거리 　C만큼 움직이는 데 시간 　D가 걸릴 것이다.'

　〈역학적인 문제들〉 848a 11-19, 3장 850a 36-b 6에 나오는 저울 및 지레의 이론은 이 원리에 근거하고 있다. 그러나 아리스토텔레스는, A가 2B를 전혀 움직일 수 없을 수도 있기 때문에, 항상 A가 2B를(또는 $\frac{1}{2}$A가 B를) 거리 $\frac{1}{2}$C만큼 움직이는 데 시간 D가 걸릴 거라고는 보지 않는다(《자연학》 7권 5장 250a 9-19).

86 《자연학》 4권(Δ) 8장 216a 26-b 21.

87 《자연학》 4권(Δ) 9장.

88 《자연학》 4권(Δ) 9장 217a 10-b 20.

은 일어나는 일이기는 하나, 이로부터 허공의 존재가 추론될 수는 없다. 잠재적으로 어떠한 상태에서, 예를 들어 잠재적으로 뜨거운 상태에서 실제로 뜨거운 상태에 있게 되는, 이런 대립되는 성질들을 수용하는 어떤 단일한 재료가 있다. 이와 비슷하게, 동일한 재료가 큰 물체와 작은 물체의 역할을 한다. 물이 공기로 변할 때, 외부로부터 어떤 것이 부가됨이 없이 같은 재료가, 그것이 잠재적으로 어떤 상태였다가 실제로 그 상태로 된다. 공기가 압축되거나 팽창될 때에도 이와 마찬가지다. 차가웠던 동일한 재료가 뜨겁게 되듯이, 뜨거웠던 동일한 재료는, 그것 전체가 덜 뜨거웠을 때 뜨겁지 않았던 그것의 어떤 일부가 뜨겁게 되지 않고서도, 더 뜨겁게 될 수 있다. 이와 비슷하게, 감각되는 덩이의 크기는 동일한 재료가 공간을 더 차지하거나 덜 차지할 수 있기 때문에, 외부로부터 어떤 것이 부가됨이 없이 팽창할 수 있다. 이렇듯, 아리스토텔레스는 질적인 변화와 같은 방식으로 물체들의 팽창과 압축을 설명한다. 이것들은 다양한 상태로 있을 수 있는 재료 때문에, 예를 들어 모든 가능한 정도의 밀도로 공간을 채울 수 있는 재료 때문에 벌어지는 현상이다.[89] 이것이 허공을 주장하는 이론에 반대해서 아리스토텔레스가 내세운 이론이다. 다른 곳에서[90] 그는 허공과 무한 사이에 성립하는 유비 관계를 지적한다. 이에 따르면 무한과 허공은 현실태로 존재하지 않는다. '분할이 결코 끝에 이르지 못하고', 그래서 예를 들어 선이 무한히 분할될 수 있듯이, 우리는 주어진 어떤 물체보다 덜 촘촘한 물체를 계속해서 그려 볼 수 있다. 재료는 우주 곳곳을 통해 연속되어 있지만, 그것이 가질 수 있는 희박성의 정도에는

---

89 요아힘(H. H. Joachim)은 《생성과 소멸에 관하여》에 대한 자신의 번역 124쪽에서 이러한 '재료' 개념을 '지각의 예취'에 나오는 '실재적인 것'이란 칸트의 개념과 비교한다.
90 《형이상학》 9권(Θ) 6장 1048b 9-17.

한계가 없다.

{ # 시 간 }

　시간은 실재하지 않거나 '거의 실재하지 않는다'는 점을 시사하는, 시간의 본성에 있는 특이한 점들을 지적한 후, 아리스토텔레스의 논의는 시간의 본성을 숙고하는 데로 건너간다.[91] 한 가지 그럴 법한 제안은 시간을 운동이나 변화와 동일시하는 것이다. 그러나 시간은 그런 것들일 수 없다. 왜냐하면 시간은 한 가지만 있지만, 운동은 여러 가지가 있고, 더 나아가 시간은 빠르거나 느릴 수 없기 때문이다. 그렇지만 시간은 변화를 함축한다.[92] 왜냐하면 우리의 마음 상태가 변하지 않거나 우리가 그 변화를 의식하지 못할 때에는, 시간이 경과했다고 생각하지 않기 때문이다. 변화를 알아차릴 때, 우리는 시간의 경과가 있었다고 생각하고, 반대로 생각하기도 한다. 그렇다면 시간과 운동의 관계는 어떤 것인가? 공간적인 크기는 연속적이고, 근본적인 연속체이다. 운동은 그것이 연속적인 공간을 통한 운동이기 때문에 연속적이고, 시간은 연속적인 운동이 그것을 차지하기 때문에 연속적이다. 이와 비슷하게, '앞'과 '뒤'는 일차적으로 공간에 적용되고, 이차적으로 운동에 적용되며, 세 번째로 시간에 적용된다. 운동에서 앞과 뒤의 구분을 인지할 때, 즉 우리가 두 개의 '지금[순간]들'과 이것들 사이의 간격을 구분할 때, 우리는 시간의 경과를 인지한다. 왜냐하면 '지금'에 의해 경계가 정해진 것이 시간이기 때문이다. 시간은

91　《자연학》 4권(Δ) 10장.
92　《자연학》 4권(Δ) 11장.

'앞뒤와 관련된 운동의 수'이다. 왜냐하면 우리는 수에 의해 더 많음과 더 적음을 구별하고, 시간에 의해 운동의 더 많음과 더 적음을 구별하기 때문이다. 그러나 시간은 '우리가 그것으로써 무엇인가를 세는 수단'이라는 의미에서(즉, '순수한 수'의 의미에서)가 아니라, '세어지는 것'이라는 의미에서 수이다. 다시 말해, 시간은 운동이 지닌 셀 수 있는 측면이다.

이어서 흥미롭고 어려운 구절이 나온다.[93] 이 구절의 목적은 상이한 지점들을 따라 연속적으로 움직이는 단일한 물체를 관찰함으로써 운동이 인지되듯이, 시간의 경과는 단일한 성격의 '지금임'이 다수의 경험된 사건들에 계속 귀속되었다는 점을 알아차림으로써 인지된다는 사실을 지적하는 데에 있다. 운동이 움직이는 물체에 의존하고, 선이 점에 의존하듯이, 시간은 자신의 연속성을 위해서, 그리고 부분들로 구분되기 위해서 '지금'에 의존한다. 그리고 아리스토텔레스는 덧붙여, 시간이 세어지는 것이 '지금들'에 의한 것이라고 말하고, '지금들'이 시간의 부분들이라고 생각해서는 안 된다고 말한다. 이는 점들이 선의 부분들이 아닌 것과 마찬가지다. 가장 작은 선이 없듯이 가장 작은 시간도 없다.[94]

아리스토텔레스의 논의는 이제 어떤 것이 '시간 안에' 있다는 것이 어떤 의미인지를 살펴보는 데로 향한다.[95] '어떤 것이 시간 안에 있다'는 것은 (1) '시간이 있을 때, 그것이 있다'는 것을 뜻하거나, (2) '시간의 일부이거나 그것의 속성이다'는 것을 뜻하거나, (3) '시간에 의해 측정될 수 있다'는 것을 뜻해야 한다. 그런데 '시간 안에 있다'는 것은 '시간이 있을 때 있다'는 것이 아니다. 이는 '운동 중에 있거나 장소 안에 있다'는 것이 '운

---

93 《자연학》 4권(Δ) 11장 219b 9-220a 24.
94 《자연학》 4권(Δ) 12장 220a 27-32.
95 《자연학》 4권(Δ) 12장 220b 32-222a 9.

동이나 장소가 있을 때 있다'는 것이 아닌 것과 마찬가지다. 현재, 과거, 그리고 미래는 시간의 부분들인 것으로서 시간 안에 있다. 사건들은 시간에 의해 측정될 수 있는 것으로서 시간 안에 있다. 그러므로 그것들은, 마치 장소 안에 있는 사물들이 그것들의 장소에 의해 둘러싸여 있듯, 시간에 의해 둘러싸여 있다. 사건들은 이런 의미에서 시간 안에 있으므로, 시간 안에 있는 어떤 것보다 더 큰 시간이 반드시 있어야 한다. 그러므로 항상 있는 사물들은 시간 안에 있지 않다. 왜냐하면 그것들은 시간에 의해 둘러싸이지 않고, 측정되지도 않기 때문이다. 시간은 운동의 척도이므로, 그것은 또한 정지의 척도이다. 그리고 운동 중에 있거나 정지 상태에 있는 사물들만이(즉, 움직이거나 움직일 만한 것들만이) 시간 안에 있다. 그래서 필연적인 진리들은 시간의 제약을 받지 않는다. 운동은 결코 끊이지 않을 것이기 때문에, 그리고 각각의 '지금'은 본성상 과거의 끝이자 미래의 시작이기 때문에, 시간은 결코 끊이지 않을 것이다.[96]

아리스토텔레스는 확답은 주지 않지만 한 가지 중요한 물음, 즉 '혼이 있지 않으면 시간이 있을까?'라는 물음을 제기한다.[97] 그는 세는 사람이 없다면 세어질 수 있는 것도 없을 것이고, 따라서 수도 없을 것이라는 주장이 나올 수도 있다는 점을 지적한다. 그렇게 되면, 오로지 존재할 수 있는 것은 시간이 아니라 시간의 기체인 운동일 것이다. 다시 말해, 운동은 여전히 있을 것이지만, 그것에 측정될 수 있는 측면이 있지 않을 것이다.

시간이 그것의 수인 운동은 생성이나 소멸, 성장, 질적인 변화, 이동일 수 있다. 그러나 운동은 그 가운데 으뜸가는 종류인 이동에 의해 자연적으로 측정된다.[98] 그리고 이동 가운데 으뜸가는 종류는 원운동이다. 이

---

96 《자연학》 4권(Δ) 13장 222a 29-b 7.
97 《자연학》 4권(Δ) 14장 223a 21-29.

로부터 시간을 천구의 운동과 동일시했던 이전의 견해가 나왔고, 인간 사, 모든 변화, 시간 자체를 순환적인 것으로서 기술하는 견해가 또한 나왔다.

{ 연 속 }

나아가 아리스토텔레스는 연속에 관한 논의의 예비 단계로 몇 가지 기본 개념들에 대해 정의를 내린다.[99] A가 어떤 관점에서(위치, 종류 등에서) B 뒤에 있고 그것들 사이에 같은 종류에 속하는 것이 아무것도 없을 때, A는 B에 계속된 것이다. A와 B의 극단들이 직접적으로 같은 곳에 있을 때, A는 B에 접촉된 것이다. A와 B가 서로 접촉하는 경계가 하나일 때, A는 B에 연속된 것이다. 접촉은 계속을 함축하지만 그 역은 아니다(예를 들어, 수들은 계속된 것들이지만 서로 접촉할 수 없다). 그리고 연속은 접촉을 함축하지만 그 역은 아니다.

연속에 대한 이런 정의로부터 어떤 연속체도 분할될 수 없는 것들로 이루어져 있을 수 없다는 —예를 들어, 어떤 선도 점들로 이루어져 있을 수 없다는— 결론이 나온다.[100] 왜냐하면 (1) 분할될 수 없는 것은 극단을 갖지 않고, (2) 만일 선이 점들로 구성되어 있다면, 이것들은 연속된 것이거나, 아니면 서로 접촉해야 할 것이기 때문이다. 우리가 보았듯이, 그것들은 연속된 것일 수 없다. 그것들은 서로 접촉할 수도 없다. (a) 하나의 전

98 《자연학》 4권(Δ) 14장 223a 29-224a 2.
99 《자연학》 5권(E) 3장.
100 《자연학》 6권(Z) 1장.

체가 다른 하나의 전체를 접촉해야 하거나, (b) 하나의 부분이 다른 하나의 부분을 접촉하거나, (c) 하나의 부분이 다른 하나의 전체를 접촉해야 할 것이다. 그러나 (b)와 (c)는 점들이 부분을 갖지 않기 때문에 불가능하다. 만일 (a) 전체가 전체를 접촉한다면, 그것들은 연속된 것이 아닐 것이다. 연속된 것은 공간상에 분리된 부분들을 가져야 하기 때문이다.

더 나아가, 점은 점에 계속될 수 없고(계속은 접촉의 선행 조건이다), 순간은 순간에 계속될 수 없다. 왜냐하면 어떤 두 개의 점들이든 그 사이에 선이 있고, 어떤 두 개의 순간들이든 그 사이에 시간이 있기 때문이다.

(3) 연속된 것이 분할될 수 없는 것들로 이루어져 있다면, 그것은 분할될 수 없는 것들로 분할될 수 있을 것이다. 그럴 경우, 분할될 수 없는 것이 분할될 수 없는 것을 접촉할 것이다. 그러나 우리가 보았듯이 그럴 수 없다.

(4) 만일 연장(延長)된 것이 분할될 수 없는 것들로 이루어져 있다면, 이 연장된 것에 걸쳐 일어나는 운동은 분할될 수 없는 운동들로, 즉 (아리스토텔레스가 입증하듯이) 결코 수행되는 과정을 거치지 않는 완성된 운동들로 이루어져 있어야 한다. 그래서 연속적으로 움직였던 것은 또한 연속적으로 정지의 상태에 있어야 할 것이다.

(5) 아리스토텔레스는 시간과 공간의 무한 분할 가능성에 대한 가장 세련된 증명을 덧붙인다.[101] A가 B보다 더 빠르고, B가 시간 EF 내에 거리 CD를 움직였다고 해 보자. 그러면 A는 더 짧은 시간 EG 내에 그 거리를 움직였을 것이다. 그러므로 B는 시간 EG 내에 더 가까운 거리 CH를 움직였을 것이다. 그러므로 A는 그보다 짧은 시간에 거리 CH를 움직였을 것이다. 그리고 계속해서 이렇게, 우리는 무한히 더욱더 짧은 시간과 거

---

101 《자연학》 6권(Z) 2장 232a 23-233a 21.

리로 이끌린다.

운동이 불가능하다는 것을 보여 주기 위해 제논이 이용한 역설들에 관한 짧은 논의가 뒤따른다.[102] 아리스토텔레스는 그것들을 다른 곳에서 보다 상세하게 논한다.[103] 그가 주는 답변의 핵심은 유한한 시간 내에 무한한 공간을 통과하는 것은 불가능한 반면, 유한한 시간 내에 무한히 분할될 수 있는 공간을 통과하는 것은, 유한한 시간 자체가 무한히 분할될 수 있기 때문에 가능하다는 것이다.

《자연학》 6권(Z)의 나머지 부분에 보이는 관심사는 두 가지다. 그것은 공간, 운동, 시간의 연속성과 무한 분할 가능성에 관한 이론을 아리스토텔레스의 근본 원리들로부터 훌륭하게 연역된 일련의 명제들로 발전시킨다. 그리고 그렇게 하면서 그것은 부동의 원동자의 존재 증명에 필요한 몇 가지 전제들을 제공한다. 아리스토텔레스의 의도를 이해할 수 있도록 만들어 주기 위해 파악되어야 할 주요 개념은 아마도 운동의 '첫째' 시간이라는 개념이다. 물체가 장소들의 겹겹 속에 있듯 사건은 시간들의 겹겹 속에 있다. 시저의 죽음은 기원전 44년 3월에 일어났고, 기원전 44년에도 일어났고, 기원전 1세기에도 일어났다. 한 사건의 '첫째' 시간은 그것이 엄밀히 차지하는 시간, 그것의 정확한 또는 동연(同延)의 시간이다. 이 점에서 아리스토텔레스가 시간을 다루는 것과 공간을 다루는 것 사이에는 밀접한 유비가 존재한다.

우리는 여기에서 6권(Z)의 주요 내용에 대해 골자를 내놓는 것으로 만족해야 한다.

---

102 《자연학》 6권(Z) 2장 233a 21-b 15.
103 《자연학》 6권(Z) 9장, 8권(Θ) 8장 263a 4-264a 6.

	(b) 정지에 이름은 시간 안에서 일어난다.
	(c) 만일 우리가 한 사물이 정지에 이르는 정확한 시간을 놓는다면, 그 시간의 각 부분에서 정지에 이르고 있는 그 사물의 모습을 볼 것이다.
	(d) 한 사물이 정지에 이르는 정확한 시간은 없다.
	(e) 한 사물이 정지 상태에 있는 정확한 시간은 없다.
8장 239a 23-b 4	한 사물은 그것이 움직이는 정확한 시간에 대해 어떠한 정확한 장소에 있지 않다.
(9장	운동에 반대한 제논의 논증들에 대한 해결.)
10장 240b 8-241a 26	부분들을 갖지 않는 것은 운동 중에 있을 수 없다.
10장 241a 26-b 20	원운동을 제외하면 단일한 변화 중 무한한 것은 없다.

원동자

8권(Θ)의 내용도 마찬가지로 일련의 명제들로서 제시될 수 있을 것이다.

1-2장	운동은 항상 있어 왔고, 항상 있을 것이다.
3장	때로는 운동 상태에 있고, 때로는 정지 상태에 있는 것들이 있다.

원동자가 세계의 경계에 자리 잡고 있다는 점은, (a) 운동은 유일하게 '시작점들'인 중심이 아니면 경계로부터 일어난다는 가정, (b) 추진력은 전달의 과정 중 약해지기 때문에 원동자에 의해 직접 전달된 운동이 모든 운동들 중 가장 빠른 것임에 틀림없다는 가정, 그리고 (c) 항성들의 천구 운동이 모든 운동들 중 가장 빠르다는 (추정된) 관찰 사실로부터 아리스토텔레스에게 따른다. 그래서 우리는 세계 안의 모든 운동은 '첫째(즉, 맨 바깥의) 하늘'로부터 전달된다는 견해와, 원동자는 이 물체에 직접 작용하므로 우주의 바깥 면에 있어야 한다는 견해를 얻는다. 아리스토텔레스는 다른 곳에서[104] 어떻게 천체들이 (그리고 특히 태양이) 지상의 삶을 정하고, 밤낮의 주기적 반복에 의해 파종기와 수확기를 정하고, 지상에서 벌어지는 일들에 전반적인 형태와 특징을 부여하는 기상 현상들을 자신들의 운동에 의해 산출하는지를 보여 줌으로써 그런 대담한 일반화를 정당화하려고 시도한다. 그러나 《자연학》의 결론은 두 가지 문제에 대해서는 우리에게 답변을 남기지 않는다. (1) 어떻게 비물체적인, 연장되지 않은 원동자가 그런 것인데도 우주의 경계에 있을 수 있는가? 그리고 (2) 어떻게 비물체적인 존재가 운동을 전달할 능력이 있는가? 마지막에, 아리스토텔레스는 운동을 전달하는 두 가지 방식으로 밂과 당김을 인정한다.[105] 그러나 비물체적인 것은 이러한 운동들 중 어느 것도 갖췄다고 볼 수 없다. 그는 이러한 물음들에 대한 답변을 《형이상학》에서 시도한다.[106] 원동자는 '욕구의 대상으로서' 또는 사랑의 대상으로서, 즉 물리적인 능동자[작용을 가하는 것]가 아닌 것으로서 운동을 일으킨다고 기술된다. 그래서 그것은 더는 어떤 공간적인 거주지를 가진 것으로 간주될 필요가 없다.[107] 그러나 이런 해결은 그것이 제거하는 난점들에 못지않은 난점들을 야기한다.

---

104 《천체에 관하여》 2권(B) 3장, 《생성과 소멸에 관하여》 2권(B) 10장, 《기상학》 1권(A)-3권 (Γ) 곳곳에서.
105 《자연학》 7권(H) 2장에서 '던짐'은 밂의 한 가지 방식으로 간주되고, '옮김'은 밀리거나 당겨짐, 또는 돌려짐에 부수적인 것으로 간주되고, 돌림은 밂과 당김의 결합으로 간주된다.
106 《형이상학》 12권(Λ) 7장.
107 《천체에 관하여》 1권(A) 9장 279a 18-22 참조.

《천체에 관하여》

《자연학》에서 《천체에 관하여》로 나아가면서 우리는 변화 일반에 관한 연구에서 공간상의 운동에 관한 연구로 넘어간다. 처음 두 권은 천체들의 운동을 다루고, 나중의 두 권은 지상의 물체들의 운동을 다룬다.

선험적으로(a priori) 구성된 자신의 대담한 저술들 중 하나에서, 아리스토텔레스는 왜 우주의 전반적인 구조가 그대로의 것이어야 하는지를 보여 주려고 시도한다.[108] 신의 활동은 영원한 삶이다. 그러므로 신적인 물체인 하늘의 움직임은 영원해야 하고, 이런 이유로 하늘은 회전하는 구이어야 한다. 그러나 회전하는 물체의 중심은 정지해 있다. 그러므로 지구는 우주의 중심에 정지해 있어야 한다. 흙이 있으므로 불도 있어야 한다. 왜냐하면 (상승하는 것인) 불은 (하강하는 것인) 흙에 반대되는 것이고, 게다가 뜨거움이 그것의 결여인 차가움의 형상이어서 본성상 흙보다 앞서기 때문이다. 불과 흙이 있으므로 중간에 있는 것들인 공기와 물도 있어야 한다. 중간에 있는 것들 안에 든 반대성들은 서로를 파괴하는 경향이 있기 때문에 공기와 물의 존재는 생성과 소멸을 수반한다. 그러나 생성의 존재는 첫째 천구의 것과는 다른 원운동을 수반한다. 왜냐하면 '하늘 전체의 단일한 운동은 물체들을 이루고 있는 원소들의 상호 동일한 관계를 필연적으로 수반하기' 때문이다. 다시 말해, 만일 태양과 달이 첫째 하늘에 의해 회전된다면, 태양이 게자리에 자리 잡고 있을 때 영속적으로 여름이 있게 되고, 그것이 염소자리에 자리 잡고 있을 때 우리에게 영속적

---

108 《천체에 관하여》 2권(B) 3장.

으로 겨울이 있게 되고,[109] 생성 및 소멸의 실제적인 원인인 열과 냉이 교대하며 미치는 영향들은 없게 될 것이다.[110]

아리스토텔레스의 천문학적 체계는 요컨대 다음과 같다. 천체들은 생성과 소멸을, 그리고 질이나 크기의 변화를 벗어나 있고, 지상의 원소들처럼 직선으로 움직이지 않고 원운동을 하는 제5원소로 이루어져 있다.[111] 지구는 상대적으로 크지 않은 크기의 구이고,[112] 우주의 중심에 정지해 있다.[113] 우주의 바깥쪽 껍질 ―'첫째 하늘'― 은 우리가 오늘날 항성이라고 부르는 것들을 담고 있는 유한한 천구이다.[114] 이 항성들은 제 자신의 운동을 갖지 않고, 첫째 하늘의 균일한 회전에 의해 24시간에 한 번씩 원운동을 한다.[115] 태양, 달, 행성들의 보다 복잡한 운동들에 관련하여, 아리스토텔레스는 에우독소스의 이론을 자신의 친구 칼리포스가 발전시킨 것을 변형·수용한다.[116] 에우독소스는 놀라운 수학적 재주로 태양과 달의

---

109 Simplicius, *In Aristotelis De Caelo commentaria*, CAG VII, ed. I. L. Heiberg, Berlin 1893, 관련 주석.

110 《천체에 관하여》 2권(B) 12장에서 아리스토텔레스는 이와 비슷하게 왜 행성들의 구들의 운동들이 그대로의 것이어야 하는지에 관하여 선험적인(a priori) 설명을 제시한다.

111 《천체에 관하여》 1권(A) 2-3장.

112 아리스토텔레스는 (《천체에 관하여》 3권 1장 298a 15) 지구의 둘레를 약 46,000마일(74,028km)로 어림잡는 것을 언급하며 이에 동의한다. 이는 실제 길이의 두 배가 훨씬 넘지 않는 길이다. 이런 관계 속에서 표현된(1장 298a 9-15) 아리스토텔레스의 견해, 즉 스페인과 인도가 대서양을 사이에 두고 멀리 떨어져 있지 않을 것이라는 견해는 콜럼버스가 발견의 항해를 떠나게 된 한 가지 주요 원인이었다. 그래서 '서인도 제도'(West Indies)와 '북아메리카 원주민'(Red Indian)이란 말은 간접적으로 아리스토텔레스에 기인한다.

113 《천체에 관하여》 2권(B) 13-14장. 아리스토텔레스는 지구의 구형에 관한 주요 증거를 몇 가지 올바르게 서술하고, 그것의 형태가 그것의 부분들이 지구의 중심을 향해 가는 운동에 기인한다는 원칙을 파악한다. [흙(지구) 둘레에 있는] 물의 표면이 구형이라는 그의 증명 (《천체에 관하여》 2권 4장) 참조.

114 《천체에 관하여》 1권(A) 5장, 2권(B) 4장.

115 《천체에 관하여》 2권(B) 6장, 8장.

116 《형이상학》 12권(Λ) 8장.

겉보기 운동을 세 개의 회전 운동으로 분해하는 데 성공했다. 그는 균일하게 회전하는 천구 하나를 가정할 것을 주장하고, 그것의 표면에 더 작은 동심적 회전구의 극들을(이 극들은 처음 천구의 극들과 다르다) 고정한 다음에, 둘째 천구가 첫째 천구에 관계하듯 둘째 천구에 관계되어 있는 셋째 천구를 가정할 것을 주장했다. 셋째 천구의 적도 상에 있는 물체는 세 개의 회전을 복합한 운동을 하게 될 것이다. 그리고 세 개의 회전에 일정한 속도와 방향을 할당함으로써 태양과 달의 관찰된 운동에 부합하는 복합적인 운동을 얻어 낼 수 있다. 이와 비슷하게 각 행성들의 운동도 네 가지 회전으로 분해될 수 있을 것이다.[117]

보다 정확한 관찰을 앞에 둔 칼리포스는 달, 태양, 수성, 금성, 화성의 운동을 설명하기 위해 다섯 개의 천구를 가정하는 것이 필요하다는 것을 알았다. 에우독소스와 칼리포스가 관여하는 이론은 순수하게 수학적이었던 것으로 보인다. 그들은 천체들의 운동을 설명하는 역학에 관하여 아무런 제안도 하지 않았다. 더 나아가, ('항성'들을 제외한) 천체들 각각의 운동은 별개의 문제로 취급되었다. 그러나 아리스토텔레스는 동심적인 회전 천구들을 제안함으로써 자신의 일반적인 사유 체계에 들어맞는 무엇인가를 발견하고, 그것을 하늘들의 실제적인 역학으로 채택한다. 그렇게 받아들이면서 그는 그 안에서 어려움을 발견한다. 만일 우주 전체가 서로 접촉하는 동심적인 천구들의 체계라면(그리고 그것들은 허공이 없으므로 접촉하고 있어야 한다), 하나의 천체를 운반하는 천구는 이 천체와 함께 둥글게 다음 천체가 속한 체계의 (안쪽으로부터 세어) 맨 바깥에 있는 천구를 운반할 것이고, 에우독소스의 이론이 각 천체의 운동에 관하여 제시하는 일

---

117 세부적인 점에 관해서는 T. L. Heath, *Aristarchus of Samos*, Oxford 1913, 15장과 J. L. E. Dreyer, *History of the Planetary Systems from Thales to Kepler*, Cambridge 1906, 4장을 보라.

체 완비된 설명과 충돌할 것이다. 이를 막기 위해 아리스토텔레스는 원래의 천구들의 방향에 반대되는 방향으로 움직이는, 그리고 각 체계의 맨 바깥 천구의 운동만(동쪽에서 서쪽으로의 일주 운동만) 그 체계 안쪽에 있는 체계로 쭉 운반되는 것을 허용하는 역행의 천구들을 설정한다. 이렇게 해서 그는 모두 합해 55개의 천구들을 얻어 낸다. 여기에다 불, 공기, 물, 흙의 천구 네 개를 더한다면, 우리는 59개의 동심적인 천구로 구성된 우주를 얻게 된다.[118] 아리스토텔레스는 종종 에우독소스의 이론을 오해한 것으로 비난받는다. 그러나 천체들의 운동에 관한 역학적인 설명을 제시하려 했다고 그를 비난할 수도 없고, 입수할 수 있었던 최선의 수학적인 이론에 그런 설명의 토대를 두었다고 그를 비난할 수도 없다.[119]

첫째 하늘의 운동은 사랑과 욕구의 대상으로서 영향을 주는 신의 작용에 기인한다. 아리스토텔레스에게 공간은 유한하다. 허공은 없다. 균일한 운동은 직선으로 이루어지거나 원운동이거나 둘 중 하나이어야 한다. 그리고 한 천구의 균일한 회전 운동은 방향 변화 없이, 그리고 허공이나 무한한 공간을 요구함이 없이 영원히 진행할 수 있는 유일한 움직임이다. 그래서 아리스토텔레스는 천구의 존재를 이끌어 내고, 그것의 회전 운동을 물체적인 사물에게 가능한, 신적인 자기-앎의 영원불변한 활동에 가장 가까운 접근으로 설명할 수 있게 된다. 그러나 태양, 달, 행성들의 고유 운동들은 첫째 하늘의 것과 다른 방향으로 회전하는 천구들을 수반하

---

118 그러나 마지막 네 개는 다소 공상적인 것이다. 왜냐하면 네 가지 원소들 사이에는 끊임없는 변형이 진행되고 있고, 다른 원소의 변형에 의해 산출된 한 원소의 부분은, 이를테면, 즉시 제 집으로 들어가지 않기 때문이다. 특히, 아리스토텔레스는 불과 공기의 천구들이 일정한 형태로 존재한다는 것을 부정한다. 불은 대기의 상부에 주도적으로 있고, 공기는 그것의 하부에 주도적으로 있을 뿐이다.
119 그러나 그는 자신의 이론에서 각 체계의 바깥 천구가 불필요한 것이라는 점을 보지 못한다.

고, 이 운동을 그는 신의 작용이 아니라 각각의 천구에 대해 작용하는 별개의 운동인 ─스콜라 철학자들이 말하는 '지성적인 존재들'─ 의 작용에 의해 설명한다.[120] 그는 확실히 일원론적인 체계에 이르기를 의도한다. 그는 '다수의 통치는 좋지 않다. 한 명의 통치자가 있을 지어다'라는 호메로스의 격률을 자신의 격률로 수용한다.[121] 지성적인 존재들은 원동자보다 열등한 것임에 틀림없지만, 그것들이 실제로 신에 대해 갖는 관계는 그것들이 천구들에 작용하는 방식과 마찬가지로 아주 모호한 상태로 남아 있다. 그것들은 비물체적인 존재들이므로, 아마도 그것들도 물리적인 능동자로서가 아니라 욕구의 대상으로서 작용할 것이다.

아리스토텔레스는 《천체에 관하여》 3권(Γ)과 4권(Δ)에서 자신의 체계 중 달 아래의 영역으로 향한다. 여기에서 그의 탐구 주제는 무거움과 가벼움, 즉 이동을 하는 경향의 측면에서 살펴본 네 가지 원소들이다. 《생성과 소멸에 관하여》는 이것들이 상호 작용하고, 그럼으로써 나머지 세 가지 변화 ─생성, 질의 변화, 크기의 변화─ 를 산출하는 힘에 관련하여 이것들을 살펴볼 것이다.[122] 아리스토텔레스는 절대적인 무거움과 가벼움의 존재, 즉 어떤 물체들에서 우주의 중심을 향하여 움직이는 경향의 존재, 다른 물체들에서 우주의 주위를 향하여 움직이는 경향의 존재를 주장하는 데에 관심을 기울인다. 그가 펼치는 이론의 토대는 (1) 일정한 종류의 물질이 다른 종류의 물질 내에서 상대적인 부피와 무관하게 올라가는(또는 떨어지는) 경향이 있다는 사실과, 다른 한편으로 (2) 다량의 특정 유형의 물질이 소량일 때보다 더 완전하게 그 유형의 성질을 보이

---

[120] 《형이상학》 12권(Λ) 8장 1073a 26-b 1, 《천체에 관하여》 1권(A) 9장 279a 18-22.
[121] 《형이상학》 12권(Λ) 10장 1076a 4.
[122] 《천체에 관하여》 3권(Γ)에 생성에 관한 짧은 논의가 있다.

고, 그 유형이 무거우면 더 무겁고 가벼우면 더 가볍다는 추정된 경험적 사실이다.[123] 어떤 이론은 무거운 물체는 그저 가벼운 물체보다 더 많은 수의 서로 비슷한 부분들을 포함하고 있을 뿐이라고 주장한다. 이에 대해, 아리스토텔레스는 그럴 경우 더 많은 양의 불이 더 작은 양의 불보다 더 느리게 상승할 것이나, 사실 그것은 더 빠르게 상승한다고 반박한다. 더 나아가, 충분히 많은 양의 공기는 물보다 더 무거울 것이나, 사실 공기는 항상 물속에서 상승한다고 반박한다. 다른 어떤 이론은 부피와 무게가 항상 상응하는 것은 아니라는 사실을 가벼운 물체 안에 허공이 존재한다는 것으로써 설명했다. 그러나 그럴 경우, 충분히 작은 양의 무거운 유형의 물체는 충분히 많은 양의 보다 가벼운 유형의 물체보다 더 가벼울 것이다 ― 그러나 사실은 그렇지 않다. 무게를 물체 안에 든 단단한 것과 허공의 비율에 의존한 것으로 만드는 것도 도움이 되지 않을 것이다. 왜냐하면 그럴 경우, 적은 양의 불이 많은 양의 불과 같은 빠르기로 움직여야 할 것이기 때문이다. 유일한 해결책은 질이 다른 여러 가지 물질들이 있다는 것을 인정하는 것이라고 아리스토텔레스는 주장한다. 한 가지 물질만이 있다면, 어떤 것도 절대적으로 무겁거나 가벼울 수 없다. 더 나아가, 한 가지 물질과 이것에 반대되는 것만이 있다면, 공기와 물의 상대적인 가벼움과 무거움에 대한 어떤 근거도 제시될 수 없다.

사실 불의 상승, 흙의 하강은 사물들이 일정한 실체적 본성이나 일정한 성질들을 전개하려는, 또는 일정한 크기로 자라려는 자연적인 성향과 비슷하다.[124] '한 물체가 자신에게 고유한 장소로 움직이는 것은 자신의 고유한 형상으로의 운동이다.' 우주의 중심에 있다는 것은 바로 흙의 본성

---

123 《천체에 관하여》 4권(Δ) 2장.
124 《천체에 관하여》 4권(Δ) 3장.

이므로, 그것은 그곳에 ―또는 흙의 다른 부분들이 이르도록 허용하는 만큼 그 중심에 가까이― 있을 때까지 멈춰 있을 수 없다. 불이 왜 위쪽으로 움직이는지 묻는 것은 왜 치료될 수 있는 것이, 치료될 수 있는 한에서 어떤 작용을 받아 흼이 아니라 건강을 얻는지 묻는 것이나 다름없다. 그러나 여기에도 차이가 있다. 상승하거나 하강하는 경향은 질적인 변화나 양적인 변화로의 경향보다 그것을 소유한 존재에게 내적인 것이고, 외부의 작용에 덜 의존한다. 그리고 그 이유는 이동을 위한 재료 또는 잠재태는 '실체에 가장 가까운 것'이기 때문이다. 그것은 (우리가 동물의 새끼들에서 볼 수 있듯이) 변화로의 경향들 중 가장 늦게 발생되는 경향이고, 이것은 그것이 존재의 질서에서 첫째라는 ―다른 경향들보다 그것을 소유한 존재의 본성을 이루는 핵심 부분이라는― 점을 보여 준다. 그래서 "공기가 물로부터, 가벼운 것이 무거운 것으로부터 생겨날 때마다, 그것은 위쪽으로 간다. 그것은 곧장 가볍다. 생성은 끝나면, 그곳에 그것은 존재한다." 물체들의 상승과 하강은 잠재성의 현실화일 뿐이다. 중간에 있는 것들인 공기와 물은 이중의 잠재성을 갖는다. 동일한 신체가 잠재적으로 건강하고 아프듯이, 공기는 흙이나 물속에서는 상승하지만 불 아래로 하강하려는 경향이 있고, 물은 흙 속에서는 상승하지만 불이나 공기 아래로 하강하려는 경향이 있다.[125]

{ ## 《생성과 소멸에 관하여》 }

아리스토텔레스는 생성과 소멸에 관련하여 크게 두 가지 이전 견해를

---

125 《천체에 관하여》 4권(Δ) 4장 312a 17-21.

인지한다.[126] 일원론자들은 이 과정들을 단일한 실체의 질적인 변화로 환원할 수밖에 없다. 다원론자들은 그것들을 질의 변화와 다른 것으로 인정하지 않을 수 없지만, 생성을 집합체의 형성을 위한 다양한 원소적 물체들의 결합으로, 소멸을 그것들의 해체로 설명한다.

원자론자들은 생성과 소멸을 원자들의 결합과 해체에 의해 설명함으로써 이 이론에 보다 명확한 형태를 입혔다.[127] 원자들의 존재에 대한 믿음을 정당화하는 것으로 보이는 논증은 다음과 같다. "만일 우리가, 한 물체가 완전히 분할될 수 있다고 가정한다면, 그것은 어떤 한순간에 완전히 분할된 상태에 있을 수 있을 것이다. 즉, 크기가 없는 부분들로 분할되어 있을 수 있을 것이다. 그러나 그런 부분들은 아무리 많아도 연장된 물체를 만들 수 없다. 그러므로 물체는 완전히 분할될 수 없다. 분할될 수 없는 물체들이 있어야 한다." 하지만 원자들의 존재에 대한 믿음은 아리스토텔레스가 다른 곳에서[128] 상술한 불가능한 결과들에 빠진다. 그는, 물체는 어디에서든 분할될 수 있지만 모든 곳에서 한꺼번에 분할될 수는 없다고 주장함으로써 반대되는 견해들을 조정한다. 물체는 어떤 곳에서든 분할될 수 있다. 원자들이 가정되는 방식에서는 물체에서 분할에 저항할 부분은 없다. 그러나 그것은 모든 곳에서 한꺼번에 분할될 수 없다. 왜냐하면 그것은 물체가 유한한 수의 점들을 가지게 되어, 점이 점 다음에 있을 수 있고 물체가 이 모든 점들에서 분할되어 아무것도 아닌 것으로 해체되어 버리게 된다는 것을 의미할 것이기 때문이다. 이와 반대로, 그것은 어떤 점도 다른 점 다음에 있지 않은, 잠재적으로 무한한 수의 점들을 가지

---

126 《생성과 소멸에 관하여》 1권(A) 1장.
127 《생성과 소멸에 관하여》 1권(A) 2장.
128 《자연학》 6권(Z) 1장 231a 21-23, 《천체에 관하여》 3권(Γ) 4장 303a 3-5.

고 있다.

그렇다면, 한 사물이 원자들로 해체되는 일은 없고, 오직 상대적으로 작은 부분들로 해체되는 일만이 있다. 그러나 해체와 결합은, 그렇게 다시 서술된다 하더라도, 한 사물이 '이것으로부터 저것으로 전체적으로' 변하는 것을, 한 사물의 성질뿐만 아니라 그것을 그것인 것으로 함께 만들어 주는 형상적인 요인과 재료적인 요인을 설명하지 못할 것이다.

아리스토텔레스는, 한 실체가 새로운 성질을 받아들이는 것과는 구분되는 '무제한적인 생성', 즉 실체의 생성과 관련하여 두 가지 어려운 문제가 있다고 지적한다.[129] (1) 어떻게 실체가 생겨날 수 있는가? 명백히, 그것은 잠재적으로만 실체인 것으로부터 나와야 한다. 그런데 만일 우리가 이 잠재적인 실체가 아무 속성도 현실태로 가지고 있지 않다고 가정한다면, 우리는 전혀 규정되어 있지 않은 존재가 독립적으로 있다는 것을 가정하고 있고, '아무것도 아닌 것에서는 아무것도 나오지 않는다'는 준칙을 잊고 있을 것이다. 반면, 만일 우리가 그것이 현실태로 비-실체적인 속성들을 가지고 있다고 가정한다면, 우리는 속성들이 실체로부터 떨어져 존재할 수 있다는 불가능한 가정을 하게 될 것이다. (2) 생성이 영속적인 원인은 무엇인가? 《자연학》에서는 작용인이 그것의 원인인 것으로 지적되었다.[130] 그것은 맨 처음 움직이게 하는 것, 즉 원동자(primum mobile)이다. 우리의 관심사는 이제 재료인이다.

두 가지 물음에 대한 대답은 이 점, 즉 한 실체의 파괴는 다른 실체의 생성이고, 거꾸로 한 실체의 생성은 다른 실체의 파괴라는 점에 있다. 다

---

129 《생성과 소멸에 관하여》 1권(A) 3장. 단적인 생성과 그렇지 않은 생성 간의 구분이 갖는 두 가지 다른 의미는 318a 31-35에 지적되어 있다.
130 《자연학》 8권(Θ) 6장 258b 10-12.

시 말해, 생성·소멸 및 이의 영속성의 재료인은 처음에 한 가지 실체적인 형상을 받아들이고 다음에 다른 실체적인 형상을 받아들일 수 있는 물질이다. 생성은 그것이 전혀 있지 않은 것으로부터 나오는 것처럼 보였기 때문에 당혹스러운 것으로 보였다. 그러나 우리는 이제 그것이 그런 것이 아니라는 점을 안다. 생성의 영속성은 사물들이 아무것도 아닌 것으로 사라짐으로써 존재의 총합이 끊임없이 소비되는 것처럼 보였기 때문에 당혹스러운 것으로 보였다. 그러나 우리는 이제 소멸이 그런 것이 아님을 안다. 생성과 소멸은 실체가 실체로 가는 단일한 변형의 양면이다. 하지만 그런 변형들 중 어떤 것들이, 즉 산출된 실체가 다른 실체보다 더 높은 실재성을, 더 긍정의 특징을 가지는 것들이, 보다 적절한 생성의 사례들이다. 그래서 흙으로부터의 불의 산출은 단적인 생성이고, 그것은 차가움이 뜨거움의 단순한 결여인 형상이므로 제한적으로만 소멸이라고 불릴 수 있다.

아리스토텔레스는 나아가 보다 명확하게 변화의 종류들을 구별한다.[131] 질 변화는 (a) 감각될 수 있는 지속적인 기체가 있고, (b) 새로운 성질이 이 지속적인 기체의 성질일 때 발생하는 종류이다. 이 두 가지 조건은 질 변화를 생성과 구별하는 데에 도움이 된다. 왜냐하면 (a) 모든 생성에서는 감각될 수 없지만, 지속적인 기체, 즉 '최초 재료'가 있고, (b) 어떤 생성에서는 감각될 수 있는 성질이(예를 들어, 물이 공기로부터 생겨날 때, 투명성이) 지속하고, 새로운 성질은(예를 들어, 차가움은) 이것의 성질이 아니라, 이것의 동반 성질이기 때문이다.

다른 곳에서,[132] 아리스토텔레스는 질 변화는 항상 《범주들》에서[133] 인

---

131 《생성과 소멸에 관하여》 1권(A) 4장.
132 《자연학》 7권(H) 3장 245b 3-5.

정한 네 가지 질 ―'상태와 습성', '자연적인 능력과 무능', '수동적 성질과 영향'(즉, 개별 감각들에 의해 지각되는 성질들), '형태와 모양'― 가운데 셋째 것의 측면에서 일어나는 변화라고 주장한다. 그러나 여기에서 질 변화는 어떤 경우든 첫째 종류와 넷째 종류의 측면에서 일어나는 변화도 포함하는 것으로 간주된다.[134]

가장 고유한 의미에서의 재료는 실체적인 변화에 관련된 기체이다. 그러나 이동에, 질 변화에, 크기의 변화에 관련된 기체들도 어떤 의미에서 재료다.

성장은 (1) 실체나 성질이 아니라 크기의 측면에서 일어나는 변화라는 점에서, 그리고 (2) 장소의 변화를 수반한다는 점에서, 생성·소멸 및 질 변화와 다르다. 그것이 수반하는 장소의 변화는 특별한 유형의 것으로 이동이나 회전이 아니라 팽창이다.[135] 첫 번째 점을 좀 더 살펴보자면, 성장은 크기가 아닌 것으로부터 크기가 출현하는 것이 아니다. 그것에 의해 전제된 재료는 생성에 의해서 또는 질 변화에 의해서 전제된 재료로부터 분리될 수 없고 오직 구별될 수 있을 뿐이다. 그것이 전제하는 것은 감각될 수 있는 물체이고, 모든 감각될 수 있는 물체는 실체, 성질, 크기로 된 분할될 수 없는 전체이다. 그러나 사유가 성장의 재료로서 구별하는 것은 기존 물체의 크기이다.

성장에 관해 우리의 설명을 이끌어야 할 몇 가지 원칙들을 정할 수 있을 것이다. (1) 성장에서, 성장하는 사물의 모든 부분은 증대한다. (2) 성장하는 사물은 어떤 것을 취득함으로써 성장한다. 이것은 분리된 허공과 같은

133 《범주들》8장 8b 25-10a 26.
134 《생성과 소멸에 관하여》1권(A) 4장 319b 12-14.
135 《생성과 소멸에 관하여》1권(A) 5장.

것은 없기 때문에 물체이어야 한다. 그러나 그것이 물체라는 것은 두 개의 물체가 한 곳에 있게 되는 역설을 수반하는 것처럼 보인다. (3) 성장을 팽창에 의해 수반되는 생성으로부터 (예를 들어, 물로부터 공기가 생겨나는 것으로부터) 구분하기 위해서, 우리는 성장에서는 성장하는 사물이 자신의 본성을 지속적으로 유지한다는 점을 덧붙여야 한다.

고유한 의미에서의 성장은 생물들의 특성이고, 만일 우리가 그것의 원인을 파악하길 원한다면, 우리는 (1) 성장하는 것은 주로 조직이고(기관은 조직에 의해 구성된다), (2) 조직은 재료와 형상(또는 구조 방식)을 다 가지고 있다는 점을 주목해야 한다. 조직의 모든 부분이 재료로서 성장하는 것은 아니다. 왜냐하면 그것의 물질적인 입자들이 계속 되풀이하여 밀려들고 밀려나고 있기 때문이다. 동일한 것으로 남으면서도 팽창하는 것은 그것의 형상이나 구조이다. 성장의 작용인은 영양 능력의 혼이다. 이것은 잠재적으로 살인 음식물을 신체의 살과 섞음으로써 그것을 실제로 살인 것으로 바꾼다. 그 팽창이 성장인 형상은 "재료 안에 잠긴 일종의 힘, 말하자면 —새로운 재료가 흘러들어가는— 도관(導管)이다." 이 힘이 쓸모없게 된 조직을 회복하는 데에 필요한 것보다 많은 재료를 흡수할 수 있는 한 성장은 진행한다. 그러나 그 힘이 사용에 의해 쇠약해지면, 영양 공급이 계속되더라도 성장은 멈추고 머지않아 쇠퇴가 시작한다.

생성을 질 변화와 성장으로부터 구분한 다음, 아리스토텔레스는 그것의 원인들을 논하는 데로 향한다. 그리고 먼저 그것의 물질적인 원인을 —논리적으로 구별될 수 없는 그것의 궁극적인 기체, 즉 최초 재료가 아니라 '이른바 원소들', 즉 그 생성을 그가 설명하려고 하는 조직들을 이루는 물질인 감각될 수 있는 물체들을— 논한다.[136] 이것들은 화학적인 **결합**

136 《생성과 소멸에 관하여》 1권(A) 6장.

에 의해 이런 조직들을 구성한다. 결합은 **능동과 수동**[작용을 가함과 작용을 받음]을 함축한다. 능동과 수동은 접촉을 수반한다. 그러므로 이 세 가지가 검토되어야 한다.

(1) 우리가 보았듯이, 두 개의 사물은 그것들의 '극단들이 함께 있을' 때 **접촉** 상태에 있다.[137] 그러나 가장 엄밀한 의미의 접촉은 위치와 장소를 갖는 사물들에게만(왜냐하면 '위'와 '아래'는 장소의 기본적인 차이점들이기 때문이다), 즉 자연적으로 상승 운동이나 하강 운동을 하는 사물들에게만 있다. 그런데 가볍거나 무거운 물체들은 작용을 가하거나 받는 것들이다. 바꿔 말하면, 접촉은 본래 달 아래에 있는 변할 수 있는 물체들에게만 있다. 그러나 이차적인 의미에서 그것은 (a) 어떤 점에서 장소를 가진다고 말할 수 있는 수학적인 대상들에 있고,[138] (b) 서로 움직여짐이 없이, 그리고 작용을 가하거나 받음이 없이, 즉 질적인 변화를 야기하거나 겪지 않고, 움직임을 일으키는 것에(아리스토텔레스는 바깥쪽의 하늘과 그것 다음에 있는 천구 간의 관계를 생각하고 있는 것 같다) 있다. 그러한 물체는 접촉됨이 없이 접촉하겠지만, 달 아래의 세계에서 접촉은 서로 간에 이루어진다.

(2) 아리스토텔레스 이전 사람들은 비슷하지 않은 것만이 비슷하지 않은 것에 작용하거나, 아니면 비슷한 것만이 비슷한 것에 작용한다고 주장했다.[139] 그러나 어떤 사물은 그것과 정확하게 비슷한 것 안에 아무런 변화도 일으키지 않는다. 그것은 그것과 아무런 공통점도 갖지 않는 것에

---

137 《자연학》 5권(E) 3장 226b 23.
138 아리스토텔레스는 어떻게 그런지 말하고 있지 않지만, '수학적인 대상들이 추상되는, 감각될 수 있는 사물들이 장소를 갖는다는 의미에서', 또는 그것들이 noētē hylē[사유될 수 있는 재료]를 가지듯이, 사유에 의해 상상의 공간에서 자리를 잡는다는 의미에서, 그것을 의도하는 것 같다.
139 《생성과 소멸에 관하여》 1권(A) 7장.

작용할 수도 없다. 선은 그 자체로는 흼에 작용할 수 없다. 능동자와 수동자[작용을 가하는 것과 작용을 받는 것]는 유에서 같고, 종에서 차이가 나야한다. 다시 말해, 그것들은 반대되는 것들이거나 이것들 사이에 있는 것들이어야 한다. 이렇다면, 생성은 반대되는 상태로 들어가는 과정이므로, 그것은 우리가 그것이 갖는다고 보는 형태 ―작용을 받는 것이 작용을 가하는 것에 동화되는 형태― 를 가져야 한다. 그런데 우리는 때로는 기체를, 때로는 한 가지 반대되는 것을 작용을 받는 것으로서 말한다(예를 들어, '그 사람은 따뜻해지고 있다', '차가운 것이 따뜻해지고 있다'). 한쪽 견해의 지지자들은 기체에 관심을 집중하고 있고, 다른 쪽 견해의 지지자들은 반대성들에 관심을 집중하고 있었다.

같은 종류의 사물들 사이에서 작용은 반작용을 수반한다. 왜냐하면 그런 사물들은 대립되는 성질들의 같은 재료 또는 잠재성을 갖기 때문이다. 능동자인 A와 수동자인 B는 실제로 x-a, x-b이고, a-임을 x-b에게 전달하는 x-a는 그 자체로 x-b일 수 있고, x-b와 접촉할 때 그렇게 되어야 한다. 그러나 최초의 능동자들은, 즉 '그 형상들이 재료 안에 구현되지 않은 능동적인 힘들'은 (아리스토텔레스는 이것들로써 기술들과 기능들을 뜻하고, 물리적인 작용을 지적인 작용과 구분하고 있는 것처럼 보인다) 작용을 가하면서 작용을 받을 필요는 없다. 음식물 자체는 환자를 치료할 때 환자의 소화에 의해 작용을 받지만, 치료술은 작용을 받음이 없이 환자를 치료한다.

능동-수동[작용을 가함과 받음]에 관한 두 가지 유명한 이론 ―엠페도클레스의 '통로' 이론과 레우키포스와 데모크리토스의 '원자와 허공' 이론―에 대해 논한 다음,[140] 아리스토텔레스는 물체들은 통로나 허공이 있는 특별한 부분들에서 변화를 허용하지 않고, 보다 변화를 허용하면서 그것들

---

140 《생성과 소멸에 관하여》 1권(A) 8장.

을 관통하는 혈관들이 있을 수 있지만, 어디에서든 변화를 허용한다고 주장한다.[141]

(3) 결합의 가능성은 다음과 같은 이유로 어떤 철학자들에 의해 부정되었다. (a) 두 가지 구성 요소가 모두 변하지 않은 채로 지속하거나, (b) 한 가지 구성 요소만 변한다면, 그것들은 결합되어 있다고 말할 수 없다. 반면, (c) 두 가지 구성 요소가 모두 파괴되어 있다면, 그것들은 전혀 존재하지 않으므로 결합된 채로 존재하지도 않는다.[142] 아리스토텔레스는 결합에서 이러한 대안들 가운데 어느 것도 실현되지 않는다고 대답한다. 해결책은 구성 요소들이 아주 이전 상태로 지속하지도 않고, 완전히 파괴되지도 않는다는 점을 인정하는 데에 있다. 결합에서 그것들은 여전히 잠재적으로 이전 상태의 것으로 있고, 그것들은 분해에 의해 다시 이전 상태의 것으로 만들어질 수 있다.

나아가, 아리스토텔레스는 결합을 한 구성 요소의 부분들이 다른 구성 요소의 부분들과 병렬하는 것으로 —(a) 감각될 수 없을 정도로 아주 작은 부분들이든 (b) 원자와 같은 부분들이든— 해석해서는 안 된다고 주장한다. 원자들은 존재하지 않는다. 그리고 어느 쪽의 견해도 각 부분이 전체 및 다른 부분과 정확히 같은, 진정으로 동질적인 물체의 산출을 설명하지 못할 것이다. 결합의 결과물은, 모자이크에 쓰이는 돌들이 아무리 작은 것이라고 생각하더라도, 모자이크이어서는 안 된다.[143] 결합될 것들은 (a) 서로에게 작용을 가할 수 있고, (b) 쉽게 분할될 수 있는 것(즉, 액체들)이어야 하고, (c) 상당히 균형 잡힌 양으로 주어져 있어야 한다. 이러한

---

141 《생성과 소멸에 관하여》 1권(A) 9장.
142 《생성과 소멸에 관하여》 1권(A) 10장.
143 이 표현은 요아힘 교수의 것이다.

조건들이 충족될 때, 각각의 것은 다른 것을 둘이 있었던 원래 상태들의 중간 상태로 변화시킬 것이다. 그리고 이런 질 변화가 결합의 원인이다.

아리스토텔레스가 파악한 결합은 역학적인 혼합에 반대되는 것으로서 철저히 화학적인 합일이다. 그러나 그는 원자들을, 이것들이 어떤 결합 상태로 들어가든, 변하지 않은 채로 지속하는 것으로 놓는 현대 화학보다 더 나아간다.

아리스토텔레스는 이제 생성의 재료인(材料因), 즉 '이른바 원소들'로 되돌아간다.[144] 그의 첫 번째 물음은 '그것들이 실제로 원소들, 즉 분해될 수 없는 궁극적인 실재들인가?'라는 물음이다. 그의 두 번째 물음은 '그것들 중 어떤 것이 여타의 것들보다 앞선 것인가?'라는 물음이다. (1) 첫 번째 물음에 대한 그의 대답은 몇몇 철학자들이 생각한 것처럼 그것들에 앞선 어떤 물체가 존재하지는 않는다는 것이다. 그것들에게 공통된 기체, 즉 최초 재료는 함축되어 있지만, 이것은 따로 분리되어 존재하지 않는다. 그것은 반대되는 일정 성질들 중의 하나 또는 다른 하나에 의해 제한된 채로만 존재한다. 그리고 이 성질들은 이 기체 안에서만 존재한다. 반대성들(또는 형상과 결여)과 기체는 논리적으로 구별될 수 있지만 불, 공기, 물, 흙 안에 든 분리될 수 없는 요소들이다. 그리고 이 네 가지 것들은 논리적으로 분해될 수 있기 때문에 엄밀한 의미의 요소들은 아니지만, 감각될 수 있는 물체들 중 가장 단순한 것들이다.

그런 으뜸의 반대성들은 촉각 성질들이어야 한다. 촉각 성질들은 유일하게 모든 감각될 수 있는 사물들에 공통된 성질들이기 때문이다.[145] 촉각 성질들 중 어떤 것들, 즉 무거움-가벼움 또는 단단함-무름과 같은 것은

---

144 《생성과 소멸에 관하여》 2권(B) 1장.
145 《생성과 소멸에 관하여》 2권(B) 2장.

작용을 가하거나 받을 힘을 함축하지 않는다. 그러나 원소들은 서로 결합하고 서로로 변형되기 때문에 서로에게 작용을 하거나 반작용을 해야 한다. 그러므로 그것들의 성격은 온랭건습의 성질에 의해 규정된다. 뜨거움이 차가움을, 마름이 습함을, 그리고 거꾸로 차가움이 뜨거움을, 습함이 마름을 누를 뿐만 아니라, 온랭은 일반적으로 작용을 가하는 역할을 하고, 건습은 작용을 받는 역할을 한다. 뜨거움은 같은 종류의 사물들을 결합하고, 다른 종류의 사물들을 해체하는 반면, 차가움은 동질적인 사물들과 이질적인 사물들을 똑같이 해체한다. 무생물들의 구성에서 열과 냉기가 차지하는 능동적인 역할은 《기상학》 4권(Δ)에 상세하게 검토되어 있다. 그리고 생물학적인 저술들은 생명의 과정들을 유지하는 데에서 '내재적인 열'이 하는 작용에 관한 언급으로 가득 차 있다.[146] 예를 들어, 소화는 끓임의 일종으로 줄곧 서술된다. 여기에서 아리스토텔레스는 어떻게 소수의 촉각 성질들이 네 가지 주요 성질들로부터 도출되는지를 보여 주는 것으로 만족한다.

이 네 가지 근본 성질들을 두 개씩 연결하면 6가지 결합이 나온다.[147] 그러나 온랭과 건습의 반대성들은 짝짓기를 거부한다. 따라서 아리스토텔레스는

뜨거움과 마름은 불에,
뜨거움과 습함은 공기에,

---

146 아리스토텔레스의 생리학적인 이론에서 symphyton thermon[내재적인 열] 또는 pneuma [숨]가 차지하는 역할, 그리고 숨에 관한 이전이나 이후의 이론들과 아리스토텔레스와의 관계에 관해서는 이런 문제들에 많은 조명을 비춰 줄 애거(W. Jaeger)의 중요한 논문 Das Pneuma im Lykeion, in *Hermes* 48(1913), 29-74쪽을 참조.
147 《생성과 소멸에 관하여》 2권(B) 3장.

차가움과 습함은 물에,

차가움과 마름은 흙에

귀속하여 네 가지 결합을 제시한다.

아니면 그보다 이러한 결합들은 단순 물체들에 귀속된다. 우리가 불, 공기, 물, 흙이라 부르는 것들은 이것들의 불순한 형태이거나 과장된 형태이다. 예를 들어 우리가 불이라고 부르는 것은, 얼음이 냉의 과잉이듯 열의 과잉이다. 더 나아가, 네 가지 물체들 각각에서 한 가지 성질 —흙에서는 마름이, 물에서는 차가움이, 공기에서는 습함이, 불에서는 뜨거움— 이 주도적이다.

(2) 아리스토텔레스는 원소들에 대한 두 번째 주요 물음으로 건너간다.[148] 네 가지 중 어떤 것도 으뜸가는 것이지도, 파생되지 않는 것이지도, 불변하는 것이지도 않다. 모든 것이 똑같이 서로의 상태로 순환적으로 변한다. (a) 가장 빠른 변형은 한 원소가 위에 있는 것들 중 그것 다음에 위치한 원소로 변해서 하나의 근본 성질만 변화에 수반되는 것이다. (b) 가장 어려운 변형은 단계를 뛰어넘어 두 가지 근본 성질이 변화에 수반되는 것이다. (c) 세 번째 방식은 두 원소들이 각각 한 가지 성질을 버림으로써 함께 제3의 원소로 변하는 방식이다. 이렇게 해서 불+물은 흙이나 공기를 산출할 수 있다. 그러나 원소들의 결합이 계기적이어서는 안 된다. 왜냐하면 그럴 경우, 각각의 것이 한 가지 성질을 버릴 때 두 가지 동일한 성질이 남거나, 아니면 두 가지 반대되는 성질들이 남게 될 것이기 때문이다.

그다음으로, 아리스토텔레스는 엠페도클레스가 네 가지 원소들이 변

---

[148] 《생성과 소멸에 관하여》 2권(B) 4장, 5장.

형될 수 없다고 주장함으로써 얽히게 되는 어려움들을 지적하고,[149] 어떻게 절대적인 온랭건습과 상대적인 온랭건습에 대해 자신이 내린 구분과 그가 반대성들의 상호 작용을 인정한 것이 원소들이 등질적인 물체들로 결합되는 것을 설명하도록 해 주는지를 보여 준다.[150]

모든 등질적인 물체들은 흙을 포함해야 한다. 왜냐하면 흙은 그런 물체들이 발견되는 유일한 곳인 달 아래의 영역에 주도적으로 있는 원소이기 때문이다.[151] 모든 것은 물을 포함해야 한다. 왜냐하면 복합물들은 일정한 외형을 가져야 하나, 원소들 중 물만이 쉽게 형태에 적응될 수 있기 때문이고, (더 나아가) 흙은 습기가 없이는 응집할 수 없기 때문이다. 관찰은 실제로, 모든 생물들은 자신들에게 영양을 공급하기 위해 흙과 물을 갖춰야 한다는 점을 보여 준다. 그리고 복합물들은 반대되는 것들로 만들어져 있으므로, 그것들은 각각 흙과 물에 반대되는 것들인 공기와 불을 포함해야 한다.

아리스토텔레스는 이제 생성의 원인들에 관한 설명을 요약하는 데로 나아간다.[152] 재료인 ―생성을 가능하게 만드는 것― 은 '있을 수도 있고 없을 수도 있는 것', 즉 변화 가능한 일시적인 실체이다. 형상인은, 이와 더불어 목적인은 생성할 사물들의 '본질적인 성격을 표현하는 규정'이다. 다시 말해, 복합물 안에 든 원소들의 비율을 기술하는 규정은 그 복합물에 대해 정의를 내리고, 그것의 형성이 향할 목적을 가리키는 데에 이바지할 것이다. 그러나 복합된 물체의 구조만이 본질적인 목적인 것은 아니다. 생성의 연속성은, 달 아래의 사물들에게 우주의 근원에서 떨어져 있

---

149 《생성과 소멸에 관하여》 2권(B) 6장.
150 《생성과 소멸에 관하여》 2권(B) 7장.
151 《생성과 소멸에 관하여》 2권(B) 8장.
152 《생성과 소멸에 관하여》 2권(B) 9장.

어 그것들이 가질 수 있는 유일한 영원성을(즉, 종의 영원성을) 주기 때문에, 진정한 마지막 목적인 우주의 완전성에 추가된다.[153]

그러나 재료인과 형상인만으로는 충분하지 못하다. 영원히 분유하는 것들과 결합된 플라톤의 영원한 형상들은 그때가 아니라 지금 일어나는 생성을 설명하지 못할 것이다. 그리고 그 과정의 원인을 재료에게로만 돌리는 것도 충분하지 않다. 기술에 의해 만들어진 것들에 주목하든 자연에 의해 만들어진 것들에 주목하든, 움직여진다는 것은 재료의 특징이고, 움직인다는 것은 다른 힘에 속한다. 물이 저절로 동물이 되지 않고, 나무가 저절로 침대가 되지 않는다. 뜨거움은 해체시키고, 차가움은 결합시킨다는 말은 맞지만, 그것들은 형상의 도구들로서 작용할 때에만 그런 작용을 한다. 생성을 재료만의 특성으로 돌리는 것은 톱을 목수가 만든 생산품들의 전체 원인으로 보는 것과 같다. 그것은 필요조건이지 충분조건은 아니다.

작용인에 관한 아리스토텔레스 자신의 설명은 다음과 같다.[154] 그는 다른 곳에서[155] 천체들은 영원한 운동의 상태에 있다는 점을 보여 주었다. 그러한 운동은 태양으로 하여금 번갈아 지구상의 특정 지점에 접근하고 그로부터 물러나게 하고, 그렇게 함으로써 영속적인 생성을 일으킨다. 생성, 즉 있지 않은 것이 있게 됨이 있는 것의 이동에 기인한다고 서술하는 것이, 이동이 생성에 기인한다고 서술하는 것보다 더 합당하다. 그러나 단일한 운동이 생성과 소멸이라는 두 가지 과정을 설명하지는 못할 것이다. 방향에 의해서 또는 속도의 차이에 의해서 뚜렷하게 차이를 보이는 두 가

---

153 《생성과 소멸에 관하여》 2권(B) 10장 336b 26-34.
154 《생성과 소멸에 관하여》 2권(B) 10장.
155 《자연학》 8권(Θ) 7-9장.

지 운동이 있어야 한다. 이것들은 실제로 황도를 따라 태양이 하는 운동을 이루는 두 개의 절반이다. 이 황도에서 태양은 순차적으로 지상의 특정 지점에 접근하고 그로부터 물러난다. 그럼으로써 생성과 소멸 ―식물의 성장, 동물의 발생과 쇠퇴, 더위와 가뭄이 추위와 비로 교체되는 계절적인 현상― 을 야기한다.[156] 태양은 순차적인 접근으로써 동식물이 성숙 단계로 발전하도록 만들고, 순차적인 후퇴로써 그것들의 쇠퇴를 유발한다. 태양의 운동으로써 각 종의 정상적인 삶에 한계가 그어진다. 동식물은 체질적인 구조의 우연한 변이 때문에 이 한계에 항상 도달하지는 못한다.

태양의 접근과 후퇴에 의해 야기된 원소들 간의 영속적인 상호 변형은 당혹스러운 문제로 알려진 것, 즉 어떻게 해서 네 가지 원소들이 자신들이 속하고 항상 향해 가는 쪽인 네 개의 동심적인 구들에 영구적으로 거처를 정하지 않는지를 설명한다. 한 원소가 다른 원소로 교체되는 것을 유발하고 그럼으로써 달 아래 세계를 지탱하는 것은 태양의 운동이다. 그리고 마지막으로, 시간은 연속적인 것이고 운동의 측정될 수 있는 연장성이므로, 그것은 연속적인, 따라서 원형인 운동을 함축한다. 그러므로 시간 자체를 연속적인 것으로 만들어 주는 것은 천구들의 운동이다.

{ 《기상학》 }

많은 주석가들은 어떻게 《기상학》이 아리스토텔레스의 자연학적인 저술들의 틀에 정확하게 들어맞는지에 대해 다양한 견해들을 제시하였다. 그리스 주석가들과 토마스 아퀴나스는 원소들의 속성을 다음과 같이 구

---

[156] 《기상학》 1권(A) 9장.

분한다.

(1) (a) 자연적인 물체들로서의 원소들에 자연적인 속성들, 즉 공간상의
　　　운동과 관련된 성질들, 즉 무거움과 가벼움,
　　(b) 복합물을 구성하는 재료로서의 원소들에 자연적인 속성들, 다시 말
　　　해 질적인 변화와 관련된 성질들, 즉 뜨거움과 가벼움, 마름과 습함.
(2) 외부에서 작용을 가하는 것에 의해 발생되는 속성들.

　그들은 《천체에 관하여》가 (1a)를, 《생성과 소멸에 관하여》가 (1b)를
다루는 반면, 《기상학》이 (2)를 다룬다고 주장하였다. 다른 한편으로, 자
바렐라는 혼합이나 결합의 본성 및 조건은 《생성과 소멸에 관하여》에서
논의되었고, 《기상학》의 대상은 (1) 불완전한(따라서 일시적인) 혼합물들,
즉 네 가지 원소를 모두 포함하지는 않거나 이것들을 불완전한 결합 상태
로 포함하는 혼합물들을(1-3권) 탐구하고, (2) 무생물과 관련된 완전한 혼
합물들을(4권) 탐구하는 것인 반면에, 생물학적인 저술들은 생물과 관련
된 완전한 혼합물들로, 즉 조직과 기관과 이것들로 구성된 살아 있는 피
조물들로 나아간다고 주장한다. 아리스토텔레스가 확실하게 이와 같은
방식들 중 하나로 그 주제에 관해 생각했는지 의심스럽다. 그 저술은 이
미 인정된 기상과학, 즉 '높은 곳에 있는 것들'에 관한 탐구에 대한 그의
기여로 선언된다. 그것의 탐구 주제는 주로, 아리스토텔레스가 천문학적
인 현상이 아니라 기상학적인 현상이라고 잘못 판단한 (혜성과 은하수 같
은) 천문학적인 특정 현상들과 더불어 바람과 비, 천둥과 번개 같은 기상
현상들이다. 그러나 4권(Δ)은 전혀 다른 일련의 사실들 ─금속들 같은 복
합 물체들과 이것들의 감각될 수 있는 성질들─ 을 다룬다. 어떤 측면에

서 아리스토텔레스는 기상학을 천문학과 구별함으로써 이전에 기상학에 주어졌던 범위를 좁혔다. 다른 측면에서 그는 지상의 물질들에 관한 탐구를 포함함으로써 그것의 범위를 넓혔다.[157] 그의 연구에서 이것은 네 가지 원소들의 결합 및 상호 작용에 관한 탐구가 된다.

살펴볼 현상들의 작용인은 천체들의 영향이라고 아리스토텔레스는 우리에게 일러둔다. 그리고 이것들 가운데 압도적으로 중요한 부분은 마땅히 태양에 할당된다. 재료인들은 불, 공기, 흙, 그리고 물이다.[158] 아리스토텔레스가 제기하는 첫 번째 물음은[159] '기상 현상들의 무대인 지역, 즉 지구와 달 사이의 지역을 채우는 것은 무엇인가?'라는 물음이다. 이 지역에 관한 그의 설명은 헤라클레이토스에 기원을 두고 있는 이론, 즉 지구 표면에 작용하는 태양 광선에 의해 산출된 두 가지 '발산물'이 있다는 이론으로 향한다. 태양 광선이 마른 땅에 떨어질 때, 그것은 땅으로부터 뜨겁고 마른 발산물을 끌어올린다. 아리스토텔레스는 대부분 이 발산물을 연기에 연결하지만, 불과 바람에 연결하기도 한다. 그리고 태양 광선이 물 위에 떨어질 때, 그것은 물처럼 습하고 차갑고, 연기 같은 발산물과는 대조적으로 증기 같은 것이라고 불리는 발산물을 끌어올린다. 마른 발산물은 불로 되어 가는 중에 있고, 미약한 정도지만 이미 불의 특성들, 즉 뜨거움과 마름을 내보이고 있는 흙의 미세한 입자들로 이루어져 있다. 습한 발산물은 공기로 되어 가는 중에 있지만, 주로 물의 성질들, 즉 차가움과 습함을 내보이고 있는 물의 미세한 입자들로 이루어져 있다.[160] 대기권

---

157 즉, 만일 《기상학》 4권(Δ)이 아리스토텔레스가 쓴 저술이라면.
158 《기상학》 1권(A) 2장 339a 27-32.
159 《기상학》 1권(A) 3장.
160 발산물들의 일반적인 본성은 《기상학》 1권(A) 3장 340b 23-29, 4장 341b 6-22, 2권(B) 4장 359b 28-360a 27에 지적되어 있다. 340b 27에서 전승된 텍스트는 습한 발산물을 뜨거운 것

의 상층부는 마른 발산물만을 포함한다. 그것의 하층부는 두 가지 발산물들을 모두 포함하고 하나가 가진 열기와 다른 하나가 가진 냉기를 내보인다. 대기권의 이런 두 부분들은 각각 불과 공기라고 불리는 것들이다. 그러나 상층부는 엄밀한 의미에서의 불(즉, 일종의 '열 또는 비등의 과잉'인 화염)이 아니라, 운동이 쉽게 점화시키는 부싯깃 같은 물질이다.[161] 어느 쪽의 발산물도 다른 쪽의 것이 전혀 없으면 결코 존재하지 않는다는 점을 주목해야 한다. 그러나 어느 하나가 명확하게 주도적으로 존재할 수는 있다. 이런 두 가지 발산물들이 지구와 달 사이의 전체 지역을 채우는 것이므로, 그것들은 분명히 모든 기상학적 현상들의 재료이다. 《기상학》의 처음 세 권은 어떻게 두 가지 발산물들이 열기, 냉기 또는 운동의 영향 아래 다양한 현상을 내보이고 다양한 형태를 얻을 것인지를 보여 주는 일련의 정교한 시도들로 이루어져 있다. 아리스토텔레스는 먼저 상층부 또는 불과 같은 영역에서 일어나는 현상들 ―유성, 오로라와 구름의 색 변화, 혜성, 은하수― 을 논한다.[162] 그다음에 그는 하층부 또는 공기와 같은 영역으로 넘어가, 습한 발산물에 의해 그 안에 산출된 결과들 ―비, 구름, 안개, 이슬과 서리, 눈과 우박― 을 설명한다.[163] 이것들로부터 그는 지표면 위아래의 현상들로 나아간다. 이것들 가운데 그는 먼저 습한 발산물에 기

으로 기술하고, 이와 같은 견해가 《생성과 소멸에 관하여》 2권(B) 3장 330b 4에 함축되어 있다. 그러나 360a 23, 367a 34에서 그것은 차가운 것으로 기술되어 있고, 340b 23-29 부분의 논리 전개는 27행에서 psychron[차가운 것]으로 읽을 것을 우리에게 요구한다. 그것은 두 가지 좋은 필사본들에서 실제로 발견된다. 아리스토텔레스는 습한 발산물을 실제로 물과 공기의 중간에 있는, 열이 있는 것으로 생각하고(《기상학》 1권(A) 10장 347a 24), 그것이 물과 유사함을 강조하기도 하고, 공기와 유사함을 강조하기도 한다.

161 《기상학》 1권(A) 4장 341b 19.
162 《기상학》 1권(A) 4-8장.
163 《기상학》 1권(A) 9-12장.

인하는 현상들 —강, 샘, 홍수, 바다— 을 논한다.[164] 그다음에 그는 공기와 같고 흙과 같은 지역에서 마른 발산물에 기인하여 일어나는 일들 —바람, 지진, 천둥과 번개, 폭풍과 벼락— 로 나아가고,[165] 습한 발산물에 기인하는 특별한 현상들의 그룹, 즉 반사나 굴절과 관련된 현상들 —햇무리와 달무리, 무지개, 환일(幻日)— 로 되돌아간다.[166] 줄곧 꽤나 상당한 양의 근접 관찰에 관한 증거가 있지만, 그 관찰은 대부분 선험적인(a priori) 이론화로 말미암아 쓸모없게 되어 버렸다. 무지개에 관한 설명이 가장 흥미롭다. 그것은 무지개를 굴절의 결과물인 것으로 올바로 보고 있다.

아리스토텔레스는 다음으로 발산물들이 땅속에 '갇힐' 때 생겨나는 결과물들, 즉 광물들로 주의를 돌린다. 이것들은 습한 발산물에 의해 형성되는 금속들과 마른 발산물에 의해 형성되는 '화석들'로 구분된다. 뒤의 것들은 대부분 '유색 가루' 또는 그러한 것으로부터 형성된 돌이라고 말해진다.[167]

4권(Δ)은 능동적인 성질인 뜨거움과 차가움의 작용과 수동적인 성질인 마름과 습함의 변형들을 상세하게 다룬다.[168] 뜨거움과 차가움의 일차적인 결과는 그것들이 적절한 비율로 있음으로써 주어진 물질로부터 새로운 물질이 생겨나는 것이다. 생성에 대립하는 것은 부패이다. 이것은 부패하는 것 자체에 든 냉기와 그것 바깥의 열기에 기인한다.[169] 이미 존재하는 물질에 열이 가해진 결과는 익힘이라는 일반적인 이름 아래에 기술되

---

164 《기상학》 1권(A) 13장-2권(B) 3장. 우연하게도 1권 13장은 당대의 지리학적인 이해에 관한 흥미진진한 개요를 제공한다.

165 《기상학》 2권(B) 4장-3권(Γ) 1장.

166 《기상학》 3권(Γ) 2장-6장 378a 14.

167 《기상학》 3권(Γ) 6장 378a 15-b 6.

168 《기상학》 4권(Δ) 1장 378b 26-28.

169 《기상학》 4권(Δ) 1장.

고, 이것은 세 가지 형태 ―삶음, 끓임, 구움― 를 포함한다. 뒤의 두 이름은 기술의 작용으로부터 자연의 유사한 작용에 전이된 것이다. 예를 들어, 소화는 일종의 끓는 과정으로 기술된다.[170] 이 주제로부터 아리스토텔레스는 그보다는 수동적인 성질과 연관된 특징들과 현상들 ―단단함과 무름, 말림과 습하게 함, 고체화와 유체화, 연하게 함과 진하게 함― 로 건너간다.[171] 생명이 있는 것이든 없는 것이든 복합된 물체들이 지닌 성질들은 감각들에 작용하는 힘을 함축하는 성질들 ―《혼에 관하여》의 '개별적인 감각 성질들'― 과 작용을 받는 능력 또는 무능력을 함축하는 성질들로 구분된다. 그리고 뒤쪽 유형의 성질들 중 18쌍 ―녹을 수 있음과 녹을 수 없음, 구부러질 수 있음, 구부러질 수 없음 등― 이 논의되고 규정된다.[172] 마지막으로 등질적인 물체들이 그 안에 흙이나 물이 주도적으로 있느냐에 따라, 그리고 그것들의 특별한 온도에 따라 분류된다.[173] 그러나 기관들 못지않게 조직들도, 덜 명확하게 그렇긴 해도, 단지 어떤 물질적인 성질들을 가지고 있기 때문만이 아니라, 또한 유기체 내에서 일정한 기능을 수행하기 때문에, 그대로의 것이다.[174] 이렇게 해서 《동물의 몸에 관하여》에서 살아 있는 신체를 목적론적으로 설명하기 위한 길이 준비된다. 이것이 그다음으로 탐구될 것으로 의도되어 있다는 점은 분명하다.

---

170 《기상학》 4권(Δ) 2장, 3장.
171 《기상학》 4권(Δ) 4-7장.
172 《기상학》 4권(Δ) 8장, 9장.
173 《기상학》 4권(Δ) 10장, 11장.
174 《기상학》 4권(Δ) 12장.

4장
생물학

아리스토텔레스의 관점에서는, 생물학과 심리학은 두 가지 별개 학문이 아니다. 그의 생물학적, 심리학적 저술들은 단일한 그룹을 이룬다. 이것을 그는 아마도 다음과 같이 나누었을 것이다. 《동물 탐구》는 동물들의 삶에 나타나는 주요 사실들을 기록하는 것을 목표로 삼는 예비 저술이다. 나머지 논문들은 기록된 사실로부터 이론을 이끌어 내는 데에 목표를 두고 있다. 이 이론은 살아 있는 것들의 재료를 다루기도 하고(《동물의 몸에 관하여》, 《동물의 나아감에 관하여》), 그것들의 본질적인 형상을 다루기도 하고(《혼에 관하여》), 그것들에 수반되는 특성들을 다루기도 한다(《자연학 소론집》, 《동물의 움직임에 관하여》, 《동물의 발생에 관하여》). 그러나 이후 학문들의 전개에 비추어, 그의 생물학과 심리학을 따로 다루는 것이 편리할 것이다.

의사 집안에서 자란 아리스토텔레스가 생물학에 관심을 가진 것은 자연스러운 일이었고, 그의 저술들은 이것이 실제로 그의 주된 관심사 중 하나였다는 것을 보여 준다. 수학 관련 학문들에서 그는 당대의 지식을 대부분 익히 알고 있었다.[1] 그러나 그는 우리가 알고 있는 한 수학에서 독창적인 발견을 해내지 못했다. 다른 한편으로, 생물학 분야에서 관찰력, 다른 관찰자들의 증언 조합이나 이론적인 토론에 관한 한 그는 자신의 시대를 훨씬 앞서 갔다. 그는 실로 고대의 생물학자들 중 가장 탁월했고, 근대 생물학자들 중 가장 탁월한 사람은 그에 대해 "린네와 퀴비에는 아주 다른 방식으로지만 내게 두 명의 신(神)이었다. 그러나 그들은 옛날의 아리스토텔레스에 비하면 학생들이었다"고 말할 정도였다.[2]

아리스토텔레스는 당대의 지식에 비해 많은 수인 약 500가지의 다양한 동물들을 언급한다. 그러나 그의 언급들이 모두 동등한 가치를 갖는 것은 아니다. 많은 것들은 세부 내용이 없는 단순한 언급일 뿐이다. 많은 것들은(그는 보증할 수 없음을 가끔 밝힌다)[3] 여행자들의 이야기나 전설을 단순히 반복한 것일 뿐이다.[4] 그러나 그 가운데 많은 것들은 개인적인 근접 관찰을 함축하는 정확함과 세세함을 보여 준다. 그는 아버지로부터 해부 기술을 배웠을 수도 있고, 약 50종의 다양한 동물들을 해부해 본 것으로 보인다.[5] 그는 인간의 몸을 해부해 보지 않은 것으로 추정되지만,[6] 어느 정도 인간의 배아(胚芽)를 해부해 보았다.[7] 손수 지식을 얻지 못한 곳에서, 그는

---

1   하지만 그는 몇 가지 심각한 오해를 드러내기도 한다. C. Milhaud, Aristote et les mathématique, in *Archiv für Geschichte der Philosophie* 16(1903), 367-92쪽 참조.
2   F. Darwin (ed.), *Life and Letters of Charles Darwin*, London 1888, 3권, 252쪽.
3   예를 들어, 《동물 탐구》 2권(B) 1장 501a 25. 3권(Γ) 22장 523a 17, 26에 나오는 헤로도토스와 크테시아스에 대한 비판 참조.
4   예를 들어, '마르티코라스' 또는 호랑이에 관한 《동물 탐구》 2권(B) 1장 501a 25-b 1의 재미나는 설명. 그가 쓴 것이 아닌 것으로 의심되는 권들에 이런 종류의 자료들이 많이 포함되어 있다. 《동물 탐구》 9권(I) 7장 612a 7-15, 45장 630a 18-b 17에 나오는 퓨마와 들소에 관한 설명 참조.
5   Th. E. Lones, *Aristotle's Researches in Natural Science*, London 1912, 106쪽에 있는 목록.
6   《동물 탐구》 1권(A) 16장 494b 22-24에 나오는 그의 무지의 실토와 《동물 탐구》 1권(A) 7장 491b 1, 16장 494b 33-495a 1, 495b 24-26, 17장 496a 19에 나오는 무지의 표시 참조.
7   이것은 《동물 탐구》 3권(Γ) 3장 513a 32-33, 《동물의 몸에 관하여》 3권(Γ) 4장 666b 7-8, 8장 671b 6-9, 4권(Δ) 2장 676b 31-33과 같은 구절들에 의해 함축되는 것으로 보인다.

그가 얻을 수 있는 곳이면 어디로부터든 ―가축지기, 사냥꾼, 새잡이, 약제사, 그리고 무엇보다도 에게 해의 어부로부터― 정보를 얻었다.[8] 그의 장소 언급은 주로 자신에게 개인적으로 잘 알려진 두 지역 ―마케도니아와 트라키아, 그리고 트로이아와 인근 섬들― 에 대해 이루어지고 있다.[9] 이보다는 덜하지만 그는 생애 일부를 보냈던 다른 지역들, 아테네와 칼키스의 인근 지역들에 대해서도 언급한다.

아리스토텔레스의 관찰들 중 많은 부분은 후대 탐구자들의 감탄을 불러일으켰다. 예를 들어, 그는 고래의 포유동물적인 특징을 인지하였다[10] ― 이 사실을 16세기에 이르도록 다른 많은 저술가들은 간과했다. 그는 연골어류와 경골어류를 구분하고, 놀랄 만큼 엄밀하게 그것들을 기술했다.[11] 그는 배아에서 병아리가 발육하는 과정을 주의 깊게 기술하고, 알을 낳고 난 뒤 4일째에 '흰자위 속에 생명이 부여되어 있기라도 하듯 뛰고 움직이는 핏덩이의' 심장이 생긴다는 것을 발견했다.[12] 그는 반추동물의 위(胃)에 있는 4개의 방에 관해 탁월한 설명을 제공한다.[13] 그는 두족류의 짝짓기에 나타나는 주목할 만한 특징을 발견했다. 이는 19세기에 이르도록 재발견되지 않았다.[14] 아귀와 전기메기에 대한 그의 설명은 세밀하고,[15]

W. Ogle, *Aristotle on the Parts of Animals*, London 1882, 149쪽 참조.

8 《동물 탐구》 6권(Z) 18장 572a 33, 8권(Θ) 12장 597b 25, 1권(A) 1장 487b 30, 8권(Θ) 4장 594a 23, 4권(Δ) 4장 528a 32, 7장 532b 20, 8장 533b 29, 535a 20, 5권(E) 31장 557a 32, 8권(Θ) 2장 591a 16, 19장 602b 9, 603a 7, 《기상학》 1권(A) 12장 348b 35, 《동물의 발생에 관하여》 1권(A) 15장 720b 34, 3권(Γ) 5장 756a 32 참조.

9 뒤의 지역에 대한 언급들은 특히 《동물 탐구》 5권(E)에 흔하다.

10 《동물 탐구》 1권(A) 5장 489a 34-b 2, 3권(Γ) 20장 521b 21-25, 6권(Z) 12장 566b 2-17.

11 《동물 탐구》 1권(A) 5장 489a 34-b 13, 6권(Z) 10장, 《동물의 발생에 관하여》 2권(B) 1장 733a 6-17.

12 《동물 탐구》 6권(Z) 3장.

13 《동물 탐구》 2권(B) 17장 507a 33-b 12, 《동물의 몸에 관하여》 3권(Γ) 14장 674b 7-15.

14 《동물 탐구》 5권(E) 6장.

대부분 후대의 관찰에 의해 확인된다. 벌들의 습성에 관한 그의 설명은 (그것들의 구조에 관한 것은 아니지만) 탁월하다.[16] 포유동물의 혈관계에 관한 그의 기술은 모호하게 남아 있는 특징들이 포함되어 있긴 하지만 대체로 아주 좋다.[17]

{ # 자연의 계단 }

아리스토텔레스는 처음으로 동물종에 관하여 입수 가능한 정보를 수집하는 일을 한 인물이었을 뿐만 아니라, 동물의 분류 문제에 착수한 최초의 인물이기도 했다. 그는 《동물의 몸에 관하여》에서[18] 분류 문제를 흥미롭게 논한다. 플라톤의 이분법은 크게 세 가지 반대에 부딪힌다. (1) 만일 분할에 특유하듯, 각각의 차이성이 이전의 차이성으로부터 튀어나온다면(예를 들어, '날개 달린' 동물들은 야생의 것들과 길든 것들이 아니라 미늘이 있는 날개가 달린 것들과 미늘이 없는 날개가 달린 것들로 구분된다), 이분(二分)은 최하위의 종(infima species)이 각기 한 가지 종차(種差)에 의해서만 ―한 가지 확정될 수 있는 것이 완전히 확정된 형상에 의해― 규정된다는 점을 함축한다. 그러나 그럴 경우, 우리는 그 구성원들이 다수의 공통 속성을

---

15 《동물 탐구》 9권(I) 37장 620b 11-29, 《동물의 몸에 관하여》 4권(Δ) 13장 696a 27-33.

16 《동물 탐구》 5권(E) 21장, 22장, 8권(Θ) 27장, 9권(I) 40장.

17 《동물 탐구》 3권(Γ) 3장 513a 15-515a 26, 《동물의 몸에 관하여》 3권(Γ) 4장, 5장. 아리스토텔레스의 동물 관찰 가운데 가장 주목할 만한 몇 가지에 대한 좋은 설명은 싱어(Ch. J. Singer) 박사의 *Studies in the History and Method of Science*, Oxford 1921, 2권과 *The Legacy of Greece*, Oxford 1921에 실린 톰슨(D. W. Thompson) 교수의 글 Natural Science에서 찾아볼 수 있다.

18 《동물의 몸에 관하여》 1권(A) 2-4장.

갖는 자연적인 그룹을 깨뜨리는 것을 피할 수 없게 될 것이다. 예를 들어, 어떤 새들은 육생동물로 분류하고 어떤 새들은 수생동물로 분류하게 될 것이다. (2) 이분에서는 각 쌍에서 한 가지 종차는 순전히 부정적인 것이고, 더는 구분되지 않는다. "…이지 않은 것의 종(種)은 없다." 규정을 수용할 수 있는 것은 규정될 수 있는 것 중에서 긍정적인 것 쪽이다. (3) 우리는 임의로 주어진, 규정될 수 있는 것에 대해 너무 일찍 규정을 끝내게 될 것이다. 각 단계에서 규정될 수 있는 단일한 것에 대해 두 개의 형상 중 하나를 선택하는 데에 몰두한다면, 우리는 실제로 존재하는 종들에 골고루 돌아갈 만큼 충분한 종차들을 갖지 못할 것이다.

이제, 이런 문제점들을 피하기 위해 구분 과정에서, 예를 들어 날개 달린 동물들을 야생의 것들과 길들인 것들로 구분하면서, 새로운 구분 토대(fundamentum divisionis)를 수용한다면, 우리는 전혀 무관하고, 이분이 근거하고 있는 원칙을 저버리는 뭔가를 끌어들이게 된다. 그렇다면, 처음부터 다수의 종차를 끌어들이는 것이 낫다. 많은 경우 동등하게 특징을 이루는 다수의 종차들에 의해 서로로부터 구분된 채로, 실제로 '새'와 '물고기'처럼 아주 많은 자연종이 있다는 점을 인정하는 것이 낫다.

아리스토텔레스는 원칙적으로 동물의 왕국 내에서 발견할 수 있는 세 등급의 유사성을 인정한다. 먼저, 단일한 종 내에 존재하는 유형의 완전한 동일성이다. 개체들 간에 차이점들은 있지만, 이것들은 어느 목적에도 도움이 안 되고, 이것들을 산출하거나 영속하는 것은 자연의 질서를 이루는 부분이 아니다. 둘째로, 동일한 '최대 유(類)'에 속하는 종들 간에 유사성이 있다. 그러한 종들은 어느 정도 —수, 크기, 무름이나 단단함, 부드러움이나 거칢 등— 에서만 차이가 나는 동일한 신체 부분들을 갖는다. 셋째로, '최대 유들' 간에 있는 유비에 의한 유사성이 있다. 왜냐하면 아리스토텔레스는 팔과 앞다리와 날개와 지느러미 간의, 짐승 뼈와 물고기 등

뼈 간의, 날개와 비늘 간의 상동성(相同性)을 고집하기 때문이다.[19]

어떻게 그는 이러한 원칙들을 실제로 동물들의 분류에 적용하는가? 어떠한 틀에 박힌 분류도 그의 저술들에서 찾아볼 수 없다. 그는 어려운 문제들을 잘 알고 있다. 인정된 '최대 유'에 속하지 않는 고립된 종들의 존재를, 그런 두 개의 유의 중간에 있는 종들의 존재를 잘 알고 있다. 그러나 그의 분류는 주요 노선들에서 충분히 명확하고, 전체적으로 세월의 시련을 잘 넘긴 분류이다. 그것에 선행했던 것에 비하면 대단한 진전이었고, 린네 이전에는 진전이 없었다. 그는 먼저 유혈동물과 무혈동물로 크게 구분한다. 이는 현대의 '척추동물'과 '무척추동물'에 상응한다. 유혈동물에 속한 유들은 크게 다음과 같다 ─ 태생 사족류, 고래류, 조류, 난생 사족류 및 무족류(파충류와 양서류), 어류.[20] 그 밖에 고립종인 인간과[21] 중간에 위치한 몇 가지 종들이 있다. 무혈동물들은 내부 부위와 외부 부위가 일치하느냐에 맞춰 구분된다. 바깥쪽은 연하고 안쪽에만 단단한 물질이 있는 연체류(두족류), 바깥쪽이 더 딱딱하고 안쪽은 연한 연각류, 바깥쪽이 좀 더 딱딱하고 안쪽은 연한 각피류(두족류를 제외한 연체류), 그리고 (아리스토텔레스는 자신의 분류 원칙에 따라 이렇게 말하는 데로 끌리는데) 어디든 딱딱한 곤충류가 있다.[22] 그 밖으로, 예외적인 형태들이, 즉 반은 동물이고 반은 식물인 것들 ─말미잘, 해면, 해삼, 해파리─ 이 있다.

이러한 유들에는 각각 많은 종차가 있다. 따라서 그것들은 많은 방식으로 분류될 수 있겠지만,[23] 아리스토텔레스가 제시한 것들 중 가장 빛을

<hr>

19 《동물 탐구》 1권(A) 1장 486a 14-b 22, 497b 6-13, 《동물의 몸에 관하여》 1권(A) 4장 644a 16-23.
20 《동물 탐구》 1권(A) 6장, 2권(B) 15장, 《동물의 몸에 관하여》 4권(Δ) 10-13장.
21 《동물 탐구》 1권(A) 6장 490b 16-19.
22 《동물 탐구》 1권(A) 6장, 4권(Δ) 1장. 《동물의 몸에 관하여》 4권(Δ) 6-9장.

발하는 것은 생식 방식에 의존한 것이다.[24] 동물들은 자식이 어미의 몸으로부터 빠져나오는 시기에 도달한 발생 정도에 맞춰 자연의 계단(scala naturae)에 배열될 수 있을 것이다. 이것은 어미가 소유한 생명열의 정도에 의존한다. 아리스토텔레스는 알이 부화되는 중에 열이 갖는 역할에 인상을 받아,[25] 그것이 모든 발생에서 작용인이라고 결론을 내린다. 그런데 열의 측면에서 최대의 차이는 피를(즉, 붉은 피를) 가진 동물과 그에 유사하지만 더 차가운 액체를 지닌 동물들 간에 존재하는 차이이다. 그리고 유혈동물들 중 허파를 가진 것들이 그렇지 않은 동물들보다 체온이 더 높다고 추론할 수 있을 것이다. 왜냐하면 허파의 목적은 아리스토텔레스에 따르면 과도한 열을 완화하는 것이었기 때문이다.

동물 중 최고 유형은 태생동물, 즉 어미와 질적으로 유사한 새끼를 낳는 데에 충분한 생명의 열을 지닌 동물들이다. 아리스토텔레스는 태생동물에 난자가 있다는 점을 간파하지 못했고, 배아를 교미의 직접적인 산물로 간주했다. 다음의 유형은 '완전한' 알을, 즉 낳은 후 커지지 않는 알을 낳는 유형이다. 다음으로 큰 동물 집단은 '불완전한' 알을 낳는 집단이다. 그런데 이제 이전 사람들에게 그렇게 했듯이, 아리스토텔레스에게 동물 분류를 아주 힘들게 만든 사실들 중 하나가 나온다. 대부분의 어류는 '불완전한' 알을 낳지만, 그 가운데 알을 전혀 낳지 않고 살아 있는 새끼를 낳는 집단 —연골어류— 이 있다. 이것을 생명열의 표시로 간주하고 싶을 수도 있고, 이런 생물들을 조류나 파충류의 위쪽에 위치하는 것으로 놓고 싶을 수도 있을 것이다. 그러나 이렇게 하는 것은 오직 한 가지 종차만을

---

23 예를 들어, 호흡 방식이나 서식처에 따라. 《동물 탐구》 8권(Θ) 2장.
24 《동물의 발생에 관하여》 2권(B) 1장 732a 25-733b 16.
25 그에 따르면, 이것은 또한 변화의 산출에서, 심지어는 비유기적인 세계에서 주요 작용인이었다.

사용하는 오류를 범하는 것이 될 것이다. 아리스토텔레스는 실질적으로 이런 생물들의 위치는 다른 어류와 같다고 인정한다. 그리고 그는 그것들이 살아 있는 새끼를 낳는 것은 열의 과도가 아니라 열의 결핍에 기인한다고 설명한다. 그것들은 우선 알을 낳지만, 알의 표면을 단단하게 하여 껍질로 만들 만큼 충분히 뜨겁지 않다. 따라서 그런 동물들의 어미들은 살아 있는 새끼로 발육할 때까지 보호하기 위해 알들을 몸 안에 가진 채로 있어야 한다.[26]

자연의 계단

유혈 동물	태생		1. 인간
			2. 머리털이 있는 사족류(육생 포유류)
			3. 고래류(바다 포유류)
	난 생	완전한 알을 낳는	4. 조류
			5. 비늘 있는 사족류와 무족류 (파충류와[27] 양서류)
		불완전한 알을 낳는	6. 어류[28]
			7. 연체류(두족류)
			8. 연각류
무혈 동물	유충을 낳는		9. 곤충류
	발생적인 점액, 발아, 또는 자연발생에 의해 산출되는		10. 각피류(두족류를 제외한 연체류)
	자연발생에 의해 산출되는		11. 식충류

26 《동물의 발생에 관하여》 1권(A) 10장 718b 32-11장 719a 2.
27 그러나 독사는 내부적으로는 난생이지만 외부적으로는 태생이다.
28 그러나 연골어류와 아귀는 내부적으로는 난생이지만 외부적으로는 태생이다. 그리고 6-9의 부류에 속하는 몇 가지 것들은 자연발생적이다.

하등생물들은 알의 단계와 살아 있는 새끼의 단계에 앞서 세 번째 단계
—유충의 단계— 를 거쳐야 한다. 아리스토텔레스는 유충 자체가 알에서
깨어나는 것이라는 점을 인지하지 못하고, 유충이 알과 유사한 것으로 변
하는 것으로 기술한다. 이것은 그 일부가 영양물일 뿐인 것이 아니라, 그
것 전체가 생체로 발육된다는 점에서 보통의 알과 구분된다.

더 낮은 단계에 각피류가 위치한다. 이것은 유충조차도 낳지 않는다.
어떤 것들은 무성생식으로 새끼가 발육할 끈적끈적한 액체를 만들어 낸
다. 다른 것들에서는 새끼가 그냥 어미로부터 분리되어 나온다.[29] 그리고
마지막으로 가장 낮은 형태들에서, 그리고 이따금 어류처럼 높은 단계에
서도, 진흙 같은 무–생명의 물질로부터 자연발생이 일어난다.

{ 생 식 }

생명 현상들은 크게 세 가지 그룹 —성장과 생식, 감각, 움직임— 으로
나뉠 수 있으리라고 아리스토텔레스는 생각한다. 이것들 중 첫 번째의 것
이 가장 근본적인 것이다. 이것은 (식물에서 그렇듯이) 홀로 존재할 수 있지
만, 다른 것들은 이것 없이 존재할 수 없다. 그리고 그것 안에 함께 분류
된 현상들 중에 영양섭취 및 영양기관의 본성이 그의 관심을 불러일으켰
지만, 생식이 훨씬 더 그랬던 것처럼 보인다. 아주 주목할 만한 그의 많은
관찰들뿐만 아니라 아주 통찰 있는 몇 가지 논의들이 이 주제와 관련되어
있다. 그의 견해에 따르면, 생식은 세 가지 방식 중의 하나로 —자연발생

---

[29] 《동물 탐구》 5권(E) 15장 546b 15-547a 1, 《동물의 발생에 관하여》 3권(Γ) 11장 761a 13-
19, b 23-762a 9.

적으로 부모 중 한쪽으로부터, 부모 양쪽으로부터— 가능하다. 그가 자연 발생을 믿었다는 것은 그의 수중에 있었던 관찰 방식들로 보건대 놀라운 일이 아니다. 이러한 믿음은 수 세기가 흘러서야 반박되었다. 부모 중 한 쪽에 의한 무성생식은 식물들에서, 그리고 식물들처럼 고착된 동물들에 서 발생한다고 그는 주장했다.[30] 그러나 그의 주 관심은 유성생식의 본성 을 정하는 데에 있었다. 이와 더불어 그는 두 가지 관련된 문제들[31]—부 모 양쪽이 기여하는 바가 무엇인지, 그리고 그 기여가 (히포크라테스가 생 각했듯)[32] 똑같이 몸 전체로부터 나오는 것인지 아니면 몸의 특정 부분에 서만 나오는지— 을 다룬다. 몸 전체로부터 기여한다는 것을 뒷받침하는 논거는 주로 자식이 부모와 각 부위가, 심지어는 (그렇게 생각되었듯이) 불 구라든지 획득형질의 면에서도 닮는다는 것으로부터 도출된다. 이에 대 해 아리스토텔레스는 다음과 같이 응수한다. (1) 해당 신체 부위로부터 어떤 물질이 유전된다는 것으로써 설명될 수 없는 부모와 닮은 점들 —목 소리, 손톱, 머리카락, 걸음걸이의 닮음— 을 자식이 보인다. (2) 수염이 나거나 은발이 아니었던 사람들이 장차 수염이 나거나 은발이 되는 아이 들을 낳는다. (3) 아이들은 때때로 부모를 닮지 않고, 그들이 직접 물질적 인 부분들을 물려받을 수 없는 먼 조상들을 닮는다. (4) 식물들은 가끔 모 체 식물이 생식의 시기에 소유하지 않는 부분들의 면에서 모체 식물들을 닮는다. 더 나아가, (5) 정액이 '등질적인 부분들' —조직들— 로부터 나 오는지, 아니면 '이질적인 부분들' —기관들— 로부터 나오는지 물을 수 있다. 닮음은 뒤쪽의 부분들에서 가장 두드러진다. 그러나 이것들은 앞

---

30 《동물의 발생에 관하여》 1권(A) 1장.
31 《동물의 발생에 관하여》 1권(A) 17장, 18장.
32 다윈의 '범생설'(汎生說), *The Variation of Animals and Plants under Domestication*, London 1875, 27장 참조.

의 부분들이 특별한 방식으로 결합된 것들일 뿐이고, 어떠한 물질적인 부분들의 유전도 결합의 방식에서 보이는 닮음을 설명하지 못할 것이다. "만일 어떤 것이 이런 결합을 나중에 만들어 낸다면, 그것의 정액이 신체의 모든 부위로부터 나옴이 아니라, 바로 그 결합이 닮음의 원인일 것이다."[33] 아리스토텔레스는 자신의 방식이 부모 중 수컷의 기여는 물질적인 것이 아니라 암컷이 제공한 물질에 일정한 형상을 각인하는 것이라는 결론 쪽이라는 것을 느끼고 있었다.

다시 (연구할 만한 가치가 있는 다른 근거들 이외에) (6) 만일 자식이 부모의 특정 신체 부위를 닮았다는 것으로부터 정액은 그런 부위들 각각으로부터 어떤 것을 포함하고 있어야 한다고 논증을 펼친다면, 또한 아들이 종종 아버지의 신발과 비슷한 신발을 신는다고 아버지의 정액은 그의 신발로부터 나온 어떤 것을 포함하고 있었음에 틀림없다고 주장할 수 있을 것이다. 신체 부위들은 씨가 자신을 위해 만드는 옷일 뿐이고, 정액이 "생산적인 부위 ―직공이 다루는 물질이 아니라 직공― 으로부터" 나온다면 그것으로 충분하다.[34] "정액 자체가 피와 살이라고 말하는 대신에 그것이 처음부터 그로부터 피와 살이 만들어질 수 있는 종류의 것이라고 왜 말하지 않는가?"[35]

범생설을 배척한 다음에, 아리스토텔레스는 다른 문제로 나아간다.[36] 발생에서 부모 각각이 하는 기여의 실제 본성은 무엇인가? 신체에서 발견되므로, 정액은 신체의 자연적인 부위들 중 하나(조직이나 기관)이거나 종양과 같은 비자연적인 것이거나, 잉여물이거나, 병적인 분비물이거나 영

---

33 《동물의 발생에 관하여》 1권(A) 18장 722b 1-3.
34 《동물의 발생에 관하여》 1권(A) 18장 723b 27-32.
35 《동물의 발생에 관하여》 1권(A) 18장 723a 14-17.
36 《동물의 발생에 관하여》 1권(A) 18장 724a 9.

양물이어야 한다. 정액이 이것들 가운데서 오직 잉여물일 수 있다고 보는데에 아무런 어려움이 없다. 그것은 무용하거나 유용한 영양물의 잉여물, 즉 건강한 조직을 만들 음식 안에 든 요소들의 잉여물이거나 그렇지 않은 요소들의 잉여물을 나타내어야 한다. 그리고 젊고 건강한 동물들이 가장 정액이 많다는 사실은 그것이 앞의 것임을 보여 준다. 그것은 실제로, 유용한 영양물이 남기는 마지막 형태의 잉여물이고, 이것 안에서 그것은 직접 조직을 형성하는 데에 쓰인다. 영양물이 받아들이는 이 마지막 형태는 유혈동물들에서는 혈액이고, 무혈동물들에서는 이에 상응하는 액체이다. 정액은 분명히 혈액이 아니다. 그러므로 그것은 혈액의 직접적인 산물이라고 생각해야 한다. 혈액은 대부분 동물 안에서 조직을 만드는 데에 쓰인다. 여기에서 필요하지 않은 것은 정액을 만드는 데에 쓰인다. 그리고 자식이 부모를 닮는 것은 잉여물이 대부분의 혈액을 닮기 때문일 뿐이다. "손이나 얼굴이나 동물 전체를 형성할 정액은 이미 미분화된 손이나 얼굴이나 동물 전체이고, 정액은 잠재적으로 이것들 각각이 실현된 상태의 것이다."[37]

암컷에서 수컷의 정액에 상응하는 것은 생리 유출물이다. 즉, 그것은 암컷이 그 열등한 생명열 때문에 정액으로 발전시킬 수 없는 잉여 혈액이다. 정액은 이렇듯 생리혈보다 더 '형상을 갖춘' 것이어서 자식의 형상인 또는 작용인으로서 활동하는 반면, 생리혈은 그것의 재료인이다. 젖소의 위 내막이 우유를 응결시키듯 수컷의 요소는 암컷의 요소를 발전시킨다. 이렇게 해서 자연적인 생산과 인위적인 생산 간에 유비가 있다. "수컷이 정액을 방사하는 경우, 이 정액은 발생하는 배아의 부분이 아니다. 이와 마찬가지로 어떠한 물질적인 부분이 목수로부터 나와 목재 안으로 들어

---

37 《동물의 발생에 관하여》 1권(A) 19장 726b 15-18.

가지 않는다. … 그러나 모양과 형상은 그가 일으키는 움직임에 의해 그로부터 나와 물질에 전달된다. 손은 도구를 움직이고, 도구는 물질을 변화시킨다. 기술에 관한 지식, 그리고 형상이 든 혼이 그의 손이라든가 다른 신체 일부를 특정한 방식으로 움직이고, 이 움직임은 만들어지는 것이 무엇이냐에 따라 다르다. 이와 비슷하게 자연도 정액을 방사하는 동물들 중 수컷에서 정액을 도구로서, 현실태로 움직임을 갖는 것으로서 사용한다."[38] 동물들은 짝짓기에서 발생의 물질적인 원리와 작용적인 원리의 결합을 달성한다. 이는 식물들에서 영구적이다. "동물들은 분할된 식물들과 같다."[39] 생식의 조건인 그 결합은 식물들에서는, 바로 성장과 생식이 그것들의 삶 전체이기 때문에, 영구적이다. 이보다 높은 감각과 움직임의 삶이 있는 동물들에서는 그런 결합은 일시적일 뿐이다.

아리스토텔레스는 그 후[40] 이미 범생설이란 이름 아래에 논의된 것과 원칙적으로 같은 문제로, 생물학사에서 커다란 부분을 차지했던 문제로 넘어간다. 어린 동물의 신체 부위들은 씨 속에 이미 형성되어서 존재하는가, 아니면 그물망처럼 점차적으로 생성되는가? 그는 신체 부위들이 모두 배아 속에 들어 있지는 않다고 대답한다. 들어 있긴 하지만 너무 작아서 보이지 않는 것도 아니다. 왜냐하면 폐는 심장보다 더 큰데도 나중에 나타나기 때문이다. 그러나 이른 부위가 나중 부위를 산출하지 않는다. 그렇지 않으면 그것은 이미 나중 부위의 형태를 가질 것이지만 분명히 그것은 나중 부위의 형태를 갖지 않는다. 발생의 근원은 부모 중 수컷에서 찾아야겠지만, 그것은 발육하는 배아와 접촉 상태에 있지 않다. 그것은 정

---

38 《동물의 발생에 관하여》 1권(A) 22장 730b 10-21.
39 《동물의 발생에 관하여》 1권(A) 23장 731a 21.
40 《동물의 발생에 관하여》 2권(B) 1장 733b 23.

액에 움직임을 전달한다. 이 정액은 암컷이 제공한 재료의 부위에 움직임을 전달한다. 이 부위는 다른 부위를 움직인다. 그리고 이런 과정은 기계적으로 계속된다. 플랫(A. Platt) 교수가 관찰하듯,[41] "우리는 이 수수께끼를 오늘날 조금이라도 더 잘 풀 수 없다. 정자가 난자를 관통하자마자 난자 안에서 이것을 분화시키고 부위들을 하나씩 발전시킬 일련의 움직임들이 일어난다고 말할 수 있을 뿐이다." 열은 발생의 도구다. 그러나 오직 도구일 뿐이다. "우리는 단단함과 무름, 끈적끈적함과 바삭바삭함, 그리고 생명과 혼을 지닌 부분들에 들어 있는 여타의 모든 성질은 열기와 냉기에 의해 야기된다고 할 수 있지만, 살을 살이게끔 만들어 주고 뼈를 뼈이게끔 만들어 주는 원리에 이르면 그렇지 않다. 살과 뼈를 만드는 것은 현실태에 있는 수컷으로부터 나오는 움직임이다. 자손을 이루고 있는 것은 이 상태에 잠재적으로 있다. 기술의 산물들도 이와 같다. 열기와 냉기는 쇠를 무르고 단단하게 만들지만, 칼을 만드는 것은 사용된 도구들의 움직임이고, 이 움직임이 기술의 원리를 포함한다. 왜냐하면 기술은 산물의 원리이자 형상이기 때문이다. 그러나 그것은 다른 것 안에 존재하는 반면, 자연의 움직임은 바로 산물 안에 들어 있고, 이 산물은 현실태의 형상을 가진 다른 자연물로부터 나온다."[42]

아리스토텔레스는 발생에서 보다 일반적인 특질이 보다 특수한 특질에 선행한다는 것을 인지했다는 점에서 폰 배어[K. E. von Baer, 1792-1876, 에스토니아의 발생학 창시자]를 앞질러 갔다. 이에 따르면, (우리가 동식물과 공유하는) 영양 능력의 혼은 감각 능력의 혼에 선행하고, (우리가 다른 동

---

41 그의 《동물의 발생에 관하여》에 대한 번역 *On the Generation of Animals*, Oxford 1910에서 734b 16에 대한 주석.
42 《동물의 발생에 관하여》 2권(B) 1장 734b 31-735a 4.

물들과 공유하는) 감각 능력의 혼은 사유 능력의 혼에 선행한다.[43] 혼은 물질적인 토대를 갖출 때 네 가지 원소들 중 어느 것보다 '더 신적인' 토대를 요구하고, 영양 능력 및 감각 능력의 혼을 위한 그러한 토대는 정액에 거품의 성질을 부여하는 숨에서 발견된다 ─ 이것은 공기도 불도 아니고 '별들의 원소에 상응하는 것'이다.[44] 이성만이 재료와 아무 관계가 없다. 그것만이 "게다가 외부로부터 몸 안으로 들어가고, 유일하게 신적이다."[45] '어느 때에 이성이 정액 안으로 들어간다고 아리스토텔레스가 생각하는가?'라는 물음이 많이 논의되었다. 그는 이 점과 관련하여 전혀 입을 열지 않는다. 특성 및 근원의 측면에서, 그리고 운명의 측면에서, 이성을 혼의 다른 능력들과 완전히 구분하는 것은 아리스토텔레스가 자신의 몇몇 저술에서[46] 언급하는 이론이다. 하지만 그가 이성과 감각의 연속성을 주장하려고 마음먹은 듯한 부분들도 있긴 하다.[47]

성장은 최소한의 생명 기능이므로, 맨 먼저 있게 될 신체 부위는 '중대의 원리'를 가진 부위여야 한다.[48] 그리고 아리스토텔레스는 관찰과 이론 양쪽 모두에 근거하여 이것은 심장이라고 주장한다. "어린 동물은 부모 양쪽으로부터 분리될 때면, 아버지로부터 독립하여 가정을 꾸린 아들

---

43 《동물의 발생에 관하여》 2권(B) 3장 736a 35-b 5.
44 다른 곳에서(《동물의 발생에 관하여》 2권 5장), (무정란이 어떤 점에서 생명을 갖는다는 사실로부터 추론하여 ─그렇지 않으면 그것이 어떻게 부패될 수 있겠는가?) 아리스토텔레스는 암컷의 요소는 영양 능력의 혼을 가지고 있고, 수컷의 종적인 기여는 감각 능력의 혼이라고 말한다. 암컷에도 숨이 있지만, 이것의 힘은 피를 정액으로 가공할 만큼 충분하지 못하다. 이 책 3장의 각주 146 참조.
45 《동물의 발생에 관하여》 2권(B) 3장 736b 27-737a 1.
46 예를 들어, 《혼에 관하여》 3권(Γ) 4장, 5장, 《형이상학》 12권(Λ) 3장 1070a 26, 《니코마코스 윤리학》 10권(K) 8장 1178a 22.
47 《앞 분석론》 2권(B) 19장, 《형이상학》 1권(A) 1장.
48 《동물의 발생에 관하여》 2권(B) 1장 735a 15.

처럼, 스스로 헤쳐 나갈 줄 알아야 한다. 그러므로 그것은 나중의 단계에서 신체의 정돈이 또한 유래할 원리를 가져야 한다. … 왜냐하면 동물은 성장하고, 동물의 영양물은 마지막 단계에서 혈액이거나 이것에 상응하는 것이기 때문이다. 그리고 혈관은 이것을 담는 그릇이고, 그렇기 때문에 심장은 이 혈관의 근원이기도 하다."[49] 이 부위에 연속하여 다른 부위들이 성장한다는 점은 어떤 관점에서는 열기와 냉기의 작용에 기인한 것으로 설명될 수 있을 것이지만, 이는 한쪽으로 치우친 설명이다. 그것들의 목적인을, 그것들이 유기체의 생명을 보조하는 방식을 인지하는 것이 똑같이 필요하다. 발생의 순서에 관한 아리스토텔레스의 견해는 의심할 여지 없이 배아의 관찰에 근거하고 있지만, 그는 또한 선험적인(a priori) 설명도 겸비할 줄 안다. 하지만 그는 관찰의 우위에 대한 건전한 과학적인 신념을 갖고 있다. "(벌들의 발생에 관한) 사실들은 아직 충분히 파악되지 못했다. 나중에 그것들이 파악된다면, 이론보다는 관찰을 신뢰해야 하고, 이론은 그것들이 주장하는 바가 관찰된 사실에 일치할 때에만 신뢰해야 한다."[50]

성별 결정의 원인은 아리스토텔레스 이전에도 많이 논의되었다. 그는 이전 사람들이 아무도 사실에 충분할 만큼 가까이 접근하지 못했다는 것을 발견하고,[51] 스스로 더 만족스러운 것으로 생각하는 이론을 제시한다. 수컷의 기관은 한 배아에서 발달될 수 있고, 암컷의 기관은 또 다른 배아에서 발달될 수 있다고 추정하는 것은, 신체 전체가 형성되는 뼈대인 혈관계에 먼저 일정한 차이가 있지 않으면 오류라고 그는 생각한다. 생식기

---

49 《동물의 발생에 관하여》 2권(B) 4장 740a 5-23.
50 《동물의 발생에 관하여》 3권(Γ) 10장 760b 30-33.
51 《동물의 발생에 관하여》 4권(Δ) 1장.

는 성별의 원인이 아니라, 더 깊은 어떤 차이의 부수물이다. 수컷은 배아가 더 큰 열로 말미암아 잉여의 혈액을 정액으로 '가공할' 수 있을 때 생기고, 암컷은 그것이 이런 힘을 갖지 못하고 (생리 분비물이 암컷들에서 그렇다는 것을 보여 주듯이) 잉여의 혈액이 혈액으로 남을 때 생긴다. 그리고 배아는 부모 중 수컷의 정액이 부모 중 암컷이 제공한 물질을 지배하는 데에 성공하느냐 그렇지 않느냐에 따라 더 뜨겁거나 더 차다. 이렇게 해서 성별 결정은 원칙적으로 바로 교미의 순간에 주어진다. 생식기는 나중에 형성된다. 이는 조직체가 정액을 산출할 힘을 가져서 한 종류의 생식기관을 요구하느냐, 그것이 정액으로 바꿀 수 없는 다량의 잉여 혈액을 조정해야 해서 다른 종류의 생식기관을 요구하느냐에 따른다.

유전에 관한 사실들도 비슷한 원리들에 근거하여 설명된다.[52] 부모 중 수컷이 암컷에 대해 완전히 우세할 경우, 자식은 수컷이고 다른 점에서도 아비를 닮는다. 부모 중 수컷이 우세하지만, 그것이 전달하는 충격이 암컷의 반작용에 의해 완화될 경우, 새끼는 아비 대신 할아비를 닮는다. 또는 충격이 더욱 심하게 완화될 경우, 새끼는 부계의 보다 먼 어느 조상을 닮는다. 부모 중 수컷이 수컷으로서 우세하지 않고 개인으로서 우세할 경우, 새끼는 수컷이지만 어미를 닮는다. 부모 중 암컷이 우세할 경우, 새끼는 암컷이고 어미를 닮는다. 암컷의 요소가 우세하지만 도중에 완화될 경우, 새끼는 모계의 어느 조상을 닮는다. 부모에 의해 전달된 충격이 함께 혼란스럽게 얽힐 경우, 새끼는 어느 조상도 닮지 않고 종의 성질만을 유지한다. 마지막으로, 그런 혼란이 더욱더 완전하게 이루어질 경우, 새끼는 아무런 특성도 유지하지 않고 동물임의 유적인 성질만을 유지한다. 바꾸어 말하면, 그것은 부모가 속하는 종과 다른 어떤 종 사이의 경계선에

---

52 《동물의 발생에 관하여》 4권(Δ) 3장.

있는 기형아이다.

{ 　　　　　목적론　　　　　 }

동물들의 특징들을 두고 아리스토텔레스는 중요한 구분을 한다.[53] 어떤 성질들은 어떤 종 전체의 특성이고, 다른 어떤 성질들은(예를 들어, 특정한 경우들에서 색깔은) 그 종 내에서 다양하다. 이 두 가지 성질 그룹은 달리 설명되어야 한다. 앞의 것들은 목적인, 또는 바꾸어 말하면 형상인에 의해 설명되어야 한다. 예를 들어, 눈을 가진 동물들은 감각이 자신들이 존재하는 목적들 중 하나, 즉 동물의 본질적인 특징들 중 하나이기 때문에 그 눈을 갖는다. "자연의 정돈된 일정한 산물들을 다룰 때에 우리는 산물들 각각이 그렇게 되기 때문에 일정한 성질의 것으로 있다고 말해서는 안 되고, 오히려 그것이 이러이러한 것으로 있기 때문에 그렇게 된다고 말해야 한다. 왜냐하면 생성의 과정이 존재에 따르고, 그것이 존재를 위한 것이지, 그 반대가 아니기 때문이다."[54] 다른 한편으로, 일정하지 않은 특징들은 재료인이나 작용인에 의해 설명되어야 한다. "동물은 눈을 필연적으로 가져야 하지만(왜냐하면 동물의 근본적인 개념은 그러한 종류의 것이기 때문이다), 그것은 다른 의미에서 필연적으로 특정 종류의 눈을 가질 것이다."[55] 이렇게 해서 아리스토텔레스가 목적인들을 사용하는 데에는 제한이 있다. 그는 기계적인 원인들로 설명될 수밖에 없는 자연적인 변이

---

53 《동물의 발생에 관하여》 5권(E) 1장 778a 16-b 19.
54 《동물의 발생에 관하여》 5권(E) 1장 778b 1-6.
55 《동물의 발생에 관하여》 5권(E) 1장 778b 16-18.

들을 의식하고 있다.

하지만 유기체적 생명의 문제에 접근하는 그의 방식은 일차적으로 목적론적이다. 이 점은 그의 저술 《동물의 몸에 관하여》에서, 그리고 이것의 부록으로 보아도 좋을 《동물의 나아감에 관하여》에서 극명하게 드러난다. 앞 저술의 서두에서[56] 그는 생물학자들에게는 목적인이 작용인보다 더 중요하다고 주장한다. "의사나 건축가가 자신들의 일에 착수하는 방식을 보라. 그들은 … 마음속으로 목적에 관한 일정한 그림을 그리면서 시작하고, 이것을 자신들이 밟는 각각의 후속 단계에 대한 이유 및 설명으로서 내놓는다. … 그런데 좋은 목적과 목적인은 의술이나 건축술 같은 기술의 작품들보다는 자연의 작품들에 훨씬 더 주도적으로 있다."[57] 이토록 밀접하게 자연의 절차는 기술의 절차에 동화되어 있다. 아리스토텔레스는 여기에서 실제로 자연에 관한 연구를 이론적인 학문들보다는 제작적인 학문들에 포함한다. "자연학에서 필연성의 방식과 증명의 방식은 이론적인 학문들(즉, 형이상학과 수학)의 것들과 다르다. … 왜냐하면 뒤의 학문들에서 출발점은 있는 것이지만 앞의 학문에서 출발점은 있게 될 것이기 때문이다. 있게 될 것이 ―이것이 건강이나 사람이라고 해 보자― 이러이러한 성질의 것이기 때문에, 이런저런 선행물이 필연적으로 앞서 있거나 생겨나야 한다. 그리고 이런 것이나 저런 것이 있거나 생겨났기 때문에, 필연적으로 건강이나 사람이 있거나 있게 되는 것은 아니다. 일련의 필연적인 선행물들을 출발점까지 거슬러 올라가, 영원히 존재하는 이 출발점이 뒤따르는 것들의 존재를 결정한다고 말할 수도 없

---

56 《동물의 몸에 관하여》 1권(A) 5장 645a 7-26에서 그가 동물들에 관한 연구를 옹호하고 있는 것을 참조.
57 《동물의 몸에 관하여》 1권(A) 1장 639b 16-21.

다."[58] 이렇게 해서, 적절한 탐구 순서는 각 동물의 형성 과정에서 출발하는 것이 아니라, 먼저 그것이 가진 실제적인 특징들을 살펴보고, 그러고 나서 이 특징들의 발생을 다루는 것이다. "왜냐하면 발생 과정이 발생된 사물을 위해 존재하지, 사물이 발생 과정을 위해 존재하는 것은 아니기 때문이다."[59] 엠페도클레스는 이에 반대되는 방법을 채택했다. 그는 예를 들어 척추의 뼈들은 다른 목적 때문이 아니라, "태아가 자궁 안에서 뒤틀린 자세로 있음으로써 부러지는 일이 일어났기 때문에"[60] 그렇게 분할되어 있다고 주장했다. 다른 사람들은 "몸 안에서 물이 흐름으로써 위와 여타 음식이나 찌꺼기를 저장하는 부분이 생겨났고, 숨이 통과함으로써 콧구멍이 뚫리게 되었다"고 말했다.[61] 이것은 마치 목각을 하는 사람에게 그가 깎는 것에 손 모양을 주는 힘이 무엇인지를 물었을 때, 그가 '도끼나 송곳'이라고 대답하는 것과 마찬가지다. 이 대답은 맞지만 충분하지 않다. "도구로 나무를 쳐서 이 부분은 오목하게 되었고, 이 부분은 평평하게 되었다고 그가 말하는 것으로 충분하지 않다. 그는 왜 이것을 초래하는 방식으로 쳤는지, 어떤 목적으로 그랬는지를 말해야 한다."[62] 옛 철학자들의 잘못은 재료인과 작용인을 고려하지만, 형상인이나 (이것과 같은 것이 되는) 목적인에 대해서 전혀 알지 못한다는 점이다. 데모크리토스가 본질 개념을 알아채기 시작했을 바로 그때, (아리스토텔레스는 유감으로 생각하며 언급한다) 소크라테스는 자연으로부터 정치학과 윤리학으로 관심을 돌렸다.[63] 데모크리토스조차도 "형태와 색깔은 다양한 동물들 및 그것

58 《동물의 몸에 관하여》 1권(A) 1장 639b 30-640a 8.
59 《동물의 몸에 관하여》 1권(A) 1장 640a 18.
60 《동물의 몸에 관하여》 1권(A) 1장 640a 21.
61 《동물의 몸에 관하여》 1권(A) 1장 640b 12-15.
62 《동물의 몸에 관하여》 1권(A) 1장 641a 5-14.

들의 각 부분들의 본질을 이룬다"고[64] 잘못 생각했다. 이렇게 하는 것은 구조를 강조하고 기능을 망각하는 것이다. 죽은 손은 살아 있는 손과 같은 구조를 갖추고 있지만, 그것은 손이 하는 일을 할 수 없기 때문에 실제로 손이 아니다. 생물학자는 모든 살아 있는 피조물과 기관을 죽은 것과 구별해 주는 것을 고려해야 한다. 이것은 혼이다. 그가 모든 형태의 혼을 고려해야 한다는 것은 아니다. 인간에게 특유한 이성 능력의 혼은 그의 권한 밖에 있다. 그러나 그는 생물들이 성장하고 자기 종을 번식시키고 감각을 갖고 운동하게 하는 혼의 능력들을 고려해야 한다. 번식은 유형의 영속성이 아리스토텔레스에게 자연의 목적성에 대한 극명한 증거라는 점에서 그의 특별한 관심사였다. "어떤 것이 방해하지 않는다면 한 운동이 나아가게 될 어떤 마지막 목적이 분명히 있을 때면, 우리는 항상 그런 마지막 목적이 그 운동의 목표라고 말한다. 그리고 이로부터 분명한 점은 우리가 자연이란 이름으로 부르는 것에 대응하는 무엇인가가 실제로 존재해야 한다는 것이다. 왜냐하면 각각의 씨는 아무 생명체나 생겨나게 하지 않고, 아무 생명체로부터 흘러나오지도 않기 때문이다. 각각의 씨는 일정한 부모로부터 흘러나오고 일정한 자손을 생겨나게 한다. 이렇듯, 씨가 바로 지배적으로 영향력을 발휘하는 것이고 자식을 산출하는 요인이다."[65]

아리스토텔레스의 목적론은 '내재적인' 목적론이라는 점을 보게 될 것이다. 각 종의 목적은 그 종의 내부에 있다. 그것의 목적은 단순하게는 그런 종류의 사물이 되는 것이지만, 보다 명확하게는 그것의 생존 조건

63 《동물의 몸에 관하여》 1권(A) 1장 642a 24-31.
64 《동물의 몸에 관하여》 1권(A) 1장 640b 29-31.
65 《동물의 몸에 관하여》 1권(A) 1장 641b 23-29.

―예를 들어, 서식처― 이 허용하는 한 자유롭게 효율적으로, 자기 종을 성장시키고 번식시키는 것, 감각을 갖는 것, 그리고 움직이는 것이다. 딱 한 번 (그리고 망설이긴 하나) 아리스토텔레스는 한 종의 특징은 다른 종을 위해 예정된 것일 수도 있다고 시사하는 듯하다. 먹이를 물기 위해 몸을 돌릴 때 먹이가 도망치도록 ―그러나 또한 과식을 막도록!― 상어의 입은 아래쪽으로 들어가 있다.[66] 일반적인 원칙은 "자연은 사용할 수 있을 경우를 제외하고는 결코 어떤 기관을 동물에게 주지 않는다"는 것이다.

아리스토텔레스가 동물의 구조를 목적에 기인한 것으로 기술할 때, 자연스럽게 떠오르는 물음은 누구의 목적에 기인한 것이냐는 것이다. 그것이 개별적인 동물의 목적에 기인한 것이라는 암시는 없다. 어떤 목적을 위해 활동하는 것으로 기술되는 것은 일반적으로 자연이지만, 자연은 의식을 가지고 작용하는 것이 아니다. 그것은 모든 살아 있는 것들 안에 주어져 있는 생명력이다. 한번은 자연에 신이 덧붙는다. "신과 자연은 헛된 일을 전혀 하지 않는다."[67] 그러나 아리스토텔레스가 진지하게 믿는 신은 (《형이상학》이 그 증거다) 자기 관조에 몰두하는 신이고 세계에 오로지 그것의 욕구 대상으로서만 작용한다. '신과 자연'이란 표현은 일상적인 사유 방식에 양보한 것으로 보이고, 아리스토텔레스는 그 후 많은 철학자들이 그랬듯이 어느 정신의 목적도 아닌 목적이라는 확실히 불충분한 개념에 만족한 상태에 있었던 것으로 보인다.

그의 목적론은 완전하지 않다. 그는 동물들의 구조에 많은 불완전한 점

---

66 《동물의 몸에 관하여》 4권(Δ) 13장 696b 24-32. 《정치학》 1권(A) 8장 1256b 15-22에서 아리스토텔레스는 식물은 동물을 위해 존재하고, 하등동물은 인간을 위해 존재한다는 소크라테스의 입장을 받아들인다. 그러나 그곳에서 아리스토텔레스는 생물학을 이야기하고 있지 않다.
67 《천체에 관하여》 1권(A) 4장 271a 33.

들이 존재한다는 것을 인정해야 한다. 이 점들의 원인을, 기술의 작품에서 발견되는 불완전한 점들이 그렇듯, 만드는 사람의 결함으로 돌려서는 안 된다. 그것들은, 재료 자체에 또는 특정 재료에 나쁜 요소가 있다는 의미에서가 아니라, 자연은 아무리 다른 목적들에는 좋더라도 가끔 당장의 목적에는 좋지 않은 재료를 가지고 일해야 한다는 의미에서, 물질의 결함에 기인한다. 두 유형의 불완전성에 특별히 관심을 둘 만하다. 첫째, 한 가지 종의 개체들 안에 있는 불완전성이다. 자연은 어떤 개체들을 완전한 모습으로 만드는 데 성공하는데, 왜 다른 개체들을 완전한 모습으로 만드는 데 실패하는가?(라고 우리는 물을 수 있다.) 아리스토텔레스는 그것은 재료의 가변성 때문이라고 대답한다. 천체는, '제5원소'라는 순수한 물질로 만들어져 있기 때문에 영원한 법칙에 완전히 따른다. 지상의 사물들은 그 재료가 순수한 흙, 물, 공기 또는 불이 아니라 이것들이 무한히 다양한 방식으로 결합됨으로써 이루어진 것이기 때문에 변화의 지배를 받는다. 아리스토텔레스는 일정한 화학적 친화력에 관한 이론을 갖고 있지 않고, 더군다나 원소들이 오직 고정된 비율로만 결합될 수 있다는 생각을 전혀 갖고 있지 않았던 것이다.

둘째, 우리는 퇴화기관들을, 즉 어느 유에 속하는 대부분의 종들에서는 일정한 목적에 이바지하지만, 몇몇 종들에서는 너무 작거나 약해서 아무런 목적에도 이바지하지 못하는 기관들을 설명해야 한다. 이것들에 대해 아리스토텔레스는 정상적이긴 하지만 그런 경우들에서는 성취되지 못한 자연의 의도를 가리키기 위해 '명목상'[68] 있다고 말할 수 있을 뿐이다.

아리스토텔레스의 목적론적 설명들이 모두 한결같이 성공적이지는 않

---

[68] 《동물 탐구》 2권(B) 9장 502b 23, 9권(I) 5장 611a 31, 《동물의 몸에 관하여》 3권(Γ) 7장 669b 29, 670b 12, 4권(Δ) 10장 689b 5.

다. 그는 현대의 어느 진화론자 못지않게, 동물들의 신체 외부를 종종 성공적으로 설명한다. 퀴비에[G. Cuvier, 1769-1832, 프랑스의 동물학자]는 새들의 외관들이 다채로운 생활 조건에 적응한 점에 대한 그의 설명을 아무리 칭찬해도 오히려 부족할 것이다. 신체 내부를 다룰 때, 그는 충분한 정도의 세밀한 해부가 부족하고, 당대에 건전한 해부학·생리학적 지식이 완전히 부재하여 방해를 많이 받는다. 예를 들어, 그는 신경계의 존재와 뇌의 중추적인 중요성을 깨닫지 못했다. 그에 따르면, 뇌의 용도는 과도한 열을 조정하는 일이다. 이 분야에서 그가 제시하는 상세한 설명보다 더 값진 것은 그가 도달했던 몇 가지 탁월한 일반적인 결론이다. 예를 들어, 그는 모든 생명의 연속성을 알아냈다. 그는 최소한의 생명만 갖추고 있고 거의 무생물의 물질과 구별되지 않는 식물들이 있다는 점, 식물과 동물의 간격을 메우는 생물이 있다는 점, 동물의 유들 사이를 연결하는 고리들이 있다는 점, 그리고 인간은 이성을 제외한 모든 점에서는 고등의 사족동물들과 종에서 연속적이라는 점을 찾아낸다.[69] 그는, 예를 들어, 다리와 날개와 지느러미 간에, 또는 깃털과 비늘 간에 성립하는 상동성의 원리를 명확하게 말한 최초의 인물이다.[70] 그는 기관적인 등가물들의 법칙을 알아낸다. 이것으로써 한 종에 어떤 기관이 없다는 점이 사용 가능한 재료가 다른 어떤 대체기관을 만드는 데에 소모되었다는 사실에 의해 설명된다.[71] 그는 자연에서 분업이 있음을 발견하고, 하나의 기관이

69 《동물 탐구》 8권(Θ) 1장, 《동물의 몸에 관하여》 4권(Δ) 5장 681a 9-b 8 등 참조.
70 《동물 탐구》 1권(Α) 1장 486b 17-22, 《동물의 몸에 관하여》 4권(Δ) 12장 693b 2-5, 13장 695b 20-25, 696a 25-27, 《동물의 나아감에 관하여》 10장 709b 30, 15장 713a 1, 18장 714b 3. 이 상동성은 구조의 상동성이라기보다는 기능의 상동성이다. 그리고 아리스토텔레스가 충분한 해부학적 연구에 근거하여 이것을 인지한 것은 아니다.
71 《동물의 몸에 관하여》 2권(Β) 5장 651b 13, 9장 655a 27, 14장 658a 35, 3권(Γ) 2장 663a 32, 664a 1, 4권(Δ) 9장 685a 25, 10장 689b 30, 12장 694a 27, b 18, 13장 695b 7, 《동물의 나아감

각각의 기능에 할당되고, 하나의 기능이 각각의 기관에 할당됨을 발견한다.[72] 그렇지만 그는 자연이 때로는 한 가지 목적을 위해 어떤 기관을 산출해 놓고 이것을 추가로 두 번째 목적을 위해 사용한다는 점을 지적한다.[73] 그는 먹이의 차이와 영양기관의 차이 간의 관계를 구체적으로 잘 설명한다.[74] 그는 어떤 동물도 다수의 적절한 방어수단을 갖지 않는다고 언급한다.[75] 이러한 경우들에서, 그리고 다른 많은 경우들에서, 목적론적인 방법으로써 그는 어떠한 기계론적인 설명도 발견하지 못했을 사실들을 간파할 수 있었다. 그리고 만일 그의 목적론이 때로는 너무도 간편한 것이고, 진정한 기계적 인과 관계로부터 관심을 벗어나게 할 뿐이라면, 이는 그의 생물학이 이전의 것에 비해, 그리고 수 세기 동안 그것의 뒤를 이었던 것에 비해 엄청나게 우월한 것이었다는 점으로 보아 관대히 봐줄 수 있는 결함이다.[76]

에 관하여》 17장 714a 16. 하지만 괴테(J. W. Goethe)는 "자연은 다른 부분에 쓰기 위해 한 부분을 아껴야 한다"는 자신의 법칙이 독창적임을 주장했다.

72 《동물의 몸에 관하여》 4권(Δ) 6장 683a 22, 《정치학》 1권(A) 2장 1252b 1.

73 《동물의 몸에 관하여》 2권(B) 16장 659a 20, 3권(Γ) 1장 662a 18, 4권(Δ) 10장 688a 22, 690a 2.

74 《동물의 몸에 관하여》 3권(Γ) 14장.

75 《동물의 몸에 관하여》 3권(Γ) 2장 663a 17. 《동물 탐구》 1권(A) 1장 487b 26, 2권(B) 12장 504b 7 참조.

76 아리스토텔레스의 목적론이 얼마나 탁월하게 다윈을 예견하고, 그에 의해 확인되는지는 F. W. Bain, *Body and Soul*, London 1894에 잘 제시되어 있다.

Aristotle

5장
심리학

{ 　　　　　 **혼과 혼의 능력들** 　　　　　 }

　심리학의 대상은 "혼의 본성과 본질, 그리고 그것의 속성들을 알아내는 일"이다.[1] 이 속성들을 다루는 방법은 증명이다. 아리스토텔레스는 이에 대응하는 본질을 발견하는 방법이 있는지를 묻는다. 그는 분할을 가능한 방법으로 제안하고, 실제로 이를 채택한다. 그 첫 단계는 존재에 대해 크게 구분한 것들 —범주들— 중 어떤 것에 혼이 속하는지를, 그리고 다시 그것이 잠재태인지 현실태인지를 정하는 것이다. 그러나 이 지점에서 어려움이 생긴다. 혼에 상이한 부분들이 있고, 이런 부분들이 다양하게 결합되어 있음으로써 다양한 종(種)들이 또는 심지어는 유(類)들이 있을 것이라고 해 보자. 그렇게 되면 혼에 대한 한 가지 정의는 없을지도 모른다. 혼에 관한 기본적인 사실들이 다양한 종류의 혼들일지도 모른다. 그리고

1　《혼에 관하여》 1권(A) 1장 402a 7.

'혼'이란 이름에 일반적으로 부합하는 한 가지 것이 없든지, 아니면 다양한 혼들 안에 있는 공통된 본성의 조그만 핵만이 있을지도 모른다.[2]

아리스토텔레스의 대답은 결과적으로 이렇다. 혼의 종류들은 혼에 대한 어떠한 단일한 정의도 그것의 다양성들에 관한 충분한 관념을 제공할 만큼 비슷하지 않다 — 혼은 그것이 미미한 형태로 나타난 식물과 식충류(植蟲類)로부터 그것이 높게 이르는 형태인 사람이나 신까지 걸쳐 있다. 하지만 그것들은 우리가 혼의 모든 다양한 형태들에서 공통된 본성을 인지하지 못할 정도로 다르지도 않다. 기하학적 도형들은 삼각형에서 시작하여 점점 더 복잡한 형태로, 각 형태가 잠재적으로 선행하는 것을 모두 포함하는 형태로 순서대로 배열될 수 있을 것이다. 혼의 형상들도 마찬가지로 일정한 순서로 하나의 계열을 이룬다. 그래서 각 종류의 혼은 순서상 그것 앞에 오는 모든 것들을 전제하고, 이것들에 의해 함축되지 않는다. 최소한의 혼은 영양 능력의 혼이다. 왜냐하면 이것은 —식물이나 동물이나 할 것 없이— 모든 살아 있거나 '혼을 가진' 존재들 안에 있기 때문이다. 다음으로 감각 능력의 혼이 온다. 이것은 모든 동물 안에 존재한다. 감각 능력의 혼 내에서 같은 틀이 다시 나타난다. 왜냐하면 촉각은 다른 모든 감각들이 전제하는 최소 형태의 감각이기 때문이다. 그것은 다른 감각들이 있는 곳 어디에든 존재하고, 때로는 그것들이 있지 않은 곳에도 존재한다.[3] 그리고 아리스토텔레스에서 촉각, 미각, 후각, 청각, 시각이 감각의 구분 능력, 즉 감각 대상들의 "형상을 재료는 놔둔 채 수용하는" 능력이 증가되는 방식으로 나타나는 열을 짓고 있다고 말하는 것은 지나친 공상이 아닐 것이다.[4]

---

2   《혼에 관하여》 1권(A) 1장 402a 10-b 8.
3   《혼에 관하여》 2권(B) 3장 414b 2-4, 415a 3-6, 3권(Γ) 13장 435a 12.

감각 능력의 혼이 감각의 기능만을 갖는 것은 아니다. 그것은 이 기능에 필연적으로 뒤따르는 것으로서 쾌감과 고통을 느끼는 기능, 따라서 모든 동물에서 발견되는 욕구의 기능을 갖는다. 감각 능력으로부터 자라나오는 두 가지 다른 기능들이 있다. 이것들은 대부분의 동물들에서 발견되지만 모든 동물들에서 발견되지는 않는다. (1) 인식적인 측면에서 감각으로부터 자라 나오는 것이 있다. 이것을 아리스토텔레스는 상상(phantasia)이라고 부른다. 기억은 이것이 좀 더 발전된 것이다. 그리고 (2) 욕구적인 측면에서 감각으로부터 자라 나오는 것이 있다. 이것은 움직임의 능력이다.[5] 마지막으로 인간에게만 있는 능력, 즉 이성의 능력이 있다.[6] 이것은 감각으로부터 유적으로 구분되는 것으로서 취급된다. 하지만 시각, 청각 등과 같은 특수한 형태로 활동하고 있는 때가 아니라 감각으로서의 일반적인 본성에서는, 감각과 이성의 간격을 메우는 데에 이바지하는 다양한 기능들이 감각에 할당된다.

아리스토텔레스는 혼의 능력들에서 이러한 순서가 필연적임을 보여주고자 한다. 모든 생물들의 생명은, 일단 유지되려면 성장과 쇠퇴의 과정을 통해 유지되어야 하고, 영양 기능은 모든 생물들에서 이들의 생존을 유지하기 위해 작동하고 있어야 한다. 감각이 똑같은 정도로 필요한 것은 아니다. 식물들과 움직이지 않는 동물들은 자신들의 먹이를 자동적으로 그들이 자라는 토양에서 찾는다. 그러나 움직임의 능력은 감각을 전제한

---

4 J. I. Beare, *Greek Theories of Elementary Cognition*, Oxford 1906, 230-31쪽. 《혼에 관하여》 3권(Γ) 3장 429a 2 참조.

5 햄릿의 대사 "물론 너는 감각을 가지고 있지, 안 그러면 너는 움직일 수 없을 테니까"(iii. 4. 71)는 아마도 아리스토텔레스로 거슬러 올라갈 것이다. G. G. Greenwood, An Agreement between Shakespeare and Aristotle, in *Classical Review* 17(1903), 463-64쪽.

6 《혼에 관하여》 2권(B) 2장 413a 22-b 27, 3장 414a 29-415a 12.

다. 왜냐하면 그 능력은 감각이 없으면 무용지물일 것이기 때문이다. 먹이를 발견했을 때 이것을 인지할 수 없다면 동물이 돌아다니는 것은 쓸모가 없는 일이다. 더 나아가, 감각들 중 촉각이 가장 없어서는 안 되는 것이다. 동물이 멀리서부터 좋은 것과 나쁜 것을 구분할 줄 알아야 하는 것은 아니다. 그러나 그 대상과 실제로 접촉했을 때에는 그럴 줄 알아야 한다. 더 나아가, 먹이는 촉각 성질 덕분에 양분을 제공한다. 촉각의 변형인 미각도 없어서는 안 되는 것이다. 왜냐하면 그것은 먹이가 동물을 유혹하고 먹이가 아닌 것이 동물을 퇴짜 놓는 수단이 되는 성질들을 인지하는 것이기 때문이다.

다른 감각들은 생존의 수단이라기보다는 잘 삶의 수단이다. 멀리서부터 감각한다는 것은 반드시 필요한 것은 아니지만, 동물이 먹이를 얻고 좋지 않은 것을 피하는 데에 도움이 된다. 더 나아가, 청각과 시각은 다양한 방식으로 사유 생활에 도움이 된다. 청각은 말의 사용이 가르침과 배움의 주요 수단이기에 특히 소중하고, 시각은 그것의 고유 대상인 색깔뿐만 아니라 사물들의 수, 크기, 모양, 움직임의 측면에서 사물들의 차이점들을 아주 정확하게 드러내 주기 때문에 특히 소중하다.[7]

{   혼과 몸   }

아리스토텔레스는 《혼에 관하여》에서 일찍이 그의 심리학의 핵심으로 우리를 이끌 다른 문제를 제기한다. 그는 묻는다. 혼의 속성들은 혼의 소

---

7   《혼에 관하여》 3권(Γ) 12장, 13장, 〈감각과 감각 대상에 관하여〉 1장 436b 10-437a 17, 《형이상학》 1권(A) 1장 980a 21-b 25.

유자, 즉 우리가 살아 있는 존재라고 부르는 혼과 몸의 단일체에게 모두 공통된 것인가? 아니면 그것들 중 어떤 것들은 혼에만 있는 것인가?[8] 만일 혼이 고유한 속성들을 가지고 있다면, 혼은 몸으로부터 따로 분리될 수 있을 것이다. 만일 그렇지 않다면, 그것은 우리가 물체의 수학적인 속성들을 그것의 물리적인 특성으로부터 분리해 내는 수단과 비슷한 추상 작용에 의해 몸으로부터 떼어 따로 생각될 수 있을 뿐이다. 대부분의 정신 현상들은 신체적으로 무엇인가를 겪는 것에 수반된다. 그리고 유명한 현대의 이론에 앞질러, 그는 필요한 신체적 조건들이 주어진 곳에서 분노와 두려움과 같은 감정은 아주 조그만 정신적 원인에 의해 또는 어떠한 정신적 원인도 없이 산출된다고 덧붙인다. 따라서 정신 현상들은 '재료를 포함하는 형식들'이다. 그것들에 대한 올바른 정의는 그것들의 형상이나 목적(그것들의 합리적인 원인)을 빠뜨리지 않고, 그것들의 재료(그것들의 생리적인 조건들)도 빠뜨리지 않을 것이다. 이렇게 해서 혼은, 또는 적어도 이런 종류의 혼은 자연학자의 영역 내에 들어오게 된다. 우리는 분노를 대화가[변증가]들이 하듯 보복의 욕구로만 규정해서는 안 되고, 보통의 자연학자가 하듯 피가 심장 주변에서 끓는 것으로만 규정해서도 안 된다. 재료 안에 구현된 형상들은 그 구현을 위해 특별한 종류의 재료를 필요로 한다. 그리고 이것을 아는 것은 형상들 자체를 아는 것만큼 중요하다.[9]

우리는 아리스토텔레스가 두-실체를 주장한 이론가가 아니라는 점을 보게 될 것이다. 혼과 몸은 두 개의 실체가 아니라 단일한 실체 안에 있는 분리될 수 없는 요소들이다. 그러나 '분리될 수 없는'이란 말을 주의 깊게 살펴볼 필요가 있다. 혼과 몸은 일반적인 의미의 형상과 재료[질료]처

---

8 《혼에 관하여》 1권(A) 1장 403a 3-5.
9 《혼에 관하여》 1권(A) 1장 403a 5-b 19, 2권(B) 1장 412b 6-9, 413a 4-9.

럼 어떤 점에서 분리될 수 있다. 지금 어느 혼과 연결되어 생명체를 형성하는 재료는 결합이 시작되기 전에 존재했었고 결합이 끝난 뒤에도 존재할 것이다. 특정 재료는 특정 형상으로부터 분리될 수 없지 않고, 형상으로부터만 분리될 수 없다. 왜냐하면 아리스토텔레스의 견해에 따른다면, 하나의 형상이 종의 모든 구성원들 안에 구현되어 있고, 그것은 모든 구성원들로부터 독립적으로 존재할 수는 없지만, 어떤 구성원이든 이것과 독립적으로 존재할 수 있기 때문이다. 그러므로 형상은 자신의 존재를 위해서 특정의 재료를 필요로 하지 않고 특정 종류의 재료를 필요로 한다. 그것은 일정한 종류의 화학적 구조와 일정한 모양을 지닌 몸을 필요로 하고, 다른 종류의 몸에 구현된 채로는 존재할 수 없다. 인간의 혼이 동물의 몸 안에 다시 태어난다고 말하는 것은 건축술이 끌 대신에 피리 안에 구현될 수 있다고 생각하는 것과 같다.[10] 혼은 몸 안에 구현되지 않은 채로 존재할 수도 없다. 하지만 여기서 아리스토텔레스는 인간의 혼에서 최고 요소인 능동 이성에 대해서는 유보한다. 이 이성은 '밖으로부터 들어와서'[11] 몸이 죽고 난 뒤에도 존재한다.[12] 하지만 그것이 개별적인 형태로 존재하는지 아니면 좀 더 넓은 영적인 결합으로 융합된 채로 존재하는지 아리스토텔레스는 말하지 않는다.

혼과 몸의 관계에 대한 이런 일반적인 이론으로부터 따르는 것은, 아리스토텔레스는 자아 개념을 몸이 다른 물리적인 사물들만큼이나 외부 세계의 부분으로서 관계하는 순수한 정신적 존재로서 생각하지 않았다는 점이다. 오히려, 그에게는 혼과 몸은 단일체를 이루고, 이것은 유지되는

---

10   《혼에 관하여》 1권(A) 3장 407b 24.
11   《동물의 발생에 관하여》 2권(B) 3장 736b 28.
12   《혼에 관하여》 3권(Γ) 5장 430a 22. 2권(B) 1장 413a 4-7, 2장 413b 24-27의 암시 참조.

한 완전한 것이고, 이 안에서 혼과 몸은 철학적인 눈에 의해 구분될 수 있는 측면들일 뿐이다. 혼의 존재가 가장 확실한 것이고 물질의 존재는 나중에 추론되는 것이라는 데카르트의 것과 같은 생각을 아리스토텔레스는 불합리한 것으로 대했을 것이다. 자아 전체, 혼과 몸은 주어진 어떤 것이지, 그렇게 주어진 것인지 의심되는 것이 아니다. 물리적인 세계도 그렇다. 아리스토텔레스는 때때로 관념론을 시사하는 듯한 말을 사용하지만, 크게 보아 그는 소박한 실재론자로 불릴 수 있을 것이다. 관념론의 색채를 보이는 곳은 그가 사유를 그 대상과 같은 것으로 기술하는 부분이다.[13] 그러나 바탕에 깔린 견해는 대상이 사유에 의해 구성된다는 것이 아니라, 정신이 '형상들의 자리'이거나 '형상들의 형상'이라는 것이다.[14] 이것은 정신이 일정한 보편자를 파악할 때까지는 잠재태일 뿐이고, 그것이 보편자를 파악할 때 완전히 이런 파악에 의해 특징이 규정되어, 그것의 대상과 하나가 되었다고 말해질 수 있을 것이다. 이것은 관념론이 아니라, 정신에 의한 대상의 변형은 물론이고 구성조차도 허용하지 않는 극단적인 실재론이다.

아리스토텔레스가 이전 사람들이 혼의 표지로 인정한 것으로 찾아낸 것은 세 가지다. 그는 이 세 가지 특징을 모두 받아들이지만, 이것들에 관한 이전의 이론은 배척한다. 혼은 움직임의 원인이지, 스스로 움직이는 것이 아니다. 그것은 움직여짐이 없이 움직임을 일으킨다. 그것은 앎의 주체이지만, 그렇다고 그것이 아는 대상과 같은 원소로 구성되어 있다고 생각해서는 안 된다. 그것은 비물질적인 것인데, 이전의 이론들은 그것의 비물질성을 충분하리만큼 뚜렷하게 파악하고 있지 못하다.

---

13 예를 들어,《혼에 관하여》3권(Γ) 4장 429b 6, 430a 3.
14 《혼에 관하여》3권(Γ) 4장 429a 27, 8장 432a 2.

《혼에 관하여》 1권(A)을 차지하는 이전 사람들의 생각에 대한 비판에 적어도 한 가지 다른 중요한 점이 나온다. 아리스토텔레스는 묻는다. 혼 전체가 그것의 활동들 각각에 관계하는가, 아니면 이것들은 혼의 다른 부분들에 할당되어야 하는가?[15] 생명은 이런 부분들 중 하나에 또는 더 많은 것들에 할당되어야 하는가, 아니면 그것은 별개의 원인을 갖는가? 만일 혼이 분할될 수 있는 것이라면, 그것을 결합시키는 것은 무엇인가? 몸은 아니다(오히려 이것은 혼에 의해 결합된다). 혼을 결합시키는 것이 '혼'이라는 이름에 대한 최고의 자격을 가져야 한다. 만일 그것이 단일한 것이라면, 왜 처음부터 혼 자체에 단일성을 부여하지 않는가? 만일 그것이 분할될 수 있는 것이라면, 그것을 결합시키는 것은 무엇인가? 더 나아가, 혼의 각 부분이 몸의 일정 부위를 결합시키는가? 식물과 어떤 동물들의 경우, 분할된 뒤에도 혼의 모든 부분들이 분할된 각 신체 부위 안에 있다. 이렇듯, 혼이 허용하는 분열은 질적으로 다른 부분들로의 분열이 아니라, 전체의 질이 각 부분들에 유지되는 분열이다. 혼은 사실상, 아리스토텔레스는 이렇게 표현하지는 않지만, 기관이 아니라 조직처럼 부분이 등질(等質)인 것이다. 그리고 그는 가끔 '혼의 부분들'이라는 전래된 표현을 쓰지만, 그가 선호하는 말은 '기능들'이다. 그의 심리학은 기능 심리학이지만, 이는 그가 이것을 하거나 저것을 한다는 신비로운 기능을 언급함으로써 사실에 대하여 성실하게 설명할 임무를 회피한다는 뜻은 아니다. 그는 혼이 다양한 작용을 보이고 있다는 사실을 설명하고, 때때로 중단되는 이러한 작용들 각각의 배후에서 우리는 그렇게 작용하는 지속적 힘을 가정해야 한다는 사실을 설명하고 있을 뿐이다. 그러나 이러한 능력들은 쌓여 있는 돌들처럼 공존하지 않는다. 그것들에는 일정한 질서, 훌륭한 질

15 《혼에 관하여》 1권(A) 5장 411a 26-28.

서, 개인에서 거꾸로 발전되는 순서가 있다. 더 나아가, 그것들에는 우리가 상호 침투라고 얼추 말할 수 있는 특징이 있다. 그래서 예를 들어, 지성과 욕구는 구별된 기능들이지만, 욕구의 최고 종류는 지성을 가진 존재들에서만 발생할 수 있는 종류의 것이고, 그 자체가 지성적이다.[16] 선택이나 의지는 똑같이 욕구하는 사유이자 사유하는 욕구라고 불릴 수 있을 것이고, 그것에는 인간 전체가 얽혀 있다.[17]

2권(B)에서 아리스토텔레스는 자신의 이론을 적극적으로 개진하기 시작한다. 그는 먼저 혼에 대해 정의를 내린다. 그것이 어떤 범주에 속하는지는 분명하다. 왜냐하면 모든 것들 중에서 물체들이 일반적으로 실체라고 주장되기 때문이다. 그리고 물체들 중에서도 무엇보다도 자연적인 물체들이 그런 것으로 주장된다. 왜냐하면 이것들은, 인위적인 물체들이 그것들로부터 만들어지는 한, 다른 모든 것들의 근원이기 때문이다. 그런데 자연적인 물체들에 원소들 및 이것들의 복합물뿐만 아니라 혼이 든 몸들도 포함된다. 그리고 혼이 든 몸은 실체이다. 이는 참으로 실체의 요소들인 재료(또는 잠재태)와 형상(또는 현실태)이 실체라고 불리는 이차적인 의미에서가 아니다. 그것은 재료와 형상이 결합된 독립적인 개별 실체이다. 이런 결합된 단일체에서 몸은 재료 또는 속성들의 담지자 역할을 하고, 혼은 형상 또는 본질적인 속성 역할을 한다는 것은 분명하다. 아리스토텔레스는 여기에서 그리스어에서 살아 있는 것에 대한 자연스러운 표현이 empsychon sōma('혼이 든 몸')라는 사실에 의해 도움을 받는다. 이 '혼이 든'은 분명히 살아 있는 물체를 다른 물체들로부터 구분해 주는 속성을 나타낸다. 그것은 고등생물들을 하등생물들로부터 떼어 두는 능력

---

16 《혼에 관하여》 3권(Γ) 9장 432b 5, 10장 433a 22-25, b 28.
17 《니코마코스 윤리학》 6권(Z) 2장 1139b 4.

들을 갖추고 있든 그렇지 않든 (적어도) 자기-영양 능력을 나타낸다. 그렇다면, 혼은 살아 있는 것의 형상이거나 현실태이다. 그러나 '현실태'의 의미는 애매하다. 속인에 견주어 볼 때, 학자는 그가 학문적으로 생각하고 있지 않을 때조차도 앎을 현실태로 가지고 있다. 그러나 학문적으로 생각할 때 그는 더 완전한 의미에서 앎을 가지고 있다. 이와 비슷하게 혼은 살아 있는 신체의 첫 번째 현실태이지만, 혼이 제 기능을 발휘함은 그것의 두 번째 또는 더 완전한 현실태이다. 사람은 자고 있을 때에도 혼이 있지만, 이때에 그는 완전히 현실태로 있지 않다. 그때 그의 기능은, 발육 기능을 제외하고는, 잠자고 있다. 그런데 살아 있는 신체는 바로 기관들을 갖춘, 즉 다양한 활동에 정교하게 맞춰진 다양한 부분들을 포함하는 신체이다. 혼은 이렇게 해서 '기관들을 갖춘 자연적인 물체의 첫 번째 현실태'가 된다. 도끼에서 그것의 재료와 도끼의 성질을 구분하거나 눈에서 눈동자와 시각 능력을 구분하듯이, 우리는 살아 있는 것에서 재료인 신체와 형상인 혼을 구분한다. 그리고 도끼의 성질을 실제로 자름으로부터, 시각의 능력을 실제로 봄으로부터 구분하듯이, 우리는 첫 번째 현실태인 혼을 두 번째 현실태인 깨어 있는 삶으로부터 구분한다. 그렇다면 분명히, 어떠한 신체의 현실태도 아닌 부분이 ―아리스토텔레스는 이성을 염두에 두고 있다― 혼에 있지 않다면, 혼은 신체로부터 분리될 수 없는 것이다.[18] 그러나 만일 혼이 그러한 현실태라면, 그것의 어느 부분은 왜 그러한 것이 못 되는지에 대한 의문이 우리에게 남는다. 이성과 다른 능력들의 관계는 그의 심리학에서 가장 모호한 부분들 중 하나이다.

---

18 아리스토텔레스는 다른 곳에서(《혼에 관하여》 2권 4장 415b 7-28) 혼은 몸의 현실태 또는 형상일 뿐만 아니라 (형상인, 목적인, 작용인은 같은 것이라는 일반적인 원칙에 따라) 몸의 목적인이고 몸에서 유래하는 모든 변화의 ―장소의 변화든, 질의 변화든 크기의 변화든― 작용인이라고 지적한다.

이와 같은 추상적인 정의는 혼의 다양한 현상들을 이해하는 데에 많은 도움을 주지 못할 것이다. 이를 깨달은 아리스토텔레스는 나아가 좀 더 구체적인 설명을 제시한다. 여기에서 그는 앞서 제시된 방식대로 혼에 관련된 주요 기능들을 지적하고 나서 이것들을 상세하게 다룬다. 그는 먼저 영양섭취를 다룬다.

{ 영양섭취 }

그는 생물들이 성장하는 원인을 그것들 안에 포함된 원소들만의 작용으로 돌리는 것은 잘못이라고 지적한다.[19] 불이나 열조차도 영양섭취의 보조 원인일 뿐이다. 자연적으로 전체인 것들 모두에는 '성장 및 크기의 한계와 비율' —주어진 동물종에 고유한 크기의 한계, 즉 동물의 신체 부위들 간에 관찰되는 비율— 이 있다. 그리고 이 한계와 비율은 재료가 아니라 형상의 측면에 속하고, 몸이 아니라 혼의 측면에 속한다. 사실은 불이나 열이 성장의 원인이지 않고, 혼이 몸 안에 있는 뜨거운 물질에 작용하고,[20] 이것이 다시 음식물에 질적인 변화를 산출한다. 마치 키잡이가 손을 움직이고, 이것이 다시 키를 움직이고 이렇게 함으로써 배를 조종하는 것처럼 말이다. 혼은 부동의 운동자[자신은 움직이지 않으면서 다른 것을 움직이는 것]이다. 뜨거운 물질은 움직여지면서 다른 것을 움직이고, 음식물은 움직여지기만(즉, 화학적으로 변하기만) 한다.

영양섭취가 '비슷한 것에 의해서' 초래되는지, 아니면 '비슷하지 않은

---

19 《혼에 관하여》 2권(B) 4장.
20 이 책 3장의 각주 146 참조.

것에 의해서' 초래되는지에 대해 논쟁이 있어 왔다. 아리스토텔레스는 영양섭취는 비슷하지 않았던 것으로부터 비슷한 것을 만드는 것, 즉 동화작용이라고 지적함으로써 이 문제를 해결한다.

영양섭취의 궁극적인 목표는 어떠한 경우든 빠르게 소멸될 운명인 개별적인 삶의 보존이 아니라 종의 보존이다. 이것에 의해서만 생물들은 '영원한 것과 신적인 것에 참여할' 수 있다. 아리스토텔레스는 생식을 영양섭취와 같은 능력으로 지정한다. 그리고 혼의 기본적인 또는 최소한의 기능에 대한 완전한 명칭은 '영양섭취 및 생식의 능력'이다.

{ 감 각 }

아리스토텔레스 이전 사람들은 대부분 감각이 본질적으로 감각기관들이 대상에 의해 질적으로 변하는 수동적인 과정인 것처럼 다루어 왔다. 이런 견해에 반대하여 아리스토텔레스는 만일 감각이 질 변화라고 불릴 수 있으려면, 두 가지 종류의 질 변화를 구별해야 한다고 주장한다.[21] 감각은 단순히 한 상태가 이에 반대되는 상태에 의해 교체되는 것과 같은 종류의 질 변화가 아니다. 그것은 잠재태의 실현, 즉 어떤 것이 '자신을 향해, 현실태를 향해' 나아가는 것,[22] 또는 《자연학》의 표현을 빌리자면 완성함이다.[23] 이 구분은 건전한 것이지만, 우리를 가고자 하는 데까지 충분히 이끌지 못한다. 벽을 건축함도 완성함이다.[24] 그리고 두 가지 질 변

---

21 《혼에 관하여》 2권(B) 5장.
22 《혼에 관하여》 2권(B) 5장 417b 6, 16.
23 《자연학》 7권(H) 3장 246b 2, 247a 2.
24 《자연학》 7권(H) 3장 246a 18-20.

화에 대한 구분은 감각기관과 감각 능력은 감각 행위를 위해 내내 존재했던 것이라는 사실은 제시하면서도, 감각 행위가 뚜렷하게 정신적이고 비물질적인 본성을 갖는다는 점은 제시하지 못한다. 이 점은 다른 곳에 더 잘 제시되어 있다.[25] 이곳에서 아리스토텔레스는 감각 성질들에 의한 식물이나 무생물들의 물리적인 변경이 그런 감각 성질들에 의해 동물들에게 야기되는 감각이라는 정신적인 사실과 다르다는 점을 강조한다. 그리고 그 점은 연속적인 발전에 의해 최고의 인지 행위들에 도달할 출처가 되는 구별 능력으로서 감각을 서술하는 곳에[26] 더욱 잘 제시되어 있다.

그러나 아리스토텔레스가 감각 개념을 물리적인 것과는 공통점이 전혀 없는 순전히 정신 활동으로서 성공적으로 고수하고 있다고 말할 수는 없다. 그는 여전히 이전 유물론의 영향 아래에 있다. 한쪽 계열의 철학자들은 지각을 비슷한 것에 의한 비슷한 것의 지각으로서 기술했고, 다른 쪽 계열의 철학자들은 비슷하지 않은 것에 의한 비슷하지 않은 것의 지각으로서 기술했다. 양쪽의 견해는 지각을 외부 물체에 의해 지각하는 자의 신체 상태가 변하는 것으로 생각한다는 점에서 일치한다. 영양섭취에 관하여 비슷한 문제를 해결한 것처럼, 아리스토텔레스는 이 문제를 지각의 과정을 비슷하지 않은 것들이 비슷하게 되는, 감각기관이 그 대상에 동화되는 과정으로 기술함으로써 해결한다. 손은 뜨거워지고, 눈은 색깔로 물들고,[27] 그리고 —그는 아마도 추가했을 것이다— 혀는 맛이 나고, 코는 냄새가 나고, 귀는 소리 나게 된다. 영양섭취에서는 음식의 재료가 흡수되지만, 감각에서는 재료는 놔둔 채 형상을 수용한다는 사실에 의해 둘은

25 《혼에 관하여》 2권(B) 12장 424a 32-b 18.
26 《혼에 관하여》 2권(B) 11장 424a 5, 9장 432a 16, 《뒤 분석론》 2권(B) 19장 99b 35-37.
27 《혼에 관하여》 3권(Γ) 2장 425b 22.

구분된다.[28] 그런데 만일 그렇게 기관이 대상에 동화되는 일이 일어난다면, 그것은 감각에 대한 본질적인 사실, 이런 물리적인 변화에서 이것과 꽤나 다른 무엇인가가, 즉 대상의 일정한 성질에 대한 정신에 의해 이해가 부수된다는 사실을 설명하기에는 쓸모가 없다. 형상의 수용이 형상에 대한 의식을 의미할 때에만, 그것은 지각에 대한 진정한 서술이다. 그리고 기관을 그 대상의 형상에 의해 한정되는 것으로 기술하는 것은 부적절하다. '형상을 수용하는'이란 표현은 근본적으로 애매하다.

이렇듯 지각에 관한 아리스토텔레스의 설명은 심리학과 생리학을 상당히 혼동한다. 생리학에 대한 그의 견해를 좀 더 상세하게 따라가 보면 다음과 같다. 각 감각기관은 극단들 사이에 배열되어 있는 한 줄 또는 이보다 많은 줄의 성질들을 감각한다. 예를 들어, 눈은 색깔을 감각한다. 아리스토텔레스에 따르면 여기에서 이것은, 중간에 있는 색들이 각각 일정한 비율로 결합된, 흼과 검음으로 이루어진 채로 줄지어 있다. 전 영역에 걸쳐 이런 성질들을 감각하기 위해서, 감각기관 자체도 양극단 중 어느 것도 지나치게 우세하지 않게 혼합되어 있다는 특징을 지닌다. 이렇게 해서 감각은 중간이거나 비율이다. 감각기관이 외부 대상에 의해 영향을 받을 수 있기 위해서는 세 가지 조건이 충족되어야 한다. (1) 대상에 의해서 매체 안에 일어난 변화에 일정한 강도가 있어야 한다. 그렇지 않으면 감각기관의 타성으로 말미암아 대상으로부터 영향을 받지 못할 것이다. 이것이 바로 아주 작은 채색된 대상들이나 아주 작은 소리들이 따로 감각될 수 없는 이유다. 물론 이런 부분들이 더 큰 물체나 더 큰 소리를 이루고 있을 때, 그것들은 감각된 대상에 포함된 구성 요소로서 사유에 의해 인지될 수 있다는 뜻에서 잠재적으로 감각된다. 그리고 (2) 반대되는 성

---

28 《혼에 관하여》 2권(B) 12장 424a 18.

질들이 감각 대상 안에 결합되어 있는 비율은 그것들이 감각기관 안에 결합되어 있는 비율과 어느 정도 달라야 한다. 이렇게 해서 손은 자신과 같은 온도를 가진 대상을 뜨겁거나 차갑게 느끼지 않는다. 그러나 (3) 두 비율의 차이는 너무 크지 않아야 한다. 반대되는 성질들의 비율에서 일정한 변화는 감각기관이 계속해서 존재하는 것과 양립할 수 있지만, 만일 그 비율이 너무 심하게 어지럽혀지면, 감각기관은 파괴된다.[29] 그리고 촉각은 없어서는 안 될 감각이므로, 일정한 촉각 성질들 ―뜨거움, 차가움, 또는 단단함[30]― 의 과도는 감각기관을 파괴하면서 이와 더불어 동물도 파괴할 것이다.[31]

감각의 현실화는 동시에 감각 대상의 현실화이다. 실제로 나는 소리와 실제로 들음은 단일한 사건의 구별 가능한 측면들일 뿐이다. 실제로 들음과 따로 떨어져서 실제로 나는 소리는 없고, 잠재적인 소리만이 있을 뿐이다. 이와 더불어 아리스토텔레스는 보는 행위가 없으면 흼도 검음도 없다는 이전의 견해에 반대한다.[32] 그가 여기에서 의도하는 것은 틀림없이, 근본 성질들에 덧붙여 감각 대상들은 감각하는 것들이 앞에 없을 때에 일정하게 제한되어 있고, 이러한 제한에 의해 감각 대상들은 감각하는 것들이 앞에 있을 때에 감각을 일으킨다는 것이다. 그러나 그는 이러한 '영속적인 감각 가능성'이 끌어들이는 난점들에 깊이 파고들지 않는다.

아리스토텔레스는 감각 대상들을 세 가지로 분류한다.[33] 이 가운데 둘

---

29 《혼에 관하여》 2권(B) 11장 424a 2-10, 12장 424a 26-b 1, 3권(Γ) 2장 426a 27-b 8, 4장 429a 29-b 3, 13장 435a 21.
30 왜 무름은 여기에서 제외하는가?
31 《혼에 관하여》 3권(Γ) 13장 435b 7-19.
32 《혼에 관하여》 3권(Γ) 2장 425b 25-426a 27, 《범주들》 7장 7b 35-8a 12, 《형이상학》 4권(Γ) 5장 1010b 31-1011a 2. 이 책의 281쪽 참조.
33 《혼에 관하여》 2권(B) 6장.

—각 감각에 고유한 감각 성질들과 모든 감각에 공통된[34] 또는 적어도 시각과 촉각에 공통된[35] 감각 성질들— 은 직접 감각된다. 고유한 감각 성질들에 대해서는 착오가 불가능하거나 여하튼 드물다. 아리스토텔레스가 공통된 감각 성질들로 인정한 것을 나열하면 다음과 같다. 움직임과 정지, 수[여럿]와 하나, 모양, 크기, 그리고 (여기에 우리는 덧붙일 수 있을 것이다) 시간.[36] 감각 대상의 세 번째 종류는 '고유한 감각 성질'에 동반하여 부수적으로 감각되는 것이다. 디아레스의 아들인 흰 물체를 볼 경우, 우리는 부수적으로 디아레스의 아들을 감각한다.

고유 감각들과 이것들의 대상들에 대하여 아리스토텔레스가 다룬 것에는 역사적인 관심사만은 아닌 것들이 많다.[37] 이목의 집중을 받은 주제는 감각기관과 매체의 구성이다 — 그리고 그는 촉각조차도 매체(살)를 사용하고, 촉각기관은 살이 아니라 '몸 안에 있는 다른 어떤 것'이라고 주장한다.[38] 시각과 관련하여, 그는 다음과 같은 관찰된 사실들에 근거하여 이론을 세운다.[39] (1) 눈에 바로 댄 물체는 보이지 않고(이는 매체가 필요하다는 점을 보여 준다), (2) 불은 빛 속에서나 어둠 속에서나 보일 수 있지만, 색깔이 있는 비-발광물체들은 빛 속에서만 보일 수 있다.[40] 그래서 그는 (천체들뿐만 아니라) 불이 비-발광물체들에는 없는 힘을, 즉 '잠재

---

34 《혼에 관하여》 2권(B) 6장 418a 10.
35 〈감각과 감각 대상에 관하여〉 4장 442b 5-7.
36 《혼에 관하여》 2권(B) 6장 418a 17, 3권(Γ) 1장 425a 15, 〈감각과 감각 대상에 관하여〉 3장 439a 9, 4장 442b 5, 〈기억과 기억해 냄에 관하여〉 1장 450a 9, 451a 17. 《혼에 관하여》 3권 (Γ) 10장 433b 7 참조.
37 《혼에 관하여》 2권(B) 7-11장, 〈감각과 감각 대상에 관하여〉 3-5장.
38 《혼에 관하여》 2권(B) 11장 422b 19-23, 34-423a 17, 423b 1-26.
39 《혼에 관하여》 2권(B) 7장. H. W. B. Joseph in *Classical Review* 18(1904), 131-32쪽 참조.
40 인광체(燐光體)들도 '고유한 색깔'은 어둠 속에서 보일 수 없다. 《혼에 관하여》 2권(B) 7장 419a 2-6.

적으로 투명한 것을 실제로 투명하게 만드는' 힘을 가지고 있다고 생각한다. 잠재적인 투명함은 공기, 물, 그리고 많은 고체들에 공통된 성질이다. 이러한 물체 안에 실제로 투명함이 있는 상태가 빛이다. 이렇게 해서 빛은 움직임이 아니라 현실태 또는 상태이다. 그리고 그것은 움직임에 의해서 생기지 않고, 잠재적으로 투명한 어떤 매체 안에 일어난 순간적인 질적 변화에 의해 생긴다. 이것이 첫 번째 단계이다. 두 번째 단계는 잠재적으로 색깔이 있는 물체가 지금 실제로 투명한 매체에 작용하고, 즉 그런 매체에 더 나아간 질적인 변화를 일으키고, 이렇게 해서 실제로 색깔이 있는 물체로 되고 실제적인 시각을 불러일으키는 단계이다. 아프로디시아스 출신의 알렉산드로스는 아리스토텔레스의 이론에 포함된 두 단계 —빛의 산출과 색깔의 산출— 를 인지하고는, 더 나아가 색깔을 '제2의 빛과 같은 것'이라고 부른다. 불과 천체들은 매체 안에다 첫 번째 변화와 두 번째 변화를 모두 일으킬 수 있는 유일한 것들이다. 바로 그것들은 어둠을 빛으로 만들기 때문에 '어둠 속에서' 보일 수 있다.

지금까지, 투명한 것은 외부적인 매체로만 나타났지만, 〈감각과 감각 대상에 관하여〉에서[41] 그것의 의미는 두 가지로 펼쳐진다. (1) 아리스토텔레스는 일정한 관찰의 결과로 시각의 실제 기관은 눈의 외부 표면이 아니라 머리 안에 있는 어떤 것이라는 점에 주목한다. 따라서 투명한 매체는 내부기관까지 곧바로 뻗쳐 있어야 한다. 그러니 수정체는 투명한 물질인 물로 이루어져 있어야 한다. 그리고 (2) 투명함은 이제 다소 차이가 있지만 어떤 것들이든 모든 물체들 안에 들어 있는 것으로서 간주되고, 색깔은 물체들 안에 있는 투명한 것의(즉, 투명한 것이 물체들 안에 대체로 분명치 않게 갇혀 있는 한에서 성립하는) 경계로서 기술된다. 반면, 빛은 투명한 것

---

[41] 〈감각과 감각 대상에 관하여〉 2장 438a 12-16, b 5-16, 3장 439a 21-b 14.

이 구속되지 않은 조건에서, 즉 그것이 공기와 물과 같은 투명한 매체 안에 존재할 때, 성립하는 투명한 것의 현실태이다.

{ 공통 감각 }

고유 감각들에 관한 아리스토텔레스의 설명은 예리한 추론을 많이 포함하고 있지만, 우리가 지지할 수 없는 물리학 및 생리학과 결부되어 있어서 대부분 결함이 있다. 이제 고유하지 않은 지각, 즉 공통 감각(sensus communis)에 대한 그의 설명으로 가 보자. 이 표현은 아리스토텔레스에서 드물다.[42] 그러나 그것이 오감 위의 다른 감각으로서 보다 다양한 대상들의 집단을 파악하는 것으로서가 아니라, 모든 오감에 내재한 공통된 존재로 해석된다는 조건이라면, 간편하게 이론 전체를 요약한다. 우리는 감각을, 그것의 유적인 성질에 의해 일정한 기능들을 수행하지만, 일정한 목적들을 위해 다섯 가지 감각으로 특화되어 특수한 기능에 적합한 기관들을 갖춘 단일한 능력으로서 생각해야 한다.

지각 능력이 개별적이지 않은 방식으로 작동하는 기능들은 다음과 같다. (1) '공통된 감각 성질들'의 지각.[43] 이것들은 모두 움직임, 즉 대상에 비례하는 것으로 (다소 모호하게) 여겨지는 정신적인 움직임에 의해 감각된다고 아리스토텔레스는 주장한다. 바로 전문 용어로 '부수적인 성질들'

---

[42] 《혼에 관하여》 3권(Γ) 1장 425a 27, 〈기억과 기억해 냄에 관하여〉 1장 450a 10, 《동물의 몸에 관하여》 4권(Δ) 10장 686a 31에 나온다. 〈잠과 깨어 있음에 관하여〉 2장 455a 15 참조.

[43] 《혼에 관하여》 2권(B) 6장 418a 10-20, 3권(Γ) 1장 425a 13-b 11, 3장 428b 22-30, 〈감각과 감각 대상에 관하여〉 4장 442b 4-10, 〈기억과 기억해 냄에 관하여〉 1장 450b 9-12, 451a 16, 2장 452b 7-13.

이라고 불리는 대상들만큼이나 공통된 감각 성질들은 고유한 감각 성질들에 부수적인 것들이지만,[44] 그는 흼이 닮(♯)과 동시에 있거나 디아레스의 아들과 동시에 있음은 이따금 일어날 뿐이지만, 모든 대상 —적어도 시각과 촉각의 대상— 에는 크기, 모양, 지속, 정지 또는 움직임, 하나 또는 수가 있다는 점을 근거로 그 둘을 구분한다. 우리는 공통된 감각 성질들을 시각 자체에 의해 지각하지 않고, 유적인 지각 능력에 의해 지각한다. 이 능력은 시각, 청각 등으로 특화되는 기능들 외에 모든 감각 대상들에 공통된 성질들에 관련하여 특화되지 않은 기능을 가진다.

(2) '부수적인 감각 성질들'의 지각. 이것은 먼저, 보인 흰 물체가 디아레스의 아들이라는 지각에 의해서 예시된다.[45] 그러나 나중에[46] 구분이 더 이루어진다. (a) 두 가지 성질이 함께 발생할 때 (예를 들어, 우리가 전에 보고 맛보았지만, 지금은 보기만 하는 대상에서) 시각에 의해 닮을 지각하는 것과 같은 것이 있고, (b) 시각에 의해 클레온의 아들을 지각하는 것과 같은 것이 있다. 현대의 심리학은 두 가지 경우에 지각과 더불어 기억과 연상이 관련되어 있다고 주장한다. 현재 지각의 자극에다 연상에 의해 불러낸 것이 지닌 복잡성에 관한 한, 두 경우가 다르다. 연상이 하는 역할을 명확하게 인지하지 않은 채 부수적인 성질들과 공통된 감각 성질들에 대한 파악의 원인을 지각으로 돌리면서, 아리스토텔레스는 고유한 감각 성질들에 대한 지각에 비해 그러한 지각에 오류 가능성이 있다는 점을 설명하지 않고 그대로 둔다.

(3) 우리가 지각하고 있다는 것에 대한 지각.[47] 아리스토텔레스는 묻는

---

44 《혼에 관하여》 3권(Γ) 1장 425a 15.
45 《혼에 관하여》 2권(B) 6장 418a 21.
46 《혼에 관하여》 3권(Γ) 1장 425a 22-b 4.
47 《혼에 관하여》 3권(Γ) 2장 425b 12-25, 〈잠과 깨어 있음에 관하여〉 2장 455a 12-17. 이성의

다. 우리가 보고 있다는 것을 우리가 지각하는 것은 시각에 의한 것인가, 아니면 다른 어떤 감각에 의한 것인가? (a) 만일 다른 어떤 감각에 의한 것이라면, (i) 시각을 지각하는 것은 시각의 대상인 색깔을 감각해야 하므로, 색깔을 감각하는 감각은 둘이 될 것이다. 그리고 (ii) 우리는 우리가 보고 있다는 것을 우리가 지각한다는 것을 또 지각하는 제3의 감각을, 그리고 이런 식으로 계속해서 다른 감각을 가정하거나, 아니면 자기 자신을 지각하는 감각을 최종적으로 인정해야 한다. 그리고 만일 뒤의 경우라면, 원래의 시각에 자각을 부여해도 좋을 것이다. (b) 다른 한편으로, 만일 우리가 이렇게 한다면, 시각에 의해 지각한다는 것은 본다는 것이고, 보이는 것은 색깔이거나 색깔을 지닌 것이므로 애초에 보는 것은 색깔을 지닌 것이어야 할 것이다. 이 문제에 대해 아리스토텔레스는 (i) '시각에 의해 지각한다'는 것은 '본다'는 것보다 넓은 표현이라고 대답한다. 우리는 어둠을 보지 못하지만, 시각에 의해 어둠을 지각한다. 그리고 (ii) 보는 것은 어떤 의미에서 색깔을 가진 것이다. 왜냐하면 감각기관은 그 재료는 놔둔 채 감각 대상을 받아들이기 때문이다. 다시 말해, 그것은 같은 성질에 의해 질 변화를 겪기 때문이다. 이렇게 해서 감각물들과 상상물들은 대상들이 사라진 뒤에도 감각기관에 남아 있다.

아리스토텔레스의 대답은 사실상, 우리는 우리가 보고 있다는 것을 시각에 의해, 그러나 시각인 한에서의 시각에 의해서가 아니라 지각인 한에서의 시각에 의해 지각한다는 것이다. 이것은 어느 작가가 자각에 관련된 어려운 문제들을 최초로 토론한 구절들 중 하나다.[48] 아리스토텔레스는 모든 자각을 단일한 중추 능력에 기인한 것으로 돌리지 않는다. 앎, 지

자기 인식에 관해서는 《혼에 관하여》 3권(Γ) 4장 429b 26-29, 430a 2-9 참조.

48　플라톤의 《카르미데스》 168d, e 참조.

각, 생각, 추론은 일차적으로 제 자신과 다른 대상들과 관계하지만, 각각의 것은 그런 김에 제 자신을 파악한다. 다른 곳에서 이런 반성적 활동은 삶을 가치 있는 것으로 만드는 활동으로 기술되고,[49] 신적인 삶은 순수 자기-앎으로, '앎에 대한 앎'으로 묘사된다.[50]

(4) 두 가지 감각의 대상들 간의 구분.[51] 이 구분은 한 감각만으로는 이루어질 수 없고, 둘이 따로 작동함으로써도 이루어질 수 없다고 아리스토텔레스는 주장한다. 그것은 한순간에 작용하는, 단일한 능력이 해내는 일이다 —이는 후에 통각의 종합적인 통일이라 불리게 된다. 아리스토텔레스는 종합이, 있는 곳과 개수에서는 하나지만 다양한 측면 또는 작용을 포함하는 어떤 능력이 해내는 일이라고 말한다. 그러나 한 사물이 잠재적으로 검고 흴지도 모르지만, 그것은 현실태로[실제로] 둘 다일 수 없고, 이와 비슷하게 단일한 감각이나 기관은 한 번에 흼과 닮에 의해 질 변화를 겪을 수 없다. 이것은 그 감각이나 기관이 둘을 구분하는 데에 필요한 전제조건이다. 그리고 그는 점은 동시에 현실태로 한 선의 시작이자 다른 선의 끝이라는 유비로써 반론에 맞설 수 있을 뿐이다.

다른 곳에서[52] 그는 한 걸음 나아가, 두 가지 성질들에 대한 동시적인 감각은, 이것들이 같은 유의 것이든(흼과 검음) 다른 유의 것이든(흼과 닮), 공통 감각(sensus communis)의 작용을 함축한다고 주장한다.

(5) 아리스토텔레스는 잠에서 일어나는 모든 감각들의 부동 상태는 단순히 우연의 일치가 아니라 중추 감각 능력의 —감각들은 이것이 분화

---

49 《니코마코스 윤리학》 9권(I) 9장 1170a 25-b 10.
50 《형이상학》 12권(Λ) 9장 1074b 34.
51 《혼에 관하여》 3권(Γ) 2장 426b 12-427a 14.
52 〈감각과 감각 대상에 관하여〉 7장 447b 17-448a 19, 448b 17-449a 20.

된 것들이다— 부동 상태에 기인한다고 주장한다.[53] 이 상태에 대해 그는 목적론적인 근거뿐만[54] 아니라 생리학적인 근거를[55] 제시하려고 시도한다.

{ 상 상 }

우리는 이제 아리스토텔레스가 생각하기에 감각의 부산물과도 같은 능력, 즉 '상상'에 와 있다.[56] phantasia[판타시아]의 원래 의미는 phainesthai('보이다')와 밀접하게 관련되어 있고, 그것은 대상이나 정신적인 행위의 [누구에게] 보임을 말한다. 이 보임이 [무엇이] 나타남에 대해 갖는 관계는 들음이 울림에 대해 갖는 관계와 같다. 태양은 한 발 크기로 보이지만 우리가 살고 있는 세계보다 더 크다고 우리는 믿는다는 점을 지적함으로써 상상을 의견과 구분할 때처럼,[57] 아리스토텔레스가 판타시아를 감각 대상이 주어진 곳에서 작동하는 것으로 말하고 있는 구절들은 그러한 용법에 속한다. 그리고 이것은 언뜻 보기에, 전에 감각에 배당한, 공통된 감각 성질들을 지각하는 일을 판타시아에 배정하는 것이나 다름없다. 그리고 이러한 해석은 그가 개별 감각에 고유한 감각 성질들, 부수적인 성질들, 공통된 감각 성질들과 관련하여 판타시아를 구별하여, 앞의 경우에는 감각이 주어져 있는 한 판타시아의 오류 가능성이 없지만, 뒤의 두 가지 경우

---

53 〈잠과 깨어 있음에 관하여〉 1장 454b 25-27, 2장 455a 20-b 13.
54 〈잠과 깨어 있음에 관하여〉 2장 455b 14-28.
55 〈잠과 깨어 있음에 관하여〉 2장 455b 28-3장 458a 25.
56 《혼에 관하여》 3권(Γ) 3장 427b 27-429a 9.
57 《혼에 관하여》 3권(Γ) 3장 428a 24-b 9, 〈꿈에 관하여〉 1장 458b 28, 2장 460b 3-27.

에는 감각이 주어져 있더라도 오류 가능성이 있다고 지적하는 구절에 의해[58] 확인된다. 이것은 공통된 감각 성질들뿐만 아니라 부수적인 성질들, 심지어는 고유한 감각 성질들을 파악하는 일을 판타시아에 씌우는 결과가 된다. 이에 따라, 감각은 대상들에 관한 어떤 정보 또는 잘못된 정보를 제공할 수 있기 전에 판타시아에 의해 해석되어야 할 단순히 수동적인 감응의 차원으로 격하될 것이다.

그러나 대부분 아리스토텔레스는 자신의 감각 이론을 그렇게 파기하지 않는 방식으로 상상에 대해 기술한다. 그리고 방금 지적한 부분이 그의 신중한 나중 견해인지 의문을 품을 수 있다. 보통 판타시아는 감각 대상이 사라진 뒤에만 작동하는 것으로 기술된다. '몸을 통한 혼의 움직임'은 감각으로서, 몸과 혼 모두에 반동을 일으킨다. 하지만 혼에 관련해서 그 결과는, 기억해 냄이 일어나기 전에는, 잠재적인 것, 즉 정신의 의식적인 상태가 아니라 정신의 무의식적인 양태이다. 나중에 어느 때에, 이를테면 감각이 수면 중에 억눌림으로써 그 움직임은 현실적인 것이 된다. 다시 말해, 감각과 비슷하지만 그것보다 덜 생생한, 그리고 객관적인 사실로 이끄는 것으로서는 덜 믿을 만한 영상이 형성되고 출현한다. 그리고 이것은 상상의 행위이다. 이것의 생리적인 조건은 감각기관 내의 반동이 피와 더불어 '내재된 숨'에 의해 중추 감각기관인 심장으로 전달되는 것이다.[59]

---

58 《혼에 관하여》 3권(Γ) 3장 428b 18-30.
59 〈꿈에 관하여〉 2장 459b 7, 3장 461a 3-8, 25-b 15, 《동물의 몸에 관하여》 2권(B) 16장 659b 17-19, 《동물의 발생에 관하여》 2권(B) 6장 744a 3. 아리스토텔레스가 뇌가 아니라 심장을 중추 감각기관으로 본 이유에 대해서는 〈잠과 깨어 있음에 관하여〉 3장 458a 15, 〈젊음과 늙음, 삶과 죽음에 관하여〉 1장 467b 28-30, 3장 469a 4-23, 〈호흡에 관하여〉 17장 478b 33-34, 《동물의 몸에 관하여》 3권(Γ) 4장 666a 14-16, 《동물의 발생에 관하여》 5권(E) 2장 781a 20-22 참조. 이 점에서 그는 퇴보하였다. 그리고 그의 오류는 수 세기 동안 지식의 발전 속

주어진 감각을 해석하는 것 말고 판타시아가 하는 기능들은 크게 다음과 같다. (1) 잔상의 형성. 아리스토텔레스는 이것에 긍정적인 종류와 부정적인 종류가 있다고 지적한다.[60]

(2) 기억. 아리스토텔레스는 먼저[61] 기억이 과거에 대한 것임을 강조하고, 그것이 우리가 시간을 지각하는 수단인 능력, 즉 '중추 감각 능력'인 공통 감각(sensus communis)의 기능이라는 점을 이끌어 낸다. 그는 기억은 영상이 없이는 불가능하다고 덧붙인다. 따라서 그것은 상상이 소속된 혼의 부분이 하는 기능이다. 그러나 기억되는 것은 현재의 영상이 아니라 과거의 사건이다. 어떻게 그럴 수 있는가? 아리스토텔레스는 지각에 의해 혼 안에 생긴 것은, 도장 반지의 자국과 같은, 지각물에 대한 일종의 그림 또는 인상이라고 대답한다. 그런데 우리는 그림을 보면서 그것의 원물을 의식하게 된다고 말할 수 있다. 그리고 이와 비슷하게 영상을 의식하면서, 이것을 어떤 것의 영상으로서, 그리고 과거의 어떤 것으로서 의식하는 것이 가능하다. 이 두 가지 조건이 충족될 때, 우리에게 상상이 있을 뿐만 아니라 기억이라 불리는 보다 복잡한 행위가 있다. 이 두 가지 작용은 너무나 유사해서 기억-영상을 가지고 있으면서도 이것이 단순한 영상이라고 생각하거나, 단순한 영상을 가지고 있으면서도 이것이 기억-영상이라고 생각할 수 있다고 그는 지적한다.

아리스토텔레스는 기억으로부터 기억해 냄으로 나아간다.[62] 이것은 연

도를 늦추었다.

60 〈꿈에 관하여〉 2장 459b 5-7.
61 〈기억과 기억해 냄에 관하여〉 1장. 기억과 기억해 냄에 관한 아리스토텔레스의 이론에 대해서는 Dr. Bergemann, Gedächtniss-theoretische Untersuchungen und mnemotechnische Spielereien im Altertum, in *Archiv für Geschichte der Philosophie* 8(1895), 342-52쪽 참조.
62 〈기억과 기억해 냄에 관하여〉 2장.

속적인 실제의 기억과도 구분되고, 완전히 잊었던 것을 다시 배우는 것과도 구분된다. 기억해 냄은, 애써서 하든 그렇지 않든, 잠재적인 것으로 되었을 뿐인 기억, 즉 의식으로부터 사라졌던 기억의 활성화이다. 기억해 냄이 따르는 진행 법칙은 지각이 우리의 기관들에 남긴 움직임들이 규칙적인 순서로 서로 이어지는 경향이 있다는 것이다. 관념들의 연상은 —이에 대한 최초의 규정이라고 거의 말할 수 있는 것을 우리는 여기에 가지고 있다[63]— 유사성에 의해, 반대성에 의해, 또는 인접성에 의해 진행된다. 어떤 대상을 기억해 내는 것은 원래의 경험 속에서 그것과 비슷한 것 또는 그것에 반대되는 것 또는 그것에 인접한 것을 기억해 내는 일에 이어지는 경향이 있다. 그리고 의도를 갖지 않은 채 기억해 내는 경우에 작동하는 이 법칙은 의도적으로 기억해 내는 경우에도 적용될 수 있는 지침이다. 아리스토텔레스는 나아가 기억해 냄의 과정에 대해, 그리고 여기에서 시간 간격에 대한 감각이 하는 역할에 대해 흥미로운 설명을 상세하게 제공한다.

(3) 꿈.[64] 감각들 자체는 꿈속에서 활동하지 않지만(왜냐하면 아리스토텔레스는 현재의 감각이 꿈의 구성에 기여하는 바를 인지하지 못하기 때문이다) 꿈의 내용이 감각적인 것이라는 사실은 꿈이 상상의 결과, 즉 이전 감각의 부산물임을 보여 준다고 아리스토텔레스는 주장한다. 외부로부터의 자극이 없을 때, 정신은 영상들에 더 자유롭게 주의하고, 이와 동시에 더 그것들에게 속기 쉽다. 왜냐하면 (a) 그것은 깨어 있을 때처럼 한 감각을 다른 감각에 의해 저지할 기회를 갖지 못하고, (b) 판단 능력은 피가 중추 감각기관인 심장을 압박함으로써 정지된 상태에 있기 때문이다. 이렇게

63 플라톤의 《파이돈》 73d-74a의 논의는 아리스토텔레스를 어느 정도 앞지른다.
64 〈꿈에 관하여〉 1-3장.

해서 잠 잘 때 우리는 습관적으로 영상을 지각물처럼 생각한다. 그리고 이렇게 한다는 것은 꿈을 꾼다는 것이다.

꿈에 관한 자신의 이론에다 아리스토텔레스는 〈잠 속의 예언에 관하여〉의 흥미로운 논의를 더한다. 여기에서 그는 예언에 대한 신뢰와 극단적인 회의 사이에서 감탄할 만한 균형을 유지한다.

(4) 욕구와 관련된 상상과 (5) 사유와 관련된 상상은 욕구와 사유 항목에서 다루는 것이 가장 좋을 것이다.

{ # 움직임 }

애초에 아리스토텔레스가 인정한 네 가지 주요 기능은 영양섭취, 감각, 움직임, 사유였다.[65] 우리는 이제 이 가운데 세 번째의 것에 와 있다.[66] 혼 전체가 움직임을 일으키는가, 아니면 그것의 어떤 부분이 움직임을 일으키는가? 만일 뒤의 경우라면, 그것은 다른 기능을 갖지 않는 별개의 부분인가? 움직임은 분명히 영양섭취 능력에 기인한 것이 아니다. 왜냐하면 그것은 항상 목적을 향해 있고, 상상이라든가 욕구를 수반하고, 게다가 식물에게는 그것이 없기 때문이다. 그것은 감각 능력에 기인한 것도 아니다. 왜냐하면 많은 동물들은 감각이 있으면서도 가만히 있기 때문이다. 그것은 이성에 기인한 것도 아니다. 왜냐하면 이성은 그것이 피해야 하거나 쫓아가야 할 어떤 것에 관하여 생각할 때조차도 반드시 회피하거나 추구하도록 우리를 부추기지는 않고, 그렇게 할 때에도 항상 그렇게 효과적

---

65 《혼에 관하여》 2권(B) 2장 413a 23, b 11-13.
66 《혼에 관하여》 3권(Γ) 9장.

으로 하지는 않기 때문이다. 그 위에 욕구가 필요한 것처럼 보인다. 그것은 욕구에만 기인한 것도 아니다. 왜냐하면 자제력이 있는 사람은 욕구에 반해 이성을 따르기 때문이다.

그렇다면 언뜻 보기에, 움직임의 원인은 욕구와 (만일 우리가 상상을 사유의 한 가지 형태로 본다면) 실천적인 사유이다.[67] 그러나 사유와 상상은 그것들 자체가 욕구의 대상에 의해 먼저 움직여질 때에만 우리를 움직인다. 이렇게 보면, 실제로 유일하게 한 가지 능력만이, 즉 욕구 능력만이 우리를 움직인다. 그러나 욕구에는 두 가지가 있다. 즉, 좋은 것을 욕구하는 소망 또는 합리적인 욕구가 있고, 겉보기에만 좋은 것을 욕구하는 욕망 또는 비합리적인 욕구가 있다. 이런 대립을 달리 표현하자면, 소망은 미래의 좋은 것을 위해 있고, 욕망은 절대적으로 즐거운 것과 절대적으로 좋은 것으로 착각한 현재의 즐거움을 위해 있다. 우리는 동물의 움직임에 관련하여 네 가지 것을 구분할 수 있다.[68] (1) 움직여짐이 없이 움직임을 일으키는 겨냥된 대상, (2) 움직여짐으로써 움직임을 일으키는 욕구 능력, (3) 움직여지는 동물, (4) 욕구가 동물을 움직이는 수단인 신체기관. 즉, 그것 자체는 정지해 있지만(질적으로 변한다는 의미에서만 욕구에 의해 '움직여진다'), 밀거나 당김으로써 인접한 부분들을 움직이는 기관. 이것을 아리스토텔레스는 접촉한 면들 중 하나는 멈춰 있지만, 다른 것은 회전 운동을 하는, 즉 동시에 밀리고 당겨지는 관절의 동작으로써 예시한다.[69] 그러나 그에 따르면 움직임을 일으키는 궁극적인 기관은 심장이다. 이것은 몸 전체의 선회 축, 즉 신체가 혼에 의해 발동되는 지점이다.[70]

---

67 《혼에 관하여》 3권(Γ) 10장.
68 《혼에 관하여》 2권(Β) 4장 416b 20-29의 영양섭취에 관한 분석을 참조.
69 《자연학》 7권(Η) 1장 244a 2, 《동물의 움직임에 관하여》 1장 698a 14-b 7.
70 《동물의 몸에 관하여》 3권(Γ) 3장 665a 10-15.

이렇게 해서, 욕구가 움직임의 원인이 된다. 그러나 욕구는 도달할 좋음이나 즐거움에 대한 상상을 전제한다 — 이 상상은 계산적인(즉, 숙고적인) 것일 수도 있고 그저 감각적인 것일 수도 있다.[71] 뒤의 경우, 동물은 흐릿한 '상상'에 근거하여 이 상상이 일어나자마자 곧바로 행동한다(그리고 이런 의미에서는 하등동물들에조차도 상상과 욕구가 있다). 앞의 경우, 좋은 것으로 상상된 것들이 견주어 측정된다. 그래서 세 가지 경우가 가능하다. (1) 욕망으로부터 나온 비이성적인 행동, (2) 욕망이 소망을, 소망이 욕망을 교대로 이기는 것(즉 자제력 없음),[72] (3) '자연적으로 더 높은' 욕구, 즉 소망으로부터 나온 행동.[73]

그렇다면, 욕구와 신체적인 움직임은 감각의 이차적인 결과물들로 간주될 수 있을 것이다. 이렇게 해서, 네 가지 주요 능력은 셋 —영양섭취, 감각, 사유— 으로 줄어든다. 우리는 이제 마지막의 것으로 나아간다.[74]

사 유

감각이 감각될 수 있는 형상을 받아들였듯이, 사유는 사유될 수 있는 형상을 받아들인다.[75] 사유는 자신의 적극적인 형상을 갖지 않아야 한다. 왜냐하면 이는 사유가 그 대상에 동화되는 것을 방해할 것이기 때문이다. 그것이 가질 수 있는 유일한 본성은 그것이 능력이라는 것이다. 그것은

---

71 《혼에 관하여》 3권(Γ) 10장 433b 29, 11장 434a 5-10.
72 《윤리학》의 언어로 보다 적절하게 표현하면, 자제력 없음과 자제의 교대.
73 《혼에 관하여》 3권(Γ) 11장 434a 12-15.
74 《혼에 관하여》 3권(Γ) 3-8장.
75 《혼에 관하여》 3권(Γ) 4장.

사유하기 전, 현실태로는 아무것도 아니다. 그러므로 그것은 완전히 몸에서 독립되어 있다. 독립되어 있지 않다면, 그것은 현실태로서 사유하기 전에 특정한 성질을 갖게 될 것이다. 감각은 재료-안에-구현된-본질을 파악하는 수단이 되는 능력이지만, 사유는 우리가 본질을 파악하는 수단이 되는 능력이다.

이런 설명에 두 가지 반론이 제기될 수 있을 것이다. (1) 이성이 그것의 대상들 중 어떤 것과도 전혀 공통점을 갖지 않는다면, 어떻게 그것은 ―앎은 작용을 받는 일종의 방식인데― 앎을 얻을 수 있는가? (2) 이성 자체가 알 수 있는 것이라면, (a) 자신이 가진 종적인 본성에 의해 그러하고, 알 수 있는 것이 모두 종에서 하나일 경우, 알려지는 다른 사물들은 이성이 그것들 안에 혼합됨으로써 알 수 있는 것이어야 한다. 반면, (b) 이성이 알 수 있는 것이라는 것이 자신이 가진 종적인 본성에 의해 그런 것이 아닐 경우, 다른 사물들을 알 수 있는 것으로 만들어 주는 질이 이성에 혼합되어 있어야 한다. 아리스토텔레스는 첫 번째 문제를 영양섭취와 감각에 관련하여 제기된 비슷한 문제처럼 해결한다. 즉, 그는 이성은 처음에는 잠재적으로만 그것의 대상들과 일치하고(밀랍판이 나중에 그것 안에 새겨질 것을 잠재적으로 포함하듯이), 그것들을 알 때에만 현실태로 그것들이 된다고 말한다. 그는 어떤 점에서 선택지 (b)를 받아들임으로써 두 번째 문제에 대답한다 ― 정신은 그것의 대상들과 같은 방식으로 알 수 있는 것이라고 말함으로써 비물질적인 형상들을 알 때, 정신은 그것의 대상들과 하나이다. 정신 전체는 대상 전체로 가득 차 있고, 대상 안에 정신이 파악할 수 없는 것은 아무것도 없고, 대상에 몰두하고 있지 않은 정신의 부분은 없다. 이렇게 해서 자신의 대상을 알 때, 정신은 자신을 알고 있다. 그렇다면 정신은 다른 사물들을 알 수 있는 것으로 만들어 주는, 같은 성질을 자신 안에 가지고 있다. 그러나 이것은 이질적인 혼합이 아니라, 바로 재료가 빠진 형상이라는 성질이고, 이것이 정신의 본질적인 성격이다. 이렇게 해서 우리는 선택지 (a)를 거부할 수 있다. 외부의 사물들은 그것들 안에 정신을 갖지 않는다. 왜냐하면 그것들은 형상들이 그 안에 암시적으로만 주어져 있는 구체적인 사물들이지만, 정신은 바로 순수 형상들과 잠재적으로 일치하기 때문이다.

사유는 크게 두 가지로 나뉜다.[76] 먼저, (1) 분할되어 있지 않은 것에 대한 사유가 있다. 아리스토텔레스는 이것 아래에서 다음의 세 가지를 살핀다. (a) 분할될 수 있지만 양에서 현실태로 분할되어 있지 않은 것. 예를 들어 우리가 원한다면 그 안에서 부분들을 구별할 수 있는 크기들이다. 우리가 그렇게 하길 선택하기 전까지는, 그것들은 분할될 수 있지만 분할되어 있지 않은 시간에서 정신의 단일한 행위에 의해 파악된다. (b) 종에서 분할될 수 없는 것. 즉 최하위의 종도 분할되어 있지 않은 시간에서 혼의 분할되어 있지 않은 행위에 의해 파악된다. (c) 크기에서 분할될 수 없는 것. 예를 들어 점은 부정(否定)하는 행위에 의해 알려진다. 점은 길이도 너비도 깊이도 갖지 않는 것으로서만 알려지고, 선은 너비도 깊이도 갖지 않는 것으로서 알려지고, 순간은 지속을 갖지 않는 것으로서, 그리고 나머지 것들도 이런 방식으로 알려진다. 그다음, 이런 종류의 분할되어 있지 않은 것들에 대한 파악 ―우리가 직관이라고 부를 수 있는 것― 으로부터 구분된, (2) 다른 종류의 앎, 즉 판단이 있다. 이것은 두 개의 개념을 결합하고 이와 동시에 주어진 전체를 그것의 두 요소인 주어와 속성으로 분석한다. 그리고 감각에서 우리가 고유한 감각 성질들에 대한 오류 불가능한 지각과 공통된 감각 성질들에 대한 오류 가능한 지각을 구분했듯이, 여기에서도 아리스토텔레스는 판단은 오류 가능하지만, 직관 ―단일한 대상의 본

---

[76] 《혼에 관하여》 3권(Γ) 6장.

256

질에 대한 파악― 은 그렇지 않다고 지적한다.

아리스토텔레스는 나아가 어떻게 이성이 상상에 관계되어 있는지를 보여 준다.[77] 사유는 영상이 아니지만, 우리는 영상들 없이는 사유할 수 없다.[78] 보다 명확하게 말하자면, "사유 능력은 형상들을 영상들에서 사유한다."[79] 영상은 바로 감각과 관련되는 만큼, 특수하게 정신적으로 일어난 일과 관련된 것이기도 하다. 사유는 먼저 정신이 둘 이상인 영상들 간에 동일한 점을 식별할 때 일어난다.[80] 그러나 이렇게 해서 보편적인 것이 파악되어 있을 때조차도, 아리스토텔레스의 이론에 따르면, 정신은 여전히 상상을 요구한다. "혼은 영상 없이 결코 사유하지 않는다." 기하학의 증명에서 우리가 특별한 크기의 삼각형을 사용하지 않지만 특별한 크기의 삼각형을 그리듯이, 사유에서도 일반적으로, 양이 아닌 어떤 것을 생각할 때, 우리는 양적인 어떤 것을 상상하고, 우리의 대상이 양적인 어떤 것이지만 한정되어 있지 않을 때, 우리는 그것을 한정된 양의 것으로 상상한다. 어떤 것도 연속체와의 연관 속에서가 아니라면 사유될 수 없고, 어떤 것도 영원한 것일지라도 시간과의 연관 속에서가 아니라면 사유될 수 없다.[81] 아리스토텔레스는 여기에서 '분할된 선'에 표현된 플라톤의 견해,[82] 즉 학문적인 사유는 상상의 도움을 필요로 하지만 철학적인 사유는 이러한 도움이 없이 순수 형상만을 다룬다는 견해에 반대하는 것처럼 보인다.

---

77 《혼에 관하여》 3권(Γ) 7장, 8장.

78 《혼에 관하여》 3권(Γ) 3장 427b 14-16, 5장 431a 6, 8장 432a 7-14, 〈기억과 기억해 냄에 관하여〉 1장 449b 31.

79 《혼에 관하여》 3권(Γ) 7장 431b 2.

80 《혼에 관하여》 3권(Γ) 11장 434a 9. 《뒤 분석론》 1권(A) 1장 100a 4-16, 《형이상학》 1권(A) 1장 980b 28-981a 12 참조.

81 〈기억과 기억해 냄에 관하여〉 1장 449b 30-450a 9.

82 《국가》 6권 510b-511d.

상상의 사용은 이성이 낮은 단계에 있는 혼의 능력들과 교제함으로써 치러야 하는 대가라고 아리스토텔레스는 주장한다.

{ # 능동 이성과 수동 이성[83] }

마지막으로, 우리는 아리스토텔레스의 심리학이 이르는 정점을 살펴보아야 한다. 그는 "사물들의 종류 각각에 기초가 되고 잠재적으로 그것들 각각인 재료와 그 사물들을 만드는 작용인 간의 일반적인 구분에 대응하는 구분이 혼 안에도 틀림없이 있다 ― 기술과 이것의 재료 간에 이루어지는 구분은 그런 구분의 일례이다"라고 주장한다.[84] 우리는 여기에서 두 가지 점을 주목해야 한다. (1) 능동 이성과 수동 이성 간의 구분은 혼 안에서 이루어지는 구분이다.[85] 이것은 능동 이성을 완전히 개별적인 인간 밖에 있는 신적인 이성과 동일시하는 어떠한 해석에도 치명적이다. 이것은 능동 이성이 인간의 혼에 내재한 신적인 이성이라는 견해에는 치명적이지 않다. 앞의 견해가 접하게 되는 큰 어려움은 아리스토텔레스가 신적인 존재를 명시적으로 다루는 유일한 부분 ―《형이상학》12권(Λ)― 에서 신이 내재성을 시사하는 언어로 기술되고 있지 않다는 점이다. (2) 능

---

83 아리스토텔레스는 '수동 이성'은 말하지만, '능동 이성'이란 표현은 실제로 사용하지는 않는다.

84 《혼에 관하여》 3권(Γ) 5장.

85 en tē psychē가 '혼의 경우에'만을 의미할 것 같지 않다. 그리고 한 사람 안에서 두 가지 이성이 일시적으로 결합되어 있다는 점은 430a 22의 chōristheis[분리된 채로]에 의해 함축된다. 테오프라스토스도 이런 식으로 말한다. 'meikton gar pōs ho nous ek te tou poiētikou kai tou dynamei[왜냐하면 어떤 점에서 이성은 능동적인 것과 잠재태로 있는 것으로 혼합될 수 있는 것이기 때문이다]'(Themistios, *In libros Aristotelis De Anima paraphrasis*, CAG V3, ed. R. Heinze, Berlin 1899, 108쪽 23행).

동 이성은 무로부터 창조하는 이성이 아니다. 그것은 자신에게 주어진 재료에 작동하여, 이것을 잠재태에서 현실태로 진전시킨다.[86] 이것이 어떤 의미인지 우리는 쫓아가면서 살펴보아야 한다. 아리스토텔레스는 나아가 "한 이성은 모든 것들이 되기 때문에 재료에 상응한다. 다른 이성은 모든 것들을 만들어 내기 때문에 작용인에 상응한다"라고 말한다. 두 진술 중 앞의 것은 일상적인 파악 행위를 가리킨다. 감각 대상들의 형상이 감각 주체로 전달되어 그 시간 동안 감각 주체의 본성 전체가 된다는 의미에서 감각 능력이 그것의 대상이 되듯이, 앎에서도 이성은 그것의 대상들과 동일하게 된다. 그렇다면, 파악 행위는 수동 이성으로 귀속된다. 능동 이성에는 어떤 역할이 부여되는가? 어떤 의미에서 그것은 모든 것들을 만들어 내는가? 기술은 재료를 기술의 대상들이 되도록 만듦으로써 그것의 대상들을 만들어 낸다. 그리고 이 유비가 정확한 것이려면, 능동 이성의 역할은 그것의 대상들을 파악함으로써 수동 이성이 그것의 대상들이 되도록 만들어야 한다. 우리는 여기에서 아리스토텔레스의 일반적인 원칙, 즉 "잠재태로 있는 것은 이미 현실태로 있는 어떤 것의 작용에 의해 현실태로 있게 된다"는[87] 원칙의 사례를 보게 될 것이다. 분명히, 우리는 우리가 일상적인 의미에서 전에 알지 못했던 것들을 알게 된다. 아리스토텔레스는 어떻게 이것이 일어날 수 있는지 자문한다. 잠재태의 앎으로부터 현실태의 앎으로 그렇게 옮겨 가는 것은 우리 안에 현실태로 이미 알고 있는 어떤 것, 즉 우리가 이런 주어져 있는 앎을 깨닫지 못하게끔 우리

---

86 테오프라스토스도 능동적인 nous[이성]를 수동적인 nous[이성]를 작동하게 만드는 ho
    kinōn[운동인]으로서 기술한다(Priscianus Lydus, *Metaphrasis in Theophrastum solutionum ad
    Chosroem liber*, CAG supp. I2, ed. I. Bywater, Berlin 1886, 29쪽 14행과 Themistios, 위의 책,
    108쪽 24행).
87 《형이상학》 9권(Θ) 8장 1049b 24.

의 일상적인 의식으로부터 끊어져 있지만 일상적인 의식이나 수동 이성과 모종의 소통 관계 속에 있어 이 이성을 앎으로 이끌어 갈 어떤 요소가 있다는 것을 함축하는가? 그리고 아리스토텔레스가 신의 삶과 같은 삶을 우리가 살 수 있는 순간들을 언급할 때,[88] 그는 (이 해석에 따르면) 능동 이성과 수동 이성 간의 칸막이가 허물어지고, 항상 현실태이고 항상 완전한 앎을 소유하는 원리와 우리가 하나가 됨을 의식하게 되는 순간들을 생각하려고 할 것이다.

이런 사유 노선에 따르면, 능동 이성의 작용을 받는 것은 수동 이성이고, 이 수동 이성은 능동 이성이 인식 가능한 대상들의 형상들을 그 위에 찍는 유연한 재료와 같은 것이다. 그러나 같은 문장에서 아리스토텔레스는 다른 사유 노선을 끌어들인다. 이를 플라톤은 '좋음의 이데아'의 상징으로서 태양을 사용함으로써 제시했던 것으로 보인다.[89] 한 이성은 모든 것들이 됨으로써 재료에 상응하고, 다른 이성은 빛처럼 적극적인 상태의 방식으로 모든 사물들을 만듦으로써 작용인에 상응한다. 왜냐하면 어떤 의미에서 빛은 잠재태로 존재하는 색깔들을 현실태로 존재하는 색깔들로 만들어 주기 때문이다. 색깔들의 몇 가지 조건들은 어둠 속에 주어져 있지만, 현실태로 보이는 색깔들을 만들어 내기 위해서는 추가 조건이, 즉 빛이 필요하다. 그리고 인식될 수 있는 것에 대해 능동 이성이 갖는 관계는 보일 수 있는 것에 대해 빛이 갖는 관계와 같다. 빛으로의 유비는 너무 가까이 주장되어서는 안 된다. 능동 이성은 수동 이성과 이것의 대상 간에 있는 매체가 아니다. 아리스토텔레스에 따르면, 앎은 중개되지 않

---

88 《형이상학》 12권(Λ) 7장 1072b 14, 24, 《니코마코스 윤리학》 10권(K) 7장 1177b 26-1178a 8, 8장 1178b 18-32.
89 《국가》 6권 507b-509d.

은 직접적인 관계이다. 그러나 매체는 아니지만, 능동 이성은 수동 이성과 대상 외의 제3의 것으로서, 우리가 앎의 사실을 이해하려면 고려해야 할 사항이다. 이는 빛이 눈과 시각 대상 외의 제3의 것으로서, 우리가 시각의 사실을 이해하려면 고려해야 할 사항인 것과 마찬가지다. 빛은[90] 빛을 내는 것이 주어져 있음으로써 현실태로 투명한 것이 된 매체에 속하는 조건이고, 그것의 현실태는 볼 수 있는 눈이 보는 것을 가능하도록 만들고, 보일 수 있는 대상이 현실태로 보이는 것을 가능하도록 만든다. 이와 비슷하게, 능동 이성이 모든 인식 가능한 대상들을 이미 안다는 사실은 본질적으로 잠재태인 수동 이성이 현실태로 아는 것을 가능하도록 만들고, 인식 가능한 것이 현실태로 인식되는 것을 가능하도록 만든다.

아리스토텔레스는 계속해서, "능동 이성은, 현실태로서(즉, 현실태이기 때문에), 분리될 수 있는 것이고, 작용을 받지 않는 것이고, 섞이지 않은 것이다. 왜냐하면 항상 작용을 미치는 것이 작용을 받는 것보다 가치가 있고, 근원이 재료보다 가치가 있기 때문이다"라고 말한다. '분리될 수 있는 것'의 의미는 여기에서 나중에 나오는 '그것이 분리되었을 때'라는 표현으로부터 헤아려야 한다. 그것은 일정 시간 동안 수동 이성과 결합된 능동 이성이 그것으로부터 분리될 수 있음을 뜻한다. 그리고 이것은 분명히, 죽을 때 앞의 이성은 파멸되지만 뒤의 이성은 살아남는다는 것을 가리킨다. 다른 곳에서,[91] 아리스토텔레스는 '이성'을 죽음으로부터 헤어나는 것으로서만 말한다. 그곳은 능동 이성과 수동 이성 간의 구분이 아직 그의 마음속에 있지 않은 곳이다. 그런 구분이 있을 때, 분명히 그는 수동 이성이, 감각과 상상처럼 혼에서 빠뜨릴 수 없는 부분으로서, 특정한 신

90 《혼에 관하여》 2권(B) 7장 418b 12.
91 《형이상학》 12권(Λ) 3장 1070a 26.

체의 현실태이고 이 신체보다 오래 살 수 없다고 생각하고 있다. 그 문장에서 능동 이성에 대해 사용된 다른 표현들은 그것이 완전히 신체로부터 독립되어 있다는 사실과 그것이 실현되지 않은 잠재태들을 전혀 포함하지 않고, 그것이 알고 있는 것을 항상 알고 있는 상태에 있다는 사실을 강조한다.

아리스토텔레스는 계속해서 "현실태의 앎은 그것의 대상과 일치한다. 잠재태의 앎은 개인에서는 시간적으로 먼저 있지만, 일반적으로는 시간적으로 먼저 있지 않다. 이성은 어떤 때에는 작용하고 다른 때에는 작용하지 않는 것이 아니다"라고 말한다. 우리는 위에서 어떤 의미에서 능동 이성이 '혼 안에' 있지만, 우리가 그것을 의식하지 못하고 있거나 아니면 그 빛을 발하는 순간에만 그것을 의식한다는 점을 보았다. 이렇게 해서, 어떤 의미에서, 개인에서는 잠재태의 앎이 현실태의 앎보다 먼저 온다. 그러나 '전체적으로는' 그렇지 않다. 수동 이성이 아직 잠재적으로만 알고 있을 때에 능동 이성은 현실태로 알고 있다. 분명히, 능동 이성은 혼 안에 있으면서도 개인을 넘어선다는 점이 함축되어 있다. 우리는 아리스토텔레스가 이 이성이 모든 개인들에서 동일하다는 점을 의도한다고 생각해도 괜찮을 것이다.

"이성이 분리되었을 때, 이것이 유일하게 본질적으로 존재하는 것이고, 이것만이 영원불멸이다(그러나 우리는 이 점을 기억하지 못한다. 왜냐하면 이 이성은 작용을 받지 않고, 수동 이성은 파멸될 수 있기 때문이다). 그리고 이것 없이는 아무것도 사유하지 못한다." 능동 이성은 항상 작용을 받지 않고, 섞이지 않은 것이다. 그렇지만 여기에는, 그것의 진정한 본성은 신체와 결합되어 있는 동안은 흐릿하지만, 이런 결합이 지나간 뒤에는 순수한 상태로 존재한다는 점이 함축되어 있다. 이것은 몸 안에 든 이성은 그렇지 못하지만, 몸으로부터 벗어난 이성은 자신의 앎을 완전하게 의식하고 있다는 점을 함축하는가?

"우리는 이 점을 기억하지 못한다"는 당혹스러운 언급은 아리스토텔레스가 노년이 정신생활에 미치는 영향을 말하고 있는 1권(A)의 부분에[92] 비추어 보면 그 의미가 좀 더 분명하게 드러난다. "직관적 사유와 관조는 안에 있는 다른 어떤 것이 파괴됨으로써 사라지지만, 그것들 자체는 작용을 받지 않는다. 그러나 추론적 사유와 사랑이나 증오는 이성이 겪는 상태들이 아니라, 이성을 가진 사람이 이성을 가진 한에서 겪는 상태들이다. 그렇기 때문에 그 사람이 파멸되면 기억도 사랑도 없다. 왜냐하면 이것들은 이성이 아니라 파멸된 결합체에 속했던 것들이기 때문이다. 이성은 아마도 더 신적인 어떤 것이고, 작용을 받지 않는 것일 테다." 이 부분의 도움을 받아서 보면, 아리스토텔레스가 여기에서 기억은 죽을 때 살아남지 못한다는 것을 의미한 것이 분명해 보인다. 그 근거는 (1) 능동 이성은 작용을 받지 않는다는 점이다. 그것은 삶의 환경으로부터 어떠한 영향도 받지 않는다. 따라서 그것의 앎에는 날짜나 환경의 흔적이 없다. 반면, (2) 환경의 영향을 받는 수동 이성은 개인이 죽을 때 파멸한다.

5장의 마지막 부분에 대해 가능한 해석은 다음과 같이 다양하다.

(1) 그리고 수동 이성 없이 능동 이성은 아무것도 사유하지 못한다.
(2) 그리고 능동 이성 없이 수동 이성은 아무것도 사유하지 못한다.
(3) 그리고 수동 이성 없이는 아무것도 사유하지 못한다.
(4) 그리고 능동 이성 없이는 아무것도 사유하지 못한다.

---

92 《혼에 관하여》 1권(A) 4장 408b 24-30.

이 해석 가능성들 중 어떤 것에 기초하더라도 이런 말들이 '기억하지 못함'에 대한 근거의 일부를 적절하게 이루지 못한다는 점을 우리는 쉽게 볼 수 있다. 그 말들은 "그리고 능동 이성 없이는 아무것도 사유하지 못한다"라고 말함으로써 단지 5장의 가르침을 요약할 뿐이다.

주석가 알렉산드로스는 능동 이성을 신과 동일시한다. 이런 견해는 자바렐라에 의해 수용된다. 그의 논변은[93] 다음과 같이 요약될 수 있을 것이다.

"능동 이성은 재료로부터 완전히 따로 분리되어 존재한다고 분명하게 서술되어 있다.[94] 그런데 어떤 순수한 비물질적 형상들이 있는지를 신중히 논의하고 있는 유일한 곳인 《형이상학》 12권(Λ)에서, 아리스토텔레스는 그런 형상들로 신과 지성적인 존재들을 유일하게 인정한다. 능동 이성은 이 하위의 존재들 중 어느 것일 수 없다. 왜냐하면 그것들의 유일한 기능은 각각의 천구들을 움직이는 일이기 때문이다. 그렇다면 능동 이성은 으뜸가는 지성으로서[95] 다른 모든 지성적인 존재들에서 그 지성적임의 근원인 신일 수밖에 없다. 그렇다면 잠재태로 있는 앎의 대상을 현실태로 있는 앎의 대상으로 만들고, 이와 더불어 본질적으로 앎의 잠재성만을 가진 수동 이성이 현실태로 인식할 수 있게 만드는 것은 능동 이성인 신이다. 이는 마치 태양의 빛이 잠재태로 보일 수 있는 것이 현실태로 보일 수 있는 것으로 됨의 원인이고, 그것이 잠재태로 보는 눈이 현실태로 봄의 원인인 것과 같다."

자바렐라의 의견은 항상 아주 진지하게 주목할 만한 가치가 있지만,

93 J. Zabarella, *De rebus naturalibus*, Padua 1583, De mente agente, 12장, 13장.
94 《혼에 관하여》 3권(Γ) 5장 430a 17.
95 《형이상학》 12권(Λ) 7장 1072a 26-32.

《혼에 관하여》와 《형이상학》의 완전한 일치를 얻으려는 열망 때문에 그는 앞의 작품에 다소 부자연스러운 해석을 가했다. 능동 이성은 그곳에서 뚜렷하게 인간의 혼 안에 존재하는 것으로 제시되어 있다. 그리고 '분리된 것'을 의미하는 것으로 그가 받아들이는 chōristos는 '분리될 수 있는 것'을 의미할 가능성이 더 많다. 능동 이성이 개인의 삶 동안 존재하는 방식이 그것이 chōristheis[분리되어], 즉 개인의 사후에 존재할 때의 상태와 대조되고 있는 것 같다. 더 나아가, noōn[사유하는 것]으로서 그것이 갖는 성격보다는 noēton[사유될 수 있는 것]으로서 그것이 갖는 성격 속에서 그것이 개인의 앎을 가능하게 만드는 것으로서 제시된다는 자바렐라의 생각에 동의하기 어렵다.

　《혼에 관하여》에서 신을 개인에 내재한 것으로 제시한다고 이것이 반드시 《형이상학》에서 신을 초월적인 존재로 제시하는 것과 모순되는 것은 아니다. 그러나 우리가 우리의 앎을 갖기 전에 우리의 모든 앎을 가지면서 그것을 우리에게 나눠 주는 존재로서 신을 기술하는 부분은 《형이상학》 12권(Λ)에서 자신만을 사유하는 존재로 신을 기술하는 부분과 모순될 것이다. 두 저술은 아리스토텔레스가 신에 대해 생각하는 다른 방식들을 말하고 있을 수 있다. 그러나 반드시 이렇게 생각할 필요는 없다. 아리스토텔레스는 《혼에 관하여》의 이 부분에서 신을 실제로 언급하지 않는다. 그리고 여기에 기술된, 순수하고 결코 그치지 않는 사유 활동이 《형이상학》에서 신의 것으로 돌리는 사유 활동과 어떤 점에서 비슷하지만, 아리스토텔레스는 아마도 이 둘을 같은 것으로 생각하지 않았을 것이다. 그보다 그는 가장 많이 물질에 파묻힌 최하위의 존재들로부터 사람, 천체, 지성적 존재들과 신에 이르기까지 연속적으로 뻗어 있는 위계질서를 믿었을 가능성이 더 많다. 능동 이성은 이 위계질서의 최고 구성원들 중 하나이지만 자신 위에 신뿐만 아니라 다른 상위의 존재들이 있는 인간

안에 있다. 이것이 순수하게 신에 관련된 《형이상학》 12권(Λ)의 이론이
시사하는 《혼에 관하여》에 대한 해석이다.[96]

---

96 다양한 해석 가능성들에 관한 좋은 설명들을 R. D. Hicks(ed.), *De Anima*, Cambridge
1907, lxiv-lxix쪽, R. Adamson, *Development of Greek Philosophy*, London 1908, 249-54쪽, C.
J. Webb, *Studies in the History of Natural Theology*, Oxford 1915, 264-73쪽, H. Kurfess, *Zur
Geschichte der Erklärung der Aristotelischen Lehre vom sogenannten nous poiētikos und pathētikos*,
Tübingen 1911에서 찾아볼 수 있다.

Aristotle

6장
형이상학

《형이상학》 전체에 걸쳐 아리스토텔레스를 분발시킨 동기는 지혜의 이름에 가장 걸맞은 형태의 앎을 얻고자 한 소망이다. 그는 알고자 하는 욕구가 인간에게 타고난 것이라고 지적한다. 그것은 가장 낮은 단계에서는 감각을 사용하면서 우리가 얻는 즐거움에서 보인다. 보다 완전한 앎의 방향으로 이것 위에 있는 첫 단계는 기억의 사용에 관계된 단계이다. 이것은 우리를 하등의 동물로부터 구분해 준다. 다음 단계 —그리고 인간만이 이를 수 있는 단계— 는 '경험'이다. 이것으로써 같은 종류의 대상에 대한(예를 들어, 특정한 병을 앓고 있는 칼리아스와 소크라테스 등에게 도움을 주었던 것에 대한) 여러 기억들의 연합을 거쳐 우리는 그것의 이유들은 알지 못한 채 실천의 규칙을 얻는다. 이보다 한 단계 높은 것은 일반적인 원칙들에 기대어 실천의 규칙들을 아는 '기술'이다. 모든 것들 중 가장 높은 단계에 원인들에 관한 순수한 앎인 '학문'이 있다. 이것은 기술처럼 장래의 어떤 실천적인 목적을 가짐으로써 관심이 한정되지 않고 앎 자체를 위해 아는 것이기 때문에 가장 높은 단계의 것이다. 이것은 문명의 최후의 산물이자 최고의 산물이다.[1]

'지혜'는 그저 원인들에 관한 학문 또는 앎이 아니라 가장 보편적인 으뜸 원인들에 관한 앎이어야 한다. 왜냐하면 이것이 우리가 자연스럽게 사용하는 지혜의 기준들을 가장 완전하게 충족시키기 때문이다. 그것은 가장 포괄적인 앎이다. 그 대상들이 가장 보편적인 것이어서 감각으로부터 가장 멀리 떨어져 있기 때문에 가장 알기 힘든 것에 관한 앎이다. 그 대상들이 가장 추상적인 것, 가장 덜 복잡한 것이기 때문에 가장 엄밀한 앎이다. 가장 많이 가르침을 주는 것이다. 가장 완비된 또는 독립적인 것이다. 그리고 특히 모든 것들의 목적인에 관한 앎일 것이기 때문에 가장 지배적인 것이다. 철학은 소박한 놀람으로부터 솟아오르고, 이 놀람을 제거하는 쪽으로, 세계를 철저하게 잘 이해하여 사물들이 그것들인 대로 있다는 것에 놀랄 여지가 없어지는 쪽으로 움직인다.[2]

아리스토텔레스는 《자연학》에서 그가 으뜸 원인들로 여긴 것 ─재료인, 형상인, 작용인, 목적인─ 을 열거했다. 그는 나아가 이전 철학자들이 이 원인들 이외에 다른 어떤 원인을 발견했는지를 검토함으로써 자신의 분석이 정확함을 시험한다. 그는 이 탐구의 틀에다 이전 철학에 대한 설명 전체를 끼워 넣는다. 이것은 1권(A)의 나머지 부분을 채운다. 예견할 수 있듯이, 그는 이전의 철학자들이 네 가지 말고는 다른 어떤 원인도 발견하지 못했다고, 네 가지 원인들을 모두 다루긴 했지만 '모호하게' 또는 '웅얼거리듯' 다루었을 뿐이라고 결론을 내린다.[3]

나아가 아리스토텔레스는 3권(B)에서 철학자이려는 사람이 부딪쳐 풀어야 할 핵심 문제들을 서술한다. 형이상학은 아리스토텔레스에게 줄곧

1   《형이상학》 1권(A) 1장.
2   《형이상학》 1권(A) 2장.
3   《형이상학》 1권(A) 10장.

다른 어떤 사유의 분과보다도 더 완전하게 '문제들' 또는 '난문들'에[4] 관한 학문으로 남는다. 그가 이미 결론을 내린 점들도 있지만, 여기에는 전체적으로 독단적인 체계가 아니라 그가 모호함으로 가득하다고 느끼는 영역에서 진리의 발견을 시도하는 일련의 논의들이 있다. 4권(Γ), 6권(E)-10권(I), 13(M), 14권(N)은 3권의 문제들을 꽤나 명확하게 염두에 두고 있다고 말할 수 있고, 그것들이 가끔 앞에 있는 3권을 언급하고 있다는[5] 사실은 이런 연관을 강조한다. 12권(Λ)은 독립적인 논문이지만, 몇 가지 문제들에 대해 아리스토텔레스의 답변을 부수적으로 제공한다. 5권(Δ)과 11권(K)만이 전체 구도에서 벗어나 있다.[6]

두 가지 물음이 아리스토텔레스의 마음을 크게 사로잡는다.[7] (1) 형이상학이라는 최고의 단일 학문 —특정 존재의 본성을 탐구하지 않고 존재 자체의 본성을 연구하고, 일정한 중심 원리로부터 우주의 상세한 본성을 도출해 내는 개관적인 학문— 은 가능한가? 《뒤 분석론》의 도움을 받아 주로 4권(Γ)과 6권(E)으로부터 모아 본 그의 대답은, 형이상학이라는 학문은 가능하다는 것이다. 있는 것은 모두 있는 것인 한에서 그것에 속하는 일정한 성질을 갖고, 이것은 인식될 수 있다. 있는 것 모두에 타당하고 모든 증명의 토대에 놓여 있는 일정한 원리들 —모순율과 배중률— 이 있다. 그러나 형이상학은 이 원리들이나 다른 어떤 중심 원리들로부터 존재의 세부 사항을 도출해 낼 수 없다. 고유한 제 본성들을 가진 구별된 종류

---

4 aporiai.
5 《형이상학》 4권(Γ) 2장 1004a 33, 10권(I) 2장 1053b 10, 13권(M) 2장 1076a 39, b 39, 9장 1086a 34(?), 10장 1086b 15.
6 이 책의 41-42쪽 참조.
7 다 합해서 대략 15개의 문제들이 있다. 이것들은 3권(B) 1장에 제시된 다음, 3권(B) 2-6장에 대화적으로[변증적으로] 논의된다.

의 존재들이 있고, 이것들은 도출되지 않고 보편적인 으뜸 원리들 못지않게 직접적으로 파악되는 으뜸 원리들을 갖는다. 존재의 본질적인 성질이 있는 것 모두에서 완전히 똑같은 정도로 나타나지는 않는다. 있음은 있는 것 모두에 정확하게 같은 의미로 들어 있는 속성이 아니다. 가장 엄밀하고 완전한 의미에서 있는, 한 종류의 존재 ―즉 실체― 가 있다. 그리고 다른 모든 것들은 실체와 일정한 관계 속에 있음으로써만 ―실체의 성질로서, 실체들 간의 관계로서 등등― 있다. 그리고 있음에 타당한 것은 하나임에 타당하다. 있는 것은 하나이고, 하나인 것은 있다. 그리고 하나임은 실체가 하나인지, 성질이 하나인지, 양 등이 하나인지에 따라 다르지만 연결된 의미를 갖는다.[8] '있음'과 '하나임'은 범주들의 구분을 넘어서고 모든 범주들에 적용될 수 있는 용어들이다.[9] 이것들에다 우리는 '좋음'을 보태야 한다. 그러나 '좋음'은 이들과 완전히 대등한 자격에 있지 않다. 그 것은 모든 범주에서 적용될 수 있지만,[10] 있는 것 모두에 적용되지는 않는다. 아리스토텔레스의 견해에 따르면 '좋음과 나쁨'은 오히려 각각의 범주 내에서 발견될 수 있는 대립이다. 이런 표징들을 스콜라 철학자들은 '초월적인 것들'(transcendentia) ―있음(ens), 하나임(unum), 참임(verum), 좋음(bonum), 사물(res), 어떤 것(aliquid)― 에 관한 이론으로 발전시켰다. 그러나 이 목록이 아리스토텔레스의 암시에 근거한 것이긴 해도, 아리스토텔레스가 그것의 작자는 아니다.

실재의 종류는 세 가지다 ― 분리되어 실체로 존재하지만 변화의 지배를 받는 실재, 변화로부터 벗어나 있지만 구체적인 실재들로부터 구분될

---

8   이 의미들이 《형이상학》 10권(I)의 탐구 주제다.
9   《형이상학》 4권(Γ) 1장, 2장.
10   《니코마코스 윤리학》 1권(A) 6장 1096a 19.

수 있는 측면으로서만 존재하는 실재, 그리고 분리되어 존재하고 변화로부터 벗어나 있는 실재가 있다. 이것들은 각기 세 가지의 구분된 학문들 —자연학, 수학, 신학 또는 형이상학— 에 의해 연구된다.[11] 자연학과 수학은 다시 세분될 수 있다. 예를 들어, 수학은 산술과 기하학, 그리고 이 것들을 다양하게 응용하는 학문들로 세분될 수 있다. 그리고 모든 수학적인 학문들에 공통된 원리들이 있지만(예를 들어, 같은 것들에서 같은 만큼을 빼면 나머지들도 같다), 산술에 고유한 원리들과 기하학에 고유한 원리들도 있다.

형이상학의 탐구 대상에 대해 두 가지 견해가 인정될 수 있다고 아리스토텔레스는 지적한다. 으뜸 철학이 그것의 영역에서 보편적인지, 아니면 특별한 종류의 존재를 다루는지 의문이 날 수 있다는 것이다. 그러나 이 두 가지 견해는 양립할 수 있다. 불변의 실체가 있다면, 이것에 대한 연구는 으뜸 철학이 될 것이고, 이 철학은 으뜸가는 것이기에 보편적이다.[12] 으뜸가는 종류의 있는 것을 연구하면서, 형이상학은 있는 것을 있는 것인 한에서 연구한다. 있는 것의 진정한 본성은 복합된 전체 안에서 요소로서만 존재할 수 있는 것에서 나타나지 않고, 잠재성과 변화에 물든 것에서도 나타나지 않고, 실체이고 변하지 않는 것에서만 나타난다.

형이상학을 '있는 것'의 한 영역에 관한 탐구로(그리고 자신들이 있음을 이 영역에 빚지고 있는 다른 영역들에 관한 탐구로) 제한하는 것은 12권(Λ)에 다시 나온다. 그곳에서 주제는 먼저 우주의 '으뜸 부분'인 실체에 제한된다. 그다음에, 실체는 6권(E)에서처럼 두 가지로, 즉 변할 수 있는 것과 변할 수 없는 것으로 나뉘지 않고, 세 가지 —감각될 수 있고 영원한 것(천체

11 《형이상학》 6권(E) 1장.
12 《형이상학》 6권(E) 1장.

들), 감각될 수 있고 소멸되는 것, 감각될 수 없는 것— 로 나뉜다. 앞의 두 실체는 자연학의 대상인 것으로 말해지고,[13] 이에 따라 감각될 수 있는 실체를 다루는 2-5장은 감각될 수 없는 실체를 다루는 6-10장에 대한 예비적인 논의로 보아야 한다. 그러나 12권 2-5장뿐만 아니라, 7권(Z)-9권(Θ)의 대부분도 감각될 수 있는 실체에 관련된 원리들을 다루고 있다. 이 세 권은, 여기에서 주로 논의된 원리인 형상이 신(神) 안에, 그리고 행성들의 천구들을 움직이는 '지성적인 존재들' 안에 분리되어 있고 변할 수 없는 상태로 존재한다는 사실이 없었다면, 형이상학의 관심사에 대한 예비적인 논의로만 여겨져야 했을 것이다. 아리스토텔레스가 실제로 자연학과 형이상학 간의 구분을 잘 유지하고 있다고 말할 수는 없다. 그리고 《자연학》의 대부분은 우리가 형이상학이라고 불러야 할 부분이라는 점을 주목할 필요가 있다.[14] 그것은 자연 법칙에 대한 귀납적인 탐구가 아니라 물질적인 사물들과 이것들에서 일어나는 일들에 관한 선험적인(a priori) 분석이다.

(2) 아리스토텔레스의 마음속에 있는 두 번째 큰 물음은 이미 앞서 언급되었다. 그것은 감각될 수 있는 실체들뿐만 아니라 감각될 수 없는 실체들도 있느냐는 물음이다. 그리고 있다면, 그것들은 어떤 것들이냐는 물음이다. 플라톤이 이데아론에서 주장했던 것처럼 보편적인 것들은 자립적인 실체적 실재인가? 특히, 가장 보편적인 것들, 즉 있음과 하나는 실체들인가? 더 나아가, 수학의 대상들은 실체들인가? 마지막의 세 물음에 대해 아리스토텔레스는 확고하게 아니라고 대답한다. 플라톤의 형상[이데아]들에 반대하는, 즉 보편자들의 실체성에 반대하는 논쟁은 《형이상학》

13 《형이상학》 12권(Λ) 1장 1069a 36.
14 그것은 물론 자연에 관한 형이상학일 뿐이다.

의 이끎음(leading note)들 중 하나이고, 이것으로 아리스토텔레스는 거듭 되돌아간다. 이 논쟁을 상세하게 추적하는 일은 지루할 것이다. 논증들의 가치도 전혀 균등하지 못하다. 요지는 다음과 같다. 우리의 경험에 주어지는 세계는 서로 작용하고 반작용하는 구체적이고 개별적인 사물들로 이루어진 세계이다. 이 사물들을 관조하면서 우리는 많은 개별자들에 공통된 특징들을 깨닫게 된다. 이 특징들은 아리스토텔레스에게는 개별자들처럼 실재적이고 객관적인 것이다. 그것들은 형상[이데아]들이 플라톤에게 정신의 작품이 아니듯, 어떤 의미에서도 정신의 작품이 아니다. 그러나 그는 그것들에게 보편자들에 고유한 존재 방식만을, 즉 개별자들의 특징으로서의 존재 방식만을 부여할 것을 우리에게 권고한다. 우리는 보편자들의 세계를 따로 설정해서는 안 된다. 변화의 세계인 이 세계를 단순한 보편자들의 작용으로써 설명할 수 있다고 생각해서도 안 된다. 인간의 형상은 어떤 의미로는 각 개인의 탄생에서 작용하는 것이지만, 그것은 아버지 안에 구현된 사람의 형상이다. 집의 형상은 각 집의 생산에서 작용하지만, 그것은 개별 건축자에 의해 파악된 집의 형상이다.

플라톤이 그렇게 개별자들로부터 보편자를 '분리했는지' 의문이 생길 수 있다. 보편자를 이것의 개별자들로부터 구별한다는 것은 어떤 의미에서는 그것을 분리한다는 것이다. 우리는 이 보편자를 구별된 실재로 생각해야 한다. 플라톤이 또한 그것을 따로 존재하는 실재로 생각했는지는 말하기 어렵다. 그가 쓰는 많은 표현들은 그런 책임을 떠맡게 하지만, 그가 단지 개별자들은 항상 보편자를 함축한다는 이론을 강조하여 생생한 방식으로 제시하고 있었을 수도 있다. 하지만 아리스토텔레스가 실제로는 강조와 표현의 차이일 뿐인 것을 근본적인 견해 차이로 잘못 알 만큼 그가 오랜 세월 부단한 접촉을 가진 스승을 철저하게 잘못 해석했으리라고 생각하기는 힘들다.

더 나아가, 아리스토텔레스는 이데아들과 개별자들의 '중간에 있는' 어떤 것으로서 수학적인 대상들이 존재한다는 생각을 플라톤의 것으로 돌린다.[15] 아리스토텔레스 자신도 기하학의 대상들을 중간에 있는 것으로 파악하지만, 다른 두 종류의 분리된 실재들 사이에 따로 분리되어 있는 실재들로 파악하는 것은 아니다. 그에 따르면, 그것들은 감각 성질들로부터 추상하여 생각한 감각 대상들이다. 우리가 감각 대상들을 일정한 모양의 경계를 가지는 것으로만 생각하면, 우리는 기하학의 대상들을 생각하게 된다.[16] 그러나 여기에서 더 추상할 수 있다. 우리는 감각 대상들로부터 '감각될 수 있는 재료'를 생각에서 지울 수 있을 뿐만 아니라 기하학적인 대상들로부터 '사유될 수 있는 재료', 즉 연장(延長)을[17] 생각에서 지울 수 있다. 이렇게 해서 우리는 직선, 원 등의 본질에, 즉 작도의 원리에 이르게 된다. 그러나 아리스토텔레스는, 자신은 추상의 중간 결과라든가 마지막 결과에 분리된 존재를 부여하지 않지만, 플라톤주의자들은 그 둘 모두에게 분리된 존재를 부여한다는 점에서 자신의 견해와 플라톤의 견해는 전혀 다르다고 말할 것이다. 논쟁의 시비는 이렇게 해서 '형상[이데아]들'에 관한 논의에 관련하여 일어난 것과 같은 논점에서, 즉 플라톤주의자들이 말하는 '분리'가 실제로 분리됨을 인정한다는 뜻인지, 아니면 '분리된' 사물들 간에 인지할 만한 차이가 있음을 인정한다는 뜻인지의 물음에서 갈린다.

아리스토텔레스는 보편자들이나 수학적인 대상들이 실체라는 점을 부정하면서도, 감각될 수 없는 실체들이 있다고 주장한다. 그런 것들로 첫

---

15 《형이상학》 1권(A) 6장 987b 14.
16 《형이상학》 13권(M) 2장, 3장.
17 《형이상학》 7권(Z) 1036a 11.

째, 우주의 부동의 운동자인 신이 있고,[18] 둘째, 신에 의해 움직이면서 행성들의 천구들을 움직이는 지성적인 존재들이 있다.[19] 그리고 셋째, 그는 인간의 이성은(또는 이 이성 안에 있는 '능동적인' 요소는) 개인이 죽을 때, 신체로부터 떨어져 따로 존재할 수 있다고 지적한다.[20]

{ ## 증명의 으뜸 원리들 }

형이상학이 증명의 으뜸 원리들을 연구할 것이라고 서술한 다음, 아리스토텔레스는 나아가[21] 모든 증명의 토대가 되는 두 가지 핵심 원리, 즉 《뒤 분석론》의 공통된 으뜸 원리들 —모순율과 배중률— 을 확립한다. 모순율은 먼저 "같은 속성은 같은 사물에 같은 관점에서 들어 있으면서 동시에 들어 있지 않을 수 없다"는 형태로 표현된다. 이것은 확실하게 대상과 관련하여 존재의 법칙으로서 서술된 것이라는 점을 알게 될 것이다. 그러나 그것으로부터 심리적인 법칙이 따른다. 같은 속성이 같은 사물에 같은 관점에서 들어 있으면서 동시에 들어 있지 않다고 생각하는 것은 자기 자신이 동시에 같은 관점에서 대립되는 상태에 있음을 뜻할 것이고, 따라서 불가능하다.[22]

아리스토텔레스는 마땅히 모순율을 증명하려고 시도하지 않는다. 그것에 대한 증명을 요구하는 것은 논리학에서 훈련이 부족함을 드러내는

18 《형이상학》 12권(Λ) 7장.
19 《형이상학》 12권(Λ) 8장.
20 《형이상학》 12권(Λ) 3장 1070a 24–26, 《혼에 관하여》 3권(Γ) 5장.
21 《형이상학》 4권(Γ) 3–8장.
22 《형이상학》 4권(Γ) 3장.

것이라고 그는 말한다. 모든 것에 대해 증명을 요구하는 것은 무한히 계속될 수밖에 없는 역행을 요구하는 것이다. 그리고 사안의 성격상 충족될 수 없는 요구를 해서는 안 된다. 그리고 만일 어떤 것이 증명 없이도 인식될 수 있어야 한다면, 무엇이 모순율보다, 우리가 보았듯이 말로는 그것을 부인할 수 있겠지만 생각으로는 의심할 수 없는 이 법칙보다 그렇게 인식되기에 더 적합하겠는가? 이 법칙을 권할 셈으로 우리가 할 수 있는 것은 (1) 그것을 부인하는 사람들이 그것을 부인하면서도 그것이 참임을 받아들인다는 점을 보여 줌으로써 그들을 반박하는 일이고, (2) 그것을 부인하게 된 근거들이 불충분하다는 점을 보여 주는 일이다.[23]

(1) 모순율의 반대자는 무엇인가를 말할 준비가 되어 있어야 한다. 만일 그가 이것을 거부한다면, 식물을 설득하리라고 기대할 수 없듯이 우리가 그를 설득하리라고 기대할 수 없다. 우리는 그가 문장을 말하도록 요구할 필요가 없다. 그가 한 단어를, 예를 들어 '사람'을 말하도록 요구하면 된다. 그가 이것을 말하면, 그는 분명히 그로써 어떤 것을 의미하고, 한 가지 것을 의미한다. 그는 '사람임'이 한정된 어떤 것이고, '사람 아님'이기도 한 것은 아니라는 것을 이미 의미하고 있고, 따라서 사람인 것은 '사람'이란 말의 같은 의미에서 사람 아닌 것이기도 한 것은 아니라는 것을 의미하고 있다. 이렇게 해서 그는 모순율이 참임을 인정하게 된다. 일관된 회의주의는 벙어리일 수밖에 없다.[24] 더 나아가, 모순율을 부정하는 것은 우주 안에서 모든 구별들을 지워 버리는 것과 같다. 만일 사람이 사람 아닌 것이기도 하다면, 그는 더욱이 배가 아니고(왜냐하면 '사람'과 '배 아닌

---

23 지면상, 뒤따르는 복잡한 논증에 대해서 몇 가지 보다 두드러진 점들을 지적만 하겠다. 그에 대한 충분한 논의는 H. Maier, *Syllogistik des Aristoteles*, Tübingen 1896-1900, 1권, 41-101쪽에서 찾아볼 수 있을 것이다.
24 《형이상학》 4권(Γ) 4장 1006a 11-b 34.

것'보다는 '사람'과 '사람 아닌 것' 간에 더 대립이 있기 때문이다), 따라서 (만일 모순율이 참이 아니라면) 배이기도 하고, 이와 마찬가지로 그것이 어떤 것이든 다른 모든 것이기도 한다.[25]

모순율의 부인은 전체적이거나 부분적이어야 한다. 만일 부분적이라면, 모순율이 어떤 경우들에서 타당함을 인정하는 것이다. 만일 전체적이라면, (a) 긍정될 수 있는 것은 모두 부정될 수 있고, 부정될 수 있는 것은 모두 긍정될 수 있거나, (b) 긍정될 수 있는 것은 모두 부정될 수 있지만, 부정될 수 있는 것이 모두 긍정되지는 않는다. 그러나 뒤의 선택지는 어떤 것이 확고하게 어떠하지 않고, 그것에 대립된 것은 확고하게 어떻다는 것을 함축한다. 즉, 모순율이 어떤 경우들에서 타당함을 인정하는 것이다. 그리고 만일 모순율의 반대자가 앞의 선택지를 수용한다면, 그는 어떤 것도 확정된 성질을 갖지 않는다고, 즉 아무것도 어떠하지 않다고 말하고 있다. 그는 모든 진술들이 참이라고 말하고, (자신의 모순율 부인을 포함한) 모든 진술들이 거짓이라고 말하고 있다. 그는 확정된 것이라곤 전혀 말하지 않고 있고, 우리는 그와 함께 논의하리라고 기대할 수도 없다.[26]

사람들의 행동은 그렇게 모순율을 부인하는 식으로 생각하지 않는다는 것을 보여 준다. 만일 같은 것이 사람이기도 하고 사람이 아니기도 하다면, 같은 논리로 같은 것이 어떤 사람에게 좋기도 하고 좋지 않기도 하다. 그러나 그 누구도, 그가 어떤 것을 해야 한다고 생각한다면, 또한 그것을 해서는 안 된다는 이유로 그것을 하지 않는 쪽으로 나아가지 않는다.[27]

(2) 모순율의 부인은, 'A가 B인 것으로 나타날 때 그것은 B이다'라고

---

25 《형이상학》 4권(Γ) 4장 1007b 18-1008a 2.
26 《형이상학》 4권(Γ) 4장 1008a 7-b 2.
27 《형이상학》 4권(Γ) 4장 1008b 12-b 27.

하는 프로타고라스의 언명과 존망을 함께한다. 세계의 본성을 생각해 내는 데에서 자신들이 경험한 실제적인 어려움 때문에 모순율을 부인하는 사람들은 (오로지 자기주장만을 위해 모순율을 부인하는 사람들로부터 구별된 사람들로서) 자연의 과정에서 반대되는 성질들이 같은 사물로부터 나올 수 있다는 자신들의 관찰 때문에 그렇게 한다. 그들은 무(無)로부터는 아무것도 생겨나지 않기(ex nihilo nihil fit) 때문에, 사물이 반대되는 속성들을 앞서 가지고 있어야 한다고 주장한다. 이는 (a) 잠재태와 현실태의 구분에 의해 반박될 수 있다 ─ 같은 사물이 잠재태로 대립되는 속성들을 가질 수 있지만, 현실태로 그럴 수는 없다. 그리고 (b) 다른 종류의 실체, 즉 잠재태와 변화로부터 완전히 벗어난 실체가 있음을 지적함으로써 반박된다.[28]

이와 비슷하게, 현상들이 참이라는 믿음은 어떤 사람들에서는 감각 대상들에 대한 관찰로부터 나온다. 이들은 같은 것이 어떤 사람들에게는 달게 느껴지고, 어떤 사람들에게는 쓰게 느껴진다는 점에 주목하고, 진리는 머릿수를 세는 것만으로 결정될 수 없다고 생각한다. 그들은 같은 것이라 하더라도 다른 때에는 같은 사람의 감각에 달리 나타난다는 점을 주목하고, 한 감각이 다른 감각보다 조금도 더 참일 수 없다고 생각한다.[29]

이런 잘못된 생각의 원인은 변화의 요소가 큰 감각 대상들을 실재의 전체와 동일시하는 데에 있다. 그 철학자들은 감각 대상들이 항상 변하고 있는 것을 보고, 그것들에 대해서는 어떤 것도 참인 것으로서 말할 수 없다고 추론한다. 그러나 그들은 어떤 성질을 잃고 있는 것은 잃고 있는 성질의 일부를 아직 가지고 있다는 점을 잊고 있고, 생겨나고 있는 것의

---

28 《형이상학》 4권(Γ) 5장 1009a 6-38.
29 《형이상학》 4권(Γ) 5장 1009a 38-b 11.

일부가 이미 있어야 한다는 점을 잊고 있다. 그들은 양이 변하는 사물들이 질에서는 그대로일 수 있다는 점을 잊고 있다. 그들은 달 아래에 있는 변화의 세계가 물리적인 우주에서도 조그만 부분일 뿐이라는 점을 잊고 있다. 그들은 물리적인 우주 말고도 변하지 않는 것들이 있다는 점을 잊고 있다.[30]

각각의 감각에 고유한 '특정' 성질들에 대한 감각은 전혀 틀림이 없을지라도, 다른 모든 감각 작용들에 관련되어 있는 '상상'은 그렇지 않다는 점을 우리는 지적하지 않을 수 없다. 우리는 그런 철학자들이 정말로 크기와 색깔은 멀리서 또는 가까이에서 나타나는 대로인지, 아픈 사람에게 또는 건강한 사람에게 나타나는 대로인지, 자고 있는 사람에게 또는 깨어 있는 사람에게 나타나는 대로인지, 전문가에게 또는 문외한에게 나타나는 대로인지를 의심하는지 그들에게 묻지 않을 수 없다. 그들의 행동은 그들이 그것을 의심하지 않는다는 것을 보여 준다. 더 나아가, 어떤 감각도 그것에게 고유한 대상에 대하여 대립되는 정보를 동시에 주지 않는다. 그것은 다른 때에도 감각 성질이 아니라 이 성질을 가진 대상에 대해서만 대립된 진술을 가져다준다. 같은 포도주라도 그것이 변하거나 그것을 마시는 신체가 변한다면, 어떤 때에는 달고 어떤 때에는 그렇지 않을 수도 있지만, 닮은 변하지 않는다. 달게 되려는 것은 항상 같은 조건들을 충족시켜야 한다. 감각이 보이는 외견상의 자기-모순은 우리가 필요한 구분을 할 경우 사라진다. 같은 사물은 같은 관점에서, 같은 조건에서, 같은 때, 같은 감각에 다르게 나타나지 않는다. 지각하는 존재들이 없다면 감각 성질들도 없고 감각 행위도 없겠지만, 지각을 유발하는 대상들은 지각과 독립적으로 있어야 한다는 점을 우리는 인정해야 할 것이다. 만일 어

30 《형이상학》 4권(Γ) 5장 1010a 1-b 1.

떤 것도 있지 않고, 생각함이 그것을 있는 것으로 만든다면, 인간 자신이 있다는 것(esse)은 그가 인간이라고 생각됨에 있을 것이고, 따라서 그것은 생각함에 놓여 있을 수 없다. 그가 있다는 것(esse)은 —누구나 그렇다고 알고 있듯— 그가 지각한다는 것(percipere)이 아니라, 그가 지각된다는 것(percipi)일 테다.[31]

모순율에 관한 논의에서 출발하여, 아리스토텔레스가 감각주의 또는 주관적 관념론을 공격하는 길로 들어섰다는 것을 우리는 보게 된다. 그의 입장은 다음과 같다. 연합이라든가 해석이 섞이지 않은 본래의 감각-지각은 전혀 틀림이 없다. 그것은 의식과 구분되고, 대상(hypokeimenon)에 부수하는 성질(pathos)인[32] 어떤 것(aisthēton)에 대한 의식이다. 그렇게 감각된 것은 저마다 그것에 대립되는 것의 특성으로부터 구별된 제 특성을 갖는다. 예를 들어, '닮'은 특정한 종류의 감각된 것을 뜻한다. 어떤 감각된 것이든 경험될 때마다 그것이 '단' 것으로 불리려면 그러한 특성을 가져야 하고, 그러한 특성을 가지고 있는 한 '쓴' 것으로 불릴 수 없다. 감각은 감각된 것에 대하여 모순된 말을 하지 않는다. 이렇게 해서 감각된 것들에 관한 한 모순율을 의심할 이유가 없다.

감각된 것[감각 내용]은 감각함(aisthēsis 또는 aisthēma)으로부터 구분되지만 지각하는 자에 종속되어 있다. 그것은 실제로 일정한 대상과 일정한 지각 주체가 만남으로써 이루어진 결과이다. 대상이나 지각하는 자의 신체가 일정한 변화를 겪는다면, 감각된 것은 달리 산출된다. 더 나아가, 우리가 물리적인 대상들을 고려해 보더라도 모순율을 의심할 이유가 없다. 전에 쓰다고 말했던 대상을 내가 지금 달다고 말한다는 사실은 대상이나

31 《형이상학》 4권(Γ) 5장 1010b 1-6장 1011b 12.
32 《형이상학》 4권(Γ) 5장 1010b 20-21.

내 몸 안에 있는 무엇이 변했다는 것을 보여 줄 뿐이다.[33] 그리고 감각함과 감각된 것이 지각하는 자에 따라 다르다는 사실, 그리고 그것들은 지각하는 자들이 없으면 존재할 수 없다는 사실은 지각하는 자에 따라 다르지 않은 것은 아무것도 없다는 것, 즉 '인간은 모든 것들의 척도다'라는 것을 결코 입증하지 못한다. 왜냐하면 지각은 우리 자신의 의지로 일어나지는 않기 때문이다. 지각은 이런 것 또는 저런 것에 의해 유발되고, 이것들은 그것이 유발하는 것과 독립적인 어떤 것이어야 한다. 그리고 '유발하는 것'과 '유발되는 것' 또는 '지각되는 것'과 '지각하는 자'가 서로 상대적인 용어라고 해서, 이것이 곧 유발하고 감각되는 것이 그것의 유발함과 감각됨과 독립적으로 제 자신의 본성을 갖지 않는다는 점을 보여 주지는 않는다.[34]

아리스토텔레스의 견해에는 그 이상의 한 가지 요소가 있다. 대상들을 실제로 있는 대로 지각하는 데에 유리한 일정한 조건들, 즉 대상에 가까이 있음, 건강한 신체 상태, 깨어 있는 상태가 있다.[35] 확대하자면, 이는 감각된 것으로서, 예를 들어 빨강이나 닮이 있을 뿐만 아니라, 이에 상응하는 성질들이 물리적인 대상들에 있다는 점을 함축하고, 유리한 감각 조건 아래서는 우리가 그 대상이 그에 상응하는 성질을 가질 때 감각된 것을 파악하지만, 불리한 조건 아래에서 우리가 그 대상이 닮의 성질을 가질 때 이를테면 씀을 감각된 것으로서 감각한다는 점을 함축하는 것처럼 보인다.[36] 그러나 아리스토텔레스가 이런 연관 속에서 이론을 펼쳤는지, 그리

---

33 《형이상학》 4권(Γ) 5장 1010b 19-26.
34 《형이상학》 4권(Γ) 5장 1010b 30-1011a 2.
35 《형이상학》 4권(Γ) 5장 1010b 3-11.
36 《형이상학》 9권(Θ) 3장 1047a 4-7도 제이 성질들(뜨거움, 닮)이 감각함과 독립적으로 대상들에 들어 있다는 점을 암시한다.

고 그가 자신의 주장이 함축하고 있는 것들을 끄집어내어 완성해 냈는지 의문이 들 수도 있다. 뜨거움과 차가움에 관련하여, 확실히 그의 이론은 감각되는 뜨거움이나 차가움과 별개로 완전히 대상에 든 뜨거움과 차가움이 틀림없이 있다는 점을 함축한다. 왜냐하면 감각기관들을 포함한, 모든 복합물들의 형성은 뜨거움과 차가움의 작용에 기인하기 때문이다. 그리고 그는 실제로 물리적인 열과 감각되는 열을 구별한다.[37] 하지만 그가 가령 색깔과 냄새의 경우에도 이와 비슷한 구별을 했을 것 같지는 않다.

지금까지 요약된 논증은 원칙적으로, 완전한 회의주의나 감각주의를 반박하는 데에 말할 수 있거나 그에 필요한 거의 모든 것을 포함하고 있다. 모순율을 옹호하는 논증이 모든 점에서 순환논증이란 비난으로부터 벗어나 있는 것은 아니지만, 대체적으로 아리스토텔레스는 적절한 방법, 즉 모순율의 부정이 바로 그것의 긍정을 함축한다는 점을 보여 주는 방법의 틀 속에 머무르고 있다. 배중률을 옹호하는 논증도[38] 이와 비슷한 노선을 따른다.

{ 형이상학의 탐구 대상에 대한 계속된 규정 }

6권(E)은 분리되어 있고 변하지 않은 채로 있는 것에 관한 연구가 있는 것 자체에 관한 연구임을 보이고 나서, 나아가 '있음'의 일정한 의미들, 즉 (1) 우연적으로 또는 부수적으로 있음,[39] 그리고 (2) 참으로 있음을[40] 형이

---

37 《동물의 몸에 관하여》 2권(B) 2장 648b 12-649b 7.
38 《형이상학》 4권(Γ) 7장.
39 《형이상학》 6권(E) 2장, 3장.
40 《형이상학》 6권(E) 4장.

상학과 무관한 것으로 배제한다. (1) 우연적으로 있는 것은 전혀 연구될 수 없는 것이기에 형이상학에 의해 연구되지 않는다. 예를 들어, 집은 수없이 많은 우연적인 속성들을 갖는다. 학문은 이렇듯 수없이 나열될 속성들에 관한 연구에 착수할 수 없다. 예를 들어, 건축에 관한 학문은 집의 본질인 것, 즉 '살아 있는 것들과 재물의 보호소'일[41] 집의 건축에 집중하고, 그것의 부수적인 속성들은 무시한다. 이와 비슷하게, 기하학은 삼각형의 모든 속성들을 낱낱이 연구하지 않고, 삼각형인 한에서 그것에 들어 있는 속성만을 연구한다. 그리고 형이상학은 속성이 대상의 본성으로부터 흘러나오지 않고 그것에 부수적인 방식으로 연관되어 나오는 점들을 연구하지 않을 것이다. 이런 점들은 앎의 대상이 전혀 아니기에 형이상학은 그것들을 연구하지 않는다. 아리스토텔레스는 다음의 두 가지 가능성을 살펴보는 듯하다. (a) 우연적인 것, 즉 법칙에 예외적인 것이 나름의 법칙을 가지고 있을 수 있다. 만일 A가 대체로 B라면, 일정한 조건하에서는 A가 항상 또는 대체로 B가 아니라는 법칙이 있을 수 있을 것이다.[42] 만일 이 법칙이 발견된다면, 외견상의 우연은 우연이 아닌 것으로 드러나게 된다. 그래서 여전히 우연적인 것에 대해서는 앎이 있지 않게 된다. 그러나 (b) 인간의 행위에서, 그리고 아마 다른 어떤 경우에서도, 아리스토텔레스는 앎의 대상이 결코 될 수 없는 정말 우연한 것을 인정한다.[43] 만일 어떤 사람이 일정한 방식으로 행동한다면 그는 폭행에 의한 죽음을 당할 수밖에 없지만, 그가 그런 방식으로 행동하도록 할 필연적인 일은 전혀 없고, 그가 그렇게 할 때까지는 그가 폭행에 의해 죽게 될지 결정되어

---

41 《형이상학》 8권(H) 2장 1043a 16.
42 《형이상학》 6권(E) 2장 1027a 25.
43 이 책의 149-50, 321-22, 342쪽 참조.

있지 않다.[44]

(2) 형이상학이 연구하지 않는, 있음의 다른 의미는 '참으로 있음'이다. 이것은 대상들에 속하지 않고 마음의 상태에 속하는 것이기 때문에 배제된다. 우리는 그것이 형이상학이 아니라 논리학에 의해 연구된다고 생각해야 한다.[45] 아리스토텔레스는 정말 '거짓인 사물들'의 개념을 허용하고, 따라서 이로 미루건대 '참인 사물들'의 개념을 허용한다. 그러나 (a) '거짓인 사물'은 존재하지 않는 사물을 의미하고, 참인 사물은 존재하는 사물을 의미하는데, 이 경우 '거짓'과 '참'은 본래의 의미에서 사용된 것이 아니다. 그러나 우리는 여기에서 '참으로 있음'과 관계하지 않고, 존재로서의 있음과 관계한다. 또는 (b) 거짓인 사물은, 음영 화법으로 그린 그림이라든가 꿈이 그렇듯이, 여기에 없는 어떤 것의 출현을 일으키는 것이다.[46] 이것들은 아마도 형이상학의 탐구 주제가 아니라 심리학의 탐구 주제일 것이다.

있음의 두 가지 중요 의미 ―그 분류가 범주들의 분류인 있음, 그리고 잠재태·현실태로 있음― 가 남는다. 앞의 것은 7권(Z)과 8권(H)에서, 뒤의 것은 9권(Θ)에서 연구된다.

{ ### 실 체 }

아리스토텔레스는 《형이상학》에서 범주들 전체를 다루지는 않는다.

---

44 《형이상학》 6권(E) 3장 1027a 32-b 14.
45 그러나 '참으로 있음'이 9권(Θ) 10장에 논의되어 있다. 이것은 아마도 《형이상학》에 잘못 자리를 잡은 것 같다.
46 《형이상학》 5권(Δ) 29장 1024b 17-26.

실체 이외의 범주들은, 말하자면, '있는 것에 덧붙은 것, 딸린 것'일[47] 뿐이다. 실체는 그것들에 세 가지 방식으로 앞선다.[48] 먼저, (1) 그것들은 따로 존재할 수 없지만, 실체는 따로 존재할 수 있기 때문이다. 그러나 이것이 그것들은 실체 없이 존재할 수 없지만, 실체는 그것들 없이 존재할 수 있다는 것을 뜻하지는 않는다. 질이 없는 실체는 실체를 전제하지 않는 질과 마찬가지로 불가능하다. 실체는 그것의 본질을 이루는 질, 관계 등을 포함하는 전체적인 사물이고, 이 본질은 따로 떨어져 존재할 수 있다. 실체는 질을 함축하지만 질은 실체가 자신에 더하여 필요로 하는, 실체 밖의 어떤 것이 아니다. 질은 다른 한편으로, 실체 안에서만 존재할 수 있는 추상물이다. 분명히, 이것이 그가 의도하는 바라면, 아리스토텔레스는 실체를 개별적인 사물로 생각하고 있다. 보편자들인 버금 실체들(즉, 유와 종)은, 그의 이론에 따르면, 따로 존재할 수 없고, 그것들에 속한 개별 구성원들의 특수한 성질들에 의해 보충되어야 한다.

(2) 실체는 정의에서 앞선다. 다른 범주들 중 하나에 대해 정의를 내릴 때, 그것의 바탕이 되는 실체에 대한 정의를 포함해야 한다. 아리스토텔레스는 실체에 대해 정의를 내릴 때 다른 어떤 범주 안에 있는 어떤 것에 대한 정의를 포함할 필요가 없다고 암시하지만, 이는 맞지 않다. 왜냐하면 한 실체의 종차는 모두 질이기 때문이다.

(3) 실체는 앎에서 앞선다. 우리는 어떤 사물이 어떤 질이나 양을 갖는지 또는 어떤 장소를 차지하는지를 알 때보다 그것이 무엇인지를 알 때 그것을 더 잘 안다. 정말로, 우리가 실체 외의 다른 범주들에 속한 어떤 것을 알기 원한다면, 우리는 그것이 어떤 질 등을 갖는지 묻지 말고, 그것

---

47   관계의 범주에 대해서 《니코마코스 윤리학》 1권(A) 6장 1096a 21에서 말한 것이다.
48   《형이상학》 7권(Z) 1장 1028a 32-b 2.

이 무엇인지, 무엇이 그것에게 실체와 같은 것, 즉 그것을 그것인 것으로 만드는 것인지를 물어야 한다. 이 논의에서 실체는 분명히 구체적인 사물이 아니라 본질적인 본성으로서 생각되고 있다. 그리고 이런 이중적인 의미는 실체에 관한 아리스토텔레스의 논의 전반에 스며들어 있다.

실체의 존재, 그리고 그것과 다른 범주들 간의 구별은 아리스토텔레스에게 자명하다. 실체의 근본적인 의미는 '주어에 대해 서술되지 않고 다른 것이 그것에 대해 서술되는 것'이다. 주어와 술어의 역할을 할 수 있는 용어들이 있다. 예를 들어, 우리는 '흼은 색깔이다'라고 말할 수 있고, '그 통나무는 희다'라고 말할 수 있다. 아리스토텔레스에 따르면 주어의 역할만 할 수 있는 용어들도 있다. '그 흰 것은 통나무다'라는 본래적인 방식으로 서술한 것이 아니라 부수적인 방식으로 서술한 것이다.[49] 이런 논리학 이론은 잘못된 것처럼 보인다.[50] 그러나 논리학적인 이론이 참이 아니더라도, 실체와 실체 아닌 것 간의 형이상학적 구분은 맞다. '소크라테스는 핼쑥하다' 같은 문장에 대한 숙고는, 핼쑥하다고 말해지는 것은 핼쑥함도 아니고, 그것과 함께 소크라테스 안에 결합된 다른 어떤 성질들도 아니며, 이 성질들이 핼쑥함과 합해진 것도 아니라, 이 모든 성질들을 가지고 있는 어떤 것, 즉 그것들의 기체(基體)이자 그것들이 결합되어 있는 곳인 개별적인 사물이라는 점을 보여 준다. 이것은 의심할 여지 없는 '보통 사람'의 견해이다. 철학자들은 여전히 실체가 성질들의 합계에다 이것들의 기체인 '미지의 어떤 것'을 함축하는지 논쟁 중이다. 아리스토텔레스는 보통 사람의 편에 선다. 그에게 실체는 (만일 우리가 신이라든가 그 밖의

---

49 《뒤 분석론》 1권(A) 22장 83a 1-17.
50 이는 주어-술어라는 논리학적인 관계를 실체-속성이라는 형이상학적인 관계로부터 완전히 구분하지 못한 데에 기인한 것으로 보인다.

지성적인 존재들을 고려하지 않는다면) 성질들을 포함하는 단일체일 뿐만 아니라, 그가 재료 또는 기체라고 부르는 무성(無聲)의 또는 미지의 요소이기도 하다. 그리고 특히 변화의 사실이 그로 하여금 성질과 실체를 구별하게 만들었다. 성질 자체는 변하지 않는다. 그것은 그것인 대로의 것이고 다른 어떤 것으로 될 수 없다. 그것은 다른 성질에 의해 대체될 수 있을 뿐이다. 단순한 교체와 구별되는 것으로서 변화 같은 것이 있다면, 성질들과 구별되는 것으로서 실체가 있어야 한다. 그러나 아리스토텔레스는 문제를 그쯤 남겨 두는 것으로, 즉 개별적인 사물들과 이것들의 성질들 및 관계들 간의 차이를 주장하는 것으로(이것은 특히 플라톤주의에 대립한 그의 사상의 중요 계기들 중 하나이지만) 만족하지 않는다. 나아가 그는 개별적인 실체들에서 그것들을 실체들로 만드는 것이 무엇인지 ─그것이 재료인지 아니면 형상(또는 본질)인지─ 를 탐구한다. 이 재료와 형상의 대립, 그리고 잠재태와 현실태의 대립은 아리스토텔레스 형이상학의 주도적인 특징을 이룬다. 두 가지 대립은 서로 밀접하게 연결되어 있지만, 넓게 말해, 하나에서는 세계가 정적으로, 그것의 역사의 순간에 있는 것으로서 주목되고 있고, 다른 하나에서는 동적으로, 변화의 과정에 있는 것으로서 주목되고 있다.

{ 재료와 형상 }

아리스토텔레스에게 세계는 위계질서로 그 모습을 드러낸다. 여기에서 가장 높은 단계에 있는 것들은 비물질적인 실체들인 반면, 현실태로 존재하는 다른 모든 것들은 형상이, 말하자면, 상대적으로 많거나 적은 재료의 층들 안에 구현되고, 재료가 더욱더 복잡한 형상들의 틀 안으로 들어가는 복합물들이다. 문제를 바라보는 이런 방식들 각각에 얼마간 주목할 필요가 있다. (1) 만일 우리가 구체적인 지상의 물체에서, 이를테면 살아 있는 신체에서 출발한다면, 우리는 이것이 네 가지 측면에서 변화할 수 있다는 것을 발견한다. 그것은 공간에서 움직일 수 있다. 그것은 질에서 변할 수 있다. 그것은 커지거나 작아질 수 있다. 그것은 파괴될 수 있다(그리고 그 전에 생성되었다). 아리스토텔레스에 따르면, 재료(hylē)는 변화에 의해 전제된다. 네 가지 방식 모두로 변할 수 있는 사물은 말하자면 네 층의 재료 —'공간적인 재료' 또는 이동을 위한 재료, 질 변화를 위한 재료, 크기의 변화를 위한 재료, 생성과 소멸을 위한 재료— 안에 구현되는 것으로 간주된다. 이것들에는 일정한 논리적 순서가 있다. 두 번째의 것은 첫 번째의 것을 전제하고,[51] 세 번째의 것은 두 번째의 것을 전제한다.[52] 네 번째의 것과 세 번째의 것은 서로를 함축한다.[53] 마지막 셋은 사실상 항상 함께 발견된다. 그것들은 달 아래의 모든 물체들에 들어 있다. 그러나 '공간적인 재료'는 나머지 셋과 논리적으로 독립적일 뿐만 아니라 그것들과 따로 존재할 수 있고, 천구들에서 그렇게 존재한다. 따라서 천구들은 지상의 사물들보다 '더 신적인 것들'이다.[54] 정신들을 제외한 세계 안에 있는 모든 개별적인 사물들은 형상과 적어도 '공간적인 재료'가 결합한 것이다. 그러나 더욱더 희박한 종류의 재료는, '감각될 수 있는 재료' 없이는, 즉 적어도 공간적인 재료 없이는 결코 존재할 수 없지만, 사유에 의해서 구별될 수 있다. 이것은 '사유될 수 있는 재료', 다른 말로는 공간적인 연장이다.[55] 이것은 아리스토텔레스의 사유에서 나중에 인정되어

51 《자연학》 8권(Θ) 7장 260b 4.
52 《자연학》 8권(Θ) 7장 260a 29.
53 《형이상학》 8권(H) 1042b 3, 《생성과 소멸에 관하여》 1권(A) 5장.
54 《형이상학》 8권(H) 4장 1044b 7, 9권(Θ) 8장 1050b 21, 《자연학》 8권(Θ) 7장 260a 28.

나오고, 명시적인 언급은 《형이상학》에 한정된다. 감각될 수 있는 어떤 사물에서 우리는 그것의 감각될 수 있는 재료를 몽땅 사유로써 지울 수 있다. 지구상의 사물들의 경우, 우리는 그것들의 근본 성질들 —뜨거움이나 차가움, 마름이나 습함— 을, 그리고 이런 성질들에 수반하여 생기는 모든 성질들을 떼어 낼 수 있다. 천계의 사물들의 경우, 우리는 그것들로부터 회전 능력을 떼어 낼 수 있다. 두 가지 사물들은 모두 여전히 모양과 크기를 갖는다. 우리는 추상에 의해 현실의 물체들로부터 수학적인 대상들로 옮겨 갈 것이다. 우리는 먼저 이러한 물체들을 단지 삼차원의 대상들로 생각하고, 그 이상의 것은 아닌 것으로 생각할 수 있다. 우리는 그다음에 이 입체들이 분할되어 나온 평면들을 실제로 분리될 수는 없는 삼차원으로부터 따로 생각할 수 있다. 이와 비슷하게 우리는 이 평면들이 분할되어 나온 선들을, 이것들도 따로 분리되어 존재할 수 없지만, 따로 생각할 수 있다.[56] 우리가 지금 일상 언어에서 재료라고 불리는 것을 모두 떼어 냈지만, 우리는 아직 순수 형상에 이르지 못했다. 왜냐하면 특정한 직선이나 평면이나 입체는 연장(延長) 속에 구현됨으로써 직선이나 평면이나 입체의 형상과 구별되기 때문이다(뒤의 것을 플라톤은 소박하게도 각각 수 2, 3, 4와 동일시했고,[57] 현대 수학은 그것을 고도로 엄밀하게 등식으로써 표현한다). 연장이나 '사유될 수 있는 재료'를 떼어 내면 남는 것은 순수 형상밖에 없다.

플라톤은 공간을 감각 대상들의 물질적인 요소 또는 기체로 취급했다. 그는 이 원료를 토대로 이것 안에 영원히 존재하는 것들, 즉 형상[이데아]

55 《형이상학》 7권(Z) 10장 1036a 9, 11장 1037a 4. 11권(K) 1장 1059b 15 참조.
56 《형이상학》 13권(M) 3장 1077b 17-30.
57 《혼에 관하여》 1권(A) 2장 404b 18-25, 3권(Γ) 4장 429b 18-20, 《형이상학》 8권(H) 3장 1043a 33.

들과 닮은 모양이 들어감으로써 감각 대상들이 만들어진다고 보았다.[58] 아리스토텔레스에게 연장은, 감각 대상들에 연루된 것이지만, 이것들을 이루는 원료가 아니다. 그것은 우리의 일상적인 재료 개념에 더 부합하는 어떤 것, 즉 연장되어 있을 뿐만 아니라 움직이기도 하는 것이다. 그리고 달 아래에 있는 사물들의 재료는 그 밖의 다른 세 가지 변화의 방식을 수용할 수 있다.

(2) 다시 우리는 다른 쪽의 끝에서, '최초 재료'에서 출발할 수 있다 — 주목하건대 이 표현은 아리스토텔레스에서 극히 드물지만 그의 후계자들이 그것을 그의 체계가 갖는 가장 중요한 함축들 중의 하나로 간주한 것은 정당하다고 말할 수 있을 것이다. 최초 재료는 어디에서도 따로 존재하지 않는다. 그것은 재료와 형상이 결합된 개별적인 사물들의 본성 안에 있는 하나의 요소일 뿐이다. 그것은 근본적인 반대 성질들인 뜨거움과 차가움 중의 하나, 그리고 다른 근본적인 반대 성질인 마름과 습함 중의 하나와 결합된 상태에서만 존재한다. 가장 덜 복잡한 지상의 물체들은 이미 흙, 물, 공기 또는 불이다. 이 네 가지 '단순 물체들'은 다시 그것들로부터 '완전히 혼합된' 또는 부분들이 등질인 물체들이 형성되어 나오는 재료이다. 무기물들은 일반적으로 부분들이 등질인 물체들이고, 식물과 동물의 가장 단순하고 최소로 구성된 부분들, 즉 조직들도 그러한 물체들이다. 이것들은 식물과 동물의 다른 부분들을 위한 재료를 제공한다. 이 부분들은 고도의 기능들을 위해 —예를 들어, 감각이나 이동을 돕기 위해— 구성된 것들이다. 이것들은 이질적인 부분들, 또는 기관들이다. 조직들이 기관들을 위한 재료이듯, 기관들 자체는 더욱더 복잡한 단일체인 생명체 전체를 위한 재료이다. 이 단일체는 기관들보다 더 완전하게 형성되어 있고, 기관들

58 《티마이오스》 50c, 52a.

290

은 조직들보다, 조직들은 '단순 물체들'보다 더 완전하게 형성되어 있다.[59] 마지막으로, 동물들 중 가장 고도로 조직된 또는 형성된 것인 인간에서는 형상이 덧붙는다. 이것은 몸이나 몸 일부의 구조 원리가 아니고, 어떤 신체기관도 사용하지 않으며, 몸보다 오래 살 수 있다. 이것은 이성, 또는 보다 정확하게 말하자면 능동 이성이다 ─ 이 신비로운 실재는 수동 이성의 사유를 뒷받침한다. 한 단계 더 높은 곳에 지성적인 존재들이 있다. 이것들은 물체와 전혀 결합되지 않은 순수한 실체이지만, 외부로부터(ab extra) 제 천구들에 각각 작용한다. 그리고 모든 것 중 가장 최고는 신, 즉 순수한 실체이다.

우주 안의 모든 실체는 개별적인 것이다. 아리스토텔레스에서 보편자는 항상 완벽하게 실재적이고 객관적인 것이지만 따로 분리되어 존재하지 않는 어떤 것이다. 재료와 형상이 결합된 실체들뿐만 아니라 순수한 실체들도 개별자이다. 여기서 어려운 점들이 일어난다. (1) 구체적인 실체들에서 아리스토텔레스는 '개별화의 원리'를 재료에서 찾는다. 그는, 적어도 보통은, 최하위의 종(infima species) 각각의 형상이 그 종의 모든 구성원들에서 동일한 것으로 기술한다. 그래서 그것은 한 개체를 다른 개체와 구분하는 데에 도움이 되지 못한다. 그는 그렇게 구분해 주는 것을 재료라고 말한다.[60] 그렇다면 순수한 실체들의 개별성은 어디에 기초를 두고 있는가? 그것은 형상의 차이에 있을 수밖에 없고, 스콜라 철학자들은 신과 지성적인 존재들을 유일하게 따로 분리되어 있는 최하위의 종들의 구성원으로 여기는 논리적인 결론을 내렸다. 그러나 이것은 문제를 해결해

59 《형이상학》 7권(Z) 16장 1040b 5-16.
60 《형이상학》 5권(Δ) 6장 1016b 32, 7권(Z) 8장 1034a 5-8, 10장 1035b 27-31, 10권(I) 3장 1054a 34, 12권(Λ) 8장 1074a 31-34, 《천체에 관하여》 1권(A) 9장 278a 6-b 3.

주지 못한다. 어떤 종(種)은 실제로 하나의 구성원만을 가질 수 있지만, 어떤 종의 본성은 다수의 구성원을 가질 수 있다. 그렇다면 지성적인 존재들 각각은 존재하지는 않지만 사유될 수 있는 같은 종의 구성원들과 어떻게 구별되는가? 형상에 의해서도 재료에 의해서도 구별되지 않는데 달리 어떻게 구별될 수 있는가?

(2) 이런 어려움과 별개로, 구체적인 실체들에서 개별성의 원리가 그것들의 재료에, '본질적으로 알 수 없는 것'에[61] 있다고 하는 데에는 불만족스러운 점이 있다. 이것은 결국 세계 안에서 가장 실재적인 것들이(순수한 실체들을 제외한다면) 완전히 알 수 없는 것이라는 역설적인 결론에 이른다.

이러한 어려운 문제들을 좀 더 살펴볼 필요가 있다. (1) 재료에서 개별성의 원리를 찾고자 하는 아리스토텔레스의 경향은 그의 마음속에 최하위의 종이란 개념이 우세하기 때문이다. 이는 모든 개별자들이 갖는 본성의 핵심을 이루는 특징들이 그것들이 들어 있는 개인들에서 고정된 방식으로 결합되어 있다는 생각이자, 자연이 이것들만을 확보하고 영속시키고자 한다는 생각이다. 이것들보다 덜 중요하고 덜 영속적인 모든 차이들은 형상이란 이름에 어울리지 않는 것으로 생각되고, 같은 형상이 다양한 재료와 결합한 결과물로 간주된다. 그러나 하나의 종에서 다수의 구성원들이 있게 됨의 근원은 그냥 재료가 아니라 한정된 재료이다 — 그 근원은 종적인 형상을 한번 실현시키기 위해 요구되는 것보다 더 많이 필요한 종류의 재료가 있다는 사실이다.[62] 사람의 형상과 하나가 되는 것은 일정한 **종류**의 살과 뼈이다. 그러나 더 나아가, 형상과 결합되는 두 명 몫의

---

61 《형이상학》 7권(Z) 10장 1036a 8.
62 《천체에 관하여》 1권(A) 9장 278a 6-b 3.

살과 피가 질적으로 같은 것이라면, 그것들이 최초 재료로 된 몫이었다고 가정한다 하더라도 그럴 수 없을 것이듯이, 그것들은 두 명의 다른 사람들을 만들어 낼 수 없다. 그것들은 성격에서, 즉 형상에서 달라야 한다. 소크라테스와 칼리아스는 그들의 종적인 형상에서는 일치하지만, 그들이 가진 재료의 형상에서는 달라야 한다. 이러한 사유 노선을 따름으로써 우리는 개별자의 본질 파악에 도달한다. 이것은 종적인 형상 외에 서로 다른 개별자들을 이루는 재료의 차이들로부터 솟아나는 영속적인 특징들을 추가로 포함한다. 그리고 아리스토텔레스의 체계에서 보이는 형상과 목적의 상관관계를 고려할 때, 우리는 각 개별자의 목적은 종 특유의 완성 상태에 도달하는 것일 뿐만 아니라, 그것의 개별적인 형상이 그것에게 준비시키는 특별한 방식으로 그 상태를 실현하는 것이다. 하지만 아리스토텔레스가 문제를 이렇게 생각했다는 증거는 거의 없다.[63]

(2) 다양한 구절들에서 아리스토텔레스는 '어떻게 개별자들이 인식될 수 있는가?'라는 물음에 대한 해결책을 암시한다. (a) 개별자들은 정의될 수 없지만, 직관적 사유나 지각의 도움을 받아 ―'수학의 원' 같이 사유될 수 있는 개별자들은 앞의 것에 의해, 감각될 수 있는 개별자들은 뒤의 것에 의해― 인식될 수 있다.[64] 앞의 추상적이고 직관적인 절차 외에 보다 구체적이고 직접적인 이해 방식이 있다. 이것에 의해 개별자의 본성 전체가 한 번의 행위로 파악된다. 아리스토텔레스는 여기에서 중요한 사실, 즉 개별자들, 예를 들어 개인들에 관한 우리의 앎은 일련의 보편적인 명제들의 형태로 붙들어 놓을 수 없고, 완전히 그러한 형태로 서술될 수

---

63 핵심 구절은 《형이상학》 12권(Λ) 5장 1071a 27-29이다: "서로 다른 개별자들의 원인들과 요소들은 달라서, 너의 재료와 형상과 운동인은 나의 것들과 다르다." 《형이상학》 7권(Z) 13장 1038b 14, 《혼에 관하여》 2권(B) 1장 412a 6-9 참조.
64 《형이상학》 7권(Z) 10장 1036a 2-8.

도 없을 것이라는 사실을 가리키고 있다. 그러나 그는 어디에서도 직관적 사유에 관한 이론 —이러한 기능이 그가 그것에 부여하는 다른 기능들과 (즉, 학문의 으뜸 원리들에 관한 앎, 그리고 본질들 및 합성되지 않은 실체들에 관한 앎과) 상관되어 있는 이론— 을 완성하여 내놓지 않는다.[65]

(b) 다른 곳에서[66] 그는 다른 해결책을 제시한다. 잠재태로 존재하는 것으로서의 앎만이, 즉 학자가 학문의 대상에 대해 사유하고 있지 않을 때 그의 마음속에 있는 것으로서의 앎만이 보편자에 관한 앎이다. 현실태의 앎은 개별자에 대한 앎이다. 또는 시각이 직접적으로 '이 색깔'에 대한 것이고, 이 색이 색이기 때문에 부수적으로만 색 일반에 대한 것이듯이, 문법적인 앎은 직접적으로 '이 알파의 사례'에 대한 것이고, 부수적으로만 '알파'에 관한 것이다. 이런 주장도 어느 정도 일리가 있다. 아리스토텔레스 자신의 사례를 들자면, 문법적인 앎의 현실태는 일련의 보편적인 법칙들을 파악하는 데에 국한될 수 없다. 특정한 구절을 해석하고 있는 학자는 아주 완전한 의미에서 문법적으로 사유하고 있다. 그리고 이 학문에 대해 참인 것은 모든 학문에 대해서 참이다. 우리는 한 걸음 더 나아가 현실태의 학문적 사유는 결코 개별자들로부터 잘린 보편자들에 관여하지 않고, 개별자들의 보편자들인 보편자들에 관여한다고 말할 수 있을 것이다. 보편자 아래에 드는 개별자들에 대한 감각적인 또는 상상적인 의식이 수반되지 않고서는 일반적인 법칙을 통찰하는 일은 일어나지 않는다. 개별자들이 완전히 시야에서 사라지면, 그 법칙은 더는 실제적인 앎의 대상이 아니고, 개별자들과 새로 접촉함으로써만 부활되거나 —아리스토텔레스가 말하듯— 현실태로 되는 편리한 기억법(memoria technica)이다.

65 《형이상학》 9권(Θ) 10장.
66 《형이상학》 13권(M) 10장 1087a 10-25. 《혼에 관하여》 2권(B) 5장 417a 21-29 참조.

그러나 이것으로써 어려움이 전부 해결되는 것은 아니다. 왜냐하면 학문적인 작업은 그렇게 개별자들에 관여하지만, 그것들의 완전한 개별성 속에서 그것들에 관여하지는 않기 때문이다. 학자는 그것들을 보편자의 사례들로 여기고, 단지 흐릿하게 그것들의 개별적인 차이성들을 의식한다. 그것들에 관한 적절한 앎을 위해 학문적인 인식뿐만 아니라 지각이나 직관적 사유가 필요한 것처럼 보인다.

'무엇이 사물들에서 실체적인 요소인가?'라는 물음에 관한 7권(Z)의 긴 논의는 '그것은 형상 또는 본질'이라는 선언으로 끝난다.[67] 접근 방식은 다음과 같다. 먼저, 실체가 발생적인 근원이자 원인이라는 점, 그것이 사물들을 그것들인 것으로 만드는 것이라는 점이 동의된다. 그것은 '왜?', 예를 들어, '왜 천둥이 치는가?' 또는 '왜 이 벽돌들과 돌들이 집을 이루는가?'라는 물음에 대한 대답이다. 이 모든 경우들에서 우리는 —추상적으로 말하자면— 본질이지만 어떤 경우들에서는, 예를 들어 집의(또는 일반적으로 인공물의) 경우에서는 이바지해야 할 목적이고, 어떤 경우들에서는 (예를 들어, 천둥의 경우에서는) 운동인인 원인을 찾고 있다. 우리의 물음은 항상, '무엇이 재료를 특정 사물로 만드는가?'이다. 답은 그 특정 사물에 속한 본질의 현존이다. 이것은 사물의 물질적인 요소들과 나란히 사물 안에 있는 또 다른 요소가 아니고, 원소들로 복합된 어떤 것도 아니다. 이것이 바로 어떤 요소들은 살로 만들어 놓고 어떤 요소들은 음절로 만들어 놓는다.

아리스토텔레스가 여기에서 주로 강조하고 있는 점은 본질이 물질적인 구성 요소들과 나란히 존재하는 구성 요소라고, 또는 그 자체가 물질적인 구성 요소들로 이루어진 것이라고 생각해서는 안 된다는 것이다.

---

67 《형이상학》 7권(Z) 17장.

그것을 앞의 방식으로 본다면, 우리는 그것이 어떻게 물질적인 구성 요소들과 결합되는지를 설명할 구조 원리를 추가로 필요로 하게 된다. 뒤의 방식으로 본다면, 우리는 어떻게 이 구성 요소들이 결합되어 본질을 이루게 되는지 알고자 할 것이다. 즉, 우리는 본질에 대하여, 우리가 애초에 구체적인 사물에 대해 물었던 것, 즉 그것을 그것인 것으로 만드는 것이 무엇인지 물어야 할 것이다. 플라톤이 소크라테스 이전 철학자들의 유물론적인 견해에 반대하여 형상[이데아]들에 관한 이론에서 이 점을 충분히 강조했다고 생각할 수도 있을 것이다. 아리스토텔레스는 플라톤의 초월적인 형상 이론을 거부하면서, 자기 자신이 믿었던 내재적인 형상이 그에 못지않게 비물질적인 본성을 갖는다는 점을 강조하고 있다고 말하는 것이 옳다.

 '무엇이 어떤 사물이 있음의 원인인가? 따라서 무엇이 그것의 실체인가?'라는 물음에 대한 답으로 본질을 거명하면서도 아리스토텔레스가 이 답이 추상적인 것일 뿐이라고 지적한다는 점은 주목할 만하다. 우리가 무엇이 이 살과 이 뼈들을 사람으로 만들고, 이 벽돌들과 돌들을 집으로 만드는지를 묻는다면, 틀림없이 '사람, 집 또는 천둥에 속한 본질의 현존'이라고 대답하는 것이 맞다. 그러나 이 대답은 우리를 더 멀리 데려가지 못한다. 아리스토텔레스는 우리가 추상적으로 본질이라고 기술하는 것은, 구체적으로 보면 때로는 목적인이고 때로는 작용인이라고 말함으로써 보다 실질적인 설명에 이르는 길을 가리킨다. 그것은 보통 목적인이다. 이 살과 이 뼈들이 사람을 이루는 이유는 그것들이 사람의 형상인 인간 혼에 의해 형상을 갖추게 되기 때문이다. 그러나 보다 깊게 들어가는 대답은 '그것들이 사람이 존재하는 목적들인 지적이고 도덕적인 활동에 이바지하도록 조직되어 있기 때문에'라는 대답이다. 생물학에서 아리스토텔레스는 구조를 기능에 의해 설명하는 것을 꾸준히 목표로 삼았다. 그리고 인공물에서도 이와 마찬가지다. 이 벽돌들과 돌들을 집으로 만들어 주는 것은 무엇인가? 그것은 그것들이 살아 있는 것들과 재물의 보호소 구실을 하도록 배치되어 있다는 사실이다.[68] 그런데 보통 형상인은 목적인이기도 하다.[69] 그러나 자연적인 실체들과 인공물들의 산출에서 일정한 부산물들이 출현한다. 이것들에 대해서는 어떠한 목적인도 설정될 수 없고,[70] 그것들은 기계적으로, 운동인을 언급함으로써 설명될 수밖에 없다. 천둥은 어쩌면, 피타고라스학파 사람들이 말했듯이, 타르타로스[지옥]의 거주자들을 무섭게 하려고 고안된 것일 수도 있지만, 그것을 구름 속에서 불이 꺼짐에 기인한 것으로, 또는 다른 어떤 기계론적인 설명에 의해 설명하는 것이 더 안전하다.[71] 그리고 목적인에 기인한 것조차도 또한 기계론적인 원인에 의한 것이다. 불빛이 등롱을 통해 흘러나옴은 우리가 넘어지는 것을 막아주는 데에 도움이 되지만, 그것은 작은 입자들을 가진 것은 더 큰 통로들을 통과할 수밖에 없다는 사실, 또는 다른 어떤 물리적인 이유에 기인한다.[72] 그리고 이런 목적인과 필연성의 이중 작용이 보통 인공물들에서뿐만 아니라 자연적인 실체들에서 미치고 있다.[73] 이렇게 해서 7권(Z)은 실체, 즉 한 사물을 그것인 것으로 만들어 주는 것을 본질과 동일시하면서, 목적인에 의해 또는 기계론적인 원인들에 의해 또는 둘 모두에 의해 덜 추상적이고 더 만족스러운 방식으로 설명하는 쪽을 가리키고 있다.

---

68 《형이상학》 8권(H) 2장 1043a 16, 3장 1043a 33.
69 《형이상학》 8권(H) 4장 1044b 1.
70 《형이상학》 8권(H) 4장 1044b 12.
71 《뒤 분석론》 2권(B) 11장 94b 33.
72 《뒤 분석론》 2권(B) 11장 94b 27-31.
73 《뒤 분석론》 2권(B) 11장 94b 34-37.

{ 생성의 분석 }

　다음으로, 아리스토텔레스의 생성에 관한 분석으로 향하는 것이 마땅
하다.[74] 그의 주된 목적은 세 가지 ―자연적인, 기술적인, 우연적인― 산
출 방식 각각에 비슷한 조건들이 관련되어 있다는 점을 보여 주는 것이
다. (1) 이 맥락에서 아리스토텔레스에 따르면, 자연은 변화를 시작하게
하고, 특히 자신과 같은 종류를 번식하게 하는, 모든 살아 있는 것들에
내재한 힘을 의미한다. 다른 모든 생성에서처럼 자연적인 생성에서, "생
겨나는 것은 모두 어떤 작용에 의해 어떤 것으로부터 나와 어떤 것이 된
다."[75] 즉, 자연적인 생성에 포함된 것은 다음과 같다. (a) 자식이 가져야
할 종적인 형상을 이미 가지고 있는 개체, 즉 부모 중 수컷.[76] (b) 종적인
형상을 운반하는 능력이 있는 재료, 즉 부모 중 암컷이 제공하는 재료.[77]
(c) 같은 종적인 형상을 지닌 새로운 개체. (2) 기술적인 산출에서 형상이
앞서 존재한다는 점은 이보다 덜 명확하다. 집을 짓는 것은 번식이 실제
의 아비를 전제하듯 실제의 집이 존재함을 전제하지 않는다. 그럼에도 어
떤 의미에서는, 앞서 존재하는 집, 즉 건축가에 의해 파악된 것으로서 집
의 형상이 있다.[78] (3) 우연적인 산출에는 두 가지가 있다. 하나는 자연을
모방하고, 다른 하나는 기술을 모방한다. 기술이 없는 사람도 의사가 학

74　《형이상학》 7권(Z) 7-9장.
75　《형이상학》 7권(Z) 7장 1032a 13.
76　《형이상학》 7권(Z) 9장 1034a 21-b 1, 7장 1032a 25.
77　《형이상학》 8권(H) 4장 1044a 35.
78　《형이상학》 7권(Z) 7장 1032b 1.

문적인 근거에 따라 권할 법한 동일한 치료를 우연히 일으킬 수 있다.[79] 그리고 고등의 생물종들에서 성적인 결합을 요구하는 생식이, 하등생물에서는(아리스토텔레스는 이렇게 믿는다) 우연히[자연발생적으로] 일어난다.[80] 그리고 이 두 가지 경우에서 그는 자연적인 산출과 기술적인 산출에서처럼 산물의 일부가 미리 존재해야 한다는 점을 보여 주려고 애쓴다.[81]

생성에서, 재료가 생겨나지 않는 것과 마찬가지로 형상도 생겨나지 않는다. 만일 형상 자체가 산출되고 있다면, 그것은 다른 어떤 것으로부터, 즉 다른 형상이 다른 재료에 부과됨으로써 산출되고 있을 것이고, 만일 이 다른 형상이 산출되고 있다면, 그것은 다시 또 다른 형상이 또 다른 재료에 부가됨으로써 산출되고 있을 것이고, 이런 과정이 무한히(ad infinitum) 계속될 것이다.[82] 이 구절에 대한 가장 명확한 해석은 그것이 형상의 영원성을 가르친다는 것일 것이다. 하지만 아리스토텔레스는 때때로 형상이 순간적으로 생겨나고 사라진다고 말한다.[83] 우리는 본래적인 의미의 생성(새로운 실체의 발생)과 그 아래의 변화 형태들(인공물들의 산출을 모두 포함할 성질 또는 크기의 변화)을 구별해야 할 것처럼 보인다. 앞의 경우에서 형상은 현실태로, 부모 중 수컷 안에 앞서 존재해야 한다. 뒤의 경우에서 그것은 잠재태로 앞서 존재하기만 하면 된다.[84] 이 경우, 그것은 영원히 있지 않고, 어떤 과정에 의해 생겨난다. 그것은 어떤 과정에 순간적으로 들이닥친다. 그것은 한 순간에는 있지 않고 다른 순간에는 있다.

79 《형이상학》 7권(Z) 9장 1034a 20.
80 《형이상학》 7권(Z) 7장 1032a 30, 9장 1034b 4-6.
81 《형이상학》 7권(Z) 9장 1034a 24-30.
82 《형이상학》 7권(Z) 8장 1033a 24-b 19.
83 《형이상학》 7권(Z) 15장 1039b 26, 8권(H) 5장 1044b 21, 3장 1043b 15.
84 《형이상학》 7권(Z) 9장 1034b 18.

그러나 결코 생겨나지 않는다. 흰 사물은 검게 될 수 있지만, 흼은 검음이 되지 않는다. 흰 사물은 조금씩 검게 되지만, 각 부분에서는 검음이 흼에 순간적으로 들이닥친다.[85] 접촉들도, 형상들과 마찬가지로, 생겨남이나 사라짐의 과정이 없이 '있기도 하고 있지 않기도 하다.'[86] 그리고 개별적인 집의 형상은 기와와 기와의 마지막 순간적인 접촉과 더불어 순간적으로 생겨나고, 개별적인 청동 그릇의 형상은 망치와 청동의 마지막 접촉과 더불어 순간적으로 생겨난다. 이와 마찬가지로, 개별적인 동물의 개별적인 형상은 암컷의 요소가 수컷에 의해 생명을 부여받으며 마지막으로 변형되는 때에 순간적으로 생겨난다. 생겨나는 것은 조금씩 생겨나지만, 형상에는 부분들이 없다. 형상은 전체의 구조이다.[87]

종적인 형상이 현실태로 앞서 존재하는 곳에서도(예를 들어, 자연적인 생성에서), 그것은 개별적인 사례들과 따로 존재하지 않는다. 형상은 오직 그것의 구현이 실패 없이 연속되는 덕분에 영원하다. 형상은 '그러한 종류의 것'을 가리키지, 결코 '이것'을 가리키지 않는다. 그것은 특징이지, 결코 그것을 지닌 구체적인 사물이 아니다. 그리고 이것은 플라톤의 형상[이데아]들이 생성의 사실들을 설명하는 데에 쓸모가 없는 이유이다.[88]

생성에 관한 이런 설명에 12권(Λ)의 설명이 추가되어야 한다.[89] 세 가지 내부 원인들 ―형상, 재료, 결여[90]― 외에 12권은 세 가지 외부 원인들에 주목하도록 만든다. (1) 근접한 운동인, 즉 기술적인 산출에서 관련 기

---

85 《형이상학》 8권(H) 5장 1044b 21-26, 《자연학》 6권(Z) 4장.
86 《천체에 관하여》 1권(A) 11장 280b 27.
87 Alexandros, *In Aristotelis metaphysica commentaria*. ed. M. Hayduck, Berlin 1891, 486, 13-33. 12권(Λ) 3장 1070a 21-24 참조.
88 《형이상학》 7권(Z) 8장 1033b 19-29.
89 《형이상학》 12권(Λ) 4장, 5장.
90 《형이상학》 12권(Λ) 2장 1069b 32-34, 4장 1070b 18, 22.

술과 자연적인 생성에서 부모 중 수컷.[91] (2) 자연적인 생성에서, 먼 곳에 있는 공통 운동인, 즉 황도를 따라 이동하며 계절의 순환을 일으키는 태양.[92] (3) 기계적인 작용이 아니라 욕구되고 사랑을 받음으로써 움직임을 일으키는 궁극적인 또는 최초의 운동인.[93] 이렇게 해서 12권은 7권(Z)보다 범위가 더 넓다. 7권이 생성에 대해 기울이는 관심사는 형상과 재료의 관계를 조명하는 데에 있다. 12권의 관심사는 '어느 정도로 모든 사물들이 같은 원인들을 가지고 있다고 말해질 수 있는가?'라는 물음에 있다.[94] 아리스토텔레스는 으뜸 원인과의 관련을 제외한다면, 서로 다른 유(類)에 속하는 사물들은 유비적으로만 같은 원인들을 갖는다고 지적한다. 그리고 "너의 재료와 형상과 운동인은 나의 것들과 다르지만, 보편적인 정의에 따르면 같다"고 말할 때,[95] 그는 다른 곳에서보다 더 분명하게, 종적인 형상으로부터 구분된 것으로서 개별자의 존재를 인정한다. 그리고 같은 생각으로 그는 "보편적인 원인들은 존재하지 않는다. 개별자가 개별자들의 원인이다. 사람은 보편적으로 사람의 원인이지만, 보편적인 사람은 없다. 펠레우스가 아킬레우스의 원인이고, 너의 아버지가 너의 원인이다"라고 주장한다.[96] 그래서 또한 최초의 원인도 일반적인 원인이 아니라 개별적인 정신이다.[97]

---

91 《형이상학》 12권(Λ) 5장 1071a 14, 28.
92 《형이상학》 12권(Λ) 5장 1071a 15.
93 《형이상학》 12권(Λ) 5장 1071a 36.
94 《형이상학》 12권(Λ) 5장 1070a 31.
95 《형이상학》 12권(Λ) 5장 1071a 27.
96 《형이상학》 12권(Λ) 5장 1071a 19-23.
97 《형이상학》 12권(Λ) 10장 1075a 11-15.

잠재태와 현실태

　형상과 재료의 구별은 7권(Z)에서 대부분 개별적인 사물 내에서 이것이 변천하는 어느 순간에 존재하는 구별로서 다루어지고, 정의 속에 기술되는 한 사물의 본질과 그것 없이는 본질이 존재할 수 없는 미지의 기체(基體) 간의 구별로서 다루어진다. 그러나 논의가 진전되면서 아리스토텔레스는 사물들이 상대적으로 형상을 갖추지 못한 상태에서 상대적으로 형상을 갖춘 상태로 나아가는 점에 더 주목하게 되고, '잠재태'와 '현실태'란 표현을 쓰기 시작한다. 그리고 9권(Θ)에서 그는 이런 구분을 논의하는 쪽으로 향한다. 그는 dynamis의 두 가지 의미를 구분한다.[98] 하나는 그 단어가 일상적인 그리스어에서 내포하는 의미, 즉 힘이다. 이것은 다른 사물 안에 일정한 종류의 변화를 일으키는, 한 사물 안에 있는 힘이다. 그가 주로 관심을 갖는 다른 하나는 한 상태에서 다른 상태로 넘어가는 단일한 사물 안에 있는 잠재태이다. 그는 잠재태의 개념에 대해 정의를 내릴 수 없다는 점을 분명히 알고 있다. 그는 특수한 사례들을 가리키면서 그것의 본성을 지적할 수 있을 뿐이다. 집을 짓고 있는 사람이 집을 지을 줄 아는 사람에 대해, 깨어 있는 사람이 잠자고 있는 사람에 대해, 보고 있는 것이 시각을 갖추고 있지만 눈을 감고 있는 것에 대해, 재료로부터 모양을 갖추는 것이 그것의 재료에 대해, 완성된 산물이 원료에 대해 갖는 관계와 같은 것을 일반적으로 현실태는 잠재태에 대해 갖는다.

　메가라학파는 잠재태의 존재를 부정했다. 이 학파의 사람들은 한 사물은 일정한 상태에 있든지, 아니면 있지 않든지 둘 중 하나라고 주장하며,

---

98　《형이상학》 9권(Θ) 1장 1045b 35-1046a 11, 6장 1048a 25-b 4.

이것이 그 사물에 대해 말할 수 있는 모든 것이라고 말했다. 아리스토텔레스는 그것이 그 사물에 대해 말할 수 있는 모든 것이 아니라고 주장하는 것이다. A가 현실태로 B의 상태에 있기 전에 잠재태로 그 상태에 있었음에 틀림없다고 말하는 것은 그저 빤한 말처럼 들릴지도 모른다. 그리고 다분히, 우리가 '왜 A가 현실태로 B가 되었는가?'라는 물음에 '그것이 이미 잠재태로 B였기 때문에'라고 대답한다면, 우리는 대답 아닌 대답을 하고 있는 셈이다. 잠재태의 개념은 그저 사유의 빈곤을 감추기 위해 종종 사용되었다. 하지만 아리스토텔레스가 이 개념을 강조하는 데에는 실질적인 논점이 있다. 이 논점은 변화가 격변적인 것이 아니라는 것이다. 전혀 B가 아닌 A가 갑자기 B가 되는 것은 아니다. A를 좀 더 주의 깊게 살펴보면 우리는 이미 B임의 조건들이 얼마간 그 안에 들어 있음을 발견할 것이다. 그렇지 않다면, A는 결코 B가 될 수 없을 것이다. 건축술을 배운 사람은 마음이 내키고 재료를 갖추고 있다면 집을 짓기 시작한다. 그것을 배우지 못한 사람은 그렇게 할 수 없다. 따라서 우리는 다른 사람에게는 없는 건축 능력을 한 사람에게 인정해야 한다. 다른 예로, 아무것도 듣지 않고 있는 두 사람이 있다. 그런데 이들 가까이에서 종이 울리면, 한 사람은 듣고 다른 사람은 듣지 못한다. 명백한 사실들로 말미암아 우리는 그들의 이전 상태에 차이가 있음을 알게 된다. 이 차이를 우리는 한 사람은 들을 수 있고, 다른 사람은 들을 수 없다고 말함으로써 표현한다. 우리는 잠재태 개념 없이는 변화를 설명할 수 없다.[99]

그러나 잠재태만으로는 변화를 설명할 수도 없다. 어떤 것도 현실태로 있는 어떤 것의 작용 없이는 잠재태로부터 현실태로 옮겨 가도록 조장되지 않는다. 그리고 현실태는 잠재태보다 앞선다. 그것은 논리적으로 그

---

99 《형이상학》 9권(Θ) 3장.

렇다. 왜냐하면 'B일 수 있음'은 'B임'보다 더 복잡한 개념이기 때문이다. 그것은 다른 의미에서도 앞선다. 만일 A가 현실태로 B가 될 수 있지 않으면, A는 잠재태로 B가 아니다. 그리고 그것은 이미 현실태로 있는 어떤 것의 작용에 의하지 않고서는 그렇게 될 수 없기 때문에, 그것이 B일 수 있는 바로 그 잠재태는 현실태를 전제한다. 잠재태는 정말로 모든 곳에서 현실태를 전제하고 현실태에 뿌리박고 있다. 예를 들어, 내가 이미 알고 있는 뭔가가 있기 때문에, 바로 그 때문에 나는 내가 지금 알지 못하는 것을 알 수 있는 능력을 갖는다. 모든 앎은 앞서 존재하는 앎으로부터 나온다. 더 나아가, 아리스토텔레스에 따르면, 사물들에 대한 궁극적인 설명은 그것들이 이바지하는 목적에 놓여 있다. 그런데 잠재태가 가리키는 목적이 현실태인 것이지, 그 반대는 아니다. 동물들은 시각 능력을 갖기 위해 보지 않고, 보기 위해 시각 능력을 갖는다.[100]

그러나 현실태의 우위에 대한 핵심 증명은 다음과 같은 것이다.[101] 영원한 것은 소멸될 수 있는 것에 본성상 앞선다. 그리고 어떤 것도 잠재태에 의해서는 영원하지 않다. 왜냐하면 있을 잠재태를 가지는 것은 있지 않을 잠재태도 갖지만, 영원한 것은 제 본성상 있지 않을 수 없기 때문이다. 따라서 어떤 의미에서 우주 안의 모든 근본적인 실재들은 잠재태에서 벗어나 있다. 신은 가장 완전한 의미에서 현실태로 존재한다. 왜냐하면 그는 어느 때고 그것인 것으로서 항상 존재하고, 실현되지 않은 잠재태의 요소를 갖지 않기 때문이다. 어떠한 종적인 형상도 존재하기 시작하거나 존재하는 것을 멈추지 않는다. 그것은 새로운 개별자들에 실현되어 있게 될 뿐이다. 재료도 한 관점에서는 순수한 잠재태이지만, 가장 깊

100 《형이상학》 9권(Θ) 8장 1049b 4-1050b 2.
101 《형이상학》 9권(Θ) 8장 1050b 6-1051a 2.

숙한 곳에 있는 잠재태의 유형, 즉 있지 않을 잠재태로부터는 벗어나 있다. 그것은 영원하다. 그리고 우리가 보았듯이, 세계 안의 모든 개별적인 사물들은 그것들이 잠재태에 물든 정도에 따라 등급이 매겨질 수 있다. 천체들은(신과 지성적인 존재들을 제외한다면) 가장 적게 그것에 물들어 있다. 그것들은 생성하거나 소멸할 잠재태나, 또는 크기나 질이 변할 잠재태는 갖지 않고, 이동과 관련된 잠재태만을 갖는다. 그리고 그것조차도 움직이거나 움직이지 않을 잠재태가 아니다. 그것들은 제 본성상 늘 움직이고 있을 수밖에 없고, 그것들에 유일하게 관련된 잠재태는 그것들의 움직임이 A로부터 B로, 또는 B로부터 C로, 또는 C로부터 A로 가는 것일 수 있다는 잠재태이다. 달 아래의 모든 사물들은 네 가지 잠재태에 종속되어 있지만, 이곳에서도 어떤 것, 즉 생성이 끊임없이 연속됨으로 말미암아 영원하게 된 최하위의 종들(infimae species)은 순수하게 현실태로 있다.

마지막으로, 현실태의 우위에 관한 아리스토텔레스의 이론은 그로 하여금 세계 안에 어떠한 악한 원리가 존재함을 부정하게 만든다.[102] 잠재태로 있는 것은 그것이 좋은 현실태에 대해 열등한 것만큼 나쁜 현실태에 대해 우월하다. 영원한 것이 어떠한 잠재태의 요소도 가질 수 없다면, 더욱더(a fortiori) 그것은 악의 요소를 가질 수 없다. '악은 개별적인 사물들과 따로 존재하지 않는다.' 악은, 바꿔 말하자면, 우주의 필연적인 특징이 아니라 세계의 과정에서 나오는 부산물이다. 그것은 개별적인 사물들이 자신들에게 열린 대로의 완전함에 도달하기 위해, 이렇게 해서 그들이 할 수 있는 한 가까이 신적인 삶에 접근하기 위해, 즉 그들이 할 수 있는 한

---

102 《형이상학》 9권(Θ) 9장 1051a 4-21.

불멸의 존재가 되기 위해 노력하는 과정에서 이따금 출현한다.[103] 그것들이 대부분 실패하는 것은 재료나 필연에 기인한다. 그러나 이 둘은 악한 원리가 아니라 선악과 무관한 원리이다. 그리고 아리스토텔레스에서 세계의 과정은 형상이나 좋음을 얻으려는 분투여서, 재료 자체도 때로는 그렇게 분투하는 것으로 기술된다.[104]

{ # 아리스토텔레스의 신학 }

12권(Λ)은 마땅히 《형이상학》의 갓돌로 간주된다. 아리스토텔레스는 '신학'이란 이름을 최고의 학문, 즉 실체적이고 독립적인 존재성과 모든 변화로부터의 탈피를 겸비한 존재의 종류에 관한 학문에 주었다.[105] 그리고 이 권에서 우리는 유일하게 체계적인 그의 신학 소론을 접한다. 다른 저술들에도 그의 신학적인 견해에 귀중한 빛을 비춰 주는 구절들이 있다.[106] 그리고 그가 분명히 당대의 견해들에 동조하는 구절들도 있다.[107] 그는 초기 저술들에서 '신의 존재에 관한 증명들'을, 12권에서 발견되는 것과는 사뭇 다른 방식으로 제시하는 것처럼 보인다. 대화편 《철학에 관하여》에서 그는 존재론적인 논증의 선구라 불릴 만한 것을 제공한 것으로 보인다. 그는 다음과 같이 논증을 펼친다. "더 나은 것이 있는 곳에는

---

103 《니코마코스 윤리학》 10권(K) 7장 1177b 33.
104 《자연학》 1권(A) 9장 192a 16-23.
105 《형이상학》 6권(E) 1장 1026a 10-19, 11권(K) 7장 1064a 33-b 3.
106 《혼에 관하여》의 '능동 이성'이 신과 동일시될 수 있는지의 물음에 대해서는 이 책의 258-66쪽 참조.
107 이 점은 종종 복수형의 '신들'이 언급되는 것을 보면 알 수 있다. 《니코마코스 윤리학》 1권(A) 9장 1099b 11, 8권(Θ) 12장 1162a 5, 10권(K) 8장 1179a 25 참조.

가장 좋은 것이 있다. 그런데 존재하는 사물들 가운데 다른 것보다 더 나은 것이 있다. 그러므로 가장 좋은 것이 있고, 이것은 신적인 것임에 틀림 없다."[108] 그는 목적론적인 논증을 펼치기도 한다. 같은 대화편에서 그는 땅과 바다의 아름다움과 별들이 있는 하늘의 장엄함을 처음 바라보는 인간 종족을 묘사한 뒤, 이런 대단한 작품들은 신들로부터 나온 것이라고 결론을 내린다.[109] 더 나아가 그는 꿈, 예언,[110] 동물의 본능을[111] 신적인 존재가 있다는 것에 대한 증거로 삼는다. 그러나 더 성숙한 견해를 피력하는 현존 저술들에서 보통 그의 견해는 신의 계획으로부터의 완성보다는 무의식적인 목적론 쪽에 맞춰져 있다.

12권(Λ)에서[112] 우리는 대중적인 종교 관념과 동떨어진 채로 신이 존재함을 옹호하는 논증을 펼치고 있는 그의 모습을 발견한다. 여기에서는 그가 청중의 지성이나 선입견을 수용하는 측면을 조금도 찾아볼 수 없다. 그리고 우리는 자신의 형이상학에 깊이 자리 잡은 원리들로부터 논증을 펼치고 있는 그의 모습을 발견한다. 우주론적인 논증의 형태인 그 논증은 다음과 같이 제시될 수 있을 것이다. 실체들은 존재하는 사물들 중 으뜸가는 것이다.[113] 그러므로 만일 모든 실체들이 소멸될 수 있는 것이라면, 모든 것들은 소멸될 수 있는 것이다. 그러나 소멸될 수 없는 것들로 두 가지가, 즉 변화와 시간이 있다. 시간은 생겨날 수도 사라질 수도 없다. 왜냐하면 그것은 시간이 있기 전에 시간이 있었다는 것을 의미하

108 《조각글》 1476b 22-24.
109 《조각글》 1476a 34-b 11. 1476a 11-32 참조.
110 《조각글》 1475b 36-1476a 9.
111 Cicero, *De natura deorum*, ii, 49, 125.
112 《형이상학》 12권(Λ) 6장, 7장.
113 《형이상학》 12권(Λ) 1장 1069a 19-26. 7권(Z) 1장 참조.

거나, 시간이 사라진 뒤에도 시간이 있을 것이라는 것을 의미할 것이기 때문이다. 그리고 변화는 똑같이 시간과 연속적이어야 한다. 왜냐하면 시간은 변화와 동일한 것은 아니더라도 변화에 동반되는 것이기 때문이다.[114] 그런데 유일하게 연속적인 변화는 장소의 변화이고,[115] 유일하게 연속적인 장소의 변화는 원운동이다.[116] 그러므로 영원한 원운동이 있어야 한다.[117]

영원한 운동을 일으키기 위해서는 (1) 영원한 실체가 있어야 한다. 여기까지는 플라톤의 형상[이데아]들로 충분할 것이다. 그러나 (2) 이 영원한 실체는 운동을 일으키는 능력이 있어야 한다. 그러나 형상[이데아]들은 그런 능력이 없다.[118] (3) 영원한 실체는 그런 능력을 갖추고 있을 뿐만 아니라 그것을 행사해야 한다. (4) 그것의 본질은 능력이 아니라 활동이다. 왜냐하면 그렇지 않을 경우 그것이 이 능력을 행사하지 않을 수도 있고, 변화는 영원한 것, 즉 필연적으로 지속하는 것이 아니게 될 것이기 때문이다. (5) 그러한 실체는 영원해야 하기 때문에, 비물질적인 것이어야 한다.[119]

이런 결과는 경험에 의해 확인된다.[120] 이에 따르면 끊임없는 원운동을 하며 움직이는 어떤 것, 즉 별들이 있는 하늘[천계]들이 있다. 이것을 움직이는 어떤 것이 있어야 한다. 그런데 움직임을 일으키고 움직여지는 것은 중간적인 위치에 있는 것이어서 만족스럽지 못하다. 움직여짐이 없이 움

---

114 즉, '변화의 수', 《자연학》 4권(Δ) 11장 219b 1 등.
115 《자연학》 8권(Θ) 7장 261a 31-b 26.
116 《자연학》 8권(Θ) 8장 261b 27-263a 3, 264a 7-265a 12.
117 《형이상학》 12권(Λ) 6장 1071b 4-11.
118 《형이상학》 1권(A) 9장 991a 8-11, b 3-9, 992a 29-32, 7권(Z) 8장 1033b 26-1034a 5 참조.
119 《형이상학》 12권(Λ) 6장 1071b 12-22.
120 《형이상학》 12권(Λ) 7장 1072a 22.

직임을 일으키는 어떤 것이 있어야 한다.[121] 그리고 경험이 가리키는 부동의 운동자는 영원하고, 실체이고, 순수 현실태인 존재이어야 한다. 이것이 존재한다는 사실은 이미 입증되었다.

그런데 어떻게 어떤 것이 움직여짐이 없이 움직임을 일으킬 수 있는가? 움직임의 물리적인 인과 관계는 움직이는 것과 움직여지는 것의 상호 접촉을 함축하고, 따라서 움직여지는 것이 움직이는 것에 가하는 반작용을 함축한다.[122] 그러므로 부동의 운동자는 비-물리적인 방식으로, 욕구의 대상임으로써 운동을 일으켜야 한다. 한 구절에서 움직임의 인과 관계는 흡사 물리적인 성격을 갖는 것으로 말해진다. 최초의 운동자는 직접 우주의 맨 바깥 천구에 작용하고, 간접적으로는 내부의 천구들에 작용할 뿐만 아니라 우주의 바깥쪽에 실제로 존재한다.[123] 그러나 이는 강조되어서는 안 될 부주의한 표현이다. 아리스토텔레스의 실제 견해는 원동자가 공간 속에 있지 않다는 것이다.[124]

신이 아리스토텔레스에서 목적인일 뿐만 아니라 변화의 작용인이기도 한지에 대해 많은 논쟁이 있었다. 대답은, 신은 목적인임으로써 작용인이고 다른 방식으로는 그렇지 않다는 것이다. 하지만 그는 결코 존재하지는 않지만 항상 있게 되어야 할 어떤 것이라는 의미에서의 목적인이 아니다. 그는 항상 살아 있는 존재이고, 그의 영향력은 일어나는 모든 것이 —적어도 우리가 우연과 자유의지라는 모호한 영역을 고려하지 않는다면— 그에게 의존하는 방식으로 우주를 통해 빛을 비춘다. 그는 '첫째 하늘'을 직접 움직인다. 즉, 그는 별들이 지구 둘레를 매일 순환하게 만든

---

121 《자연학》 8권(Θ) 5장 257a 31-b 13 참조.
122 《자연학》 3권(Γ) 2장 202a 3-7.
123 《자연학》 8권(Θ) 10장 267b 6-9.
124 《천체에 관하여》 1권(A) 9장 279a 18.

다. 신은 사랑과 욕구를 불어넣음으로써 움직임을 일으키기 때문에, '첫째 하늘'이 혼을 가지고 있다고 함축되는 것으로 보인다. 그리고 이것은 천체들이 살아 있는 존재들이라는 다른 곳의 진술들에 의해 확인된다.[125] 태양, 달, 행성들의 운동은 각 천구의 극들이 그것의 바깥쪽에 있는 '다음 천구'의 틀에 고정되어 있는 동심적인 천구들의 '둥우리' 가설로 설명된다. 이렇게 해서 각 천구는 자신의 운동을 그것 안쪽에 있는 다음 천구에 전달하고, 원동자는 맨 바깥의 천구를 움직임으로써 다른 모든 천구들을 움직인다. 그것은 태양이 24시간에 한 번 지구 둘레를 돌게 만들고, 이렇게 해서 밤낮의 주기적 반복을 일으키고, 지상의 삶에서 일어나는 모든 것을 책임지고 산출한다. 그러나 파종기와 수확기, 동물의 번식기를 수반하는 계절의 순환은 지구상의 질서에서 그보다 더 중요하다. 이것은 황도에서 일어나는 태양의 연주 운동에 기인한다. 특정 지역에서 생성은 태양이 지구의 그 부분에 접근하고 있을 때 일어나고, 소멸은 그것이 멀어질 때 일어난다.[126] 그리고 이 움직임은 태양, 달, 행성들의 다른 개별적인 움직임들처럼 '지성적인 존재들'에 기인한다. 이것들도 '목적들로서' 움직임을 일으킨다.[127] 다시 말해, 그것들은 욕구되고 사랑받음으로써 움직임을 일으킨다. 이것들과 으뜸 운동자의 관계는 규정되어 있지 않지만, 으뜸 운동자가 우주의 유일한 통치자이고,[128] 하늘과 전 자연이 의존하고 있는 것이므로,[129] 우리는 그것이 지성적인 존재들을 그것들의 욕구와 사랑의 대상으로서 움직인다고 생각해야 한다. 이런 체계의 세부 사

---

125 《천체에 관하여》 2권(B) 2장 285a 29, 12장 292a 20, b 1.
126 《생성과 소멸에 관하여》 2권(B) 10장 336a 32, b 6.
127 《형이상학》 12권(Λ) 8장 1074a 23.
128 《형이상학》 12권(Λ) 10장 1076a 4.
129 《형이상학》 12권(Λ) 7장 1072b 13.

항은 다소 모호한 채로 남아 있지만, 우리는 아마도 각 천구가 혼과 몸의 결합체로서 그것에 상응하는 '지성적인 존재'를 욕구하고 사랑한다고 생각해야 할 것이다.

어떻게 사랑이나 욕구가 설명되어야 할 물리적인 움직임들을 산출하는가? 아리스토텔레스의 이론에 따르면, 천구들 각각은 그것을 움직이는 원리의 삶과 되도록 닮은 삶을 욕구한다. 그것을 움직이는 원리의 삶은 연속적이고 불변하는 정신적인 삶이다. 천구들은 이것을 재생할 수 없고, 물리적인 움직임 중 유일하게 완전히 연속적인 것, 즉 원운동을 수행함으로써 차선의 것을 행한다.[130] 직진 운동은, 만일 그것이 연속적이라면 아리스토텔레스가 믿지 않는 무한한 공간을 요구한다는 사실 때문에 그에게서 배제된다.[131]

이제 우리는 원동자 자체에 대한 아리스토텔레스의 설명으로 향해도 될 것이다. 물리적인 활동은 원동자의 비물질적인 본성에 의해 배제되므로, 아리스토텔레스는 그것에 정신적인 활동만을, 조금도 신체에 빚지지 않는 정신 활동의 종류, 즉 앎만을, 그리고 어떠한 과정도 전제로부터 결론으로의 옮겨 감도 함축하지 않고 직접적이고 직관적인 앎의 종류만을 귀속한다. 원동자는 형상이자 현실태일 뿐만 아니라, 생명이자 정신이다. 그리고 신이란 용어가 그것에 적용되기 시작한다.[132]

그런데 앎은, 인간에서처럼 감각과 상상에 의존하지 않을 때, 최고인 것에 관한 것임에 틀림없다. 그리고 최고인 것은 신이다. 그러므로 그의 앎의 대상은 자기 자신이다. "정신은 사유 대상에 관여함으로써 자기 자

---

130 《자연학》 8권(Θ) 9장 265b 1.
131 《자연학》 8권(Θ) 9장 265a 17.
132 《형이상학》 12권(Λ) 7장 1072b 25.

신을 안다. 그것은 사유 대상에 접하고 이것을 앎으로써 사유되고, 그래서 정신과 사유 대상은 같다."[133] 다시 말해, 직관에서 정신은, 말하자면 자신의 대상에 직접 접한다. 이때 그것은 다른 것을 매개 개념으로 삼아 어떤 것을 알고 있지 않다. 감각에서 감각될 수 있는 형상이 재료는 뒤에 남긴 채[134] 정신으로 옮겨지듯, 앎에서는 사유될 수 있는 형상이 정신으로 옮겨진다. 그리고 정신의 특성은 자기 자신에 고유한 특성을 갖지 않고, 그것이 어느 순간에 아는 것에 의해 완전히 특성을 부여받는다는 것이다. 만일 그것이 자기 자신에 고유한 특성을 갖고 있다면, 제 색깔을 가진 거울이 비춰진 대상의 색을 덜 완벽하게 재현하듯, 그것은 사유하는 정신 안에 대상을 완전히 재현하는 것을 방해할 것이다.[135] 이렇듯, 앎에서 정신과 이것의 대상은 동일한 특성을 갖는다. 그리고 한 대상을 안다는 것은 자신의 정신을 그 대상을 알고 있는 상태에 있는 것으로서 안다는 것이다.

자기의식에 관한 이런 설명은 주로 대상에 관한 앎에 수반되는 자기의식을 설명하려고 의도된 것이다. 정신은 다른 어떤 것을 알 때, 그리고 이것을 앎으로써 정신의 대상이 된다. 우리는 그것이 주로 아는 것이 자기 자신이라거나, 그것이 자신의 대상이 됨에 대한 설명으로서 제시된 것이 선결문제 요구의 오류(petitio principii)에 빠져든다고 생각해서는 안 된다. 아리스토텔레스가 신에게 귀속하는 것은 오로지 자기 자신만을 자신의 대상으로서 갖는 앎이다. 신의 앎이 일상적인 앎과는 반대로 자기 자신에 대한 직접적인 앎이고 세계에 대한 간접적인 앎인 것을 보임으로써,

---

133 《형이상학》 12권(Λ) 7장 1072b 20.
134 《혼에 관하여》 2권(B) 12장 424a 18.
135 《혼에 관하여》 3권(Γ) 4장 429a 13-22.

신의 앎에 관한 아리스토텔레스의 설명을 보다 받아들일 만한 것으로 만들려는 시도가 있었다. 토마스 아퀴나스는 말한다. "하지만 자신과 다른 모든 것들을 그가 모르고 있다는 것이 따르지 않는다. 왜냐하면 그는 자기 자신을 사유함으로써 다른 모든 것들을 사유하기 때문이다(Nec tamen sequitur quod omnia alia a se ei sunt ignota; nam intelligendo se intelligit omnia alia)."[136] 다른 많은 스콜라 학자들도 같은 견해를 피력하고, 브렌타노는 아리스토텔레스가 상관된 것들에 대한 앎은 같다고 말한 구절을 언급함으로써 이를 지지한다.[137] 신을 제외한 다른 모든 것들은 자신들의 존재를 전적으로 신에 빚지고 있기에, 신의 자기-앎은 동시에 다른 모든 것들에 관한 앎이어야 한다. 이것은 가능하고 효과적인 하나의 사유 노선이지만, 아리스토텔레스가 택한 것은 아니다. 그에게는 신이 자기 자신을 안다는 것과 신이 다른 것들을 안다는 것은 둘 중 하나를 선택해도 되는 사항이고,[138] 앞의 것을 선택함으로써 그는 은연중 뒤의 것을 부인한다. 실제로 그는 뒤의 것과 관계될 법한 많은 점을 명시적으로 부인한다. 그는 신에게 악에 관한 모든 앎을 인정하지 않고, 하나의 사유 대상으로부터 다른 사유로 옮겨 감을 전적으로 인정하지 않는다.[139] 악과 어떠한 '회귀(回歸)의 그림자'[야고보서 1:17]에 얽힘을 신의 삶에서 배제하려는 바람의 결과로, 자기 자신 외에 다른 어떤 대상을 갖지 않는 앎이라는 불가능하고 무익한 관념이 나온다.

12권(Λ)에 제시된 신 개념은 분명히 만족스럽지 못하다. 아리스토텔레스가 파악한 신은 우주에 관한 앎이 아닌 앎을 가지고 있고, 그가 우주에

---

136 *In Met.* lib. xii. lect. xi.
137 《토포스론》 1권(A) 14장 105b 31-34.
138 《형이상학》 12권(Λ) 9장 1074b 22.
139 《형이상학》 12권(Λ) 9장 1074b 25, 32, 26.

끼치는 영향은 그의 앎으로부터 흘러나오지 않는다. 이 영향은 거의 활동이라고 말할 만한 것이 못 된다. 왜냐하면 그것은 한 개인이 무의식적으로 다른 개인에게 끼칠 법하거나 심지어는 조각상이나 그림이 그것들을 찬미하는 사람들에게 끼칠 법한 영향이기 때문이다. 주석가들이, 그것이 실제로 아리스토텔레스의 견해라고 믿기 어렵다고 생각하여, 그가 말한 것에다 다른 어떤 것을 집어넣어 읽어 내려고 한 것은 조금도 놀랄 일이 아니다. 알렉산드로스도 자신의 대가(大家)가 신의 섭리를 인정한 부분을 찾으려고 시도하였고, 대부분의 고대 학자들은 이 점에서 그에게 동의했다. 아베로에스도 신에게 창조적 활동과 자유의지가 있음을 부인하면서도, 그에게 우주의 일반 법칙들에 관한 앎을 귀속하였다. 그러면서 그는 그렇게 하고 있는 아리스토텔레스를 따르는 것이라고 생각했다. 토마스 아퀴나스와 둔스 스코투스는 신중하게 자신들의 생각을 말하지만, 아리스토텔레스의 신을 유신론적인 의미에서 해석하려는 경향이 있다. 이 시대에 우리는 유신론적 해석을 주장하는 브렌타노와 이를 부인하는 첼러 사이에 벌어진 긴 논쟁을 목격했다. 브렌타노의 시도는 실패한 것으로 판결을 내려야 한다.[140] 아리스토텔레스는 신의 창조라든가 신의 섭리에 관한 어떠한 이론도 갖고 있지 않다. 그러나 우리가 그의 신중한 이론이 그럴 것이라고 보았던 것보다 덜 무미건조한 사유 방식의 흔적들이 그에게 있다.

신의 활동은 앎의 활동이고, 오직 앎의 활동이라는 점은 12권(Λ)의 이론일 뿐만 아니라 아리스토텔레스가 줄곧 생각했던 것의 일부인 것처럼

---

140 이 점은 K. Elser, *Die Lehre des Aristoteles über das Wirken Gottes*, Münster 1893에 상세하게 검토되어 있다. 나는 Review of Brentano, Aristoteles Lehre des menschlichen Geistes, in *Mind* 23(1914), 289-91쪽에서, 브렌타노가 펼친 논증의 몇 가지 핵심 논점에 대해 평가를 내렸다.

보이고, 다른 곳에서도[141] 똑같이 분명하게 표현되어 있다. 다른 한편으로, 실재의 일부를 신의 앎으로부터 배제했다고 엠페도클레스를 비판하면서, 그는 결과적으로 신의 앎을 자기-앎에 한정한 자신을 비판한다.[142] 신의 본성을 고찰할 때, 아리스토텔레스는 세계에 대한 어떠한 실천적인 관심을 신에게 귀속하는 것은 신의 완전성을 손상할 것이라고 느낀다. 그러나 세계를 고찰할 때, 그는 신을 세계와 좀 더 가까운 관계 속으로 데려가는 방식으로 신을 생각하는 경향이 있다.

아리스토텔레스가 신을 세계의 창조자로서 생각했느냐고 묻는다면, 대답은 분명히 그가 그렇게 생각하지 않았다는 것이어야 한다. 그에게 재료는 생성되지 않은 것이고 영원한 것이다. 그는 명시적으로 세계의 창조에 반대하는 주장을 펼친다.[143] 이것은 재료가 영속적으로 줄곧 존재하는 것은 신이 그렇게 지켜 주기 때문이라는 견해를 반드시 배제하지는 않을 것이지만, 아리스토텔레스에게 그런 이론의 흔적은 없다. 더 나아가, 지성적인 존재들은 독립적으로 존재하는, 창조되지 않은 존재들인 것처럼 보인다. 그리고 개별적인 인간 존재 각각의 이성은 개인이 태어날 때 신에 의해서 창조된 것이라는 점을 보여 주려는 브렌타노의 시도는, 이성이 영원히 주어져 있는 것이라고 분명하게 주장되고 있는 구절들에[144] 걸려 무너진다.

언뜻 보기에 아리스토텔레스가 신이 초월적으로 존재할 뿐만 아니라

---

141 《천체에 관하여》 2권(B) 12장 292a 22, b 4, 《니코마코스 윤리학》 8권(Θ) 7장 1158b 35, 1159a 4, 10권(K) 8장 1178b 10, 《정치학》 7권(H) 3장 1325b 28. theōria[관조]가 praxis[행위]의 일종이라는 넓은 의미에서(1325b 20), praxis가 《니코마코스 윤리학》 7권(H) 14장 1154b 25, 《정치학》 7권(H) 3장 1325b 30에서 신에게 귀속되어 있다.
142 《형이상학》 3권(B) 4장 1000b 3, 《혼에 관하여》 1권(A) 5장 410b 4.
143 《천체에 관하여》 3권(Γ) 2장 301b 31, 1권(A) 10장 279b 12-14.
144 특히 《혼에 관하여》 3권(Γ) 5장 430a 23.

세계 안에 내재적으로 존재한다고 암시하는 듯한 구절이 12권(Λ)에 하나 있다. "우리는 둘 중 어떤 방식으로 우주 전체의 본성이 좋음과 가장 좋음을 갖는지 —독립적으로 스스로 존재하는 어떤 것으로서 그런지, 아니면 전체적인 질서로서 그런지— 살펴보아야 한다. 어쩌면 우리는 그것이 군대가 그렇듯 두 가지 방식으로 좋음을 갖는다고 말해야 할 것이다. 왜냐하면 군대의 좋음은 그것의 질서 속에 있기도 하고, 그것의 지휘관이 그것의 좋음의 원인이기도 하기 때문이다. 게다가 지휘관은 더 높은 정도로 그러하다. 이는 그가 질서 덕분에 존재하지 않고, 질서가 그의 덕분에 존재하기 때문이다."[145] 그러나 아리스토텔레스는 좋음이 초월적인 정신으로서도 내재적인 질서로서도 존재한다고 말하지만, 신이 이런 두 가지 방식으로 존재한다고 말하지는 않는다. 신은 본질적으로 그에게는 12권에서 으뜸 원인이다. 그리고 그가 종종 반복하는 실체의 우위성 이론을 보건대, 원인은 그에게 실체이어야지 질서와 같은 추상물이어서는 안 된다. 하지만 그는 질서를 신에 기인한 것으로 말한다. 그래서 신이 세계 안에 작동하고 있다고 말해도 맞을 것이다. 그리고 이런 의미에서 신은 내재적이다.

아리스토텔레스의 우주관에서 가장 눈에 띄는 특징들 중 하나는 철저한 목적론이다. 가끔의 돌연변이와 우연발생을 제외한다면, 존재하거나 발생하는 것은 모두 어떤 목적을 위해 존재하거나 발생한다. 그러나 이 견해에 어떤 해석이 가해져야 할지는 그다지 분명하지 않다. (1) 우주의 구조와 역사는 신의 계획에 따른 성취라는 뜻인가? 아니면, (2) 그것은 목적들을 향한 개별적인 존재들의 의식적인 작용에 의한 것이라는 뜻인가? 아니면, (3) 자연 안에 목적들을 향한 무의식적인 노력이 있다는 뜻인가?

---

[145] 《형이상학》 12권(Λ) 10장 1075a 11-15.

(1) 첫 번째 선택지는 신의 유일한 활동은 자기-앎이라는 12권(Λ)의 이론과 양립할 수 없다. 그러나 12권에도 다른 사유 방식의 흔적들이 있다. 신이 군대의 질서를 떠맡은 군대 지휘관에 비유되는 것을 보거나, 우주가 최고 단계부터 최저 단계까지의 모든 구성원들에게 상대적으로 더 확정되거나 덜 확정된 기능들이 할당되어 있는 가정(家庭)에 비유되는 것을 보면, 아리스토텔레스가 신을 자신의 의지에 의해 세계사가 전개되는 주요 노선들을 통제하고 있는 것으로 생각하고 있다고 상정하지 않기가 힘들다.[146] 그리고 이와 비슷한 언어가 다른 곳에도 없잖아 있다. 알렉산드로스는 종의 유지에 관한 한, 아리스토텔레스에게 신의 섭리 활동에 대한 믿음을 귀속한다. 이 해석은 아리스토텔레스가 으뜸 원리로부터 떨어져 있기 때문에 영속적으로 존재할 수 없는 존재들(즉, 별들과 대조되는 인간, 동물, 식물)에게 신이 생성의 연속을 조처함으로써 차선의 것을 마련해 주었다고 말하는 구절에[147] 근거하고 있다. 이와 비슷하게, 세계 안에 있는 질서의 원인으로서 이성을 도입한 것을 두고 아낙사고라스를 칭찬한 것은,[148] "신과 자연은 전혀 헛된 일을 하지 않는다"는[149] 문구들이 또한 그렇듯, 우주에 대한 전반적인 질서 부여 작업을 신에게 귀속함을 함축한다. 그러나 우리가, 어쩌면 아리스토텔레스가 일반인들의 의견에 순응하고 있는지도 모를 구절들을 무시한다면, 그런 식으로 사유함의 흔적은 아주 적다는 점은 주목할 만하다. 그는 결코 소크라테스와 플라톤이 했던 것처럼[150] 신의 '섭리'라는 말을 사용하지 않는다. 그는 신의 응보와 처벌을 진

---

146 《형이상학》 12권(Λ) 10장 1075a 15, 1076a 4, 1075a 19.
147 《생성과 소멸에 관하여》 2권(B) 10장 336b 31.
148 《형이상학》 1권(A) 3장 984b 15.
149 《천체에 관하여》 1권(A) 4장 271a 33.
150 Xenophon, *Memorabilia*, i. 4, 6 등, 플라톤의 《티마이오스》 30c, 44c.

지하게 믿지 않는다. 그는 플라톤처럼 신의 방식들을 인간에게 정당화하는 데에 관심을 갖지 않는다.[151]

　(2) 두 번째 선택지는, 자연 안에서 성립하는 목적론은 사유의 작동에 명백하게 대립된다는 사실에 의해 배제되는 것처럼 보인다.[152] 전체적으로 보아, (3)이 아리스토텔레스의 마음속에 우세한 견해다. 신과 자연은 전혀 헛된 일을 하지 않는다고 그가 말하는 구절은 하나지만, 자연은 전혀 헛된 일을 하지 않는다고 간단하게 말하는 구절은 많다. 사실, 무의식적인 목적론이란 개념은 만족스럽지 않다. 만일 우리가 행위를 결과를 산출하는 것으로서만 보지 않고, 결과의 산출을 겨냥하고 있는 것으로서 보아야 한다면, 우리는 행위자를 결과를 상상하고 이것의 도달을 겨냥하고 있는 것으로 보거나, 아니면 그를 통해 자기의 의식적인 목적들을 실현하고 있는 다른 어떤 지성의 수단으로 보아야 한다. 무의식적인 목적론은 어떠한 정신의 목적도 아니어서 전혀 목적이 아닌 목적을 함축한다. 그러나 아리스토텔레스의 언어는 그가 (다른 많은 현대의 사상가들과 마찬가지로) 이런 어려움을 느끼지 못했다는 것을 시사하고, 대부분 그가 자연 자체에 있는 무의식적인 목적이라는 개념과 더불어 작업을 하는 데에 만족하고 있었다는 것을 시사한다.

151　그는 악의 문제를 재료[물질] 안에 있는 to kakopoion[나쁜 성향]을 언급함으로써 해결한다 (《자연학》 1권 9장 192a 15). 재료에는 악을 향한 성향이 어느 정도 있음을 주목하라. 그러나 재료는 반대되는 것들의 잠재태이므로, 그것은 악의 잠재태일 뿐만 아니라 선의 잠재태이기도 하다.
152　《자연학》 2권(B) 8장 199b 26.

318

7장
윤리학

아리스토텔레스에 따르면, 앎은 그것이 그 자체를 위해 추구되는지, 행동에 이르는 수단인지, 아니면 쓸모 있거나 아름다운 것을 만들기 위한 수단인지에 따라 크게 세 가지 —이론적인 앎, 실천적인 앎, 제작적인 앎— 로 나뉜다. 최고의 실천적인 학문 —다른 모든 학문들이 그것에 종속되어 봉사하는 학문— 은 정치학이다. 인간이 국가 이외의 다른 공동체들의 구성원이기도 하다는 점을 보다 충실하게 의식한다면, 우리는 그것을 사회과학이라고 부르는 쪽으로 더 끌릴 것이다. 윤리학은 이 학문의 일부일 뿐이고, 따라서 아리스토텔레스는 결코 '윤리학'을 분리된 학문으로 말하지 않고, '성격에 관한 탐구' 또는 '성격에 관한 우리의 논의들'로만 말한다.[1]

'정치학'이라는 학문 전체는 편의상 윤리학과 정치학이라 불릴 수 있는 두 개의 분야로 나뉜다. 아리스토텔레스의 윤리학은 확실히 사회적이

---

1 《뒤 분석론》 1권(A) 33장 89b 9, 《정치학》 2권(B) 2장 1261a 31 등. '윤리학'(hē ēthikē)은 성격에 관한 학문을 뜻할 것이다.

고, 그의 정치학은 윤리적이다. 그는 개인은 본질적으로 사회의 구성원이라는 점을 《윤리학》에서 잊지 않고, 국가의 좋은 삶은 시민들의 좋은 삶들에서만 존재한다는 점을 《정치학》에서 잊지 않는다. 그럼에도 그는 두 탐구 간에 차이가 있다는 것을 의심하지 않는다. 그것들의 관계가 무엇인지에 대해 그는 그다지 분명한 언급을 하지 않는다. 《윤리학》의 처음 부분에서 그는 국가의 좋음[善]을 개인의 좋음보다 '더 크고 더 완전한 것'으로 기술하고, 앞의 것을 획득할 수 없을 경우 뒤의 것 없이 살아야 할지도 모른다고 말한다.[2] 그러나 개인적인 삶의 가치에 대한 평가는 그가 그것을 논의하면서 커져 가는 것처럼 보이고, 그 저술의 마지막 부분에서 그는 인간의 욕구를 이성에 복종하게 만들기 위해 필요한 강제의 요소를 제공하는 국가가 개인의 도덕적인 삶을 위한 보조자일 뿐인 것처럼 말한다.[3]

《윤리학》의 으뜸음은 첫 문장에서 다음과 같이 울린다. "모든 기술과 모든 탐구, 모든 행위와 선택은 어떤 좋은 것을 겨냥하고 있는 듯하다. 그렇기 때문에 마땅히 좋음은 모든 것들이 겨냥하고 있는 것으로 규정되어 왔다." 모든 행동은 그것 자체가 아닌 다른 어떤 것을 겨냥한다. 그리고 이것을 산출하는 성향에 의해 행동의 가치가 결정된다. 아리스토텔레스의 윤리학은 명백히 목적론적이다. 그에게 도덕성은 일정한 행위들이 본질적으로 옳다고 우리가 보기 때문이 아니라, 그것들이 우리를 '인간에게 좋은 것'에 더 가까이 데려가 줄 것으로 우리가 보기 때문에 그 행위들을 하는 데에 있다.[4] 그러나 이 견해는 그가 본질적으로 가치 있는 행위 또는

---

2   《니코마코스 윤리학》 1권(A) 2장 1094b 7-10.
3   《니코마코스 윤리학》 10권(K) 9장 1179b 33-35.
4   그러나 때때로 그의 목적론은 내재적이다. 좋은 행위는 그것이 이상적인 삶의 한 요소를 형성한다는 점에서 좋음에 이르는 수단이다.

행동을 '작품' —굴레, 조각상, 또는 산출되는 것이 무엇이든 그것— 에서
가치를 끌어내는 제작으로부터 구분한 점과 실제로 양립할 수 없다. 만일
이런 구분을 고수했더라면, 그는 보다 칸트적인 이론의 유형에 도달했을
것이다. 그 구분이 그의 윤리학에 끼친 영향이 없지 않지만, 그는 대체로
수단과 목적의 범주로써 인간 행위를 해석한다.

특정 행위가 겨냥하고 있는 목적은 더 먼 곳의 목적에 이르는 수단일
뿐일지도 모른다. 그러나 이 목적과 수단의 연속에는 끝이 있어야 한다.
각 행위는 본질적으로 가치가 있는 궁극적인 목적을 가져야 한다. 이로부
터 아리스토텔레스는 모든 행위들의 궁극적인 목적은 같은 것이어야 한
다고 너무 쉽게 추론한다. 이렇게 해서 두 가지 물음이 생긴다. 이 목적은
무엇인가? 그리고 어떤 학문이 이것을 연구하는가? 두 번째 물음에 대한
대답은 쉽다. 정치학은 어떤 학문들이 누구에 의해 연구될지를 정한다.
전쟁 지휘술처럼 가장 높게 평가되는 능력들은 정치학 아래에 있다. 정치
학은 우리가 무엇을 해야 하고 무엇을 하지 말아야 하는지를 우리에게 말
해 준다. 인간을 위한 좋음을 연구하는 학문은 정치학이다.[5] 다른 물음에
대한 대답은 더 어렵다. 그것을 완전하게 해결하기 위해서는 《윤리학》의
나머지 부분이 모두 필요하다. 우리는 주제가 허용하는 만큼의 정확성으
로써 그 물음에 대답하는 데에 만족해야 한다. 윤리학은 '대체로 어떠한
것들', '달리 어떠할 수 있는 것들'에 관여한다. 우리는 수학처럼 '필연적
으로 어떠한 것들'을 다루는 학문에서나 가능한 완전한 증명들을 그것에
서 기대해서는 안 된다.[6] 아리스토텔레스는 우주 안에서 필연적인 요소
와 우연적인 요소를 자주 구분한다. 그가 객관적으로 결정되지 않는 일들

---

5 《니코마코스 윤리학》 1권(A) 1장, 2장.
6 《니코마코스 윤리학》 1권(A) 3장 1094b 11-27.

이 있다는 것을 의도하는지, 아니면 우리가 추적할 수 있는 필연성과 우리로부터 벗어나는 필연성을 구별하고 있는지, 항상 분명하지는 않다. 그러나 분명히 그는 적어도 인간의 행위에서만큼은 실제로 사정에 따라 달라짐이 있다고 믿는다. 그러나 (1) 우리가 하는 행위의 물리적인 결과들은 정확하게 예견될 수 없다는 점, 그리고 (2) 미래의 행위는 현실적으로 확정되어 있지 않다는 점을 우리가 인정하더라도, 아리스토텔레스는 이러한 사실들이 도덕 철학에 가능한 정확성을 감소시킨다고 생각한 점에서 잘못한 것 같다. 그 사실들은 어떤 행동이 최선의 결과를 산출할 것인지를 엄밀하게 말할 수 없게 만든다. 그러나 이것의 영향을 받는 학문은, '해야 한다'[의무]가 무슨 뜻인지와 왜 우리는 우리가 해야 할 것을 해야 하는지를 탐구하는 추상적인 윤리학이 아니라, 우리가 주어진 상황에서 무엇을 해야 하는지를 말하는 시도인 응용윤리학이나 결의론[決疑論, 사회적 관습이나 종교적 율법에 비추어 도덕 문제를 해결하려는 방식]이다.

　윤리학과 엄밀한 학문들 간의 차이는 다른 곳에 더 잘 표현되어 있다. 윤리학은 으뜸 원리들로부터 추리하지 않고, 으뜸 원리들로 추리해 간다. 그것은 본성상 지성에 의한 것에서 출발하지 않고, 우리에게 친숙한 것에서, 즉 드러난 사실들에서 출발하고, 이것들로부터 바탕에 놓인 근거들로 되돌아가는 작업을 한다. 그리고 사실들에 관한 필요한 앎을 제공하기 위해서는 좋은 교육이 필요하다. 수학은 으뜸 원리들이 감각 자료들로부터 쉽게 추상에 의해서 획득되는 주제를 다룬다. 수학의 핵심은 이 으뜸 원리들로부터 결론을 연역해 내는 일이다. 윤리학의 으뜸 원리들은 세세한 행위에 아주 깊이 파묻혀 있어 집어내기가 쉽지 않다. 윤리학의 핵심은 그것들을 집어내는 데에 있다. 이것을 위해서는 두 가지 조건이 필요하다. 먼저, 연구자는 그가 종족의 집단적인 지혜를 대변하는 일반적인 의견들을 도덕적인 문제에 관해 받아들이도록 교육받아야 한다. 이런 의견들은 그다지 분명한 것도 일관된 것도 아니지만, 우리가 그것들로부터 으뜸 원리들에 도달하기 위해 유일하게 가지고 있는 자료이다. 두 번째 조건은, 그런 일반적인 믿음들을 검토·비교하고, 그것들에서 정확하지 못하고 일관되지 못한 점들을 씻어 내며, 처음 볼 때에는 결코 분명하지 않지만 우리가 일단 도달하면 자명한 '본성상 더 지성에 의한' 진리를 산출할 탐구이다.[7] 윤리학이 증명하는 학문이 아니라면, 그것은 (아리스토텔레스의 논리학에서 자주 내리는 구분을 빌리자면) 대화술적인 학문인가? 어떤 의미에서는 그렇다. 대화술의 유용성들 중 하나는 바로 그것이 우리를 으뜸 원리들로 인도해 준다는 점이다.[8] 그래서 아리스토텔레스는 [윤리학에서] 종종 대화술적으로, 참이라고 알려진 원리들이 아니라 '대중들'이라든가 '지혜로운 사람들'의 의견들로부터, 특히 플라톤 학당의 의견들로부터 추리한다. 그렇다고 윤리학이 아리스토텔레스 자신이 받아들이지 않는 의견들을 바탕으로 펼치는 대인 논증(argumentum ad hominem)의 연장을 뜻하지는 않는다. 그는 확실히 이런 논증이 애쓸 만한 가치가 있다고 생각하지 않았을 것이다. 대부분 그는 아카데미아의 의견들을 자신의 것으로 수용하고, 그렇지 않을 때에는 주저 없이 말한다.

{ ## 인생의 목적 }

아리스토텔레스는 목적은 eudaimonia[에우다이모니아]라는 '대중들'의

---

7 《니코마코스 윤리학》 1권(A) 3장 1095a 2-11, 4장 1095a 30-b 13, 7장 1098a 33-b 4, 6권 (Z) 8장 1142a 11-20, 7장(H) 1장 1145b 2-7.
8 《토포스론》 1권(A) 2장 101a 36-b 4.

의견을 수용한다.[9] 이 말의 형용사형은 원래 '수호신의 보호를 받음'을 뜻했으나, 그리스어의 일상적인 용법에서 그 말은 가끔 외적인 풍요를 특별히 언급하여 행운을 뜻한다. 관례적인 번역어인 '행복'(happiness)은 《윤리학》에서 적합하지 않다. 왜냐하면 '행복'은 영속적이고 깊이가 있고 고요하다는 점을 연상시킨다는 점에서만 '즐거움'과는 다른 감정 상태를 의미하지만, 아리스토텔레스는 에우다이모니아가 활동의 일종이라고, 그리고 즐거움이 자연스럽게 그것에 수반되지만 그것은 즐거움의 일종이 아니라고 주장하기 때문이다. 따라서 덜 인정된 번역어인 '잘 삶'(well-being)이 더 낫다. 아리스토텔레스가 쾌락주의자였는지 묻는다면, 그 답은 나은 단어가 없어 행동이 아니라 감정을 암시하는 듯한 발언에 의거하는 것보다는 삶의 목적은 활동이라고 그가 신중하게 반복한 발언에 의거하는 것이 낫다.

인간을 위해 좋은 것이 에우다이모니아라고 말하는 것은 우리를 멀리 데려가지 못한다고 아리스토텔레스는 시인한다. 우리는 어떤 종류의 삶이 에우다이모니아인지를 알고 싶어 한다. 사람들은 사실상 크게 네 가지 삶을 선택하는 것 같다. 대부분의 사람들은 즐거움을 겨냥한다. 그러나 이것은 노예들이나 짐승들을 위한 목적이다. 더 나은 종류는 명예를 겨냥한다. 이것은 정치적인 삶의 대상이다. 그러나 삶의 목적은 바로 우리 자신의 것인 어떤 것이어야 하는데, 명예는 받는 쪽보다는 주는 쪽에 더 의존한다. 명예는 우리에게 우리 자신의 탁월성을 보장하는 것으로서 겨냥되는 것 같고, 탁월성은 아마도 보다 진정으로 정치적인 삶의 목적일 것이다. 그러나 탁월성은 무위나 불행과도 양립할 수 있다. 그리고 이 두 가지를 고려한다면 그것은 진정한 목적의 자격을 잃는다. 또 어떤 사람들은

---

9 《니코마코스 윤리학》 1권(A) 4장 1095a 14-20.

부를 추구하지만, 이것은 목적이 아니라 수단이다. 관조의 삶에 대한 검토는 10권(K)으로 늦춰진다. 여기에서 아리스토텔레스는 그것이 최고의 목적이라는 점을 보여 주려고 시도한다.[10]

플라톤은 이런 명백하게 좋은 것들보다 더 심원한 것 ―우주 어디서든지 모든 좋음의 근원인 좋음의 형상[이데아]― 을 제시했다. 이에 반대하여 아리스토텔레스는 (1) '좋음'은 그것이 적용되는 모든 것에 공통된 의미를 갖지 않는다고 주장한다. 하지만 그는 그 말이 여러 가지 의미로 사용될 뿐이라고 말하는 데로만 갈 수 없다. 그는 플라톤의 주장과 타협하여 모든 좋은 것들은 단 하나의 좋음을 (실체의 범주에 있는 좋음, 신의 좋음 또는 이성의 좋음을) 가리키거나 그것으로부터 도출된다고 말한다. 또는 그것들은 유비에 의해 하나라고 ―한 범주에 있는 좋음이 그 범주에 있는 다른 것들에 대해 갖는 관계는 둘째 범주에 있는 좋음이 그 범주에 있는 다른 것들에 대해 갖는 관계와 같다고― 말한다. (2) 그는 플라톤의 어떤 형상[이데아]에 대해서도 주장할 법하듯, 좋음의 형상은 좋음이 개별적으로 나타나는 것들과 따로 분리되어 있지 않다고 주장한다. 그리고 (3) 설령 있다고 하더라고 그것은 실천적인 목적들을 위해서는 쓸모가 없을 것이라고 주장한다. 인간을 위한 좋음은 가장 폭넓은 좋음이다. 이것을 관조하는 것은 우리의 일상적인 삶에 도움이 될 것이다.[11]

인간을 위해 좋은 것이 갖춰야 할 두 가지 특징이 있다. 그것은 목적이어야 한다. 바로 그것을 위해 항상 선택되고, 결코 다른 어떤 것의 수단으로서 선택되지 않는 것이어야 한다. 그리고 그것은 자족적인 것이어야 한다. 그것만으로도 삶을 선택될 만한 가치가 있는 것으로 만들어야 한다.

10   《니코마코스 윤리학》 1권(A) 5장.
11   《니코마코스 윤리학》 1권(A) 6장.

이 두 가지 특징은 잘 삶에 들어 있다. 그럼에도 우리는 행복이 무엇인지를 물어야 한다. 이 물음에 대답할 수 있도록 아리스토텔레스는 플라톤의 역할 또는 기능 개념을 끌어들인다. 그는 마음속으로 어떤 종류의 삶이 인간에게 최대의 만족을 줄 것인지를 묻고 있지만, 이것에 대답하기 위해서는 무엇이 인간의 특별한 기능인지를 물을 필요가 있다고 생각한다. 이 질문은 기술들에서 빌려 온 것이고, 그것들에서는 대답이 쉽게 나온다. 피리 연주자인 한에서 피리 연주자가 갖는 기능은 피리를 연주하는 것이고, 도끼의 기능은 나무를 쪼개는 것임을 알아보는 데에는 전혀 어려움이 없다. 살아 있는 신체의 부위들 ―눈, 손― 에 관련해서도 이것들이 해야 하는 일이 무엇인지를 알아보는 것은 쉽다. 반면 무엇이 인간의 역할인지를 알아보는 것은 그렇게 쉽지 않다. 아리스토텔레스는 오직 인간만이 할 수 있는 것이 무엇인지를 살펴봄으로써 그 물음에 대답한다. 우리는 성장과 생식을 동식물과 공유하고, 감각을 동물과 공유한다. 이것들 중 어떤 것도 인간의 독자적인 역할이 못 된다. 그러나 우리가 《혼에 관하여》에서 배웠듯이, 인간에게는 그러한 능력들에다 한층 높은 능력이 추가되어 있다. 이것을 아리스토텔레스는 여기에서 to logon echon('계획 또는 규칙을 가진 것')이라고 부른다. 이것 안에 계획을 이해하고, 계획에 따르는 하부 능력이 있다. 잘 삶이란 이 능력의 삶이어야 한다. 둘째, 그것은 잠재력에 지나지 않는 것이 아니라, 활동이어야 한다. 셋째, 그것은 탁월성과 조화를 이루어야 한다. 만일 다수의 탁월성이 있다면, 그것들 중 가장 좋고 가장 완전한 탁월성과 조화를 이루어야 한다. 넷째, 그것은 짧은 기간만이 아니라 전 생애에 걸쳐 나타나야 한다.[12]

이 정의(定義)는 잘 삶에 관한 일반적인 견해들에 의해 확증되고, 동시

12 《니코마코스 윤리학》 1권(A) 7장 1097a 15-1098a 20.

에 그것들을 개선한다. 어떤 사람들은 잘 삶이 탁월성이라고 말한다. 아리스토텔레스는 그것을 탁월성이 그쪽으로 향하는 성향이 있는 종류의 행동이라고 말한다. 어떤 사람들은 그것이 즐거움이라고 말한다. 그는 그것이 필연적으로 즐거움을 수반한다고 말한다. 어떤 사람들은 그것이 외적인 풍요라고 말한다. 그는 어느 정도의 풍요 없이는 인간이 잘 삶인 좋은 활동을 다할 수 없다고 말한다. 이렇게 해서 잘 삶에 대한 일반적인 개념 안에 든 핵심 요소들은 그의 정의 속에 참작된다. 탁월성은 좋은 활동이 흘러나오는 샘이고, 즐거움은 그것에 자연스럽게 동반되는 것이고, 풍요는 그것의 정상적인 선결 조건이다.[13] 그렇지만 아리스토텔레스는 훌륭한 성격은 '불운한 상황에서도 빛이 날' 수 있다고 조심스럽게 덧붙인다.[14]

잘 삶이란 탁월성과 조화를 이루는 활동이다. 아리스토텔레스는 나아가 이 탁월성이 무엇인지에 대해 논의한다.[15] 이 주제는 6권(Z)의 마지막까지 그를 사로잡는다. 우리는 논증을 수행하거나 계획을 짤 수 있는 혼의 부분인 본래적인 의미의 이성 외에 그 계획을 따를 수 있는 혼의 부분이 있다는 점을 보았다. 중간에 위치하기 때문에 이 부분은 우리에게 있는 이성적인 요소의 부분으로 분류되거나 비이성적인 요소의 부분으로 분류될 수 있다. 그것의 실제적인 본성은 이제 모습을 드러낸다. 그것은 욕구 능력이다. 이 능력은 자제력이 있는 사람에서는 그가 설정한 삶의 규칙에 복종하지만, 자제력 없는 사람에서는 그것에 불복한다. 이렇게 해서 두 가지의 탁월성이 있다. 본래적인 의미의 이성적인 요소의 탁월성들과 중간에 있는 요소의 탁월성들, 즉 지성의 탁월성들과 성격의 탁월성

---

13 《니코마코스 윤리학》 1권(A) 8장.
14 《니코마코스 윤리학》 1권(A) 10장 1100b 30.
15 《니코마코스 윤리학》 1권(A) 13장.

들이 있다. 앞의 것에 관한 논의는 6권을 차지하고, 뒤의 것에 관한 논의는 2권(B)-5권(E)을 차지한다. 2권부터 3권(Γ) 5장 1115a 3까지는 좋은 성격과 좋은 행위의 일반적인 본성에 관하여 논의한다. 3권 5장 1115a 4부터 4권(Δ) 끝까지는 아리스토텔레스 당대의 그리스인들이 인정한 주도적인 탁월성들에 관하여 상세하게 논의한다. 5권은 이보다 훨씬 더 상세하게 정의(正義)에 관하여 논의한다.

{ 좋은 성격 }

아리스토텔레스는 먼저 어떻게 좋은 성격이 생기는지, 어떤 요소에서 어떤 방식으로 그것이 나타나는지를 논의한다.[16] 그것은 자연적인 것도 아니고 자연에 거스른 것도 아니다. 우리는 그것을 받아들일 능력을 처음부터 가지고 있지만, 연습에 의해 이 능력을 발전시켜야 한다. 그것은 처음부터 완성된 채로 주어진 감각 능력들과 같지 않다고 아리스토텔레스는 생각한다. 집을 지음으로써 건축가가 되거나 하프를 연주함으로써 하프 연주자가 되는 것을 배우듯, 우리는 정의로운 행위나 절제 있는 행위를 함으로써 정의롭거나 절제 있는 사람이 된다. "성격의 상태들은 유사한 활동들로부터 형성된다."[17] 이런 활동들에 관련하여 정해진 첫 번째 규칙은 과도와 부족을 둘 다 피해야 한다는 것이다. 운동이나 음식이 과도하거나 부족하면 몸에 해롭듯이, 우리가 무슨 일이든 두려워하면 비겁한 사람이 될 것이고, 아무것도 두려워하지 않으면 무모한 사람이 될 것

16 《니코마코스 윤리학》 2권(B) 1-4장.
17 《니코마코스 윤리학》 2권(B) 1장.

이다. 두 경우 모두 용기가 우리에게서 나오게 되지 않을 것이다. 여기에서[18] 우리는 중용 이론의 싹을 본다. 그에 관한 논의는 뒤로 미뤄 두어도 될 것이다.

인간의 내적 습성을 가장 잘 보여 주는 것은 그가 탁월한 행위나 열등한 행위를 하면서 즐거움이나 고통을 느낀다는 점이다. 즐거움과 고통은 정말로 도덕적 탁월성의 주제라고 해도 될 것이다. 즐거움의 추구와 고통의 회피는 나쁜 행위의 주요 근원들이다. 탁월성은 행위와 감정에 관련되어 있고, 이것들은 모두 즐거움이나 고통을 수반한다. 고통에 의해 나쁜 행동은 바로잡힌다. 즐거움 외에 행위의 동기가 되는 것들 ―고귀함과 유용함― 조차도 즐거움을 끌고 온다. 일정한 대상들에서 즐거움을 느끼는 경향은 태어나면서부터 우리 안에 뿌리를 내리고 있다. 우리는 모든 행위들을 이것들이 즐거운 것이냐 고통스러운 것이냐에 따라 판단하는 경향이 있다. 분노보다는 즐거움에 대항하여 싸우는 것이 더 힘들고, 즐거움의 극복이 탁월성의 본질적인 목적이다. 그러나 우리는 탁월성이 즐거움과 고통으로부터의 해방이라고 말해서는 안 된다. 즐거움과 고통을 느끼는 경향들을 억압해서는 안 되고, 올바른 모양으로 만들어야 한다. 우리는 올바른 방식으로 적절한 때에 즐거움을 얻는 법을 배워야 한다. 아리스토텔레스는 인간에 내재한 경향들을 찬양하거나 비난하지 않는다. 그것들은 본질적으로 좋지도 나쁘지도 않다. 그것들이 다스려지느냐, 아니면 우리의 이성적인 본성이 자신을 위해 파악하고 그것들에 부과하려는 '올바른 규칙'을 거슬러 주제넘게 나서는 것을 허용하느냐에 따라 그것들은 좋은 것이 되기도 하고 나쁜 것이 되기도 한다.[19]

---

18 《니코마코스 윤리학》 2권(B) 2장.
19 《니코마코스 윤리학》 2권(B) 3장.

좋은 행위를 함으로써 우리가 좋은 사람이 된다는 아리스토텔레스의 주장은 역설에 빠진다. 만일 우리 자신이 좋은 사람이 아니라면 어떻게 우리는 좋은 행위를 할 수 있는가? 그는 나아가 좋은 습성을 일으키는 행위들과 좋은 습성에서 솟아나는 행위들 간에 차이가 있다는 점을 설명한다. 기술에도 부분적으로 이와 비슷한 점이 있다. 예를 들어, 문법을 알지 못한 채 문법에 맞는 말을 할 수 있다. 그러나 기술에서 문제가 되는 것은 올바른 것을 행하는 것이지만, 어떤 사람이 (1) 자신이 행하는 것을 알면서, (2) 행위를 스스로, 바로 그것을 위해 선택하고, (3) 지속적인 습성의 결과로서 그 행위를 하지 않는다면, 우리는 그 사람이 탁월하다거나 탁월하게 행동한다고 말하지 않는다. 이렇게 해서 역설은 사라진다. 탁월성을 산출하는 행위들은 그것들의 내적인 본성이 아니라 외형에서만 탁월성이 산출하는 행위들과 비슷하다. 아리스토텔레스는 여기에서[20] 흠잡을 데 없이 좋은 행위에 포함된 두 가지 요소들 —(a) 행해진 것은 일정한 상황들에서 해도 좋을 올바른 것이어야 한다는 점과 (b) 그것은 좋은 동기로부터 나와 행해져야 한다는 점— 을 정확하게 구별하여 지적한다.

이제 탁월성에 대한 정의(定義)로 가는 길은 닦여 있다. 먼저, 그것이 속한 유(類)를 확인해야 한다. 그것은 세 가지 —감정, 능력, 습성— 중 하나이어야 한다.[21] 탁월성과 열등성을 구분하고, 이것들과 무관한 것들로부터 구별하는 작업이 여기에서 더욱 상세하게 수행된다. 탁월성은 즐거움에 대한 욕망, 분노, 두려움과 같은 감정일 수 없다. 우리는 사람들이 이런 감정들을 느낀다고 그 사람들이 좋다거나 나쁘다고 하지 않고, 그들을 칭찬하거나 비난하지 않는다. 그런 감정들은 선택을 포함하지 않는다.

---

20 《니코마코스 윤리학》 2권(B) 4장.
21 《범주들》 8장에서 인정된 네 번째 종류의 질, 즉 모양은 분명히 그것과 무관하다.

그것들은 일정한 태도의 견지도 아니고, 수동적으로 겪음일 뿐이다. 이와 비슷한 이유로 탁월성은 그저 능력일 수도 없다. 그러므로 그것은 능력을 적절하게 발휘함으로써 능력으로부터 나타나는 습성이어야 한다.[22]

지금까지 한 설명은 열등성에도 똑같이 적용된다. 다음으로, 탁월성의 종차(種差)는 무엇인가? 모든 분할 가능한 연속체에는(탁월성의 재료인 것들, 즉 감정과 행위도 그런 종류의 것이다) 많은 양, 적은 양, 중간의 양이 있다. 양극단 사이에 이것들로부터 똑같이 떨어져 있는 객관적인 또는 산술적인 중간이 있다. 그러나 사람마다 다른 '우리에게 상대적인' 중간도 있다. 5kg의 음식은 너무 많고, 1kg의 음식은 너무 적을지도 모른다. 그렇다고 3kg의 음식이 모든 사람에게 적절한 양이라는 것은 아니다. 모든 기술과 예술은 이런 종류의 중간을 겨냥한다. 완벽한 예술 작품에서는 작품을 파괴하지 않고서는 어떤 것도 더하거나 뺄 수 없다. 이와 마찬가지로 도덕적 탁월성은 감정과 행동에서 중간[중용]을 겨냥할 것이다. 따라서 그것은 "규칙에 의해, 즉 실천적 지혜를 가진 사람이 결정할 법한 규칙에 의해 결정되는, 본질적으로 우리에게 상대적인 중용에 놓여 있는 선택의 습성"으로 정의될 수 있다.[23]

탁월성에 대한 이 정의에서 앞부분이 갖는 의미는 실천적 지혜가 논의되는 6권(Z)으로 갈 때까지 남겨 둘 것이다. 우리는 다만 여기에서 도덕적 탁월성에 대한 정의가 지적 탁월성에 관련되어 있다는 점에 주목할 필요가 있다. 도덕적 탁월성은 본질적으로 완성된 것이 아니다. 도덕적으로 탁월하기 위해서 우리는 스스로 실천적 지혜를 터득하든지, 아니면 터득한 사람의 사례나 가르침을 따라야 한다. 왜냐하면 추리 과정에 의해 일

---

22 《니코마코스 윤리학》 2권(B) 5장.
23 《니코마코스 윤리학》 2권(B) 6장 1106a 14-1107a 2.

반적인 원칙들을 특수한 경우의 상황들에 적용함으로써 올바른 행위가 결정되기 때문이다. 우리는 나중에[24] 완전한 의미의 도덕적 탁월성은 탁월한 사람 자신이 실천적 지혜를 소유함을 의미한다는 점을 보게 될 것이다. 탁월성에 대한 정의에서 나온 다른 새로운 요소, 즉 중용에 대한 언급은 지금 살펴보아야 할 것이다. 우리는 아리스토텔레스에서 이것에 의해 도덕적 탁월성이 열등성과 차이가 난다는 점을 기억해 두어야 한다. 최선의 것이라는 측면에서, 확실히 탁월성은 극단적인 것이지만, "그것의 본질과 그것에 대한 정의의 측면에서 그것은 중용이다."[25] 아리스토텔레스는 그저 극단을 피함으로써 안전을 기할 것을 우리에게 조언하고 있는 것이 아니다. 그가 내린 정의 뒤에는 "너는 중간의 길로 가장 안전하게 가리라"(medio tutissimus ibis)[오비디우스의 《변신》 2권 137행]라는 말 뒤에 있는 것보다 훨씬 더 많은 이론이 숨어 있다. 우리는 이미 그 이론이 무엇인지를 부분적으로 보았다. 그것은 사실상, 모든 자연적인 충동들을 비난하는 금욕주의적인 마니교의 견해에 대한 항변이고, 그런 충동들을 비판될 수 없는 것으로 놓고 그것들을 삶의 안내자로 수용하는 자연주의적인 견해에 대한 항변이기도 하다. 그것들 중 어떤 것도 본질적으로 좋지도 나쁘지도 않다. 각각의 충동에 적절한 양이 있고, 각각의 충동에 적절한 시간과 방법, 대상들이 있다. 그러나 중용 이론이 이런 건전하고 충실한 견해를 표현하는 타당한 방식인지는 의심스럽다. (1) 탁월성이 일정한 강도의 감정이나 일정한 양의 금전 지출 등을 포함하는 한, 그것을 중용으로 기술하는 것은 어느 정도 적합하다. 그러나 시간, 방법, 대상도 올바른 것이어야 하는데, 아리스토텔레스가 중용과 같은 양적인 개념에다 올바

---

24 《니코마코스 윤리학》 6권(Z) 12장, 13장.
25 《니코마코스 윤리학》 2권(B) 6장 1107a 6-8.

332

른 행위 안에 있는 그런 요소들을 적용하려고 시도한 것은 결코 성공적이지 못하다. (2) 항상 올바른 행동이 중용에 있지는 않다. 본능적인 감정들이 이론적으로는 좋지도 나쁘지도 않다고 인정하더라도, 어떤 특별한 감정은 전적으로 억눌러야 하는 경우도 있고 극도로 추구해야 하는 경우도 있다. 올바른 행동이 양극단의 중간에 있어야 한다는 점은 아주 빈번하지만 우연적인 그것의 성질인 것 같다. (3) 본질적인 것은 감정들이 어느 정도 특정 강도를 가져야 한다는 점이 아니라, 그것들이 철저하게 '올바른 규칙'에, 또는 우리가 말할 법하듯 의무감에 종속되어야 한다는 점이다. 그러나 아리스토텔레스는 탁월성에 대한 정의의 앞부분으로써 이런 반론에 맞선다. (4) 단순한 산술적인 계산이 우리가 무엇을 해야 하는지를 우리에게 말해 줄 것이라는 제안을 아리스토텔레스가 부인한다는 점을 생각하면, 그는 우리가 먼저 극단들을 알고 이것들로부터 중용을 이끌어낸다고 주장한다고 생각하기 쉽다. 아마도 이런 경우들이 있는 것 같다. 만일 내가 자선 단체에 얼마를 기부해야 할지 고민한다면, 나는 먼저 100파운드 기부는 분수에 지나친 것이고, 2실링 기부는 인색한 것임을 알 것이다.[26] 그리고 이 한계 안쪽으로 계산하면서 나는 마침내 얼마를 내는 것이 올바른 것인지를 결정할 것이다. 그러나 이것을 항상 또는 보통 우리가 해야 할 것을 결정하는 방식에 대한 설명으로 제시하는 것은 잘못일 것이다. 아리스토텔레스도 그렇게 주장하지 않는다. 그에 따르면 우리는 옳고 그름을 직접 '지각한다.'

중용 이론은 일정한 틀을, 또는 아리스토텔레스가 말하듯[27] 균형을 우리 안에 존재하는 다양한 성향들에 도입할 필요성을 인정한 가치를 갖는

---

26 이 예시는 스미스(J. A. Smith) 교수의 것이다.
27 《니코마코스 윤리학》 2권(B) 2장 1104a 18.

다. 균형은 양적인 개념이지만, 좋은 행동은 양적인 측면을 지닌다. 그것은 너무 적어서도 안 되고, 너무 많아서도 안 된다. 그리스인들이 그런 종류의 좋은 어떤 것 —건강한 신체, 아름다운 예술 작품, 탁월한 행위— 을 산출하려면 일정한 양적 관계가 요구된다고 주장한 것은 옳았다. 탁월성에 적용될 때 그러한 이론은 그다지 빛을 발하지 못하는 것 같지만, 그 안에 맞는 요소도 있다.

나아가 아리스토텔레스는 이름을 들 수 있는 모든 감정들이나 행동들이 중용을 허용하는 것은 아니라는 점을 지적함으로써 오해에 대비한다.[28] 어떤 것들은, 예를 들어 파렴치, 시기, 간통, 절도, 살인은 이름만으로도 그것들이 나쁘다는 것을 함축한다. 즉, 파렴치와 시기는 탁월성의 내용인 도덕적으로 좋지도 나쁘지도 않은 감정들을 가리키는 이름이 아니라, 그런 감정들의 그릇된 과도나 부족을 가리키는 이름이다. 간통, 절도, 살인은 일정한 종류의 대상을 다루는 행동을 가리키는 이름이 아니라, 그런 종류의 대상을 다루는 잘못된 행동을 가리키는 이름이다. 파렴치는 수치심의 잘못된 부족이다. 절도는 부의 취득에서 잘못된 과도이다. 중용은 과도와 부족에 대립된다. 따라서 중용의 과도나 부족이 없듯이 과도나 부족의 중용도 없다.

다음으로[29] 중용 이론은 주요 탁월성들과 열등성들에 관한 짧은 검토에 의해 예시된다. 이는 나중에 보다 상세하게 반복되니 우리가 3권(Γ) 5장 1115a 4-5권(E) 끝에 이를 때 검토하는 것이 편리할 것이다. 아리스토텔레스는 대립되는 열등성들이 그것들 사이에 놓인 탁월성에 대립되기보다는 서로에 더 대립된다고 덧붙인다.[30] 이 견해를 칸트는 도덕적인

---

28 《니코마코스 윤리학》 2권(B) 6장 1107a 8-27.
29 《니코마코스 윤리학》 2권(B) 7장.

동기와 다른 모든 동기들 간에 다른 두 개의 동기들보다 더 큰 차이가 있다는 점을 들어 비판했다. 인색한 사람과 낭비가 심한 사람은 똑같이 돈에 대한 올바른 태도가 결여된 사람들이다. 따라서 어렸을 때 낭비가 심한 사람은 노년에 돈을 제대로 쓰기보다는 인색한 사람이 되기 쉽다. 칸트의 비판은 정당하다. 열등성들의 외형적인 측면, 즉 행위자의 정신 상태에 대립되는 행위들에서만 열등성들은 탁월성에 대립되기보다는 서로에 더 대립된다.

마지막으로, 아리스토텔레스는 탁월성이 때로는 과도에 가깝고 때로는 부족에 가깝다고 말하고, 이것은 두 가지 이유 때문에 그렇다고 지적한다. 어떤 경우들에서, 그런 결과는 바로 사실들의 본성으로부터 생겨난다. 용기는 본성상 무모보다는 비겁에 더 대립된다. 다른 경우들에서, 그런 결과는 '우리 자신들로부터' 생겨난다. 탁월성은 다른 어떤 열등성보다 어떤 열등성에 더 비슷하지 않지만, 우리는 탁월성을 우리가 더 빠지기 쉬운 열등성에다 대립시키는 경향이 있다. 그래서 우리는 절제를 무절제에 대립되는 열등성[무감]보다는 무절제에 더 대립시킨다. 이로부터 실천적인 지침이 따라 나온다. (1) 관련된 탁월성에 더 대립되는 열등성을 피할 것, 그리고 (2) 우리가 더 빠지기 쉽고 우리가 그곳에서 더 큰 즐거움을 얻는 열등성을 피할 것. 그러나 결국 어떤 일반적인 규칙도 우리가 무엇을 해야 할지를 아는 데에 그다지 많은 도움을 주지 못할 것이다. 특정한 상황들에 있을 때까지 우리는 기다려야 하고, 그 상황들을 모두 고려해야 한다. "결정은 지각이 할 일이다."[31]

30 《니코마코스 윤리학》 2권(B) 8장 1108b 11-30.
31 《니코마코스 윤리학》 2권(B) 8장 1108b 30-9장.

자발적인 행위와 선택

아리스토텔레스는 이제 사람이 자신의 행동에 대한 책임을 지는 조건들을 살펴보는 데로 향한다. 자발적인 행위에 대해서만 사람들은 칭찬이나 비난을 받는다. 행위들은 강요나 무지에 기인할 경우 비자발적이다. 강요된 행위는 행위자가(또는 그보다는 당하는 사람이) 아무 기여도 하지 않은 채 기인(起因)이 외부에 있는 행위, 즉 신체가 저항할 수 없는 외부의 힘에 의해 영향을 받는 행위이다. 폭풍우 속에서 짐을 바다에 던지는 일처럼, 더 큰 해악이 두려워서 한 행위들은 강요된 것이라고 생각할 수 있고, 자발성과 비자발성이 '혼합된 행위'라고 할 수 있지만, 자발적인 행위에 더 가깝다. 짐을 바다에 던지는 일로 요약하여 기술된 그런 행위는 분별 있는 사람이라면 자발적으로 하지 않을 행위이다. 그러나 도덕성은 특정 상황에서 이루어지는 특정 행위에 관련되고, 실제 상황에서 그러한 행위에 대해서는 아무도 부끄러워하며 책임을 떠맡을 필요가 없다. 신체적인 움직임은 실제로 그 사람 자신에서 시작한다는 것도 분명하다. 그러한 행위들은 때로는 칭찬받는다. 아무도 참을 수 없는 고통이 두려워서 해서는 안 될 일을 할 경우, 그런 행위들은 용서받는다. 그러나 심지어는 죽는 것이 더 나은, 따라서 어떠한 핑계로도 용서되지 않는 행위들도 있다. 더나아가, 즐거움을 위해 또는 고귀한 목적을 위해 행한 모든 행위가 우리 외부에 기인한 것으로서 강요된 것이라고 주장할 수도 없다. 그렇다고 할 경우, 모든 행위들은 강요된 것이 될 것이다. 게다가, 그런 행위에 수반되는 즐거움은 그것들이 강요된 것이 아니라는 것을 보여 준다. 그것들의 원인은 행위자 자신 속에 있다.

비자발성의 다른 근원, 즉 무지에 관련하여 몇 가지 구분이 이루어진다. (1) 무지로 말미암아 행한 행위를 나중에 후회한다면, 그 행위는 비자발적인 것이다. 그렇지 않다면, 그것은 자발적이지 않은 것이라고만 말할 수 있다. 이 구분은 만족스럽지 못하다. '비자발적인 것'과 '자발적이지 않은 것'은 실제로 의미의 차이가 없다. 아리스토텔레스가 akousion으로써 '내키지 않은 것'을 뜻하고 ouk hekousion으로써 '비자발적인 것'을 뜻한다고 제안할 수도 있을 것이다. 그러나 분명히, 내키지 않은 행위와 비자발적일 뿐인 행위는 행위자가 보이는 나중의 태도에 의해 차이가 날 수 없다.[32] (2) 술김에 또는 홧김에 행동하는 사람은 무지 상태에서 행동하지만 무지로 말미암아 행동하지는 않는다. 무지는 가장 근접한 원인이지만, 무지 자체는 술이나 화로 말미암은 것이다. 일반적으로, 우리는 나쁜 사람들은 모두 그들이 해야 할 것을 모른 상태에서 행동하지만, 그렇다고 그들의 행위가 비자발적인 것은 아니라고 말할 수 있을 것이다. 두 번째 구분은 세 번째 구분으로 이어진다. (3) 어떤 행위를 비자발적인 것으로 만드는 무지는 우리를 위해 좋은 것에 대한 무지가 아니다. 이런 '선택에서의 무지' 또는 '보편적인 무지'는 비자발적인 행위의 조건이지만, 나쁨의 조건은 아니다. 죄가 없는 무지는 특정한 상황들에 대한 무지이다. 그렇다면, 행위는 (1) 그것의 근원이 행위자 안에 있고, (2) 그가 행위가 이루어지는 상황들을 알고 있을 때, 자발적인 것이다.[33]

prohairesis[프로하이레시스](어떤 것을 선호하는 선택)란 개념은 이미 탁월성에 대한 정의에 나왔다. 아리스토텔레스는 이제 그것을 설명하는 데로 나아간다. 분명히, 선택은 자발적인 행위와 외연이 같지 않다. 아이들과

---

32 그 태도가 어떤 행위가 행위자의 일반적인 성격과 일치했는지의 여부를 보여 줄 수도 있을 것이지만.
33 《니코마코스 윤리학》 3권(Γ) 1장.

하등동물들의 행위, 갑자기 한 행위들은 자발적이지만, 선택된 것은 아니다. 다른 철학자들은 선택을 어떤 형태의 욕구 —욕망, 분노, 또는 합리적인 바람— 또는 특정한 종류의 의견과 같은 것으로 보았다. 그러나 아리스토텔레스는 그것을 이 모든 것들로부터 구별하는 것을 전혀 어려워하지 않는다. 그것은 합리적인 바람과 가장 비슷하다. 그러나 (1) 우리는 불가능한 것을 바랄 수 있지만, 그것을 선택할 수는 없다. (2) 우리는 우리 자신의 행위에 의존하지 않은 어떤 것을 바랄 수 있지만, 그것을 선택할 수는 없다. (3) 바람의 대상은 목적이고, 선택의 대상은 수단이다. 마지막으로, 그는 선택의 대상은 숙고의 과정을 통해 결정된 것이라고 말한다.[34] 그런데 숙고는 우리 자신의 힘에 달려 있고 우리가 행할 수 있는 것에 대해 이루어진다. 그것은 수단에 대한 것이지, 목적에 대한 것이 아니다. 그것은 일정한 목적을 전제하고 어떻게 이것을 성취할 것인지를 살핀다. 그리고 목적으로부터 수단으로 거슬러 작동하면서, 그것은 계속해서 수단으로 되돌아가고, 이를 지금 당장 채택될 수 있는 수단에 이를 때까지 계속한다. 이 절차는 수학자의 절차에 비유될 수 있다. 수학자는 풀어야 할 문제로부터, 해결과 더불어 다른 문제를 해결하게 해 줄 수 있는 보다 단순한 문제로 거슬러 올라가면서 그가 이미 가지고 있는 앎으로써 풀 수 있는 문제가 나올 때까지 계속 작업한다. "분석의 마지막 단계가 실제로 밟을 첫 단계이다." 즉, 숙고는 연역적인 설명에 대조되는 것으로서, 수학적인 발견의 과정과 비슷하다. 그것은 처음에 자기 자신 이외의 다른 어떤 것, 즉 특정 대상에 대한 욕구에 의해 제한되듯이, 다른 쪽의 끝에서 자기 자신 이외의 다른 어떤 것, 즉 실제 상황에 대한 지각에 의해 제한된다. 전체의 과정은 다음과 같이 간명하게 말할 수 있다.

---

34 《니코마코스 윤리학》 3권(Γ) 2장.

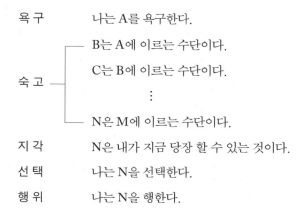

욕 구	나는 A를 욕구한다.
숙 고	B는 A에 이르는 수단이다.
	C는 B에 이르는 수단이다.
	⋮
	N은 M에 이르는 수단이다.
지 각	N은 내가 지금 당장 할 수 있는 것이다.
선 택	나는 N을 선택한다.
행 위	나는 N을 행한다.

이렇게 해서 선택은 "우리 능력의 범위 내에 있는 것들에 대한 숙고된 욕구이다."[35] 또는 아리스토텔레스가 다른 곳에서[36] 표현하듯, "그것은 욕구할 줄 아는 이성이거나 사유할 줄 아는 욕구이고, 그런 종류의 행위가 나오는 근원은 인간이다."

사람들은 종종 플라톤과 아리스토텔레스의 심리학에는 의지에 관한 뚜렷한 이해가 없다고 불평하였다. 선택에 관한 아리스토텔레스의 이론은 분명히 그러한 이해를 명확하게 나타내고자 한 시도이다. 그의 이론에 두드러진 몇 가지 점들은 그 주제에 관한 이전 사유에 커다란 진전을 가져왔다 ─ 선택을 욕망과 합리적인 바람으로부터 구분한 점, 선택을 필연적인 것들과 불가능한 것들이 아니라 우리 능력의 범위 내에 있는(우리는 이보다는 '내에 있다고 생각하는'이라고 말해야 할 것이다) 것들에 제한한 점, 선택을 욕구와 이성을 함축하는 것으로, 그것도 단순히 욕구+이성이

35　《니코마코스 윤리학》 3권(Γ) 3장.
36　《니코마코스 윤리학》 6권(Z) 1장 1139b 4.

아니라 이성에 의해 인도된 욕구와 욕구에 의해 불붙은 이성을 함축하는 것으로 인정한 점이 그것이다. 그가 선택을 숙고된 욕구로서 정의 내리는 것은 그것을 욕구의 일종으로 다루었다는 점에서 잘못이다. 그것은 분명히 욕구의 일종이 아니다. 그러나 그것이 욕구할 줄 아는 이성이나 사유할 줄 아는 욕구라고 말할 수 있다는 그의 서술은 욕구가 선택의 유 개념이 아니라는 점을 함축하고, 그것이 두 가지 선결 조건과는 다른 새로운 것이라는 점을 함축한다. 한 가지 점이 더 주목될 수 있다. 아리스토텔레스는 선택의 대상이 목적이 아니라 수단이라고 단언한다. 그러나 이것은 그리스어나 영어에 의해 자연스럽게 연상되지 않는 제한이다. 수단들 못지않게 목적들 사이에서도 선택이 가능할 수 있다. 실제로 프로하이레시스가 공식적으로 논의된 두 곳 말고는[37] 그것은 거의 수단에 관계하지 않는다.[38] 《윤리학》의 나머지 부분과 아리스토텔레스의 다른 저술들에서 그것은 일반적으로 '의도'를 의미하고, 수단이 아니라 목적에 관계한다.[39] 프로하이레시스에 대한 특별한 내용은 아리스토텔레스 이론에서 빠뜨릴 수 없는 일부이긴 해도, 그 단어에 대한 그의 일반적인 용법에 영향을 거의 미치지 못한다.

탁월한 활동들은 자발적일 뿐만 아니라 선택에 따른 것이므로, 탁월성과 열등성은 우리 능력의 범위 내에 있는 것들이라는 점이 따른다. 우리

---

37 《니코마코스 윤리학》 3권(Γ) 2장, 3장, 6권(Z) 2장.

38 뚜렷하게 수단에 관계하는 것으로 보이는 곳은 《형이상학》 6권(E) 1장 1025b 24, 《니코마코스 윤리학》 6권(Z) 13장 1145a 4, 8권(Θ) 13장 1162b 36, 《연설술》 1권(A) 6장 1363a 19뿐이다.

39 가장 분명한 사례들이 나오는 곳은 다음과 같다. 《토포스론》 172b 1, 《기상학》 339a 9, 《형이상학》 1004b 25, 《정치학》 1269b 13, 1271a 32, 1301a 19, 1324a 21, 《연설술》 1355b 18, 1374a 11, b 14, 《니코마코스 윤리학》 1102a 13, 1110b 31, 1111b 5, 1117a 5, 1136b 15, 1151a 7, 30, 1152a 17, 1163a 22, 1164b 1, 1179a 35, 그리고 특히 1144a 20. 이것들 중 어떤 것들은 그 자체로 절대적으로 결정적인 것은 아니지만, 누적된 증거를 당해 낼 수는 없다.

가 인간이 행위를 낳는 근원이 아니라고 말할 준비가 되어 있지 않으면, '의도적으로 나쁜 사람은 없다'는 소크라테스의 주장은 맞지 않다. 아무도 어떤 사람을 보고 그가 가진 능력의 범위 내에 있지 않기 때문에 추위에 떨지 말라거나 굶주리지 말라고 설득하려 하지 않을 것이다. 그러나 입법자들은 탁월하게 행동하도록 보상과 처벌로써 사람들을 설득하려 한다. 이는 분명히 탁월성과 열등성이 우리가 가진 능력의 범위 내에 있다는 것을 함축한다. 그들은 심지어는 어떤 사람이 무지의 원인인데도 무지를 그 사람이 잘못한 것에 대한 변명으로 받아들이지 않는다. 어떤 사람이 법을 몰랐다고 말하면, 우리는 '잘 주의해서 그것을 알았어야지'라고 응한다. 만일 그가 자기는 체질적으로 그러한 것들에 부주의하다고 말한다면, 우리는 '그래, 하지만 당신이 제멋대로 살아 그렇게 됐잖아. 행동의 진로에 의해서만 성격이 만들어져'라고 응한다. 잘못된 것은 잘못한 사람이 가진 능력의 범위 내에 있었다. 그렇다고 그가 지금 그런 상태에 있기를 그만둘 수 있다고 말할 수는 없다.

행위에 대한 책임을 회피하기 위한 다른 시도가 있을 수 있다. 모든 사람들은 자신들이 보기에 좋은 것을 추구하지만, 그들은 자신들에게 좋은 것으로 보이는 것에 대해서는 책임을 지지 않는다고 말할 수 있다. 이것에 대해 아리스토텔레스는, "우리가 보았듯이, 만일 어떤 사람이 자신의 도덕적인 상태에 대해 책임을 져야 한다면, 그는 여하튼 그에게 좋은 것으로 보이는 것에 대해 책임을 져야 한다. 반면, 만일 그가 책임을 지지 않는다면, 열등성이 자발적이지 않듯이 탁월성도 자발적이지 않고, 각 개인의 목적은 선택에 의해 결정되지 않고 본성에 의해, 또는 다른 어떤 방식으로 결정된다"라고 대답한다.[40] 이것은 아마도 아리스토텔레스

---

40 《니코마코스 윤리학》 3권(Γ) 5장 1113b 3-1115a 3.

가 자유의지에 관하여 펼치는 논의에 가장 가까운 것일 것이다. 그리고 그 결과는 다소 확정적이지 못하다. 그것은 자유의지의 주장이라기보다는 오히려 좋은 행위들은 인정받고 나쁜 행위들에 대해서는 책임을 회피하려는 사람들에 대한 답변이다. 자유의지에 대한 아리스토텔레스의 일반적인 태도를 검토할 때 다음과 같은 점들을 염두에 두어야 할 것이다. (1) 특정 행위를 한다는 것은 적합한 전제들에 대한 이해로부터 필연적으로 따른다(이렇게 그는 때때로 주장한다). "단 것은 모두 맛보아야 한다면, 그리고 이 특정한 것이 달다면, 그것을 맛볼 수 있는 사람은 방해가 없다면 당장 그것을 맛보아야 한다."[41] (2) 성격은 한번 자리를 잡으면, 마음대로 변할 수 없다.[42] (3) '자발적인 것'은 아리스토텔레스에서 의지의 자유에 상당하는 것을 내포하지 않는다. 왜냐하면 그 말은 동물들의 행동에도 적용되기 때문이다.[43] 다른 한편으로, 우리는 다음과 같은 점들을 주목해야 한다. (1) 아리스토텔레스는 우연성이 객관적으로 있다고 믿는 것처럼 보인다. 이는 그저 우리가 미래를 모른다는 점을 나타내는 완곡한 표현만은 아니다. 그는 보편적인 인과 법칙을 분명하게 파악하지 못했다.[44] (2) 그는 의도적으로 나쁜 사람은 없다는 소크라테스의 견해에 대해 단호히 반대하여, 행위는 필연적으로 우리의 믿음 상태를 좇아간다는 입장에 선다.[45] 전반적으로, 우리는 그가 자유의지에 대한 보통 사람의 믿음을 공유했다고 말해야 하겠지만, 그는 그와 관련된 문제를 아주

---

[41] 《니코마코스 윤리학》 7권(H) 3장 1147a 26-31. 6권(Z) 2장 1139a 31-33 참조.
[42] 《니코마코스 윤리학》 3권(Γ) 5장 1114a 12-21, 5권(E) 9장 1137a 4-9.
[43] 《니코마코스 윤리학》 3권(Γ) 1장 1111a 25, 2장 1111b 8.
[44] 《명제에 관하여》 9장 18a 33-19b 4, 《형이상학》 6권(E) 3장 1027b 10-14. 이 책의 149-50, 283쪽 참조.
[45] 《니코마코스 윤리학》 3권(Γ) 5장 1113b 14-17, 6권(Z) 13장 1144b 17-30, 7권(H) 2장 1145b 22-28.

철저하게 검토하지는 않았고, 완전히 일관되게 자신의 생각을 말하지도 않았다고 말해야 한다.

{   도덕적 탁월성   }

아리스토텔레스는 이제 탁월성에 관한 자신의 이론, 특히 중용 이론을 탁월성들에 관해 상세하게 검토하면서 예시하고 확인하는 데로 나아간다. 탁월성들은 감정들 및 행위들과 관련되어 있다. 그것들의 영역은 때로는 감정의 유형에 언급함으로써, 때로는 행위의 유형에 언급함으로써 규정되지만, 이는 단지 편의를 위한 것일 뿐이다. 탁월성은 일정한 종류의 감정을 통제하고 일정한 종류의 상황에서 올바로 행동하는 경향이다. 탁월성들의 목록은[46] 다음의 표에 제시한 것처럼 요약될 수 있을 것이다. 이렇듯, (1) 두려움, 즐거움, 화라는 근본 감정들에 대해 올바른 태도를 보이는 세 가지 탁월성이 있고,[47] (2) 인간이 사회에서 추구하는 두 가지 것 —부와 명예— 에 관련되어 네 가지 탁월성이 있고, (3) 사교와 관련되어 세 가지 탁월성이 있고, (4) 의지의 습성이 아니기 때문에 탁월성들이 아닌 두 가지 성질이 있다. 이 두 가지는 중간적인 상태들이고 칭찬을 받지만, 감정에 대한 의지의 태도가 아니라 감정의 중간 상태이다. 그것들은 《에우데모스 윤리학》에[48] 각각 절제와 정의가 발전되어 나온 본능적인 성질들로 교묘하게 다루어져 있다. 의분에 대립되는 것들에 대한 《니

---

46 《니코마코스 윤리학》 2권(B) 7장, 3권(Γ) 5장 1115a 4-4권(Δ).
47 용기와 절제가 먼저 다루어진다. 이는 그것들이 '비이성적인 부분들의'(3권 10장 1117b 23) 탁월성들이기 때문이다.
48 《에우데모스 윤리학》 3권(Γ) 7장.

코마코스 윤리학》의 설명은[49] 심각하게 혼란스럽고, 이 '감정의 중용'은 4권(Δ)에 전혀 나오지 않는다.

《니코마코스 윤리학》의 이 부분은 아리스토텔레스 당대의 교양 있는 그리스인들이 찬탄하거나 싫어했던 성질들에 대한 생생한 설명으로서 가끔은 재미가 있다. 여기에서 그가 택한 방법은 플라톤이 따른 것과 정반대다. 플라톤은 (《국가》에서) 당대에 인정된 네 가지 주요 탁월성들[4主德] —지혜, 용기, 절제, 정의— 을 들고, 이것들을 너무나도 넓게 해석하여 각각의 것이 다른 것들과 겹치는 위험에 빠져 있고, 그것들 중 둘 —지혜와 정의— 은 탁월성 전체와 거의 동일시되는 경향이 있다. 아리스토텔레스에서는 몇 가지 탁월성의 영역들이 엄격하게 좁혀지고, 그 덕분에 우리는 아리스토텔레스 이후 수 세기에 걸쳐 그것들과 함께 이루어진 도덕적인 이상들의 확장과 탈세속화를 더욱더 잘 평가할 수 있다. 그는 감정들이나 행위들을 남김없이 논리적으로 구분하려는 시도를 결코 하지 않았다. 순서는 되는 대로다. 주요 탁월성들 중 두 가지가 먼저 상당히 자세하게 다루어진다(다른 둘은 5권과 6권에서 다루도록 남겨 둔다). 다른 탁월성들은, 그가 논의를 전개할 때 분명하게 하나가 다른 하나를 암시하며, 아리스토텔레스의 머릿속에 떠오를 때 즉각적으로 화제가 된다. 탁월성들을 기술하는 곳에서 두 가지 점이 특별히 주목되어야 한다. (1) 그것이 중용 이론을 조명하는 점, (2) 도덕과 무관한 요소들의 침투. '통이 큼', 자존(megalopsychia), 재치에 관한 설명은 두 번째의 점에 대한 최상의 증거를 제공한다. 예를 들어, 통이 큼은 주로 심미적인 좋은 취향의 문제인 것으로 드러난다. 이러한 점들은 우리가 용기, 절제, 자존에 관한 설명을 다룰 때 충분하게 예시될 것이다.

---

49 《니코마코스 윤리학》 2권(B) 7장 1108a 30-b 6.

감 정	행 위		과 도	중 용	부 족
두려움			비 겁	용 기	(이름 없음)
대담함			무 모	용 기	비 겁
촉각의 즐거움들 (이러한 즐거움들을 욕구함으로써 일어나는 고통)			무절제	절 제	무 감
	돈을 줌		낭 비	후 함	인 색
	돈을 받음		인 색	후 함	낭 비
	대규모로 돈을 줌		멋없음	통이 큼	좀스러움
	대규모의 명예욕		허 영	자 존	비 굴
	소규모의 명예 추구		명예욕	(이름 없음)	명예욕 없음
노여움			성마름	온 화	화낼 줄 모름
사 교	자신에 관해 진실을 말함		허 풍	진실함	자기비하
	즐거움을 줌	놀 때	저급 익살	재 치	촌스러움
		평상시	아 첨	친 절	부루퉁함
감정의 중간 상태					
부끄러움			숫기 없음	부끄러워할 줄 앎	파렴치
타인의 행불행에 대한 고통			질 투	의 분	심 술

(1) 용기. 모든 악들은 당연히 두려운 것들이다. 그러나 (나쁜 평판처럼) 어떤 것들은 두려워하는 것이 옳다. 그러한 두려움을 통제하는 것은 분명히 고유한 의미의 용기는 아니다. (가난, 질병, 가족에 대한 무례, 질투와 같은) 여타의 것들은 아마도 두려워하지 않아도 될 것이다. 그러한 두려움에 대한 통제는 엄밀한 의미의 용기가 아니다. 용기는 모든 악들 중에서 가장 끔찍한 것에, 즉 죽음에 관계되어야 한다. 그러나 그것은 모든 상황,

예를 들어 바다에서의 상황이나 병든 상황에서의 죽음이 아니라, 가장 고귀한 상황, 즉 전쟁에서의 죽음에 관계되어야 한다. 용감한 사람은 고귀한 죽음을 두려워하지 않는다. 그는 사실상 바다에서나 병든 상황에서도 용감할 것이지만, 그런 상황들에서는 행동의 여지라든가 죽음의 고귀함이 없다.[50]

용감한 사람은 두려움을 느끼지만 그것을 제어하려 한다. 그는 "마땅히 해야 할 방식으로, 그리고 이성의 규칙이 명하는 대로, 탁월성의 목적인 고귀한 것을 위해(tou kalou heneka)" 위험에 맞설 것이다.[51] 방금 인용한 것의 그리스어 표현에는 애매함이 있다. 그것은 '행위는 위험에 맞설 때에 그 자체로 고귀하다'를 뜻할 수도 있고, '도달해야 할 고귀한 목적을 위해'를 뜻할 수도 있다. 행위를 자기 자신과 다른 어떤 목적을 겨냥하는 것으로 —결국 인간의 목적인 이론적인 삶을 겨냥하는 것으로— 보는 아리스토텔레스의 견해와 도덕적인 선택을 목적에 이르는 수단을 선택하는 것으로 보는 그의 설명은 뒤의 방식으로 말할 것을 요구한다. 그러나 그 구절은 여러 번에 걸쳐[52] 앞의 방식으로 설명되어 있지, 결코 뒤의 방식으로 설명되어 있지 않다. 그는 어디에서도 도달해야 할 최상의 목적으로부터 어떠한 한 가지 탁월성의 필연성을 끌어내려고 시도하지 않는다. 그는 행위자를 좋은 행위 자체의 '고상함'에 대한 관조에 의해 행동으로 움직이는 사람으로 다룬다. 이렇게 해서 그는 상세한 논의를 펼칠 때에는 직관주의자가 된다. 형식적인 이론은 현실성이 없다. 그리고 아리스토텔레스가 여러 가지 덕목의 사실들에 직면해서는 그런 이론이 부적합하다고 느

---

50 《니코마코스 윤리학》 3권(Γ) 6장.
51 《니코마코스 윤리학》 3권(Γ) 7장.
52 《니코마코스 윤리학》 3권(Γ) 7장 1116a 11, 15, 8장 1116b 3, 1117a 17, 9장 1117b 9.

껐을 것이라는 인상이 우리에게 남는다.

아리스토텔레스는 계속해서 고유한 의미의 도덕적인 용기 외에 다섯 가지의 용기가 있다고 말한다. (a) 시민적인 용기가 있다. 이 용기는 법률이 용기에 부여하는 명예를 얻고, 비겁에 부여하는 불명예를 피하고자 위험에 맞서는 용기이다. 이것은 진정한 용기와 가장 비슷하다. 그것의 동기가 고귀한 것, 즉 명예이기 때문이다. 시민적인 용기의 낮은 단계의 형태는 처벌이 두려운 동기를 가진 용기이다. (b) 경험상의 용기가 있다. 이것은 직업군인들이 보여 주는 용기이다. 그들은 경험에서 우러난 자신감을 잃을 경우 앞서 기술한 시민보다 더 비겁함을 보이기 쉽다. (c) 분노나 고통에 의해 분발된 용기가 있다. 이것은 짐승들이 보여 주는 것과 유사하다. 이것은 '가장 자연적인' 종류의 용기이다. 숙고된 선택과 올바른 목적이 더해지면 그것은 고유한 의미의 용기로 발전한다. (d) 낙천적인 기질의 용기가 있다. 일단 희망이 꺾이면, 그러한 용기는 올바른 동기를 갖고 있지 않기 때문에 곧바로 사라진다. (e) 무지의 용기가 있다. 이것은 앞의 것보다도 덜 지속된다.[53]

용기는 두려움의 감정뿐만 아니라 대담함의 감정에 대해서도 고유한 태도이지만, 그것은 두려움을 일으키는 상황에서 가장 두드러지게 나타난다. 그것은 본질적으로 고통스러운 것에 맞서는 것이다. 그것의 끝은 정말로 즐겁지만, 그것에 수반되는 고통에 의해 가려진다. 실제로, 탁월한 활동들은 일반적으로 그 목적이 성취될 때에만 즐겁다는 점을 아리스토텔레스는 인정한다.[54] 1권(A)에서 잘 삶에 관한 설명이 너무 쉽게 받아들인 것과 같은 그런 예정된 조화는 탁월한 활동과 즐거움 간에는 없다.

---

53 《니코마코스 윤리학》 3권(Γ) 8장.
54 《니코마코스 윤리학》 3권(Γ) 9장.

이러한 설명을 살펴보면서 우리에게 제일 먼저 떠오르는 것은 아마도 용기를 비겁과 무모에 대립시키는 것이 자연스럽지 못하다는 점일 것이다. 용기에 대립되는 것은 비겁이고, 무모에 대립되는 것은 신중이다. 우리는 무모와 신중 간에는 도덕적인 차이가 아니라 지적인 차이가 있다고 생각하고 싶을지도 모른다. 그리고 아리스토텔레스가 지적인 결함을 마치 그것이 —다른 쪽으로 비겁이 용기에 관련되어 있듯이 한쪽으로 용기에 관련되어 있는— 도덕적 열등성인 양 표현함으로써 그의 중용 이론을 보강하려고 시도하고 있다고 생각하고 싶을지도 모른다. 그리고 일반적으로, 우리는 탁월성과 열등성에 관한 3개 1조의 틀이 잘못된 것이라고 말할 수 있을 것이다. 단 하나의 열등성이 각각의 탁월성에 대립된다. 무절제가 절제에, 좀스러움이 후함에, 자존의 부족이 적절한 긍지에, 나쁜 기질이 좋은 기질에, 부정이 정의에 대립된다. 탁월성과 열등성 간의 구분이 갖는 본질이 그럴 수밖에 없지 않은가? 열등성은 자연적인 본능에 수동적으로 복종하는 것이고, 탁월성은 의무감이나 다른 어떤 높은 동기 —아리스토텔레스의 말대로, 이성이 깨달은 규칙— 에 의해 본능을 통제하는 것이다. 이러한 통제가 너무 적을 수는 있어도 너무 많을 수는 없다. 하지만 아리스토텔레스의 견해에는 이런 비판이 고려하는 것보다 더 많은 것이 들어 있다. 그는 그다지 표현은 잘하지 못했지만, 여하튼 많은 경우들에서 자극에 대한 자연적인 반응이 대립되는 것들의 쌍들로서 진행한다는 점을 보았다. 위험을 피하려는 경향만 있는 것이 아니라 위험 속으로 뛰어들려는 경향도 있다. 이것은 앞의 경향보다는 흔하지 않지만 존재하고, '고귀한 것을 위해서' 그것 못지않게 억눌러야 할 경향이다. 한 병사가 두려움의 노예가 되어서는 안 되듯 다른 병사는, 누군가가 그런 경향을 일컬었듯이,[55] '사기(士氣)의' 노예가 되어서도 안 된다. 둘이 똑같이 규칙을 따라야 한다. 아리스토텔레스의 3개 1조를 우리는 하나의 2개

1조가 아니라 두 개의 2개 1조로 대체해야 한다. 그것은 다음과 같이 표현될 수 있다.

감 정	탁월성	열등성
두려움	용 기	비 겁
위험을 좋아함	신 중	무 모

돈에 관련해서도 이와 비슷하게 말할 수 있다.

감 정	탁월성	열등성
모으려는 본능	후 함	좀스러움
쓰려는 본능	검 소	낭 비

외적으로, 탁월한 행위는 극단들 사이에 있는 중용이지만, 양극단을 피할 때 다른 충동들이 극복되어야 한다. 그리고 내적으로, 용기는 신중과 사뭇 다르고, 후함은 검소와 사뭇 다른 것이다. 우리에게 이런 분석을 다른 경우들에 적용할 여유는 없지만, 몇 가지 경우들에서는 확실하게 그것이 적용될 수 있다.

용기에 관한 설명에서 또 한 가지 주목해야 할 점은 그것의 영역이 극히 좁다는 것이다. 아리스토텔레스는 그 말의 넓은 의미를 언급한다. 여기에서 그것은 예를 들어 치욕스러움이나 부의 상실을 두려워하지 않는 사람에게 적용된다. 그러나 그는 이것을 본래적인 의미의 용기가 아니라고 배척한다.[56] 하지만 그가 용기로써 물리적인 용기만을 의미한다고 말

---

55 J. L. Stocks, The Test of Experience, in *Mind* 28(1919), 79-81쪽.

하는 것은 잘못일 테다. 순수하게 본능적인 용기는 진정한 용기가 발전되어 나올 수 있는 싹에 지나지 않는 것으로서 기술된다. 왜냐하면 그것의 발전을 위해서는 진정한 동기가 더해져야 하기 때문이다. 우리는 위험을 좋아하기 때문에 그것에 맞서는 것이 아니라 그렇게 하는 것이 고귀하기 때문에 그것에 맞선다. '물리적인'이란 말의 다른 의미에서, 물리적인 용기는 그가 유일하게 인정하는 종류의 용기이다. 우리가 통제해야할 두려움은 물리적인 악에 대한 두려움이고, 엄밀히 말해 그것은 전쟁에서의 죽음에 대한 두려움일 뿐이다. 선원이나 탐험가의 용기는 배제된다. 물론, 이런 배제는 정당화될 수 없다. 하지만, 만일 우리가 이들의 용기가 군인처럼 조국을 위해 죽음에 맞서지는 않는다는 점을 기억한다면 그것을 납득할 수 있다. 아리스토텔레스에서, 도달해야 할 목적의 위대함, 즉 조국의 안전 때문에 군인의 죽음은 유일하게 고귀하다. 아리스토텔레스는 이 목적을 명시적으로 언급하지는 않지만 그것을 행위의 고귀함 속에다 융합한다.

(2) 절제. 이 탁월성의 영역도 마찬가지로 좁혀져 있다. 절제는 즐거움, 고통과 관계된 것으로 말해지지만 실제로는 앞의 것에 한정되어 있다. 정신적인 즐거움이 먼저 배제된다. 그런 즐거움의 노예인 사람들에 대해서는 '무절제'와는 다른 이름들이 있다. 시각, 청각, 후각의 즐거움들도 배제된다. 절제는 사람뿐만 아니라 하등의 동물들도 직접 즐기는 감각들, 즉 촉각과 미각에만 관계한다. 거기에 촉각과 미각의 모든 즐거움들이 포함되는 것도 아니고, 가장 순수하게 동물적인 즐거움, 즉 먹고 마시는 즐거움과 성교의 즐거움만이 포함된다.[57] 절제가 관계하는 고통들

56 《니코마코스 윤리학》 3권(Γ) 6장 1115a 14-24.
57 《니코마코스 윤리학》 3권(Γ) 10장.

은 그러한 즐거움들에 대한 욕구가 충족되지 못하는 데에 기인하는 고통들뿐이다.[58]

절제의 개념이 지나치게 좁다는 것 말고도 여기에서 주목해야 할 중요한 점은 중용 이론의 붕괴이다. 결함의 **열등성**은 이름을 갖지 않고, 실제로 거의 존재하지 않는다고 인정된다. 자제에 대립될 수 있는 것은 자제의 결핍뿐이고, 이 경우 하나의 본능만이, 즉 관련된 즐거움들을 붙잡으려는 본능만이 통제된다. 여기에 어떤 결함의 **열등성**도 없다. 그 '결함'은 단지 비난할 수 없는 타고난 무감이든지, 아니면 본능의 노예가 되지 않고, 아마도 '올바른 규칙'은 아니겠지만 어떤 규칙에 본능을 복종하게 하는 금욕일 것이다.

(3) '마음이 큼' 또는 우리가 부르듯, 적절한 긍지 또는 자존은 탁월성들의 목록에서 특별한 자리를 차지한다. 마음이 큰 사람은 자신의 진가와 요구가 똑같이 큰 사람이다. 이 탁월성은 따라서 다른 탁월성들을 전제하고, 이것들의 가치를 높인다. 그것은 '탁월성들의 화관과 같은 것'이다. 마음이 큰 사람이 관심을 갖는 것은 명예이지만, 커다란 명예조차도, 그리고 뛰어난 사람들이 주는 명예조차도 기껏해야 자신에게 합당한 것을 그가 얻고 있을 뿐이기 때문에 그에게 적절한 즐거움만 줄 것이다. 그래도 그는 그 명예들을 자신의 동료 시민들이 줄 수 있는 최고의 것으로서 받아들일 것이다. 그는 보통 사람들이 주는 명예를 얕볼 것이다. 그리고 불명예도 마찬가지다. 만일 그가 좋은 집안에서 태어났거나 권력이나 부를 가졌다면, 이러한 점들은 자신의 가치에 대한 이해를 증진한다. 그는 위험을 좋아하지 않지만, 살아남는 것만이 전적으로 가치가 있는 것은 아니라고 생각하기에 큰 위험에 처해서는 자신의 목숨을 아끼지 않을 것

---

58 《니코마코스 윤리학》 3권(Γ) 11장 1118b 28-1119a 5.

이다. 그는 은혜를 잘 베풀지만, 은혜를 입어 자신이 열등한 사람의 대열에 끼는 것을 부끄러워한다. 그는 친구가 베푼 은혜에 더 큰 은혜로 보답하여 친구를 은혜 입은 자로 만든다. 그는 자기가 은혜를 베푼 사람들은 기억하지만, 자신에게 은혜를 베푼 사람들은 잊는다. 자기가 베푼 은혜가 기억되길 좋아하지만, 자신이 받은 은혜가 기억되는 것은 좋아하지 않는다. 다른 사람들에게 그가 요구하는 것은 작지만, 남을 도울 채비는 크다. 고위 계층의 사람들에게는 의기양양하게 대하고, 중간 계층의 사람들에게는 정중하게 대한다. 그는 명예를 얻을 수 있는 곳이나 다른 사람들이 앞장서 있는 곳으로 돌진하지 않는다. 크게 해낼 일이 있는 곳이 아니라면 그의 행동은 느리다. 그는 솔직하게 사랑하거나 미워하고, 솔직하게 말하고 행동한다. 친구 말고는 다른 사람의 의지에 따라 살려 하지 않는다. 쉽게 감탄하지 않는다. 나쁜 일을 오래 기억하려 하지 않는다. 남의 이야기를 하지도 않고 험담하지도 않는다. 사소한 일들에 몹시 슬퍼하지 않는다. 쓸모없어도 아름다운 것들을 더 갖고자 한다. 걸음은 느리고, 목소리는 깊고, 말투는 침착하다.[59]

여기에 묘사된 특징들 중에는 감탄할 만한 것들도 있지만, 전체적으로 이 그림은 호감을 주지 못한다. 그것은 의무라는 이상 앞에서 겸손함이 없는 스토아적인 현자의 선구이다. 우리가 그렇게 행동하는 사람은 우선 가능한 최고의 진가들을 소유할 것으로 기대된다는 점을 기억한다면, 그 그림이 지닌 공격성은 누그러지긴 해도 제거되지는 않는다. 우리가 이 탁월성에 관한 설명이 다른 탁월성들에 관한 설명과 달리 반어적인 것이라거나, 아니면 대중적인 견해를 설명해 놓은 것일 뿐이라고 생각하는 것도 공정할 수 없다. 그 구절은 아리스토텔레스 윤리학의 잘못된 측면인 자기

59 《니코마코스 윤리학》 4권(Δ) 3장.

도취를 다소 적나라하게 드러낼 뿐이다.

{ ## 정 의 }

플라톤의 네 가지 주요 탁월성 중 정의와 지혜에 관한 논의가 남았다. 정의에 관한 논의는 5권(E)에 있다.[60] 아리스토텔레스는 먼저 그 말의 두 가지 의미를 인정한다.[61] '정의로운 것'은 (1) 합법적인 것이나, (2) 공정하고 공평한 것을 의미할 수 있다. 이것들은 각각 '보편적인' 정의와 '특수한' 정의이다. 첫 번째 의미는 우리가 '정의로운 것'이란 말에 자연스럽게 부여하는 의미는 아니다. 이 점은 원래 dikaios가 일반적으로 '관습이나 규칙(dikē)을 준수하는 사람'을 의미했다는 사실에 의해 부분적으로 설명될 수 있다.[62] 그 후 그리스어에서 정의는 올바름의 전체와 동일시되는 경향이 있다.[63] 특히, adikein은 아테네 법에서 법을 어기는 것을 표현하기 위해 쓰인 단어였다. 민사소송에서 피고는 한 개인에게 해를 끼친 죄로 고소당하지만, 형사소송에서 죄인은 도시국가에 해를 끼친 죄로 고소당한다. 아리스토텔레스는 법이 인간 삶의 전 영역을 통제해야 하고, 정말로 도덕성이 아니라 —왜냐하면 이것은 사람들이 '고귀한 것을 위해' 행

---

60 아리스토텔레스의 정의에 관한 논의와 그리스 관례와의 연관에 대해서는 P. Vinogradoff, *Outlines of Historical Jurisprudence: The Jurisprudence of the Greek City*, Oxford 1922, 43-71쪽 참조.

61 《니코마코스 윤리학》 5권(E) 1장.

62 호메로스의 《오뒤세이아》 3권 52행 참조. 여기에서, 페이시스트라토스는 포도주 잔을 먼저 아테네 여신에게 건네기 때문에 '올바른' 사람으로 표현된다. 호메로스에서 이런 용례는 빈번하다.

63 《니코마코스 윤리학》 5권(E) 1장 1129b 29에 인용된 '정의 안에는 모든 탁월성이 떼 지어 들어 있다'는 속담 참조.

동하는 것을 보장해 줄 수 없기 때문이다ー 모든 탁월성들에 적합한 행위들을 강요해야 한다고 생각한다. 만일 특정 국가의 법이 이러한 것을 부분적으로만 실행하고 있다면, 그것은 법이 갖춰야 할 모습이 거칠고 쉽게 흐릿해진 결과일 뿐이다.[64] 이런 의미에서의 정의, 즉 법에 복종한다는 의미는 이렇게 탁월성과 외연이 같아지지만, 두 용어의 의미는 같지 않다. '정의'라는 말은, 모든 도덕적 탁월성에 포함되어 있으면서도, '탁월성'이란 말이 주목을 끌지 못하는 사회적인 성격에 관계한다.

그러나 그의 관심은 주로 '특수한 정의'에 있다. 이런 의미에서 '정의롭지 못한' 사람은, 그 자체로 좋지만 특정 개인에게 항상 좋지는 않은 것들, 즉 부나 명예와 같은 외적인 선(善)들을 제 몫 이상으로 갖는 사람이다. 전쟁터에서 도망치는 사람이나 화를 내는 사람은 넓은 의미에서 부정의한 사람이라고 말할 수 있지만, 욕심부리는 사람이라고 말할 수는 없다. 욕심부림은 다른 열등성들과 구별되어야 할 특수한 열등성이고, 이 열등성에 '부정의'라는 이름이 특별히 할당된다. 특수한 정의는 두 가지, 즉 시민들에게 명예와 부를 분배할 때 성립하는 정의와, 사람들 간의 관계에서 성립하는 시정적(是正的) 정의로 나뉜다.[65] 뒤늦게 생각한 세 번째 종류뿐만 아니라, 이 두 가지 정의에서 아리스토텔레스는 정의는 일종의 analogia[아날로기아](이 말은 주로 '비례'를 뜻하고 그 밖에 일정한 수적 관계들을 포함한다)의[66] 확립이라는 점을 보여 주고, 이와 더불어 세 종류의 정의

---

64 아리스토텔레스는 탁월성의 산출을 위해 특히 법이 정한 교육에 기댄다. 《니코마코스 윤리학》 5권(E) 2장 1130b 25.

65 《니코마코스 윤리학》 5권(E) 2장.

66 원래 그리스인들은 세 가지 중항(mesotētes), 즉 산술 중항, 기하 중항, 조화 중항을 인정하고, 한 가지 아날로기아, 즉 기하학적 아날로기아만을 인정한 것으로 보인다. 나중에, 그들은 아날로기아를 세 가지 경우 모두에 적용했다. T. L. Heath, *The Thirteen Books of Euclid's Elements*, Cambridge 1926, 2권 292쪽 참조.

는 플라톤이 말한 것처럼[67] 항상 비례만을 뜻하지도 않고, 피타고라스학파 사람들이 말한 것처럼 항상 호혜만을 뜻하지도 않는 서로 다른 종류의 아날로기아를 확립한다는 점을 보여 주는 것을 목표로 삼는다.

분배적 정의는 두 명의 사람과 두 가지 사물에 관계한다. 그것의 과제는 분배될 특정의 선(善)이 주어졌을 때 A와 B 사이에서 그걸 나누어야 한다면 이 두 사람이 갖는 자질의 비율과 같은 C : D의 비율로 나누는 일이다. 그러나 자질은 국가마다 다르게 평가된다. 민주정에서는 자유가 기준이고 모든 자유민들은 동등하게 생각된다. 과두정에서 기준은 부나 좋은 혈통이고, 귀족정에서는 탁월성이다. 그런데

$$A : B = C : D라면,$$
$$A : C = B : D이고, 따라서$$
$$A + C : B + D = A : B이다.$$

즉, A에게 C를 주고, B에게 D를 준다면, 양쪽의 상대적인 형편은 분배하기 전과 같고, 정의가 실행될 것이다. 이렇듯, 정의는 A에게 제 몫보다 많은 것을 주는 것과 B에게 제 몫보다 많은 것을 주는 것 사이에 있는 중간이다.[68]

분배적 정의에 관한 설명은 다소 우리 귀에 익지 않다. 우리에게는 국가가 시민들에게 부를 분배한다고 생각하는 버릇이 없다. 오히려 우리는 국가가 세금 부과의 형태로 부담을 분배한다고 생각한다. 그러나 그리스

---

67 《고르기아스》 508a, 《법률》 757a, b.
68 《니코마코스 윤리학》 5권(E) 3장.

에서 시민은 자신을 납세자로 생각하기보다는 국가의 주주로 생각했다고 사람들은 말한다.[69] 그리고 공공 재산, 예를 들어 새로운 식민지의 토지를 그들은 드물지 않게 나눠 가졌고, 가난한 사람들에 대한 공공 지원도 인정되었다. 아리스토텔레스도 동업자들 사이에서 사업에 투자한 것에 비례하여 이루어지는 이익 분배를 염두에 둔 것으로 보인다.[70] 유산 분할에서도 그의 원칙이 똑같이 적용될 것이다. 아리스토텔레스에서 명예의 분배는 자유민 신분, 부, 좋은 혈통 또는 탁월성이 기준이 되어야 한다는 특별한 상태에 관한 기초 '가설'에 맞게 공직을 분배함을 뜻한다. 이러한 착안은 《정치학》에서 비중 있는 역할을 한다.[71]

시정적 정의는 (1) 물건을 팔고 빌려주는 것과 같은 자발적인 거래에서 성립하는 것과, (2) 사기를 수반하거나 강탈, 폭행과 같은 폭력을 수반하는 비자발적인 거래에서 성립하는 것으로 세분된다. 자발적인 거래와 비자발적인 거래의 차이는 앞의 경우에 '거래의 시작이 자발적'이라는 점, 즉 나중에 해를 입은 사람이 애초에 자발적인 계약에 들어갔다는 점에 있다. 부정의의 두 종류는 계약 파기와 범죄나 불법 행위 간의 차이에 부합한다. 두 경우에서 위해는 개인에게 가해진 것으로 간주되고, 재판관의 목적은 처벌이 아니라 시정이다. 아리스토텔레스가 언급하는 '비자발적인 거래들'은 사실 대부분 범죄 행위들이기도 하다. 그래서 현대의 법체계에서는 보통 형사소추에 의해 다뤄질 것들이다. 그러나 그것들은 가끔 민법에서도 기소할 수 있고, 이 점에 비추어 볼 때 아리스토텔레스는 그리스의 관행에 따라 그것들을 고찰하고 있다.[72]

---

69 J. Burnet, *ad loc.*[해당 구절].
70 《니코마코스 윤리학》 5권(E) 4장 1131b 29.
71 《정치학》 3권(Γ) 9장, 5권(E) 1장.
72 범죄 행위로, 개인이 아니라 국가에 대한 위법 행위로 간주할 때, 그것들은 '특수한' 부정의

시정적 정의는 분배적 정의처럼 기하학적인 비례에 따라 작동하지 않고, '산술적인 비례'에 따라 작동한다. 아니, 우리는 여기에 비례가 아니라 등차수열이 관련되어 있다고 말해야 할 것이다. 두 개인 사이에 성립하는 공과의 비율을 확인하는 물음은 없다. 법은 좋은 사람이 나쁜 사람을 속였는지 아니면 그 반대인지 묻지 않고, 이들을 동등하게 다룬다. 법은 위해가 갖는 특별한 성격만을 보고, 여기에는 양쪽 사람의 상태와 행위의 자발성 또는 비자발성에 대한 참고가 포함된다.[73] 법은 신체적이거나 금전적인 손상뿐만 아니라 '도덕적인, 지적인 손실'을 고려한다. 양쪽은 각각 얻은 사람과 잃은 사람으로 간주된다. 여기에서 '얻었다'와 '잃었다'는 용어는 상업적인 거래에서 다른 거래들로 의미가 확장된다. 위해가 이루어진 다음에, A = B인 것으로 여길 때, 양쪽은 A + C, B - C인 상태에 있다. 재판관이 할 일은 A에서 C를 빼앗아 B에게 주는 것이다. 이렇게 함으로써 그는 각자를 이득과 손실의 입장 사이에 있는 산술 중항인 상태에 놓는다. 그리고 분배적 정의에서처럼, 양쪽의 상대적인 형편은(여기에서는 동등함의 상태이다) 보존된다. 왜냐하면 (A = B라고 할 때) A + C - C = B - C + C이기 때문이다.[74]

피타고라스학파 사람들은 정의를 '호혜'로, 즉 대해 준 만큼 대해 준다는 것, 바꿔 말하자면, '눈에는 눈, 이에는 이'로 규정하였다. 이런 간단한

가 아니라 '보편적인' 부정의의 사례가 될 것이다.

73 《니코마코스 윤리학》 5권(E) 4장 1132a 2와 5장 1132b 28 참조.
74 《니코마코스 윤리학》 5권(E) 4장. 나는 버넷(J. Burnet) 교수가 주장하고 그랜트(A. Grant)가 (망설이며) 주장한 견해, 즉 '시정적' 정의는 잘못된 거래를 바로잡는 것일 뿐만 아니라 올바른 거래를 하도록 통제한다는 견해를 수용할 수 없다. 그리고 물론 실제로 A는 그가 의도했던 것보다 더 많은 해를 B에게 입힐 수도 있고 더 적은 해를 입힐 수도 있지만, 그리고 (플라톤의 《법률》 767e, 843c-d, 862b, 915a뿐만 아니라) 그리스의 법은 어느 정도 이 점을 고려하고 있지만, 나는 아리스토텔레스가 A가 얻은 이득의 양과 B가 입은 손실의 양, 즉 A가 가한 가해의 양과 B가 입은 피해의 양을 구별한다고 생각하지도 않는다.

공식은 분배적 정의나 시정적 정의에 적용되지 않는다고 아리스토텔레스는 지적한다. 그것은, 우리가 그것을 '평등에 기초한 호혜'가 아니라 '비례에 따른 호혜'로 만든다면, 다른 종류의 정의 ―교환적 정의 또는 상업적 정의― 에 적용된다.[75] 국가를 결속하려면 호혜가 필요하다. 왜냐하면 국가는 서비스의 교환에 의해 결속되고, 사람들은 자신이 내준 만큼 얻지 못하면 교환하려 하지 않을 것이기 때문이다. 그러나 단순한 호혜로는, 하루의 일에 대한 하루의 일로는 충분하지 않다. 교환하는 당사자들의 가치가 다르기 때문이다. 그들과 그들의 생산물은 교환이 이루어지기 전에 동등하게 되어야 한다. 따라서 우리에게는 그들의 생산물의 가치를 평가해 줄 단위가 필요하다. 진정한 단위는 수요이다. 이것이 사람들을 결속한다. 그러나 B는 A의 생산물을 원하는데, A는 B의 생산물을 원하지 않을 수 있고, 원하는 시기가 맞지 않을 수도 있다. 이로부터 발생하는 교환 가치의 변동을 피하기 위해 화폐가 도입되었다. 이것은 '수요에 대한 관습적인 대체물'이고, '당신이 지금 교환할 때 어떤 것을 원하지 않는다면, 당신이 원할 때 그것을 얻을 수 있다는 보증'이다. 화폐 자체도 가치의 변동에 종속되어 있지만, 다른 재화들보다는 덜하다.[76] 만일 집 한 채의 값이 5므나이고, 침대 한 개의 값이 1므나라면, 우리는 집 한 채가 침대 다섯 개만큼의 가치가 있는 것을 안다. 그래서 만일 '교차-중계'가 그에 따라 이루어진다면, 즉 A(건축가)가 B(침대 제작자)로부터 D(다섯 개의 침대)

---

[75] '호혜적 비례'는 그리스 수학에서 기하학적 비례와 산술적 비례 외의 세 번째 종류로서 다뤄지지 않는다. 세 번째 종류는 '조화적 비례'이다. '호혜적 비례'(antipeponthai, [아리스토텔레스의] 〈역학적인 문제들〉 850a 39, 에우클레이데스의 《기하학 원론》 6권 14, 15, 11권 34 참조)는 기하학적 비례의 항들을 재배열하는 것을 함축할 뿐이다. 만일 A:B=C:D라면, A, B는 C, D와 기하학적 비례 속에 있고, A, D는 B, C와 호혜적 비례 속에 있다.
[76] 화폐가 지닌 다른 큰 장점인 휴대의 간편성은 《정치학》 1권(A) 9장 1257a 34에 지적되어 있다.

를 받고, B는 A로부터 C(집 한 채)를 받는다면, '비례적인 호혜'(즉, 양쪽의 기술과 그들의 생산물의 가치를 비교하여 고려한 호혜)가 있게 될 것이고, 교환은 공정할 것이다. 화폐가 (실제적으로) 물물교환을 시장에서 몰아내는 대신 그것을 촉진한다는 아리스토텔레스의 생각은 이상하다. 그러나 우리는 그가 경제학에서, 다른 많은 분야들에서처럼 거의 초기 작업자였다는 점을 기억해야 한다.[77] 그리고 이런 사실을 참작한다면, 이 장(章)은[78] 《정치학》의 몇몇 장들과 더불어[79] 그 주제에 현저한 공헌을 이루는 것으로 보이게 될 것이다.

아리스토텔레스가 정의롭게 행동한다고 기술하는 개인의 유형은 셋이 있다. (1) 명예와 보수를 분배할 때의 정치가, (2) 피해를 평가할 때의 재판관, (3) 공정한 가격으로 물건을 교환할 때의 농부 또는 제작자. 더 나아가, 계약의 파기와 불법 행위는 올바르지 못한 경우들이므로, 계약의 이행과 불법 행위의 억제는 정의로운 경우들이다. 아리스토텔레스는 꽤나 완벽하게 '올바른'과 '그릇된'이란 단어들이 적용될 수 있는 행위의 영역을 망라했다. 그러나 그는 다양한 유형들 사이에 존재하는 차이는 지적하지 않고 있다. 정치가와 재판관이 올바르게 행동하는지, 일반 시민이 계약을 이행하고 다른 사람의 권리를 침해하는 것을 억제하는지는 그 자신들의 의지에 달려 있다. 그들은 그릇된 행동을 하게 하는 다양한 유혹에 빠질 수 있고, 그들의 올바른 행동은 탁월하다고 할 만한 것이다. 그러나 상업적인 정의에서는 아리스토텔레스가 기술한 것과 같은 도덕적 탁월성이 없다. 여기에서 '정의'는 탁월성이 아니라 사람들의 요구에 의해

---

77 플라톤도 이 주제와 관련하여 주목할 만한 작업을 수행했다.
78 《니코마코스 윤리학》 5권(E) 5장 1132b 21-1133b 28.
79 《정치학》 1권(A) 8-11장.

경제라는 기계에 딸린 일종의 '조정 장치'이다. 이것은 교환 가격이 교환되는 물건들의 실제 가치로부터 멀리 요동치는 것을 막는다. 이런 차이를 느껴서, 아리스토텔레스는 상업적인 정의를 정의의 핵심 유형들 중 하나로 인정하지 않고, 그것을 단지 나중에 생각나 덧붙인 것으로서 끌어들였을지도 모른다.

아리스토텔레스는, 올바른 행동은 그릇되게 행동함과 그릇되게 취급당함의 중용이라는 점이 논의를 통해 분명해졌다고 말한다. 이는 이전의 논의와 일치하지 않는다. 정치가와 재판관은 올바르게 재화를 분배하거나 피해를 평가하면서, 그릇되게 취급당할 위험이 없다. 그리고 일반 시민은 정치가나 재판관의 그릇된 행위에 의해 재화를 너무 많이 또는 너무 적게 받을 수 있고, 이 점에서 그는 전혀 능동적이지 않고, 순전히 수동적이다. 여기에는 두 가지 관점이 혼동되어 있다. 너무 많음, 너무 적음과 올바른 행위 사이에서 실제로 선택하는 유일한 사람은 자신의 몫을 정확히 가져가거나 더 많이 가져가거나 더 적게 가져가기를 선택하는 사람이다. 그리고 세 번째의 길을 선택할 본능을 가진 이기적인 사람은 없다. 만일 그가 이 길을 받아들인다면, 그는 열등한 행위를 하지 않는다. 이렇게 해서, 정의를 중용으로 보이려는 시도는 실패한다. 아리스토텔레스는 정의는 다른 탁월성들과 같은 방식으로 중용이지 않고, 그것이 A가 너무 많이 갖는 상황과 B가 너무 적게 갖는 상황의 중간 상황을 산출한다는 의미에서만 중용이라는 점을 지적한다.[80]

아리스토텔레스는 나아가 두 가지 구분을 한다. 먼저, (1) 정치적 정의와 비-정치적 정의이다. 앞의 것은 자급자족을 위해 공동생활을 하는 자유롭고 동등한 개인들 간에, 즉 자유 국가의 시민들 간에 존재하는 정의

---

80 《니코마코스 윤리학》 5권(E) 5장 1133b 29-1134a 16.

이다. 그 밖의 유비적으로 정의라고 부를 만한 것이 있다. 이것은 주인과 노예, 부모와 자식 간에 존재한다. 이런 경우들에서 종속된 쪽은 어떤 의미에서 우월한 쪽의 일부분이다. 그들은 서로에 대해 감독할 수 있는 자유로운 개인들이 아니고, 완전한 의미에서의 정의는 그들 사이에 존재할 수 없다. 남편과 아내의 관계, 그리고 이들 사이에 존재할 수 있는 정의는 중간 종류의 것이다. 다시 말해, 시민들은 완전한 의미에서 권리를 가지고, 아내들은 이보다 덜한 정도로 권리를 가지고, 아이들과 노예는 가장 적게 갖는다.[81] (2) 두 번째 구분은 자연적 정의와 관습적 정의이다. 보편적으로 인정된 권리와 의무의 종류가 있지만, 이것들 위에 특정 국가의 법률에 의해 창출된 권리와 의무가 부가된다. 아리스토텔레스는, 모든 정의는 관습적이라는 소피스트들의 흔한 견해에 반대한다. 하지만 자연적인 정의조차도 그에 따르면 예외를 허용한다.[82]

아리스토텔레스의 논의는 이제 정의의 내적인 측면으로 나아간다. 정의는 단순히 중용이나 균형의 도달이 아니라 일정한 정신 상태를 전제한다. 이 상태는 숙고된 선택에 의해 일정한 방식으로 행위하려는 습성이다. 사람들이 결과적으로 중용에 도달하지 못한 모든 행위들에 대해 똑같이 책임을 지는 것은 아니다. (1) 무지의 상태에서 행위하고, 이성적으로 예상할 수 없었던 해를 끼칠 경우, 이것은 우연이다. (2) 무지의 상태에서 적의 없이 행위하고, 이성적으로 예상할 수도 있었던 해를 끼칠 경우, 이것은 실수다(우리의 법은 이것을 태만이라고 부른다). (3) 알고 있는 상태에서 신중하지 못하게, 예를 들어 화난 상태에서 행위할 경우 이 행위는 올바르지 못한 행위지만, 당신이 올바르지 못하다는 것을 함축하지 않는다.

---

81 《니코마코스 윤리학》 5권(E) 6장.
82 《니코마코스 윤리학》 5권(E) 7장.

(4) 신중하게 선택하여 행위하는 경우, 그 행위와 행위자 모두 올바르지 못하다.[83]

이런 구분들을 하면서 아리스토텔레스는 그리스 법정의 관행에 의해 어느 정도 안내받지만, 그가 의도하는 것은 철저히 법적인 것이 아니라 도덕적인 것이다. 하지만 그의 이론들은 법률학에 영향을 크게 미쳤다. 예를 들어, 관습법과 형평성 간의 구별은 바로 그 형태를 다양한 역사적인 사실들에 빚지고 있지만, 대체적으로 아리스토텔레스가 형평성을 법률적인 정의보다 우월한 정의의 일종으로, 법이 일반적이어서 결함이 있는 곳에서 이를 시정하는 것으로 인정한 점에서 유래한다.[84]

{ # 지적 탁월성 }

아리스토텔레스의 논의는 이제 도덕적 탁월성에서 지적 탁월성으로 옮겨 간다. 이것에 대한 연구는 다음과 같은 두 가지 이유에서 필요하다. (1) 탁월한 사람은 '옳은 규칙'에 따라 행위하는 사람으로 규정되었다.[85] 이 규칙의 틀을 만드는 것은 지성의 작용이므로, 우리는 이것의 본성을 살펴보아야 한다. (2) 잘 삶은 "탁월성에 따른 혼의 활동, 또는 탁월성이 여럿이라면 그중 가장 좋고 가장 완전한 것에 따른 혼의 활동"으로 규정

---

83 《니코마코스 윤리학》 5권(E) 8장.
84 《니코마코스 윤리학》 5권(E) 10장. 《연설술》 1권(A) 13장 1374a 26-b 22 참조. 형평성이 그리스의 사법 행정에서 차지한 큰 위치는 Sir P. Vinogradoff, *Outlines of Historical Jurisprudence: The Jurisprudence of the Greek City*, Oxford 1922, 63-69쪽에 잘 나타나 있다.
85 《니코마코스 윤리학》 2권(B) 2장 1103b 32 등.

되었다.[86] 행복이 무엇인지를 알려면, 우리는 도덕적 탁월성들뿐만 아니라 지적 탁월성들의 본성을 살펴보고, 어떤 탁월성이 두 종류의 탁월성들 모두에서 가장 좋은 것인지를 물어야 한다.

규칙들을 형식화하는 우리 내부의 요소 ―이성적인 요소― 는 다음과 같이 둘로 나뉜다. 먼저, (a) 학문적 능력이 있다. 이것으로써 우리는 사정에 따라 달라짐을 허용하지 않는 대상들을 관조한다(그것이 형식화하는 규칙들은 'S는 항상 M이고 M은 항상 P이기 때문에 S는 항상 P이다'라는 유형의 것들이라고 말할 수 있다). 그리고 (b) 계산하는 능력이 있다(이것은 나중에[87] 의견을 형성하는 능력이라 불린다). 이 능력으로써 우리는 사정에 따라 달라지는 것들을 연구한다. 그것의 규칙(실천 삼단논법)은 'A는 B에 이르는 수단이고 B는 목적이기 때문에 A를 해야 한다'라는 유형의 것이다. 여기에서 A와 B의 생성은 둘 다 사정에 따라 달라진다.[88] 그런데 혼 안에 있는 세 가지 주요 요소들 ―감각, 이성, 욕구― 중 감각은, 우리가 하등동물들이 감각을 갖지만 행위를 하지 않는다는 사실로부터 볼 수 있듯이, 결코 행위를 결정하지 않는다. 다른 두 요소는 각기 다른 방식으로 행위를 결정한다. 왜냐하면 우리가 보았듯이 도덕적 탁월성은 선택의 습성이었고, 선택은 숙고된 욕구, 다시 말해 목적에 대한 욕구와 이 목적에 이르기 위한 수단을 발견하는 이성(즉, 이성 중 '계산하는' 부분)을 포함한 것이었기 때문이다. 이성의 대상은 그것의 학문적인 형태에서는 진리이다. 이성의 대상은 그것의 계산적인 형태에서는 올바른 욕구에 대응하는 진리, 즉 올바른 욕구를 충족하는 수단에 관한 진리이다. 사유만은 아무것도 움직이

---

86 《니코마코스 윤리학》 1권(A) 7장 1098a 16.
87 《니코마코스 윤리학》 6권(Z) 5장 1140b 26, 13장 1144b 14.
88 《니코마코스 윤리학》 6권(Z) 1장.

지 못하고, 그렇게 어떤 목적으로 향한 사유만이 움직일 수 있다. 사람은 행위의 근원으로 여겨지는 것으로서, 욕구와 이성의 결합체이다. 진리는 두 가지 이성적인 부분들 모두의 목적이므로, 각 부분의 탁월성은 각 부분을 진리로 이끌어 주는 것이어야 한다.[89]

그런데 우리를 진리로 이끌어 주는 것에는 다섯 가지 마음 상태 ─학문, 기술, 실천적 지혜, 직관적 이성, 이론적 지혜[90]─ 가 있다. 그리고 그 이름들 자체는 그것들이 의심할 여지가 없는 것들임을 함축한다. (1) 학문은 (a) 필연적이고 영원한 것에 관계하고, (b) 가르침에 의해 전달될 수 있다. 가르침은 항상 알려진 것에서 출발하고, 귀납에 의해 또는 삼단논법에 의해 진행된다. 그러나 귀납은 학문적인 과정이 아니다. 그것은 으뜸 원리들을 제공하고, 이것들로부터 학문인 삼단논법의 과정이 진행된다. 학문은 "우리로 하여금 증명을 가능하게 해 주는 습성이다."[91]

(2) 사정에 따라 달라지는 것을 처리하면서 우리는 어떤 것을 하기 ─일정한 방식으로 활동하기─ 를 바라거나, 아니면 어떤 것을 만들기 ─그것을 산출하는 활동과 구별되는 어떤 것을 산출하기─ 를 바랄 수 있다. 기술은 "우리로 하여금 올바른 규칙의 도움을 받아 물건들을 만들어 내도록 해 주는 습성이다." 그것은 필연적이지도 자연에 따르지도 않은 것에 관계한다. 다시 말해, 그것은 필연적으로 B인 A들이나 일정한 내부 원리에 의해 B가 될 경향을 가진 A들에 관계하지 않고, 외부 행위자의 작용에 의해 B로 만들어질 수 있는 A들에 관계한다. 기술의 작품 자체는 '만듦'의 활동에 의해 기술 앞에 놓인 대상이다. 그리고 그것은 더 나아간 어떤

---

89 《니코마코스 윤리학》 6권(Z) 2장.
90 epistēmē, technē, phronēsis, nous, sophia.
91 《니코마코스 윤리학》 6권(Z) 3장.

것, 즉 그것의 사용을 위한 수단이자 궁극적으로는 그것 자체의 목적인 일정한 형태의 행위를(이것은 만듦의 행위에 대립된다) 위한 수단이다. 이렇게 해서 기술은 실천적 지혜에 종속된다.[92] 기술은 예술뿐만 아니라 실용적인 기술을 포함한다, 아리스토텔레스는 대개 뒤의 것을 염두에 두고 있다. 뒤의 경우에서 요구되는 기술 작품의 쓸모는 지적이거나 도덕적인 일정한 활동의 도구로서의 쓸모일 것이다. 앞의 경우에서 그것의 쓸모는 미적인 감상으로 추정할 수 있겠지만, 아리스토텔레스가 이것을 본질적인 목적으로서 생각했다는 뚜렷한 증거는 없다.

(3) 실천적 지혜는 어떻게 하면 특정한 것들이 만들어질 수 있는지 또는 건강과 체력 같은 특별한 상태가 산출될 수 있는지(이것들은 기술의 대상들이다)에 대해서가 아니라, '자신에게 좋은 것들'에 대해서, 즉 어떻게 하면 우리를 만족시킬 삶의 전반적인 상태가 생길 수 있는지에 대해서 잘 숙고할 수 있는 힘이다. 그것은 "사람들에게 좋고 나쁜 것들에 관련하여, 규칙의 도움을 받아 행동하는 쪽으로 향하는 참된 습성이다." 이렇게 해서 실천적으로 지혜로운 사람은 먼저, 무엇이 '인간에게 좋은' 것들인지 알아야 한다. 아리스토텔레스의 견해에 따르면, 그 사람은 아리스토텔레스 자신이 10권(K)에서 도달한 결론을, 즉 인간에게 가장 좋은 것은 관조의 삶이라는 점을 알아야 하고, 이것을 획득할 수 있게 해 줄 수단에 대하여 숙고해야 한다. 학문적인 습성이 아니라 바로 이 습성이 즐거움과 고통에 의해 나쁜 길로 빠지기 쉽다. 즐거움을, 그리고 고통의 회피를 삶의 목적으로 삼는 열등성은 '으뜸 원리', 즉 실천 삼단논법의 대전제를 파괴하고, 우리가 삶이 향해야 할 진정한 목적들을 알아보는 것을 방해한다.[93]

---

92 《니코마코스 윤리학》 6권(Z) 4장. 5장 1140a 25-28 참조.
93 《니코마코스 윤리학》 6권(Z) 5장.

(4) 직관적 이성에 의해 우리는 학문이 출발점으로 삼는 궁극적인 전제들을 파악한다. 그것은 으뜸 원리들을 '귀납'에 의해 파악한다. 이 귀납은 진정한 보편자에 관한 앎에 이르지 못하는 현대 논리학자들의 '완전한 귀납'으로 이해되어서도 안 되고, 개연적인 결론에 도달할 뿐인 그들의 '불완전한 귀납'으로 이해되어서도 안 된다. 그것은 정신으로 하여금 일정한 수의 특별 사례들을 경험한 후 그때 그리고 그 후 자명한 것으로 보이는 보편적인 진리를 파악하게 해 준다. 이런 의미의 귀납은 '직관적 이성'의 활동이다.[94]

(5) 이론적 지혜는 직관과 학문이 결합된 것으로서 가장 고상한 대상들 쪽으로 향해 있다. 그것은, 천체들 같은[95] 그것의 대상들이 좋음을 실천적 지혜의 대상으로 갖는 사람보다 우월한 만큼, 실천적 지혜보다 우월하다.[96] 천체들에 대한 언급은 '이론적 지혜'가 학문에 대립되는 말로서, 다른 구절들에서처럼[97] 철학에 대해서만 쓰이지 않고 있음을 보여 준다. 그것은 《형이상학》에서[98] 구분된 세 가지 '지혜'—형이상학, 수학, 자연학— 를 모두 포함하는 것 같다. 그러한 탐구 주제들에 대한 관조가, 우리가 10권(K)에서 보게 되듯이, 아리스토텔레스의 견해에 따르면 인간에게 이상적인 삶이다.

'실천적 지혜'는 정치학과 외연이 같지만, 본질은 같지 않다. 다시 말해, 동일한 지혜가 개인의 좋음[善]과 국가의 좋음을 확보하지만, 그것을 실

---

94 《니코마코스 윤리학》 6권(Z) 6장. 3장 1139b 27-31 참조. 《뒤 분석론》 2권(B) 19장 100a 3-17. 이 책의 82-87쪽 참조.
95 ex hōn kosmos synestēken[천체들로 우주는 구성되어 있다], 《니코마코스 윤리학》 6권 7장 1141b 1.
96 《니코마코스 윤리학》 6권(Z) 7장 1141a 9-b 8.
97 예를 들어, 《니코마코스 윤리학》 6권(Z) 8장 1142a 17.
98 《형이상학》 6권(E) 1장 1026a 13-23.

천적 지혜라고 부를 때에 우리는 그것을 앞의 것을 하는 것으로서 생각하고, 그것을 정치학이라고 부를 때에는 뒤의 것을 하는 것으로서 생각한다. 둘을 같은 것으로 본다면, 이로부터 《윤리학》(이것은 정치학에 관한 작품으로 기술된다)이란 저술이 본래적인 의미의 학문의 작품이 아니라 실천적 지혜의 작품이라는 점이 따른다. 아리스토텔레스는 실제로 일정 지점까지, 행복으로부터 이것의 적절한 산출을 위한 수단으로 거꾸로 움직이는 숙고된 분석을 수행한다. 그는 개인적인 상황들에 비추어 이러한 과정을 계속 수행하는 작업을 개인 행위자들에게 남겨 둔다. '실천적 지혜'는 개인의 좋음과 관련한 그것의 부분으로 —개인이 이것에만 정성을 들이면 제 자신의 복지를 획득할 것이라는 믿음하에— 좁혀져 내려가는 경향이 있었다고 아리스토텔레스는 우리에게 말한다. 그러나 이러한 경향은 잘못된 것이다. 왜냐하면 불완전한 국가에서는 최선의 개인적인 삶이 이루어질 수 없기 때문이다. 그리고 '정치학'은 그것의 실행적인 부분으로 좁혀져 내려갔지만, 이것도 똑같이 잘못된 것이다.[99] 구분의 일람표를 완성해 보면 다음의 표와 같다.

지금까지 실천적 지혜는 지각으로부터, 그리고 직관적 이성으로부터 날카롭게 구별되었지만, 이제 아리스토텔레스는 그것들을 한데 모으려는 경향을 보인다.[100] 실천적 지혜는 특수한 행위들에 관계하므로, 결론 없이 대전제를 아는 것보다는 대전제 없이 실천 삼단논법의 결론을 아는 것이 더 낫다.[101] 바꾸어 말하면, 아리스토텔레스는 숙고된 분석 과정을 통해 의해 옳은 것에 도달하지 않고서도 그것을 할 줄 아는 두 번째 종류

99 《니코마코스 윤리학》 6권(Z) 8장 1141b 23-1142a 11.
100 《니코마코스 윤리학》 6권(Z) 11장 1143a 25 참조.

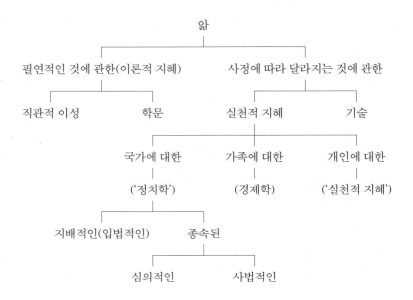

의 실천적 지혜를 인정한다 — 이것은 일반적인 원칙들을 형식화할 줄은 모르지만 삶에 일정한 경험을 가진 사람들한테 발견되는 세부 사항에 대한 지혜이다.[102] 그 결과, 실천적 지혜는 여전히 직관적 이성에 대립되어 있지만, 그것은 일종의 지각인 것으로 서술된다 — 여기에서 지각은 우리로 하여금 한 감각 능력에 의해서, 그리고 한 감각 능력에 의해서만 파악되는 성질들을 지각하게 해 주는 종류의 것이 아니고, 우리로 하여금 모양과 같은 공통 감각 성질들을 지각하게 해 주는 종류의 것은 더욱 아니다. 그것은 세 번째 종류의 것이다.[103] 지각의 본질적인 내용은 그것이 개별적인 사실을 파악한다는 점이다. 그리고 이런 넓은 의미에서, 추론하

---

101 《니코마코스 윤리학》 6권(Z) 7장 1141b 14-22.
102 《니코마코스 윤리학》 6권(Z) 8장 1142a 11-20, 11장 1143b 7-14.
103 《니코마코스 윤리학》 6권(Z) 8장 1142a 23-30. 2권(B) 9장 1109b 23, 4권(Δ) 5장 1126b 3 참조.

지 않는 직접적인 유형의 실천적 지혜는 일종의 지각이다. 모양이 모든 사람들에게 그렇듯, 좋음은 본데 있게 자란 사람들에게 일종의 공통된 감각 성질이다. 더 나아가, 직관적 이성은 일반적인 원칙들의 파악으로서 규정되었지만, 그것에 대한 가장 본질적인 내용은 그것이 추론적인 파악이 아니라 직접적인 파악이라는 점이다. 증명적[학문적] 삼단논법의 궁극적인 대전제뿐만 아니라 실천적 삼단논법의 궁극적인 소전제들도 추론에 의해 파악되지 않고, 마찬가지로 직관적 이성이라고 불릴 만한 지각에 의해 파악된다. 그러한 전제들은 나아가 '목적인의 출발점들'로서 기술된다. 왜냐하면 보편적인 것들은 특수한 것들에서 나오기 때문이다.[104] 여기에서 소전제와 결론이 혼동되고 있는 것처럼 보인다. 이것은 아마도 그것들이 모두 같은 주어를 가진 단칭 명제들이라는 사실에 기인할 것이다. 아리스토텔레스가 여기에서 말하고 있는 반성 이전의 단계에서는 특정 행위들의 옳음이 파악된다고 말하고, 이것으로부터 우리는 '이러저러한 종류의 행동이 좋다'라는 형태의 일반적인 원칙들을(이것들로부터 우리는 나중에 같은 유형에 속한 다른 개별적인 사례들의 옳음을 도출한다) 형식화하는 데로 나아간다고 말하는 것은 맞을 것이다. 이것은 순수하게 지적인 영역에서 일어나는 것과 유사할 것이다. 이 영역에서 보편적인 것들은 귀납에 의해 특수한 것들에서 나오고, 특수한 것들이 새로 이 보편적인 것들로부터 도출된다. 그러나 특수한 소전제들에 관한 앎은 일반적인 원칙들에 관한 앎으로 이어질 수 없다. 왜냐하면 그런 소전제는 '이러저러한 행위는 그러한 성질을 갖는다'라는 형태의 사실에 관한 서술일 뿐이고, 그 술어는 도덕적인 술어가 전혀 아니기 때문이다. 이와 같은 혼동의 흔적들이 (아리스토텔레스가 쓴 또는 어떤 사람이 나중에 끼워 놓은) 다른 곳에

---

104 《니코마코스 윤리학》 6권(Z) 11장 1143a 35-b 5.

도 있다.[105]

아리스토텔레스의 논의는 이제 이론적 지혜와 실천적 지혜의 유용성 문제로 향한다. 앞의 지혜는 잘 삶에 이르는 수단을 연구하지 않기 때문에 쓸모없는 것처럼 보일 수 있을 것이다. 뒤의 지혜는 좋은 사람이 실천적 지혜를 갖고 있든 그렇지 않든 그가 하게 될 행위들을 연구하기 때문에 쓸모없는 것처럼 보일 수 있을 것이다. 실천적 지혜의 목적이 우리에게 우리가 좋게 될 능력을 주는 것이라고 제시된다면, 그것은 이미 좋은 사람들에게는 쓸모가 없다. 그리고 아직 좋지 않은 사람들로 말하자면, 이들은 스스로 지혜롭게 되려고 노력하는 대신 의사의 진찰을 받듯 지혜로운 사람의 조언을 받을 수 있지 않겠는가? 이에 대한 답변은 다음과 같다. (1) 두 형태의 지혜는 모두, 단지 그것들이 지혜라는 이유로, 그것들이 산출하는 결과와 별개로 그 자체로 좋다. (2) 두 가지 지혜 모두, 행복의 작용인과 구별된 채로 행복의 형상인인 것으로서 행복을 산출한다. 지혜가, 아니 이보다 지혜의 발휘가 행복의 본질이다. 물론, 아리스토텔레스의 숙고된 견해에 따르면, 인간에게 목적은 이론적인 삶이다. 그는 여기에서 실천적 지혜의 삶도 그 목적의 일부라고 (덜 명료한 방식이지만) 말하고 있는 것으로 보인다.[106] (3) 실천적 지혜는 어떤 결과를 산출한다. 확실히 탁월성은 겨냥해야 할 옳은 목표를 우리가 선택하도록 만들지만, 실천적 지혜는 옳은 수단을 우리가 선택하도록 만든다. 하지만, 실천적 지혜는 탁월성과 독립적으로 존재할 수 없다. 목적에 이르는 힘은, 이 목적이 좋든 나쁘든, 실천적 지혜가 아니라 영리함이다. 옳은 목적이 겨냥되

---

105 예를 들어, 《니코마코스 윤리학》 6권(Z) 7장 1141b 20에 있다. 8장 1142a 23-30에도 있는 것으로 보인다.
106 《니코마코스 윤리학》 6권(Z) 12장 1144a 3-5.

고 있다고 한다면 ―그리고 탁월성만이 이것을 보장할 수 있다― 영리함
은 실천적 지혜가 된다. 그릇된 목적이 겨냥되고 있다고 한다면, 그것은
영리한 부정(不正)이 될 뿐이다.[107] 실천적 지혜가 도덕적 탁월성을 함축
하듯이, 본래적인 의미의 도덕적 탁월성은 실천적 지혜를 함축한다. 우리
는 정말로 자연적인 탁월성에서, 예를 들어 올바르게 또는 절제 있게 행
동하는 습성에서 출발할 수 있지만, 만일 그것에 행위들이 가질 법한 결
과들에 관한 앎이 수반되지 않는다면, 그것은 결코 본래적인 의미의 도덕
적 탁월성이 되지 않고 무익한 것으로 남으며 (의도적으로 남을 괴롭히는 사
람의 경우처럼) 해가 될 수도 있다. 이렇듯, 실천적 지혜가 없어도 탁월성
이 완전할 수 있다는 주장은 그 둘이 서로 의존하고 있다는 점을 보지 못
함으로써 생겨난 잘못된 주장이라는 것을 볼 수 있다.

　아리스토텔레스는 이제 두 가지 난처한 물음에 대해 자신의 입장을 말
할 수 있게 된다. (1) 탁월성은, 일정한 종류의 지혜 즉 실천적 지혜를 함
축하긴 해도, 소크라테스가 말한 것처럼 단순히 지혜가 아니다. 옳은 규칙
없이는 그것은 존재할 수 없지만, 옳은 규칙은 그것의 전체 내용이 아니
다. (2) 자연적 탁월성들은 서로 고립된 채로 존재할 수 있어도 도덕적 탁
월성들은 그럴 수 없다. 왜냐하면 어떠한 도덕적 탁월성이라도 그것은 실
천적 지혜를 함축하고, 실천적 지혜는 모든 도덕적 탁월성들을 함축하기
때문이다. 실천적 지혜는 어떤 사람이 자신의 본능적인 경향들을 ―어떤
경향들은 좋고 어떤 경향들은 나쁘다― 이것들이 일어나는 대로 따르지
않고, 자신의 전체 삶을 최고로 좋은 것 쪽으로 향하게 한다는 점을 함축
하기 때문에, 한쪽으로 치우친 도덕적인 발전과 양립할 수 없다.

　마지막으로, 도덕적인 지혜와 지적인 지혜의 관계가 간단하게 서술된

---

107 《니코마코스 윤리학》 6권(Z) 12장 1143b 18-1144b 1.

다. 실천적 지혜가 국가에서 어떤 연구들이 추구되어야 하는지를 결정한다는 점은 맞지만, 그렇게 하면서 그것은 이론적 지혜에 명령을 내리지 않고, 이것을 위해 명령을 내린다. 그것은 이론적 지혜보다 우월하지 않고 열등하다.[108]

6권(E)에서 제기된 —'무엇이 옳은 규칙인가?'라는— 물음에 대한 대답은 그 많은 말들 속에도 나와 있지 않지만, 아리스토텔레스의 대답은 이제 분명하다. 옳은 규칙은 실천적으로 지혜로운 사람의 숙고된 분석에 의해 도달되는 규칙이고, 인간 삶의 목적은 극단들의 중간에 있는 일정한 행동들에 의해 가장 잘 도달될 수 있다고 그에게 말해 주는 규칙이다. 그런 규칙에 대한 복종은 도덕적 탁월성이다.

{ 자제와 자제력 없음 }

아리스토텔레스는 7권(H)에서도 지성과 욕구의 관계를 다루지만, 그것은 다른 관점에서다. 세 등급의 나쁨 —자제력 없음(또는 의지의 허약), 열등성, 짐승 같음— 이 구별되고 이에 따라 세 등급의 좋음 —자제, 탁월성, '영웅적이고 신적인 탁월성'— 이 구별될 수 있다고 그는 말한다. 극단적 유형인 짐승 같음과 초인적인 탁월성(또 우리가 이것을 부르듯, 성인다움)에 대해서는 별다른 말이 없다. 뒤의 것은 아주 드물다. 앞의 것은 주로 야만인들 사이에서 발견되지만, 때로는 질병이나 신체 훼손에 의해 문명인들에서도 생겨난다. 그 이름은 때로는 일상적인 열등성이 지나친 경우

---

108 《니코마코스 윤리학》 6권(Z) 13장 1145a 6-11. 1권(A) 2장 1094a 28-b 2, 6권(E) 6장 1141a 20-22, 12장 1143b 33-35 참조.

에 적용된다.[109] 나중에[110] 짐승 같음의 유형은 병적임의 유형으로부터 뚜렷하게 구분된다. 초인적인 탁월성에 대한 말은 더 이상 없지만, 아리스토텔레스의 이론은 보다시피 '탁월성'보다 높은 어떤 것이 들어설 여지를 남겨 두지 않는다. (인간 수준의 탁월성들 중 하나인) 절제는 나쁜 요구들이 완전히 없음을 수반하는 것으로서 기술되고,[111] 이것을 넘어선 초인적인 탁월성이 들어설 여지는 없다.

아리스토텔레스의 관심은 주로 자제와 자제력 없음, 그리고 이것들과 유사한 일정한 상태들에 관한 논의에 있다. 그는 자제력 없음의 본질은 자신이 하는 일이 나쁘다는 것을 알면서도 격정 상태에서 행동하는 것이라고 주장한다. 맞는 말이다. 자제의 본질은 자신이 가진 욕망들이 나쁘다는 것을 알면서 '그 규칙'에 복종하여 그것들에 저항하는 것이다. 여기에 세 가지 핵심 문제가 나온다. (1) 자제력이 없는 사람은 알고도 행동하는가? 만일 그렇다면, 어떤 의미에서인가? (2) 자제력 없음의 영역은 무엇인가? 그것은 즐거움과 고통 일반인가, 아니면 어떤 특별한 종류인가? (3) 자제는 강인함과 같은가? 두 번째 물음은 본래적인 의미에서 자제력 없음의 영역은 무절제에 지정되었던 영역과 같다고 말함으로써 즉시[112] 간단하게 해결된다.[113] 하지만 무절제한 사람은 언제나 순간적인 즐거움을 추구해야 한다고 생각하며 선택을 통해 행동하지만, 자제력이 없는 사람은 그렇게 생각하지 않으면서도 그것을 추구한다는 점에서, 둘은 다르다.

109 《니코마코스 윤리학》 7권(H) 1장 1145a 15-b 20.
110 《니코마코스 윤리학》 7권(H) 5장 1148b 15-1149a 20.
111 《니코마코스 윤리학》 7권(H) 9장 1151b 34-1152a 3.
112 그러나 이 책의 377-78쪽 참조.
113 이 책의 350-51쪽 참조.

(1) 첫 번째 물음이 가장 중요한 물음이다. 우리가 앎이 아니라 믿음을 거슬러 행동할 수 있다는 주장은 즉각 폐기된다. 그것은 우리의 어려움을 해결하는 데에 도움을 주지 않을 것이다. 왜냐하면 믿음에도 앎처럼 큰 확신이 수반될 수 있기 때문이다. 아리스토텔레스의 해결은 다음과 같은 단계로 연속적으로 제시된다. (a) 잠재태와 현실태라는 친숙한 구별이 이루어진다. 만일 당신이 행위를 하는 순간에 옳음을 현실태로 [실제로] 알고 있다면 그릇된 행위를 하는 것이 불가능하겠지만, 마음속에 올바름에 관한 앎을 가지고만 있다면 그릇된 행위를 하는 것이 가능할 수 있다. 이것은 문제 해결에 진정으로 도움이 된다. 아리스토텔레스에게 그것의 결점은, 그의 이론에 따르면, 당신이 무엇을 해야 하는지를 아는 것과 관련되어 있는 앎의 다양한 항목들을 그것이 구별하지 않는다는 사실에 있다. 그의 논의는 이제 이 항목들로 나아간다. (b) 당신은 대전제를, 예를 들어 '마른 음식이 사람한테 좋다'라는 것을 현실태로 알고 있을 수 있다. 당신은 이것을 개인적으로 응용하게 해 주는 소전제를, 즉 '나는 사람이다'라는 것을, 그리고 아마도 더 나아가 '어떤 종류의 음식은 마른 것이다'와 같은 것을 현실태로 알고 있을 수 있다. 그러나 만일 당신이 마지막 소전제인 '이 음식은 그런 종류의 것이다'라는 것을 현실태로 알지 못한다면, 이 때문에 당신은 자제력 없이 행동할지도 모른다. 이 두 번째 해결책의 약점은 그것이 자제력 없음을, 소전제에 관한 무지에 의존하게 만든다는 점이다. 이 소전제는 도덕과 무관한 사실에 관한 서술이고, 그것을 모른다는 것은, 3권(Γ)의 이론에 따른다면,[114] 그 행위를 비자발적인 것으로 만들 것이다. 만일 자제력 없는 행위가 분명히 그렇듯 자발적인 것이라면, 여기에 관련된 무지는 대전제를 모르는 것이거나, 아

---

[114] 《니코마코스 윤리학》 3권(Γ) 1장 1110b 31-1111a 24.

니면 행위자가 비난받아야 할 어떤 것에 기인한 것이어야 한다. 그래서 그는 (3권의 구분에 따르면)[115] 무지를 통해 행동하지 않고, 무지의 상태에서 행동한다. 이것이 아리스토텔레스가 수용하는 선택지이다. (c) 잠재태와 현실태 간의 구별을 다듬기 위해 다음과 같은 점이 더해진다. 즉 더나아가 현실태로부터 떨어져 있는 일종의 잠재태의 앎 —잠자고 있거나 미쳤거나 술 취한 사람의 앎— 이 인정된다. 이 사람은 현실태의 앎으로부터 두 단계 떨어져 있다. 그는 먼저 잠에서 깨어나거나 제정신으로 돌아오거나 술에서 깨야 하고, 그다음에 계속해서 잠재태의 앎에서 현실태의 앎으로 건너가야 한다. 그런데 자제력 없는 사람의 조건은 사실상 그것에 가깝다. 격정은 잠, 광기, 취기처럼 신체 상태를 변하게 만들고, 때로는 사람들을 실제로 미치게 만든다. 자제력 없는 사람이 자제력 없는 행위의 순간에 때때로 건전한 도덕적 격언들을 발설하더라도, 그것은 그가 그때 현실태로 그것들을 알고 있다는 증거가 되지 못한다. (d) 아리스토텔레스는 이제 사실들을 좀 더 가까이 파악하는 데로 다가간다. 실천적 삼단논법의 두 전제가 주어져 있을 때(우리가 앞에서 실제로는 연쇄 삼단논법인 것으로 보았던 추리 과정이 간편하게 삼단논법으로서 취급된다), 당신은 삼단논법이 지시하는 행위를 해야 한다. 이는 당신이 이론적 삼단논법의 전제들을 이것들의 연관 속에서 파악하려면 결론을 이끌어 내야 하는 경우처럼 확실하다. 이렇게 해서 당신이 '단 것을 모두 맛보아야 하고, 이것은 달다'라고 말하는 전제들을 갖고 있다면, 당신은 방해받지 않는 한 그 단 물체를 맛볼 수밖에 없다. 이것은 물론 자제력 없음이 아니라 무절제일 것이다. 그러나 다른 경우가 가능하다. 당신은 'x인 것을 맛보아서는 안 된다'라고 말하는 대전제를 갖고 있지만, '이것은 x이다'라는 소전제를

---

[115] 《니코마코스 윤리학》 3권(Γ) 1장 1110b 24-27. 이 책의 337쪽 참조.

전혀 알지 못하거나 술 취한 사람이 '엠페도클레스의 시구들'을 안다고 말할 수 있는 희미한 의미에서만 갖고 있을 수 있다. 그리고 다른 한편으로, '단 것은 모두 즐길 만하다'라는 대전제와 '이것은 달다'라는 소전제를 갖고 있고, 즐길 만한 것에 대한 욕구를 갖고 있을 수 있다. 이럴 때, 당신은 이 단 음식을 먹을 것이다. 그리고 당신의 자제력 없는 행위는 어떤 규칙의 영향하에서, 그리고 옳은 규칙과 이론적으로 상당히 일치하는 어떤 규칙의 영향하에서 이루어질 것이다. 그리고 자제력 없음은 어떤 규칙에 복종하는 것이기 때문에, 바로 이런 이유로 그것은 하등동물들에서는 존재할 수 없다.[116]

이러한 해결책은 결국 아는 바와 반대로 행동할 수 없다는 소크라테스의 견해가 맞지 않음을 어느 정도 밝힌다. 당신이 그릇된 일을 할 때, 당신은 그 순간 그것이 그릇된 일이라는 것을 알지 못한다. 그런데 여기에 기술된 상황이 존재할 수 있다는 점이 의심될 필요는 없다. 하지만 기껏해야 이런 설명은 아리스토텔레스가 나중에 구별하는 두 가지 형태의 자제력 없음 중 하나만 —박약함에 대립되는 성급함만— 을 설명할 것이다. 그것은 도덕적인 투쟁에 대해서는 아무 말도 하지 않는다. 도덕적 삼단논법의 소전제는(그리고 이와 더불어 '나는 이것을 해서는 안 된다'라는 결론은) 결코 주어져 있지 않거나, 아니면 이미 욕망에 의해 억눌려 있다.[117] 그리고 어떻게 그런 앎이 없는 상태에서 그릇된 행위를 할 수 있는지를 말해 주는 설명은 어떻게 그런 앎이 없게 되었는지를 말해 주지 못한다. 그

116 《니코마코스 윤리학》 7권(H) 3장.
117 《니코마코스 윤리학》 7권(H) 3장 1147b 13-17에서 아리스토텔레스는 소크라테스의 견해가 어떤 의미에서 옳다고 지적한다. 우리는 본래적인 의미의 앎, 즉 학문적인 앎을 거슬러 행위할 수 없다. 왜냐하면 실천적 삼단논법의 소전제는 보편적이지 않고, 따라서 학문적이지 않기 때문이다.

러나 아리스토텔레스는 다른 곳에서[118] 자신이 도덕적인 투쟁을 의식하고 있다는 것을 보여 준다. 이 투쟁은 이성적인 바람과 욕망 간의 갈등이다. 여기에서 행위자는 자신이 하는 특정 행위의 그릇됨을 현실태로 알고 있다. 우리는 그가 즐겨 한 잠재적인 것과 현실적인 것, 대전제와 소전제의 구별에 대한 관심이 그를 그 문제에 대한 자신의 실제 견해에 부적합한 형식적인 이론으로 이끌었다고 생각해야 한다. 그의 형식적인 이론이 놓치고 있는 것은 자제력 없음이 앎의 부족이 아니라 허약한 의지에 기인한다는 인식이다.

(2) 아리스토텔레스는 이제 자제력 없음의 영역을 살펴보는 데로 넘어간다. 즐거움을 주고 욕구를 부추기는 것들에는 세 가지가 있다. (a) 승리, 명예, 부처럼 그 자체로 선택할 만한 가치가 있지만, 과도할 수 있는 것들. (b) 그 자체로 피해야 좋은 것들. (c) 그 자체로는 중립적이지만, 신체의 삶에 필요한 것들(영양섭취와 성적인 활동).[119] 자제력 없음은 엄밀한 의미에서 세 가지 중 마지막의 것에 관련되어 있다. 이것은 또한 본래적인 의미의 무절제가 속한 영역이기도 하다. 넓은 의미에서 그것은 첫 번째의 것에 관련해서 나타날 수도 있고, 이때 그것은 그런 것들이 그 자체로 가진 가치 덕분에 덜 비난받을 수 있다.[120] 두 번째 종류의 것으로 말하자면, 자연적으로 또는 그 자체로 즐길 만하지 않은 것들이다. 그럼에도 즐거움이 그것들에서 얻어질 수 있고, 자제력 없음이 제한된 의미에서 그것들과 관련하여 나타날 수 있다. 이런 자제력 없음은 (i) 짐승 같은 것일

---

118 예를 들어, 《니코마코스 윤리학》 1권(A) 13장 1102b 14-25, 7권(H) 2장 1145b 21-1146a 4, 7장 1150b 19-28, 9권(I) 4장 1166b 6-10, 《혼에 관하여》 3권(Γ) 9장 433a 1-3, 10장 433b 5-8, 12장 434a 12-15에서.

119 《니코마코스 윤리학》 7권(H) 4장 1147b 23-31, 1148a 22-26.

120 《니코마코스 윤리학》 7권(H) 4장.

수 있다. 여기에서 행위자의 본성 전체는 짐승의 그것과 멀리 떨어져 있지 않다(예를 들어, 식인 행위). 또는 그것은 (ii) 병적인 것일 수 있다. 여기에서 그런 갈망은 질병에 기인한다(예를 들어, 비역질). 이러한 자제력 없음은, 바로 이에 상응하는 무절제의 유형이 인간 이하의 것이고 초인적인 탁월성에 극단적으로 대립한 것으로서 기술되었듯이, 인간 이하의 것이다.[121] 하지만 세 번째 종류의 자제력 없음은 제한된 의미에서 분노와 관련하여 나타난다.[122] 이렇듯, '탁월성들의 목록'에 올라와 있는 탁월성들 중 절제뿐만 아니라(원칙적으로 확실히 모든 탁월성들이 그렇지만, 아리스토텔레스는 그렇게까지는 분석을 수행하지 않는다) 다른 몇 가지 것들도 (열등성으로부터 구분된) 자신들에 상응하는 허약한 의지의 형태들을 갖는다.

(3) 세 번째 물음에 아리스토텔레스는 자제와 자제력 없음의 영역은 일정한 즐거움들이지만, 강인함은 그런 즐거움들에 대한 욕구로부터 일어나는 고통에 맞서 버티는 힘이고 유약함은 그런 고통에 굴복함이라고 대답한다. 그리고 그가 나중에 덧붙인 내용에 따르면 자제력 없음은 그 자체로 두 가지 ―숙고하지만 정해 놓은 경로를 지키지 못하는 마음 약함과 숙고할 겨를이 없는 성급함― 로 구분된다. 성급한 사람이 마음 약한 사람보다 낫다. 왜냐하면 그 사람을 이겨내기 위해서는 격렬하고 갑작스러운 유혹이 필요하기 때문이다.[123] 그리고 이와 비슷하게 자제력 없음은 일반적으로 숙고된 열등성보다 고치기가 덜 힘들다. 그것은 간헐적인 것이지만, 무절제는 성격에 깊이 뿌리박힌 것이고, 후회할 줄 모르고, 탁월한 행위가 솟는 바로 그 샘이나 다름없는, 인간 삶의 목적에 관한 진정한 이

---

121 《니코마코스 윤리학》 7권(H) 5장.
122 《니코마코스 윤리학》 7권(H) 6장 1149a 24-b 23.
123 《니코마코스 윤리학》 7권(H) 7장.

해를 파괴한다. 무절제한 사람은 —만일 그것이 그가 이성에 의해 확신할 수 있는 모든 것이라면— 순간의 즐거움이 항상 추구되어야 한다고 생각하는 데에 그치지 않는다. 그런 생각은 바로 그 자신의 성격에 대한 표현이기도 하다.[124]

{ ## 즐거움 }

아리스토텔레스는 자연스럽게 즐거움 일반에 관한 고찰로 넘어간다. 논의를 위해 세 가지 견해가 제시된다.[125] (1) 그 자체로 또는 부수적으로 (per accidens) 좋은 즐거움이란 없다 —스페우시포스의 견해. (2) 어떤 즐거움들은 좋지만 대부분은 나쁘다— 플라톤의 《필레보스》에 나오는 견해.[126] (3) 모든 즐거움들이 좋다고 하더라도 즐거움은 최고로 좋은 것일 수 없다 —《필레보스》에도 나오는 견해.[127]

여기에서 관심은 주로 즐거움은 과정 —빈 것을 채우는 과정— 이기 때문에 좋지 않다는 이론에 대한 아리스토텔레스의 논의에 있다. 그의 주장은 다음과 같다. (1) 이른바 나쁜 즐거움들 중에서도 어떤 것들은 특정 개인에게 또는 특정한 때에 좋을 수 있지만, 어떤 것들은 고통을 수반하기에 실제로 전혀 즐거움이 아니다. (2) 상태뿐만 아니라 활동도 좋을 수 있다. 그리고 우리를 우리의 자연적인 상태로 복귀시키는 활동들은 부수적으로 즐거운 것이지만, 이에 관련된 활동은 우리 본성 중에서

---

124 《니코마코스 윤리학》 7권(H) 8장.
125 《니코마코스 윤리학》 7권(H) 11장.
126 《필레보스》 48a–c.
127 《필레보스》 53c, 66e–끝.

자연적인 상태로 남은 부분의 활동이다. 사유 활동 같은 활동들이 있다. 이것들은 결함이나 자연스럽지 못한 상태를 전혀 포함하지 않는다. 자연적인 상태에 있을 때 우리는 그 자체로 즐거운 것에서 즐거움을 얻는다. 우리가 그 상태로 복귀되고 있을 때에는 그 자체로 즐겁지 않은 것들에서 즐거움을 얻는다. (3) 즐거움들은 과정들이 아니라 활동들이자 목적들이다. 더 나아가, 어떤 즐거움들만이, 즉 우리의 본성을 완성하는 데에 수반되는 즐거움들만 과정에 부수된다. 다른 즐거움들은 행위에 부수된다. 즐거움은 '느껴진 과정'이 아니라 자연적인 상태가 방해받지 않고 활동함이다. (4) 어떤 즐거움들은 질병을 조장하기 때문에 나쁘다고 추론하는 것은 어떤 건강한 것들은 돈벌이에 나쁘기 때문에 나쁘다고 말하는 것과 같다. 사유조차도 때로는 건강에 나쁘다. 외부의 즐거움들만이 어떤 것에 방해가 된다. 사유로부터 흘러나오는 즐거움들은 사유를 돕는다. (5) 절제 있는 사람은 즐거움을 피한다는 사실, 지혜로운 사람은 즐거움이 아니라 고통으로부터의 자유를 추구한다는 사실, 아이들과 짐승들은 즐거움을 추구한다는 사실, 이런 사실들로부터 끌어낸 논의들은 모두 욕망과 고통을 함축하는 신체적 즐거움과 무제한적으로 좋은 즐거움을 구별하지 못함에 의거하고 있다.[128]

고통은 (모두가 인정하듯) 나쁜 것이라는 사실과 고통이 나쁜 것이라는 바로 그 관점에서 즐거움은 고통에 반대된다는 사실로부터 즐거움은 좋은 것이라는 점이 따른다. 대부분의 즐거움들이 나쁘다고 하더라도, 잘 삶은 우리가 가진 모든 능력들이 또는 그것들 중 어떤 것들이 방해받지 않고 발휘될 때 성립해야 한다. 그리고 이런 발휘가 즐거움이다. 그래서 —그러한 방해가 없는 한— 즐거움은 최고의 선(summum bonum)일 수 있

[128] 《니코마코스 윤리학》 7권(H) 12장.

을 것이다. 일반적인 견해는 즐거움을 적어도 잘 삶의 한 가지 요인으로 본다는 점에서 옳다. 왜냐하면 잘 삶이란 완전한 활동이므로 그것은 방해받지 않아야 하기 때문이다. 좋은 사람은 고문을 당하면서도 행복하다고 말하는 것은 얼토당토않은 말이다. 모든 동물들이 즐거움을 추구한다는 사실은 즐거움이 어떤 의미에서 최고의 선이라는 징표이다. 자신들이 추구하고 있다고 생각하는 즐거움을 실제로는 추구하고 있지 않을지 몰라도, 사람들은 모두 같은 즐거움을 추구한다. 왜냐하면 모든 것들은 본성적으로 신적인 어떤 것을 가지고 있기 때문이다.[129]

종종 유사성 때문에 즐거움 전체와 동일시되는 신체적인 즐거움들조차도 어떤 의미에서 좋은 것임에 틀림없다. 왜냐하면 그것들에 반대되는 것인 고통들이 나쁜 것이라고 인정되기 때문이다. 그것들은 나쁜 것이 아니라는 의미에서만 좋은 것인가? 아니면 그것들은 일정한 높이의 강도까지 적극적인 의미에서 좋은 것인가? 그러한 신체적인 즐거움들은 다른 즐거움들보다 선호된다. 그 이유인즉, (1) 그것들은 덜 강렬한 즐거움보다 더 잘 고통을 추방하기 때문이다(다른 한편으로, 즐거움에 대한 편견은 즐거움들 중 어떤 것들은 열등한 본성을 전제하고 어떤 것들은 손상된 본성을 전제한다는 사실에 기인한다). (2) 특별한 고통들을 제쳐 둔다면, 고통은 어떤 자연학자들이 말하듯 동물 존재의 정상적인 상태이다. 그러한 신체적인 즐거움들은 강렬함으로써 이 고통을 완화한다. 젊고 쉽게 흥분하는 사람들은 여하튼 늘 가만히 못 있고, 그러한 진정이 얼마간 필요하다.

그러나 실제로, 그렇게 결핍을 완화하거나 불완전함을 치료하는 것들은 간접적으로 즐거운 것일 뿐이다. 우리 안에 건강한 상태로 남아 있는 것의 활동이 치료를 제공하고 즐거움을 준다. 자연적으로 즐거운 것은 주

---

129 《니코마코스 윤리학》 7권(H) 13장.

어진 본성의 활동을 조장하는 것들이다. 우리는 우리가 고통이나 걱정을 덜어 주는 것으로서 음악을 즐기는 것을 음악인이 '본래적인' 의미에서 음악을 즐기는 것과 비교함으로써 아리스토텔레스의 의도를 예시할 수 있을 것이다. 만일 우리의 본성이 단순하고, 반대되는 것들로부터 자유롭다면, 우리는 한 가지 불변의 즐거움에서 즐거움을 찾을 수 있을 것이다. 그리고 그러한 것은 신(神)의 경험이다. 신의 활동은 과정을 포함하지 않고 '부동(不動)의 활동', 즉 활동의 매 순간에 자신의 목적에 도달한 활동이다.[130]

10권(K)에서 즐거움은 다른 관점에서 다루어진다. 아리스토텔레스는 지금까지 그것을 과도한 공격으로부터 막아 냈고, 잘 삶에서 그것이 차지하는 자리를 주장하였다. 그는 이 자리를 어느 지점에서 그것이 특별히 좋은 것이라고 암시할(그는 이를 썩 명료하게 말하지는 않는다) 정도로 과장한다. 그는 이제 좀 더 균형 잡힌 진술을 제시하는 데로 나아가면서, 극단적으로 즐거움을 반대하는 사람들의 견해뿐만 아니라 그것을 좋음으로 간주하는 에우독소스의 견해에 맞서 자신의 견해를 밝힌다. 이 논의와 앞의 논의는 많은 부분이 반복되고, 일부는 서로 모순되지만, 반복이 아주 밀착된 것은 아니고, 그 모순되는 점도 두 논의가 아리스토텔레스 자신에 의한 독립적인 시론(試論)들이라고 생각하기 어렵게 할 정도로 심하지 않다. 모순이 있는 곳에는 10권에 우선권을 주고 해석해야 한다. 왜냐하면 여기서 아리스토텔레스는 다른 사람들의 견해를 비판할 뿐만 아니라,[131] 자기 자신의 입장을 적극적으로 서술하고 있기[132] 때문이다. 그의 견해는

---

130 《니코마코스 윤리학》 7권(H) 14장 1154a 8-b 31.
131 《니코마코스 윤리학》 10권(K) 1-3장.
132 《니코마코스 윤리학》 10권(K) 4장, 5장.

다음과 같다. 즐거움은 보는 행위처럼 그것이 존재하는 매 순간에 완성된 것이다. 더 오래 지속한다고 해서 질이 더 완전해지지 않는다. 따라서 그것은 움직임, 즉 과정이나 변이일 수 없다. 왜냐하면 모든 움직임은 시간이 걸리고, 일정한 목적을 겨냥하고, 그것의 목적에 도달했을 때에만, 즉 그것이 차지하는 시간 전체에 또는 목적에 도달한 순간에 완성되기 때문이다. 움직임의 각 부분은 완성된 것이 아니고, 다른 움직임들과도 움직임 전체와도 종류에서 다르다. 기둥의 돌들을 맞춰 고정하는 일은 그것에 홈을 파는 것과 다르고, 이것은 신전 건축 전체와 다르다. 신전 건축이 완성된 성취인 반면, 초석을 놓는 일과 세 줄기 홈을 파 넣는 일은 더 큰 전체를 향한 기여일 뿐이므로 미완의 것이다. 걷는 것과 같이 상대적으로 등질적인 움직임에서조차도 임의의 두 단계는 서로 다른 지점들에서 서로 다른 지점들로 가는 것들이고, 그래서 다른 움직임들이다. 다른 한편으로, 즐거워함에는 시간이 걸리지 않고, 빠르게 또는 느리게 즐거워진다고 말할 수는 있어도 빠르게 또는 느리게 즐거워하고 있다고 말할 수 없다는 사실에서도 분명하듯, 즐거움은 매 순간 종류에서 완전한 것이다. 이 구절의 취지는 이미 7권(H)에서 한 주장을, 즉 즐거움이 변이라는 전제에 근거를 두고 즐거움에 대해 반대하는 입장들은 무너진다는 점을 확인하는 것이다. 만일 그것이 변이, 채움, 완성함이라면, 그것은 그것이 마침내 이르게 될 정점보다 열등할 것이다. 그리고 우리가 즐거워하는 동안에도 우리는 즐거움이 이끄는 상태에 도달할 때까지 가만히 있지 못할 것이다. 그러나 즐거움은 실제로, 감각이나 사유의 활동처럼 그 자체로 완성되어 있고, 그것의 매 순간에 만족스러운 어떤 것이다.

아리스토텔레스의 논의는 즐거움의 본성에서 나와 그것의 조건들로 나아간다. 우리의 감각들 중 하나가 건강한 상태에 있고, 그것과 같은 종류의 좋은 대상에(예를 들어, 또렷하게 보이는 대상에) 관계한다면, 그 감각의 활동은 필연적으로 가장 많이 즐겁다. 사유의 활동도 이와 마찬가지이다. 그리고 즐거움은 활동을 완성한다. 아리스토텔레스는 다른 곳에서 즐거움이 활동을 강화한다고, 즉 다음 순간의 활동을 그렇지 않을 경우의 상태보다 더 강렬한 것으로 만든다고 주장한다.[133] 그러나 여기에서 그는 즐거움이 어떤 의미에서 그것이 수반되는 바로 그 활동을 완성한다는 것을 의도하는 듯하다. 하지만 그것은 좋은 활동의 선행 조건이 아니다. 능동자(예를 들어, 감각 대상)와 수동자(예를 들어, 감각 또는 감각기관)가 선행 조건들이다. 즐거움은 한창 젊은 때와 같다. 그러한 조건들 아래에서 생긴 활동에 들이닥치는 어떤 것, 그 자체가 욕구할 만한 것이기에 그 활동을 그렇지 않을 경우보다 ―칸트에 따르면, 행복의 추가가 최상의 선(bonum supremum)을 완전한 선(bonum consummatum)으로 바꿀 때의 바로 그만큼― 더 욕구할 만한 것으로 만드는 어떤 것과 같다.

즐거움은 이렇듯 활동과 밀접하게 묶여 있다. 우리는 사람들이 삶을 욕구하기 때문에, 그리고 즐거움이 삶을 결정짓는 활동들을 완성하기 때문에 사람들이 즐거움을 욕구한다고 생각할지도 모른다. 아리스토텔레스는 우리가 즐거움을 위해 삶을 욕구하는지 아니면 삶을 위해 즐거움을 욕구하는지의 문제를 제쳐 둔다. 즐거움은 활동 없이는 생겨나지 않고, 활동은 즐거움 없이는 미완의 것이다. 우리가 활동을 즐거운 것으로서 욕구하는지, 아니면 즐거움을 활동에 수반되는 것으로서 욕구하는지를 말하는 것은 크게 중요하지 않다.[134]

활동들의 종류가 서로 다르므로, 그것들을 완성하는 즐거움들의 종류도 서로 다르다. 왜냐하면 각각의 활동은 그 고유한 즐거움에 의해서만

---

133 《니코마코스 윤리학》 10권(K) 5장 1175a 30-36, 7장 1177b 21.
134 《니코마코스 윤리학》 10권(K) 4장.

완성될 수 있기 때문이다. 우리는 어떤 것들을 즐길 때 이것들을 더 잘한다. "마치 배우들이 형편없을수록 사람들이 극장에서 말린 과일을 더 먹듯이", 하고 있는 일을 덜 즐길수록 우리는 다른 일들을 더 하기 쉽다. 이질적인 즐거움들이 끼어들면 우리는 일들을 더 못한다. 그런 즐거움들은 '고유한 고통들', 즉 손에 넣은 활동으로부터 일어나는 고통들과 똑같은 효과를 갖는다. 그렇다면, 한 즐거움과 다른 즐거움 간에는 커다란 차이가 있게 된다. 그리고 활동들이 좋음이나 욕구할 만함에서 차이가 나듯이, 이에 따라 그것들에 고유한 즐거움들도 차이가 날 것이다. 각각의 동물종은 자신의 고유한 즐거움을 갖지만, 사람들은 각기 다른 것들에서 즐거움을 얻는다. 그렇다면, 어떤 즐거움들이 인간의 진정한 즐거움인가? 그것은 실천적으로 지혜로운 사람이 기뻐할 즐거움들이다. 또는 보다 객관적으로 표현하자면, 인간에 고유한 바로 그 기능 또는 기능들을 완성하는 즐거움들이다.[135]

이 구절에서 아리스토텔레스는 즐거움을 활동으로부터 구별한다. 그는 즐거움과 지각이나 사유의 활동 같은 실제 활동들 간에 있는 차이를 알아낸다. 즐거움은 우리가 하고 있는 어떤 것이 아니라 일들을 하는 데에 따라붙는 윤색과 같은 것이다. 이런 측면에서, 현재의 구절은 7권(H)에 대한 주목할 만한 진전을 남긴다. 즐거움의 종류들에 대한 구별은 거기에서 찾아볼 수 있는 그 어떤 것보다 더 무르익은 것이다. 그러나 그 구절의 뒷부분에, '어떤 즐거움들이 가치 있는가?'라는 정당한 물음과 '어떤 즐거움들이 실제로 즐거움인가?'라는 부당한 물음을 혼동하는 경향이 있다. 모든 즐거움들은 실제로 즐거움이다. 훌륭한 사람은 그것들이 좋은지에 대한 재판관이지, 그것들이 즐거움인지에 대한 재판관은 아니다.

135 《니코마코스 윤리학》 10권(K) 5장.

친 애

　《윤리학》 중 두 권 전체가[136] 친애라는 주제에 바쳐진 것을 보면 다소
놀랍다. 우리는 그리스어 philia가 영어 friendship보다 더 넓은 의미를 갖
는다는 점을 기억해 두어야 한다. 그것은 두 명의 인간 존재 사이에 있는
어떠한 상호 친화도 나타낼 수 있다. 이에 대한 논의는 《윤리학》의 여타
부분이 주기 쉬운 인상을 바로잡는 데에 귀중한 부분이다. 대부분 아리스
토텔레스의 도덕 체계는 명확하게 자기중심적이다. 사람이 겨냥하는, 그
리고 겨냥해야 하는 것은 자기 자신의 eudaimonia[잘 삶]라고 그는 말한
다. 정의에 관한 설명에 타인의 권리에 대한 암묵적인 인정이 나와 있다.
그러나 친애에 바쳐진 두 권을 제외하면 《윤리학》 전체에는 사람들이 타
인에게 따뜻한 개인적 관심을 가질 수 있고 가져야 한다고 말하는 부분
이 아주 적다. 이타주의가 거의 찾아보기 힘들다. 이기주의적 견해의 흔
적은 친애에 관한 설명에서도 보인다. 왜냐하면 친애는 덕행일 뿐만 아니
라 보답을 요구하기 때문이다. 그러나 이타적인 요소에 친애의 진가가 나
타난다. 아리스토텔레스는 사랑받음보다 사랑함이 친애의 본질을 이룬
다고 말한다.[137] 우리는 우리 자신의 행복에 이르는 수단으로서가 아니라,
친구를 위해 친구가 잘되기를 바란다.[138] 그가 언급하는 친애의 다양한 형
태들은 모두 사람이 갖는 본질적으로 사회적인 본성을 예시하는 것들이
다. 가장 낮은 수준에서 사람은 '유용성의 친애'를 필요로 한다. 왜냐하면

---

136 《니코마코스 윤리학》 8권(Θ), 9권(I).
137 《니코마코스 윤리학》 8권(Θ) 8장 1159a 27.
138 《니코마코스 윤리학》 8권(Θ) 2장 1155b 31.

경제적으로 자급자족이 안 되기 때문이다. 이보다 높은 수준에서 사람은 '즐거움의 친애'를 품는다. 친구들과 교제하면서 자연스럽게 기쁨을 얻는다. 좀 더 높은 수준에서 사람은 '훌륭함의 친애'를 품는다. 친구가 최선의 삶을 살도록 돕는다.[139]

아리스토텔레스는 친애를 다루는 근거로 두 가지를 든다. 친애는 일종의 탁월성이거나 (보다 엄밀히 말하자면) 탁월성과 더불어 있다. 그리고 그것은 삶에 가장 필요하다.[140] 뒤의 근거가 보다 더 강조된다. 1권(A)에서 친구들은 행복을 위해 갖춰야 할 중요한 부분으로서 포함되었다. 여기에서는 친구들이 필요하다는 점이 여러 가지 관점에서 서술된다. 어떻게 우리는 그들의 도움 없이 번영을 확보할 수 있겠는가? 어떻게 우리는 함께할 그들 없이 번영을 누릴 수 있겠는가? 우리가 젊었을 때에는 친구들의 조언이 필요하고, 늙었을 때에는 그들의 돌봄이 필요하다. 우리가 혈기왕성할 때 그들은 우리에게 고귀한 행동들을 할 기회를 주고, 우리가 효과적으로 생각하도록 도와준다.

논의 중 가장 흥미로운 부분은 아리스토텔레스가 친애가 훌륭한 사람의 자기애에 근거하고 있다는 견해를 제시하는 곳이다. 다른 곳에서 그는 '자기-관계'가 정확한 용어일 수 있다고 우리가 생각하지 않도록 경고한다. "비유적으로 우리는 어떤 사람과 이 사람 자신이 아니라 그에 속한 두 부분 간에 정의가 있다고 말할 수 있다."[141] 아리스토텔레스는 사실상 거기에서, 플라톤이 정의를 본질적으로 자기 안의 관계로 보는 것을 비판하고 있다. 그러나 그는 친애에 대하여 다르지 않은 견해를 제시한다. 확

139 《니코마코스 윤리학》 8권(Θ) 2장, 9권(I) 9장.
140 《니코마코스 윤리학》 8권(Θ) 1장 1155a 3-5.
141 《니코마코스 윤리학》 5권(E) 11장 1138b 5-7.

실히 친애 관계의 보다 친밀한 본성으로써 자신의 생각을 증명한다고 생각한다. 그는 친애의 네 가지 특징이(이것은 두 가지 —사욕 없음과 공감— 로 축소될 수 있다) 훌륭한 사람이 자기 자신과 갖는 관계의 특징을 묘사한다고 말한다. 훌륭한 사람은 가장 진정으로 자기 자신인 내부의 지적인 요소를 위해 최선을 바라고 이를 행한다. 그는 어떠한 순간이 주어지더라도 제 자신과 최대한으로 조화를 이루고, 매 순간 최대한 변치 않음을 유지한다. 이런 관계들이 훌륭한 사람 내에 존재하기 때문에, 그리고 그의 친구는 그에게 또 다른 자기이기 때문에 친애도 그러한 특징들을 갖는다.[142] 여기에 나타난 아리스토텔레스의 이론은 훌륭한 사람의 이기주의는 바로 이타주의와 같은 특징들을 갖는다는 점을 보여 줌으로써 이기주의와 이타주의의 대립을 깨뜨리는 시도이다. 그러나 한 사람이 관심을 가질 수 있고 다른 사람과 공감할 수 있는 정적인 요소들을 자아 내에서 찾으려 한 시도는 실패다. 이러한 관계들은 두 개의 구분된 자아를 함축한다. 다른 곳에서 아리스토텔레스는, 자아가 정적인 것이 아니라 무한히 연장될 수 있는 것이라고 내비침으로써 더 나은 길을 따른 것처럼 보인다. 그가 사람들이 자신들의 친구를 '또 다른 자기'나[143] '자신들의 일부'로[144] 여기는 것에 대해 말할 때, 그는 한 사람이 자신의 관심 영역을 넓혀 다른 사람의 복지가 제 자신의 복지처럼 그에게 직접적인 관심의 대상이 될 수 있다는 사실을 지적하고 있다. 예를 들어(아리스토텔레스가 자주 반복하는 사례이다),[145] 어머니는 아이의 고통을 자신의 몸에 난 상처만큼이나 고통스러워한다. 이렇게 해서, 어머니의 이타주의는 이기주의라고 불릴 수 있

---

142 《니코마코스 윤리학》 9권(I) 4장.
143 《니코마코스 윤리학》 8권(Θ) 12장 1161b 28, 9권(I) 4장 1166a 32, 9장 1169b 6, 1170b 6.
144 《니코마코스 윤리학》 8권(Θ) 12장 1161b 18.
145 《니코마코스 윤리학》 8권(Θ) 8장 1159a 28, 12장 1161b 27, 9권(I) 4장 1166a 5, 9.

다. 그러나 이렇게 말한다고 그것을 비난해서는 안 된다. 나쁜 자기애뿐만 아니라 좋은 자기애도 있다. 당신이 사랑하는 자아가 어떤 종류의 자아인지가 문제다. 돈, 명예, 신체적인 즐거움을 기뻐하는 자아일 수 있다. 이것들은 '다퉈서 얻는 좋은 것들'로서, 한 사람이 더 많이 가질수록 다른 사람은 덜 가질 수밖에 없는 것들이다. 또는 친구들과 동료 시민들의 복지에 관심을 기울이는 자아일 수 있다. 그러한 사람은 친구들이 더 많이 갖도록 자신의 돈을 내놓을 것이다. 그러나 이때조차도 그는 거래에서 이긴다. 그들은 돈만 얻지만, 그는 '고귀한 것'을, 옳은 일을 한다는 만족감을 얻는다. 그리고 그가 다른 사람들을 위해 죽더라도, 그는 잃는 것보다 얻는 것이 더 많다.[146]

《윤리학》의 이 부분에서 아리스토텔레스의 주지주의(主知主義)는 더욱더 분명해진다. 이성은 인간에게 있는 가장 주도적인 요소로서 제시된다. 그것은 가장 진실로 자기 자신인 것이고,[147] 훌륭한 사람이 자신을 희생하는 행위들 속에서 기쁘게 해 주고 있는 것이다.[148] 이렇게 해서, 아리스토텔레스가 무엇이 잘 삶을 구성하는지를 직접 말하고자 노력하는 《윤리학》의 부분을[149] 위한 길이 마련되었다.

{ 이상적인 삶 }

우리는 잘 삶이란 상태나 습성이 아니라 활동, 그리고 그 자체로 욕구

---

146 《니코마코스 윤리학》 9권(I) 8장.
147 《니코마코스 윤리학》 8권(Θ) 3장 1156a 17.
148 《니코마코스 윤리학》 9권(I) 8장 1168b 30.
149 《니코마코스 윤리학》 10권(K) 6-8장.

할 만한 활동이어야 한다는 점을 1권(A)으로부터 보았다. 그런데 그 자체로 욕구되는 것들은 (1) 탁월성에 따른 활동들과 (2) 놀이들이다. 놀이는 삶의 목적일 수 없다. 왜냐하면 그것은 그것 자체를 위해 욕구되지만, 그것 자체 때문이 아니라 진지한 활동을 위해 우리에게 힘을 넣어 주는 휴식으로서 귀중한 것이기 때문이다. 잘 삶이란 탁월성에 따른 활동이어야 한다.[150] 그런데 우리는 6권(Z)으로부터, 지적 탁월성과 도덕적 탁월성이 서로 구별된다는 점을 알고 있다. 우리는 이론적 지혜와 실천적 지혜가 혼의 구별된 부분들의 탁월성들이기에, 그것들이 산출하는 어떤 좋은 것과 별개로 그 자체로 좋다는 점을 배웠다. 아리스토텔레스는 이론적 지혜가 잘 삶에 이르는 수단이 아니라 —또는 수단에 머물지 않고— 그것이 발휘될 때 잘 삶을 구성한다고 단정적으로 말한다. 그리고 실천적 지혜가 그렇다고 그보다는 덜 단정적으로 말한다. 그러나 그는 이론적 지혜가 실천적 지혜보다 우월하다고도 말하고, 적어도 뒤의 지혜가 갖는 가치의 일부는 그것이 앞의 지혜를 산출하는 데에 도움을 준다는 점이라고도 말한다. 분명히 아리스토텔레스에게 관조는 잘 삶의 핵심 성분이다. 도덕적인 행위가 그것의 또 다른 성분인지, 아니면 그것을 산출하기 위한 수단일 뿐인지는 그다지 분명하지 않다. 이런 의심은 10권(K)에 의해 완전히 제거되지 않는다. 그는 잘 삶이 우리의 가장 좋은 부분인 이성의 탁월성에 따른 활동이어야 한다고 말한다. 잘 삶인 활동은 이론적이다. 이것은 우리에게 가능한 최선의 활동이다. 왜냐하면 그것은 우리 안에 있는 가장 좋은 능력을 모든 대상들 중 영원하고 변하지 않는 가장 좋은 것들에 발휘하는 것이기 때문이다. 이것이야말로 우리가 가장 연속적으로 할 수 있는 일이다. 그것은 놀랍도록 순수하고 안정된 즐거움을 가져다준다. 도덕

---

150 《니코마코스 윤리학》 10권(K) 6장.

적 탁월성은 그것의 활동을 위한 대상으로서 다른 사람들을 요구한다. 그것은 다른 사람들에게 가장 적게 의존하지만, 실천적인 활동들 —특히 그런 활동들 중에서 가장 위대한 것들인 정치가와 군인의 행위들— 은 그것들 자체를 넘어서 있는 좋은 것들을 겨냥한다. 그것은 유일하게 그 자체로 사랑받는 듯하지만, 그것이야말로 우리가 신들에게 귀속해야 하는 삶이다. 왜냐하면 도덕적인 삶을 그들에게 귀속하는 것은 이상할 것이기 때문이다.[151] 그러나 관조의 삶은 우리에게 너무 높다. 우리들은 인간들, 즉 몸과 비이성적인 혼과 이성으로 복합된 존재들인 한에서 그런 삶을 살 수 없고, 우리 안에 있는 신적인 요소 덕분에만 그런 삶을 살 수 있다. 그러나 우리는 인간이니까 인간사에만 신경 써야 한다고 말하는 사람들을 따라서는 안 된다. 우리는 할 수 있는 한, 아무리 작더라도 우리 안에 있는 최고의 것이고 가장 진실로 우리 자신인 부분에 따라 삶으로써 '영원한 삶을 붙들어야 한다.' 이렇게 사는 사람이 가장 행복한 사람이다.[152]

그러나 그 사람만 행복한 사람인 것은 아니다. 도덕적 탁월성과 실천적 지혜의 삶은, 이 삶이 우리의 신체적 본성으로부터 솟아나는 감정들과 관계되어 있는 한 인간이라는 복합된 존재 전체의 삶이고, '인간적인 잘 삶'이라고 불릴 만한 잘 삶을 제공한다.[153] 이렇게 볼 때, 아리스토텔레스가 도덕적인 삶에 부여하는 역할은 두 가지인 듯하다. (1) 그것은 잘 삶의 부차적인 형태를 구성한다. 우리는 이성만으로 되어 있지 않고 관조적인 삶의 수준에서 항상 살 수는 없다는 사실에 의해 그런 형태에 의지하도록 내몰린다. 그리고 (2) 그것은 보다 높은 종류의 삶이 생기도록 도움을 준

---

151 《니코마코스 윤리학》 10권(K) 8장 1178b 8-22.
152 《니코마코스 윤리학》 10권(K) 7장.
153 《니코마코스 윤리학》 10권(K) 8장 1178a 9-22.

다. 아리스토텔레스는 어떻게 그것이 이것을 해내는지에 대해 아주 조금밖에 말하지 않는다. 정치가의 실천적 지혜는 입법에 의해 학문적이고 철학적인 연구의 추구를 준비한다. 그리고 우리는 개인 생활에서도 아리스토텔레스가 도덕적인 행동을, 격정들을 다스림으로써 지적인 활동의 존재를 준비하는 것으로서 생각했다고 해야 한다. 그러나 그의 형식적인 이론은 이렇듯 도덕적인 삶을 지적인 삶에 보조적인 것으로 만들지만, 그는 이런 관계를 상세하게 완성해 놓지 않는다. 도덕적인 활동들에 관한 연구에 몰두할 때, 아리스토텔레스는 그것들이 그 자체로 좋은 것이라고 생각하고, 도덕적인 행위자는 자신의 동기를 행위를 넘어선 다른 어떤 것에서도 찾지 않고, 행위 자체의 고귀함에서 찾는 사람이라고 생각한다. 실제로 그는 자신의 형식적인 이론이 보장하는 것보다 더 높은 가치를 도덕적인 생활에 부여한다.

아리스토텔레스에서 특히 관조적인 삶이 어떤 의미인지 묻는다면, 이에 대한 대답은 두 부문에서의, 아마도 세 부문 —수학, 형이상학, 그리고 아마도 자연철학— 에서의 진리에 관한 관조를 의미한다는 것이다.[154] 행복한 삶은 진리를 추구하는 삶이 아니라, 이미 얻은 진리를 관조하는 삶이다.[155] 그것은 아리스토텔레스에서 학문적인 관조의 삶일 뿐만 아니라 심미적이고 종교적인 관조의 삶이기도 하다는 주장이 있었다. 그러나 심미적인 관조가 아리스토텔레스에서 이상적인 삶의 일부를 이룬다는 점

---

154 셋은 모두 이론적 지혜의 분과이다(《형이상학》 4권 3장 1005b 1, 6권 1장 1026a 18). 그러나 이론적 지혜는 다르게 있을 수 없는 것에 관한 연구인 반면(《니코마코스 윤리학》 6권 3장 1139b 20, 6장 1140b 31, 1141a 3, 7장 1141a 19), 자연학은 달리 있을 수 있는 사건들에 관한 연구이다(6권 4장 1140a 14-16). 이 모순은 자연학을 달리 있을 수 있는 사건들에 든 달리 있을 수 없는 요소에 관한 연구라고 인정함으로써 제거될 수 있다. 일치치 않은 요소는 예상할 수 없는 것이고 전혀 연구될 수 없다.
155 《니코마코스 윤리학》 10권(K) 7장 1177a 26.

을 보여 주는 구절은 없다. 그가 심미적인 경험의 특정한 한 가지 형태, 즉 비극의 형태를 살펴보는 《창작술》에서 그는 비극의 가치가 의학적인 효과에 있다고 말한다. 다른 한편으로, 관조의 최고 분과는 신학이란 이름으로 불리므로,[156] 관조적인 삶 가운데 이 부분이 신적인 본성에 대한 관조에 적합한 숭배의 특징을 지닐 것이라고 생각해야 합당하다. 이상적인 삶의 이런 측면이 《에우데모스 윤리학》에 대단히 강조되어 있다. 이곳에서 이상적인 것은 "신을 숭배하고 관조하는 것"으로서 규정된다.[157]

156 《형이상학》 6권(E) 1장 1026a 19.
157 《에우데모스 윤리학》 8권(Θ) 3장 1249b 20.

8장

정치학

　《정치학》의 구조는 그동안 많이 논의된 어려운 문제를 하나 제시한다. 대부분의 현대 학자들은 (1) 7권(H)과 8권(Θ)이 4권(Δ)-6권(Z) 앞에 와야 한다고 주장하고, 어떤 학자들은 (2) 6권이 5권(E) 앞에 와야 한다고 주장한다. (1) 3권(Γ)의 마지막 장은 최선의 정치체제에 관한 논의로 넘어갈 것을 알린다. 이 논의는 7권에 나온다. 그리고 훼손된 형태인 7권의 첫 문장은 3권의 마지막 문장으로서, 즉 아리스토텔레스나 이전의 어떤 편집자가 두 권을 연결하려는 의도의 표시로서 존재한다. 더 나아가, 4권은 이상적인 정치체제에 관한 앞의 논의를 언급하지만,[1] 7권과 8권은 어디에서도 앞에 있는 4권-6권을 명확하게 언급하지 않는다.[2] 다른 한편으로, 3권에서 정치체제들에 관한 분류가 이루어지고, 그 권(卷)의 마지막 부분에

1　《정치학》4권(Δ) 2장 1289a 31. 그러나 이것은 7권(H)과 8권(Θ)에 대한 언급이라고 보기 힘들다. 이 장(章)의 각주 65 참조. 첼러(E. Zeller)가 인용한 다른 구절들(4권 2장 1289b 15, 3장 1290a 2, 4장 1290a 39, 7장 1293b 2)은 결정적이지 못하다.
2　그러나 《정치학》7권(H) 4장 1325b 34는 2권(B)보다는 4권(Δ)-6권(Z)을 언급하는 것일 수 있다.

서 군주정이 (그리고 부수적으로 귀족정이) 논의된 뒤에, 아리스토텔레스가 4권-6권에서 하고 있듯이, 우리는 그가 다른 형태들을 논의하는 데로 나아갈 것을 기대해야 할 것이다. 정치체제보다는 교육 문제를 주로 다루고 있는 7권과 8권은 사유의 연속성을 심각하게 중단한다. (2) 6권은 다양한 형태의 적절한 정부 조직에 관하여 4권 끝부분의 사유 노선을 이어가고, (혁명에 관한) 5권은 이를 중단한다. 다른 한편으로, 6권은 여러 번에 걸쳐 앞의 5권을 언급하고,[3] 4권과 5권은 4권 첫 부분에 세워진 계획표를 본래의 순서대로 이행한다.[4] 6권은 아리스토텔레스가 4권의 주제들을 좀 더 발전시킨 부분이다. 나중에 생각나 덧붙인 것으로 보인다.

그러나 《정치학》의 권들에 본래의 순서가 있다든가 적절한 순서가 있다고 하는 것은 아마도 잘못된 생각일 것이다. 각 권들의 시작 부분들에 관한 연구는[5] 저술이 다음과 같은 다섯 개의 독립된 논문을 융합해 놓은 것이라는 점을 보여 준다. (1) 가족에 관한 논문 ─ 국가는 가족에서 발원하기 때문에 가족은 국가에 관한 연구의 적절한 예비단계이다(1권). (2) 이상 국가로 제시된 것들과 가장 높이 평가받는 현존의 정치체제에 관한 논문(2권). (3) 국가, 시민, 그리고 정치체제들의 분류에 관한 논문(3권). (4) 열등한 정치체제들에 관한 논문(4권-6권). (5) 이상 국가에 관한 논문(7권과 8권). 전체적으로, 5권을 6권 다음에 읽는 것이 좋다는 점을 제외하면, (적어도 기원후 1세기까지 거슬러 올라가는) 전통적인 순서가 가장 연속적인 사유 노선을 제공한다.[6]

---

3 《정치학》 6권(Z) 1장 1316b 34, 1317a 37, 4장 1319b 4, 5장 1319b 37.
4 《정치학》 4권(Δ) 2장 1289b 12-26.
5 이것은 작지만 의미 있는 점, 즉 어떤 권들의 시작 부분에 연결사가 없다는 점에 의해 확인된다.
6 권들이 쓰인 순서에 대해서는 이 책 1장의 각주 66 참조.

7권과 8권은 논조가 보다 독단적이라는 점에서 처음의 세 권과 다르고, 보다 세심한 문체는 그것들이 적어도 부분적으로는 이미 출간된 저술들에[7] 근거하고 있다는 점을 시사한다. 4권-6권은 논조가 보다 실용에 치우치고 덜 이상적이라는 점에서 《정치학》의 나머지 부분과 차이가 난다. 특히, 가장 타락한 정부 형태들까지도 유지해 줄 수단에 주의를 기울이는 5권은 마키아벨리의 《군주론》의 모태이다. 그리고 그 권들은 그것들이 포함하고 있는 역사적인 세부 사항들의 양에서도 《정치학》의 나머지 부분과 차이가 난다. 아리스토텔레스는 158개의 그리스 정치체제에 관한 설명을 편찬한 것으로(또는, 그런 편찬을 야기한 것으로) 우리는 기억한다. 우리는 다른 곳보다 훨씬 더 《정치학》 4권-6권에서, 얼마나 완전하게 그가 도시국가에 관한 전승 전체에 정통한지, 그리고 얼마나 확고하게 그의 발이 역사의 땅을 딛고 서 있는지를 느낀다.

　그의 방법은 다른 권들에서도 대부분 귀납적이다. 그러나 동시에 그는 가끔 자신의 정치학적인 견해의 토대를 더 포괄적이고 근본적인 이론들에, 즉 형이상학적이거나 윤리적인 이론들에 두고 있다. 그는 (일정한 의미에서) 전체가 부분보다 앞선다고, 어떤 사물의 본성이 그것이 움직이며 향하는 목적과 일치한다고, 혼이 몸보다 이성이 욕구보다 우월하다고, 한계라든가 적당함이 중요하다고, 유기체의 부분들과 보조적인 조건들 간에는 차이가 있다고 전제한다. 그의 정치학적인 견해는 거대하고 잘 짜인 사유 체계의 일부를 형성한다. 그러나 때로는 일반적인 법칙들을 사용하는 것이 다소 자의적이고, 우리는 그 법칙들이 아리스토텔레스가 어떤 경우에라도 주장했을 신념들을 붙들기 위한 구실로서 제시되었다는 느낌을 받는다.

7　아마도 《프로트렙티코스》에.

《정치학》은 다음과 같은 두 가지 목적이 든 것으로 보이는 부분으로[8]
시작한다. (1) 관습에 의해 존재하고, 구성원들의 충성을 실제적으로 전
혀 요구하지 못하는 것으로서 국가를 보는 소피스트들의 견해에 맞서 국
가의 성립을 입증하는 목적. (2) 국가를 다른 공동체들과 구별함으로써
그것의 본성을 밝히는 목적. 아리스토텔레스는 모든 공동체는 어떤 좋은
것을 위해, 즉 모든 것을 포함하는 최상의 공동체인 국가를 위해 형성되
므로 최상의 선(善)을 겨냥해야 한다고 주장함으로써 본격적인 작업에(in
medias res) 들어간다. 그가 채택하는 목적론적인 관점은 그의 전 체계의
특징이다. 세계에 있는 모든 것의 의미와 본성은 그것이 존재하는 목적에
서 찾아야 한다. 도구의 경우 그것은 사용자가 욕구하는 목적이고, 외부
로부터 재료에 부과된 도구의 형태는 이 목적과 일치한다. 살아 있는 생
물이나 공동체의 경우에는 목적이 사물 자체에 내재한다. 식물의 목적은
성장과 생식의 삶이고, 동물의 목적은 식물의 삶에 감각과 욕구가 부가된
삶이고, 인간과 인간 공동체의 목적은 두 가지 것에 이성과 도덕적인 행
위가 부가된 삶이다. 사물들에 대한 설명은 그것이 발전해 나온 곳이 아
니라 그것이 발전해 들어가는 곳에서 찾아볼 수 있다. 그것들의 본성은
그것들의 근원이 아니라 그것들의 목적지이다.

우리가 '국가'라고 옮기는 단어 polis는 '도시'와 같은 뜻이다. 아리스토
텔레스는 그리스 도시 생활의 황금기가 끝날 무렵에 살았고, 필리포스 왕
뿐만 아니라 알렉산드로스 대왕과 친분을 유지했지만, 그는 제국이 아니
라 도시에서 당시 정치적인 삶의 최고 형태일 뿐만 아니라 당시에 가능했
던 최고 형태를 보았다. 그보다 더 큰 집합체는 어떤 것이든 그에게는 단
순한 패거리이거나 잘못 짜인 사람들의 덩어리였다. 자기의 문명을 보다

---

8   《정치학》 1권(A) 1장, 2장.

후진적인 사람들에게 강요하는 제국이라든가 민족국가는 그의 시야에 들어오지 않았다. 마케도니아 제국과 별개로, 그가 논외로 한 (아테네 제국과 스파르타 제국, 그리고 대등한 국가들의 다양한 연맹과 같은) 흥미로운 정치적 전개들이 그리스에 있었다. 그는 그리스 국가들의 통일에 따를 법한 좋은 결과들을 딱 한 번 언급한다.[9] 그리스의 정치 생활을 있는 그대로 통찰한 점에서 그에 필적할 사람은 없다. 그러나 그의 상상력은 정도가 상대적으로 약했다. 그는 별다른 조사 없이, 인간의 삶은 모든 시민이 다른 모든 시민들을 알고 통치자들을 선출하는 데뿐만 아니라 번갈아서 '통치하고 통치를 받는 데'에 참여하는 소규모의 공동체에서 가장 완전히 영위될 수 있다고 생각한다. 그러나 도시국가들은 보다 크고 보다 강력한 집합체들에 맞서 유지될 수 없었다는 점이 역사의 과정에서 증명되었다. 그렇다고 도시국가들이 열등하다는 점이 증명된 것은 아니다. 아리스토텔레스의 견해를 지지하는 점들이 많다. 그러나 우리는 그의 견해가 근거를 갖추고 방어되는 것을 보길 좋아할 것이다.

국가가 '공동체'라는 유(類)에 속한다는 것은 분명하다. 그것의 종차[본질적 차이점]는 그다지 분명하지 않다. 아리스토텔레스는 지금껏 생각해 왔던 것처럼 종차가 그것의 크기가 아니라는 점을 보여 주는 일에 착수한다. 그가 국가의 종차를 발견하는 방법은 국가를 그것의 부분들로 분석하는 것이고, 그것을 그것의 출발점들에서 연구하는 것이다. 인간 존재들을 결합으로 이끄는 본능은 크게 두 가지다.[10] 남자와 여자를 모으는 생식의 본능과 서로 돕도록 주인과 노예 ─앞을 내다볼 줄 아는 정신과 튼튼한 신체─ 를 모으는 자기보존의 본능이 있다. 이렇게 해서, 우리는 세 명

---

9 《정치학》 7권(H) 7장 1327b 32.
10 《정치학》 1권(A) 2장.

의 개인으로 된 최소한의 사회 —가족— 를 얻는다. 이것은 "일상에 필요한 물건들을 공급하기 위해 자연적으로 확립된 결사체"이다. 다음 단계는 마을이다. 이것은 "일상에 필요한 물건들 이상의 것들을 공급하기 위해" 여러 가족이 결합한 것이다. 아리스토텔레스는 그 이상의 것들이 무엇인지를 특정하지 않지만, 우리는 그가 마을은 적과 짐승을 보다 완전하게 방어하는 것뿐만 아니라 대규모의 노동 분업을, 이에 따라서 보다 다양한 요구들의 만족을 가능하게 만들었다는 점을 염두에 두고 있다고 추정할 수 있다. 그는 마을은 혈통이 같은 가족들의 결합에 의해 가장 자연스럽게 형성된다고 덧붙인다. 세 번째 단계는 여러 마을들이 "거의 또는 아주 자족적일 만큼 충분히 크고, 삶을 위해 생겨나지만 좋은 삶을 위해 존재하는 완전한 공동체"로 결합한 것이다. 이것이 국가의 종차이다. 그것은 마을과 같은 이유로 —삶을 위해— 생겨났다. 그러나 그것은 더 나아간 욕구 —좋은 삶을 바라는 욕구— 를 충족시키는 것으로 드러난다. 좋은 삶은 아리스토텔레스에서 두 가지 것을, 즉 도덕적인 활동과 지적인 활동을 포함한다. 국가는 가족이나 마을보다 더 도덕적인 활동에 적합한 공간을 제공하고, 탁월성들이 발휘될 수 있는 보다 다양한 관계망을 제공한다. 그리고 그것은 지적인 활동을 위해서 더 많은 영역을 제공한다. 보다 완전한 지적 노동의 분업이 가능하고, 각각의 정신은 정신에 대한 정신의 영향에 의해 보다 완전하게 촉진된다. "사회의 초기 형태들이 자연적인 것이라면, 국가도 그렇다. 왜냐하면 국가는 그것들의 종착점이고, 한 사물의 본성은 그 사물의 종착점이기 때문이다. 우리는 각 사물이 완전히 발전되었을 때의 상태를 그것의 본성이라고 부른다. … 그러므로 분명히, 국가는 자연의 산물이고, 인간은 본성상 국가를 이루고 사는[정치적인] 동물이다. … 사회에서 살 수 없는 사람이라든가 자기 스스로도 충분하기 때문에 필요한 것이 없는 사람은 짐승이거나 신임에 틀림없다." 아리스토텔레스는 국가는 관습에 의해서만 존재하지 않고 인간의 본성에 뿌리박혀 있다고, 자연적인 것은 가장 진정한 의미에서 인간 삶의 근원이 아니라 그것이 향해 가는 목적지에서 찾아볼 수 있다고, 개화된 삶은 고상하다고 가정(假定)되는 야만의 삶으로부터의 타락이 아니라고, 그리고 국가는 자유에 대한 인위적인 제약이 아니라 자유를 얻는 수단이라고 주장함으로써 정치학의 사유에 상당히 기여했다. 그는 여기에서 그리스에서 호감을 얻었던, 다음의 두 가지 견해를 암묵적으로 공격하고 있다. (1) 뤼코프론이나[11] 트라쉬마코스 같은 몇몇 소피스트들의 견해. 이에 따르면 법과 국가는 관습의 산물일 뿐이고 개인의 자유를 간섭하는 것들이다. 주인들이 개인에게 강요하거나, 아니면 단지 위해에 대한 보호물로서 개인이 수용하는 것들이다. (2) 견유학파의 견해. 이에 따르면 지혜로운 사람은 자기 자신에게 충분하다. 그리고 그는 어떠한 나라의 시민이어서도 안 되고 세계의 시민이어야 한다 — 이 견해는 카이로네아에서 패배함으로써 그리스에 닥친 환멸에 의해 조장되었다.

국가를 자연적인 것으로 기술하면서, 아리스토텔레스는 그것을 인간의 의지 작용과 독립된 것으로 만들려고 생각하지는 않았다. 인간의 의지 작용에 의해 국가는 형성되었고, 유지되고 있다. 그리고 인간의 의지 작용에 의해 국가의 형태는 "심장의 욕구에 더 충실하게" 빚어질 수 있다. 그러나 그는 국가가 인간의 변덕이 아니라 사물들의 본성에 뿌리박혀 있다는 의미에서 자연적이라고 주장한다.

그는 국가에 대한 열망 때문에 플라톤처럼 가족을 평가절하하지는 않는다. 국가는 그에게 공동체들 중 하나이다. 가족은 삶의 조직에서 고유한 기능을 갖는다. 그러나 우리는 여기에는 사람이 구성원인 다른 공동체

---

11 《정치학》 3권(Γ) 9장 1280b 10.

들 —사람이 속한 교회, 직장, 자발적인 사회조직체들— 에 대한 인정이 없는 것을 깨닫는다. 아리스토텔레스가 인간은 국가를 이루고 사는 동물이라고 말하는 곳에서, 우리는 동료 시민들만이 아니라 다양한 능력들을 가진 동료들을 필요로 하기 때문에 차라리 인간은 사회적인 동물이라고 말하는 것을 택할 수 있을 것이라는 의견이 가끔 제시되었다. 국가와 사회 간의 구별은 실제로 어떠한 그리스 사상가에게도 뚜렷하지 않았다. 종교는 국가적인 것이자 대부분 아주 외부적이고 관습적인 것이자 제사의 문제였고, 그다지 깊은 확신과 감정의 문제는 아니었다. 그러기에 한 국가에 여러 교파의 교회가 있을 수 있다거나 많은 국가에 한 교파의 교회가 있을 수 있다는 것과 같은, 교회와 국가의 분열이라는 개념은 그리스인들에게 그다지 떠오르지 않았다. 따라서 부당하게 국가를 선점하는 것으로부터 서구인들을 벗어나게 해 주었던 영향들 중의 하나가 그들의 경우에는 없었다. 이렇게 해서, 아리스토텔레스는 많은 사람들이 교회가 당연히 해야 할 일이라고 생각할 법한 도덕 교육을 주저 없이 국가에 할당한다. 더 나아가, 국가 내의 다른 자발적인 사회조직체들을 보자면, 그리스 국가는 삶의 모든 부문들에 깊이 파고들어서, 그러한 사회조직체들도 그들에게는 국가의 기능들로 간주되었다.

그러나 만일 우리가 인간은 사회적인 동물이라고 말함으로써 아리스토텔레스를 보충하길 바란다면, 인간은 정치적인 동물이라는 점은 참인 것으로 남는다. 정치적인 결합은 그러한 분명히 더 자발적인 다른 결합들 못지않게 자연적인 것이다. 그리고 교회를 제외한다면 그것들 중 어떤 것도 중요성과 가치 면에서 국가와 비교될 수 없다. 물론, 경제적인 조직체들을 강력하게 주장할 수도 있을 것이다. 그러나 이런 것들은 대부분 교회와 나라보다 덜 확고하게 사람들의 충성을 유지한다. 그리고 '단순한 삶'을 겨냥하는 사회조직체들이 인간에게 있는 더 높은 어떤 것에 호소하는 조직체들에 대해 우위를 점하기라도 한다면, 그것은 인류에게 불행한 일이 될 것이다.

노예제

국가가 가족에서 유래한다고 지적한 뒤, 아리스토텔레스는 나아가 '가사 관리의 부분들'을 살펴본다. 이 가운데 두 가지만이, 즉 주인과 노예의 관계, 그리고 재산 취득만이 충분하게 논의된다. 노예제와 관련하여,[12] 그는 두 가지 견해에 대면해 있는 자신을 발견한다. 하나의 견해에 따르면, 노예들에 대한 지배는 열등한 자들에 대한 우월한 자들의 정상적인 지배의 일례로서 그 종류가 정치적인 지배와 같다. 그리고 다른 견해에 따르면, 자연은 주인과 노예 간의 구분을 인정하지 않는다. 노예제는 자연을 거스른 관행에 근거한 것이므로 올바르지 못하다. 그는 먼저[13] 노예의 본질을 지적하는 데에 몰두한다. 본질적으로 노예는 '삶의 운영을 위한 도구', 바꾸어 말하면 '살아 있는 재산'이다. 베틀의 북이 그것을 인도하는 손이 없이 직물을 짤 수 있다면, 주인은 노예가 필요하지 않을 것이라고, 아리스토텔레스는 기계 문명 시대를 무의식적으로 예견하면서 덧붙인다. 그러나 노예는 생산의 도구가 아니라 행위의 도구이다 — 특정 물품을 만들기 위한 수단이 아니라 삶의 일반적인 운영을 위한 도구이다. 다시 말해, 여기에서 문제가 되고 있는 노예는 농업이나 산업의 노예가 아니라 가정의 노예이다.

12 《정치학》 1권(A) 3-7장.
13 《정치학》 1권(A) 4장.

그다음의 물음은[14] '본성적으로 이런 역할을 하도록 예정된 사람들이 있는가?'라는 물음이다. 이에 대한 대답에서 아리스토텔레스는 우월과 열등의 대립이 자연의 도처 —혼과 몸, 지성과 욕망, 인간과 동물들, 수컷과 암컷 간— 에 널려 있고, 둘 사이에 그러한 차이가 존재하는 곳에서 둘 모두에게 유익하도록 하나가 다른 하나를 지배해야 한다고 지적한다. 자연은 사람들 사이에 그러한 차이를 산출하는 경향이 있다 — 어떤 사람들에게는 일을 잘하도록 튼튼한 몸을 주고, 다른 사람들은 정치적인 삶에 적합하도록 만드는 경향이 있다.

하지만 다른 측면에서 말해야 할 것이 있다.[15] 기존의 많은 노예제는 정복에만 토대를 둔 것이고, 그러한 노예제는 자연적으로 혐오스럽다. 각각의 견해는 극단에 흐르고 상대의 지반을 침범한다. 권력은 일종의 우월성을 함축하는 경향이 있다. 그래서 어떤 사람들은 힘이 정의를 이룬다고 주장한다. 다른 한편으로, 상호 선의의 관계만이 정의일 수 있는 경향이 있다. 이 두 견해는 탁월한 상태에 있는 우월한 사람이 지배해야 한다는 중간의 견해에 대해 모두 관철될 수 없다. 어쨌든 한 종류의 정의는 관습에 토대를 두고 있고, 따라서 전쟁의 관습에 따른 노예제는 정당화된다고 말하는 것으로 충분하지도 않다. 이것을 주장하는 사람들은 귀한 태생의 사람들이나 그리스인들의 노예화를 정당화하길 주저할 것이다. 사실, 그들도 노예제가 열등한 본성에 의거하길 바란다. 이런 열등함이 있는 곳에서, 노예제는 주인과 노예 양쪽 모두를 위한 제도이다.

아리스토텔레스가 노예제처럼 그리스에서 일상적인 삶의 친숙한 일부였던 하나의 제도를 사물들의 본성에 속하는 것으로 간주한다는 것은 유

---

14 《정치학》 1권(A) 5장.
15 《정치학》 1권(A) 6장.

감스럽기는 하지만 놀라운 일은 아니다. 그리스의 노예제는 로마시대의 노예제를 치욕스러운 것으로, 그리고 가끔 근대의 노예제를 치욕스러운 것으로 만들었던 노예 학대들로부터 대부분 벗어나 있었다는 점을 주목해야 한다. 아리스토텔레스가 노예제를 허용한 몇 가지 제한 조건들을 주목해야 한다. (1) 그는 타고난 자유인과 타고난 노예 간의 구별이 원하는 것처럼 항상 그렇게 명확하지는 않다는 점을 인정한다. 노예의 아이로 태어났다고 노예인 것도 아니다.[16] (2) 전쟁에서 이룬 정복의 권리에만 의존한 노예제는 허용되어서는 안 된다. 우월한 힘이 항상 우월한 탁월성을 의미하지는 않는다. 만일 전쟁의 동기가 올바르지 못하다면 어떨 것인가? 그리스인은 어떠한 경우에도 그리스인을 노예로 삼지 않는다.[17] 아리스토텔레스의 견해에 있는 이런 요소는 그의 견해에 담긴 가장 중요한 부분으로서 당대의 사람들에게 당연히 감명을 주었을 것이다. 그가 우리에게 반동적으로 보이는 곳에서, 그는 그들에게 혁명적으로 보였을 것이다. (3) 주인과 노예의 이해관계는 동일하다. 따라서 주인은 자신의 권위를 남용해서는 안 된다. 그는 자신의 노예에게 친구이어야 한다. 그는 그에게 명령을 내릴 뿐만 아니라, 그와 함께 이야기해야 한다.[18] (4) 모든 노예들에게 해방의 희망을 주어야 한다.[19]

하지만 아리스토텔레스의 견해 중 권할 수 없는 것은 작두로 인류를 두 동강 내는 것이다. 도덕성과 지성의 면에서 인류의 연속적인 등급이 있다. 이 등급은 상하위의 체계에 이르고, 아마도 항상 그럴 것이다. 그러나 그러한 체계에서 어떤 구성원도 '살아 있는 도구'로만 간주되어서는 안

---

16 《정치학》 1권(A) 5장 1254b 32-39, 6장 1255b 1-4.
17 《정치학》 1권(A) 6장.
18 《정치학》 1권(A) 6장 1255b 9-14, 13장 1260b 5-7, 3권(Γ) 6장 1278b 33.
19 《정치학》 7권(H) 10장 1330a 32.

된다. 이 문제에 대한 아리스토텔레스의 논의는 암묵적으로 자신의 이론에 대한 반박을 포함한다. 그는 노예가 그저 신체만이 아니라, 하위 종류의 이성을 가져서 이것에 의해 명령에 복종할 수 있게 될 뿐만 아니라 논의를 따를 수 있게 된다고 인정한다. 더 나아가, 그는 노예는 노예로서는 주인의 친구일 수 없지만, 인간으로서는 그럴 수 있다고 말한다.[20] 그러나 노예의 본성은 그렇게 분할되어 있을 수 없다. 그가 인간이라는 것은 그가 살아 있는 도구일 뿐이라는 것과 양립할 수 없다.

{ ## 재산 취득 }

《정치학》의 다음 부분은[21] 아리스토텔레스가 경제학에 기여한 핵심을 이룬다.[22] 이 부분은 '어떻게 재산 취득이 가사 관리에 관련되어 있는가?'라는 물음에 의해 1권(A)의 핵심 주제와 연결되어 있다. 아리스토텔레스는 그 물음에 대해 두 가지 방식의 재산 취득을 구분함으로써 대답한다.[23] 먼저, 자연스러운 방식이 있다. 이것은 삶의 여러 가지 용도에 필요한 자연의 생산물을 모으는 데에 그 본질이 있다. 여기에서 그는 세 가지 ―유목, 사냥(이것은 해적 행위와 강탈, 고기잡이, 그리고 본래적인 의미의 사냥으로 세분된다), 경작― 를 구별한다. 이 방식에는 자연적인 한계가 식량과 옷

---

20 《니코마코스 윤리학》 8권(Θ) 11장 1161b 5.
21 《정치학》 1권(A) 8-11장.
22 그러나 이 책의 358-59쪽 참조.
23 세 번째 방식 ―채광, 벌목 등― 은 《정치학》 1권(A) 11장 1258b 27-33에 더해져 있다. 문제 전반에 관해서는 J. Cook Wilson의 논문 Aristotle's Classification of the Arts of Acquisition, in *Classical Review* 10(1896), 184-89쪽 참조.

에 대한 인간의 필요에 의해 정해진다.[24] 이 방식은 가사 관리와 국가 관리의 일부이다. 아니, 보다 적절하게 말하자면 그것들의 예비 조건이다.[25] 가사 관리자와 정치가의 임무는 그렇게 모은 것들을 사용하는 일이다.

이것과 두 번째 방식의 재산 취득 사이에 있는 중간의 것은 물물교환이다.[26] 여기에서 아리스토텔레스는 나중에 유명해진 구별인 물건들의 사용가치와 교환가치의 구별을 한다. 당신은 신발을 신거나 이것을 물물교환할 수 있다. 어느 경우든 당신은 그것을 '그것 자체로' 사용하지만, 앞의 것은 그것에 대한 '고유한 의미의 사용', 즉 다른 어떤 것이 아니라 그것에 대해 성립할 수 있는 사용이다. 물물교환은 일정 지점까지는, 즉 삶의 여러 가지 용도를 위해 실제로 필요한 것들을 얻는 것인 한에서 자연스럽다. 두 번째, 자연스럽지 못한 재산 취득 방식은 물건들이 물건들과 교환되지 않고, 돈과 교환되기 시작할 때 생겨난다. 아리스토텔레스가 지적하는 돈의 본래적인 특성은 (1) 물건들보다 더 휴대가 간편하다는 점, 그리고 (2) 교환할 때의 편리함과 별개로 그것 자체에 유익함이 있다는 점이다. 이것은 금속 화폐의 경우에 맞는 이야기다. 그리고 그가 지폐의 사용을 예견하지 못했다는 점은 놀랍지 않다. 더 놀라운 것은 그가 물물교환이 아닌 거래에 의한 재산 취득 전체를 자연스럽지 못한 것으로 간주한다는 점이다. 그의 반대는 물론 도덕적인 토대에 기대고 있다. 그는 삶의 여러 가지 용도에 필요한 것 이상으로 부를 무제한적으로 추구하는 것을 비난한다. 그러나 그는 부의 추구라는 것이 물건이 축적되고 교환이 시작되지 않은 초기 단계에서도 일어날 수 있다는 점을, 그리고 물물교환에서도

24 《정치학》 1권(A) 8장 1256b 26.
25 《정치학》 1권(A) 8장 1256a 11, 10장 1258a 19-37.
26 《정치학》 1권(A) 9장.

물건을 돈과 교환할 때에 못지않게 부당이득을 취하는 것이 가능하다는 점을 인지하지 못한다. 그는 그가 비난하는 상업 계층이 유익한 공익사업을 제공하고, 그렇게 하기 때문에 이익을 얻는다는 점을 알지도 못한다. 그의 견해에는 교역을 자유롭지 못한 종사로 보는 일상적인 그리스인들의 편견이 너무 많이 반영되어 있다.

더 나아가, 그는 자연스럽지 못한 재산 취득 중 최악의 종류는 대부업이라고 생각한다. 이는 그 자체로 자연스럽지 못한 발명품인 돈이 여기에서 애초의 목적인 교환을 위해 쓰이지 않고 이보다 더 자연스럽지 못한 목적에 쓰인다는 이유에서다.[27] 여기에서도 간악한 대부업에 맞서 정당화될 수 있는 도덕적인 편견 때문에 그는 자본을 빌려주는 사람들이 제공하는 경제적인 서비스를 보지 못한다. 확실히, 그는 산업을 가능하게 만드는 대부가 아니라, 당장의 필요에 의해 사실상 자신을 대부자의 노예로 만드는 조건으로 돈을 빌릴 수밖에 없는 처지에 몰린 가난한 사람을 이용하는 대부를 생각하고 있다.

아리스토텔레스는 가정에 적합한 지배의 여러 가지 종류를 논의하면서 1권(A)을 마무리 짓는다.[28] 노예에게는 숙고의 능력이 없다. 여성에게는 그런 능력이 있지만, 그것은 권위가 없다. 아이에게도 그런 능력이 있지만, 그것은 미숙한 것이다. 따라서 노예에 대한 주인의 지배는 전제정적이고, 아내에 대한 남편의 지배는 혼합정적이고, 아이들에 대한 아버지의 지배는 군주정적이다. 이렇듯 가족은 세 가지 주요 정부 유형을 앞질러 포함한다.

27 《정치학》1권(A) 10장 1258b 2-8. 아리스토텔레스의 이론과 이것으로부터 나중에 발전된 이론들에 관해서는 *Economica* 2(June 1922), 105-11쪽 참조.
28 《정치학》1권(A) 12장, 13장.

이상 국가들

2권(B)에서 아리스토텔레스는 다른 사람들이 제시한 이상 국가들, 그리고 가장 높게 평가받는 역사상의 정치체제들 및 입법자들에 관한 비판적인 연구에 몰두하여, 이 분야에서 최선의 것으로 생각되고 실행된 것을 이끌어 내려고 한다. 그는 플라톤의 《국가》에 대한 비판으로 시작한다. 먼저 그는 플라톤이 제안한 아내와 자식의 공유를 검토한다.[29] 그의 주장은 크게 두 가지다. (1) '국가의 통일성이 더 좋다'는 플라톤의 원칙은 잘못되었다. 한 국가의 본질은 바로 다수성에, 유사하지 않은 것들의 다수성에 있다. 그것은 아리스토텔레스가 무차별적인 집합체로서 파악하는 민족과 다르다. 국가에는 다양한 기능들이 있다. 이는 어떤 사람들은 지배해야 하고 어떤 사람들은 지배를 받아야 한다고 말하는 것으로서 요약될 수 있다. 여기에서 아리스토텔레스는 플라톤의 실제 제도들을 망각하고 있는 것처럼 보인다. 플라톤은 국가 내에 있는 다양한 기능들을 잘 의식하고 있고, 그 기능들에 따라 분명하게 구별된 세 가지 계급을 준비한다. 이 가운데 두 계급 안에서만, 즉 통치자와 전사 계급에서만 아내와 자식의 공유가 규정된다. 아리스토텔레스가 플라톤은 지나치게 통일성을 겨냥한다고 말하는 것은 이 계급들에서만 정당화될 것이다. (2) 통일성이 국가의 올바른 이상일지라도, 플라톤의 제도들에 의해 산출될 것 같지 않다.[30] 플라톤은 모든 사람이 같은 것들을 두고 '내 것'이라거나 '내 것이 아닌 것'이라고 말한다면, 통일성이 획득될 것이라고 생각한다. 그러나 아

---

29 《정치학》 2권(B) 2-4장.
30 《정치학》 2권(B) 3장.

리스토텔레스는 플라톤이 말하는 국가에서 한 아이는 일정한 나이의 모든 수호자들에 의해 입양된다는 의미에서는 모든 사람들의 아이이지만, 각자의 아이라는 의미에서는 모든 사람들의 아이가 아니라고 지적한다. 어떤 사람도 그 아이에 대해 친자식과 같은 감정을 갖거나 똑같은 보살핌을 베풀지는 않을 것이다. 모든 사람의 일이란 아무의 일도 아니다. 각각의 시민은 무수히 많은 아이들을 갖게 될 것이고, 각각의 아이는 무수히 많은 아버지들을 갖게 될 것이다. 이러한 상황에서는 묽은 친애 관계만 솟아날 것이다. 결국 플라톤이 말하는 이상 국가의 아들보다 친사촌이라는 것이 훨씬 더 좋을 것이다.

아리스토텔레스는 애정의 강도는 외연의 확대를 희생함으로써만 커질 수 있다고 주장한다. 플라톤이 부모가 사망했거나 아이들을 책임질 만한 자격을 잃을 때 부모를 대신하기 위해서가 아니라, 어떤 경우에서든 그들을 대신하기 위해 탁아소와 고아원을 도입한 것은 그가 바라는 애정을 산출할 것 같지 않다. 아리스토텔레스가 현존의 제도들을 신뢰하고, 그것들의 남용 때문에 유용함을 못 보는 것을 거부한 점은 여기에서 정당화된다. 만일 이상주의가 다른 곳에서 이상적인 것을 찾으려는 희망으로 현실적인 것을 파괴하는 대신에 현실적인 것 속에서 이상적인 요소들을 보는 능력이라면, 플라톤이 아리스토텔레스에 비해 '충분히 이상적이지 못하다'라고 헤겔이 말한 것은 옳다.

소유와 관련하여[31] 아리스토텔레스는 현존의 관행과는 다른 세 가지 가능한 형태를 구분한다.

---

31 《정치학》 2권(B) 5장.

> (1) 토지의 사유, 생산물의 공동 이용.
>
> (2) 토지의 공유, 생산물의 사적 이용.
>
> (3) 토지의 공유, 생산물의 공동 이용.

그는 (a) 공동 소유의 체제에서 열심히 일하고 적게 받는 사람들은 적게 일하고 많이 받는 사람들에 대해 불만을 품을 것이라고 지적한다. (b) 공동의 삶, 특히 공동의 소유관계는 예를 들어, 길동무들 사이에서 일어나듯 분쟁의 최대 근원이다. (c) 사람들은 자신의 것을 가지고 일을 하게 될 때 보다 효율적이다. (d) 소유감은 자기애의 한 형태로서 즐거움의 최대 근원이다. (e) 친구들을 돕기 위해 소유물을 사용하는 것은 즐거움의 또 다른 근원이자 탁월성을 발휘할 기회이다. (f) 사유로 말미암아 일어나는 분쟁들은 소유가 사적인 데에 기인하지 않고, 인간 본성이 사악한 데에 기인한다. (g) 플라톤은 지나친 통일성을 겨냥하고 있다. 국가는 그런 식이 아니라 교육에 의해서 하나의 공동체로 되어야 한다. (h) 플라톤은 공유제가 수호자들에게만 적용될 수 있다고 생각하는 듯하다. 왜 그는 자신이 가진 신념들을 용기 있게 밀고 나가, 농사꾼들에게도 적용하지 않는가? 수호자들한테는 행복을 빼앗으면서 국가를 행복하게 만드는 일로 충분하다고 말해 봐야 소용없다. (i) 행복은 개인들에 의해서만 향유될 수 있다. 이 모든 근거들 때문에 아리스토텔레스는 세 가지 선택지 중 나머지 두 개를 반대하고 첫 번째 것 ―사유와 공동 이용― 을 옹호한다. 이것은 부유한 사람들이 일반인들에게 자신들이 소유한 미술관, 공원, 들판을 아주 자유롭게 개방하는 것과 같은 제도라고 말함으로써 우리는 그의 의도를 예시할 수 있다. 사회주의가 국가에 의해 산업을 보다 나은 상태로 조직하는 것을 의미하는 한, 아리스토텔레스는 이에 공감할 것이다. 왜

나하면 그는 개인주의의 일파인 자유방임주의(laissez faire)보다 국가의 기
능들에 대해 훨씬 더 긍정적인 견해를 가지고 있기 때문이다. 그러나 사
회주의가 개인의 근면에서 보상을 빼앗는 것을, 즉 자연적으로 동등하지
못한 능력과 근면이 항상 뒤엎게 될 소유의 평등을 이루려는 시도를 의미
하는 한, 그는 개인주의자이고, 아무도 그보다 더 잘 개인주의의 상식을
표현하지 못했다. 우리는 그가 개인주의를 지지하는 경제적인 핵심 주장
―사람들은 근면의 열매들이 그들에 의해 그리고 그들의 자녀에 의해 직
접 수확될 수 있다면, 그 열매들이 공동의 재원에 던져질 때보다 더 열심
히 일할 것이라는 점― 을 그다지 강조하지 않는다는 점을 알게 될 것이
다. 그는 부유한 사람들이 삶과 좋은 삶의 목적들을 위해 필요 이상으로
부를 축적하는 것을 이미 비난한 바 있다. 그가 말하는 시민들은 산업에
종사해서는 안 되고, 자신들의 공공 업무로부터 이익을 얻어서는 안 된
다. 그는 기본적으로 재산은, 가족처럼 개성의 자연스럽고 정상적인 확
대, 즐거움의 근원, 좋은 활동의 기회라고 주장한다. 부를 공유하는 것은
법률로써 이기심을 제거하려고 시도하는 것이다. 그러나 이기심의 근원
은 법률 제정으로 제거하기에는 너무 뿌리가 깊다. 그 근원은 인간의 사
악함에 있다. 그리고 그것들을 치유하는 것은 플라톤도 실제로 그렇게
생각했듯이, '정치체제에 걸맞은'[32] 교육에 달려 있다 ― 이런 교육은 소
유한 부를 후하게 쓰고, 개인적으로 소유한 것을 공동 사용을 위해 자유
롭게 포기하는 쪽으로 사람들을 이끌 것이다.

　다음 장에서[33] 아리스토텔레스는 소유의 평준화에 대한 제안들을 살펴
본다. 인구의 증가는 확립되어 있을지도 모를 어떠한 소유의 평준화라도

32　《정치학》 8권(Θ) 1장 1337a 14.
33　《정치학》 2권(B) 7장.

412

계속해서 뒤집기 쉽다. 소유가 아니라 인간의 욕구가 평준화될 필요가 있다. 궁핍 때문에 일어나고, 그러한 제안들에 의해 제거될 수 있는 범죄는 사소한 것들뿐이다. 시민들의 부는 공동체의 복지뿐만 아니라 외부의 적들을 물리칠 수 있기 위해 필요한 공동체의 능력을 참작해서 정해져야 한다. 이 문제 전체에 대한 그의 결론은 "본성이 고귀한 사람들로 하여금 더 많은 것을 바라지 않도록 가르치고, 본성이 열등한 사람들로 하여금 더 많은 것들을 얻지 못하도록 막는 것이 낫다"라는 것이다.

{ ## 국가와 시민 }

3권(Γ)에서 우리는 《정치학》의 중심부이자 가장 근본적인 부분에 이른다. 맨 먼저 '국가란 무엇인가?'라는 물음이 제기된다. 이 문제는 아리스토텔레스에게 아주 실천적인 의미를 갖는다. 그것은 국가가 한 행위들이 아니라는 이유로, 새 정부 쪽에서 해체된 정부의 행위들에 대한 책임을 회피하려는 시도로부터 일어난다. 국가[도시국가]는 시민들로 구성되어 있기 때문에, 아리스토텔레스는 누가 시민이고 시민이란 무엇이냐고 묻는 것부터 시작한다. (1) 특정 지역에 거주한다고 시민이 되는 것은 아니다. 왜냐하면 체류 외인들과 노예들도 같은 장소에 거주하기 때문이다. (2) 고소하거나 재판을 받을 수 있는 권리가 있다고 시민이 되는 것도 아니다. 왜냐하면 이것은 조약에 의해 체류 외인들에게도 보장될 수 있기 때문이다. 본래적인 의미의 시민이 되기에는 너무 어리거나 너무 나이가 든 사람들이 그렇듯이, 그러한 개인들은 제한된 의미에서만 시민이다. (3) 시민 출신이라고 시민이 되는 것도 아니다. 왜냐하면 이것은 맨 처음의 시민들에게는 적용될 수 없기 때문이다.[34] 본래적인 의미의 시민이 갖는 특징은 재판 업무와 민회의 회원직에 참여하는 것이다. 그러나 정치체제들이 그렇게 될 수 있듯이, 한 가지 유에 속하는 종(種)들이 진가(眞價)의 순서대로 배열될 수 있을 때, 그 종들에는 공통점이 별로 없다. 따라서 '시민'의 의미는 정부의 형태에 따라 다르다. 앞서 내린 정의는 민주정에 가장 잘 들어맞는다. 스파르타와 크레타 같은 국가들에서는 모든 시민이 아니라 몇 가지 일정한 공직을 맡는 사람들만이 법률을 제정하고 재판을 한다.[35]

아리스토텔레스의 시민 개념은 현대의 개념과 크게 다르다. 왜냐하면 그가 염두에 두고 있는 것은 대의 정부가 아니라 일차 정부이기 때문이다. 그의 시민은 통치자들을 선출할 발언권을 갖는 것으로 만족하지 않는다. 모든 시민은 실제로 번갈아가며 통치하도록 되어 있다. 이것은 단지 법률 집행부의 일원이라는 의미에서뿐만 아니라 국가의 법률을 만드는 데에 도움을 준다는 의미에서 그러한데, 아리스토텔레스에게는 뒤의 의미가 더 중요하다. 왜냐하면 법률들이 너무 일반적이어서 부적합할 경우 이것들을 보충하는 상대적으로 작은 기능이 법률 집행부에 할당되기 때문이다.[36] 시민의 의무들에 관한 이런 높은 개념 때문에 그는 시민 집단의 범위를 그토록 바짝 좁혀 놓는다. 대의원들을 선출할 자격이 있다고 생각할 법한 농부나 노동자는 너무나 당연하게 실제로 통치할 자격이 없는 것으로 간주된다.[37] 이 점에서 아리스토텔레스는 정치적인 특권들을 발휘할 자격이 처음에 조금밖에 되지 않는 사람들에게 그러한 특권들이 미칠 교육적인 효과를 포기할 뿐만 아니라, 대부분의 주민에게 시민권을 주지

---

34 《정치학》 3권(Γ) 2장 1275b 21-34.
35 《정치학》 3권(Γ) 1장.
36 《정치학》 3권(Γ) 16장.
37 《정치학》 3권(Γ) 5장.

않음으로써 국가의 안정을 위태롭게 하고 있다.

도시국가의 시민권이 많은 수의 주민들을 도시에서 배척하지만은 않
았다. 시민권은 민회의 회원이나 배심원이 된다는 것을 의미했기 때문에
식민지나 종속 도시들에까지 확장될 수 없었다. 근대 국가들에게 "정복
된 주민들을 정복자에게 결속할 능력을 주었을 뿐만 아니라, 먼 곳의 식
민지 개척자들을 모국에 결속할 능력을 주었던" 것은 군주 개인에 대한
봉건적인 충성 개념이었다.[38]

이제 '시민'에 대한 정의가 내려졌으므로, 우리는 국가를 삶의 여러 가
지 목적을 이루기에 충분한 시민들의 집단으로 정의할 수 있을 것이다.
아리스토텔레스는 '무엇이 국가의 행위이고 무엇이 국가의 행위가 아닌
가?'라는 애초의 물음으로 되돌아간다.[39] 이것은 '한 국가의 동일성이 본
질적으로 어디에 있는가?'라는 물음에 이른다. 장소와 거주자들이 같은
데에 있는가? 분명히 그것은 아니다. 합성물은 합성의 방식이 바뀌면 다
른 것이 된다. 도리스 선법[旋法, 남성적이고 장중한 선율 구성 방식]과 프뤼
기아 선법[여성적이고 섬세한 선율 구성 방식]에는 같은 음들이 들어 있지만,
둘의 선법은 다르다. 이와 마찬가지로 국가의 동질성은 주로 정치체제의
동질성에 있다. 하지만 이것은 어떤 새 정부가 이전 정부의 의무들을 이
행해야 하는지의 물음과는 별개 사항이다.

다음으로 시민에 대하여 또 다른 점이 나온다.[40] 분명히, 모든 시민들
의 탁월성이 같지는 않다. 왜냐하면 그들이 국가에서 하는 역할이 다르기
때문이다. 그러나 그들에게 국가의 안전이라는 공동 목표가 있다. 그리

---

38 E. Barker, *Political Theory of Plato and Aristotle*, London 1906, 299쪽.
39 《정치학》 3권(Γ) 3장.
40 《정치학》 3권(Γ) 4장.

고 우리는 지배자의 탁월성과 피지배자의 탁월성이 서로 다르니까 지배자는 피지배자가 가진 탁월성들을 가질 필요가 없다고 생각해서는 안 된다. 지배할 줄 아는 것과 복종할 줄 아는 것 간의 대립은 비천한 직무들의 경우에 존재한다. 주인은 이것들을 수행하는 방법을 알 필요가 없다. 그러나 자유인으로서 자유인들을 지배하는 방법에 대한 앎은, 군사적인 명령이 군사적인 복종에 의해서만 학습될 수 있듯이, 자유인으로서 다른 자유인들에게 복종함으로써만 획득될 수 있다. 지도적인 지혜만이 지배자에게 특유하다. 그의 여타 탁월성들은 피지배자들에게도 있어야 한다.

이와 관련해서 서로 밀접하게 연결된 두 가지 물음, 즉 '시민권의 본질은 무엇인가?'라는 물음과 '시민권의 조건들은 무엇인가?'라는 물음이 있다. 이것들은 혼동하기 쉽다. '시민은 부모가 시민인 사람이다'라고 말하면, 뒤의 물음에 대한 대답이 된다. 아리스토텔레스가 주로 관심을 갖는 물음은 앞의 것이다. 그리고 뒤의 것에 대한 제대로 된 대답은 앞의 것에 대한 제대로 된 대답으로부터 따라 나온다. 만일 시민이라는 것이 일정한 기능들을 수행하는 것이라면, 시민권의 조건은 그 기능들을 수행하는 능력이다. '시민이라는 것은 무엇인가?'라는 물음에 대답할 때, 아리스토텔레스는 부분적으로는 자신의 사유에 기대고, 부분적으로는 그 말의 일상적인 용법에 기댄다. 시민은 도시국가의 구성원이어야 하지, 지지자일 뿐이어서도 안 되고 도시국가의 생존을 위한 수단일 뿐이어서도 안 된다. 그렇다면 구성원이 갖는 최소한의 기능들은 무엇인가? 법적 지위, 즉 고소하고 재판을 받을 권리로는 충분하지 않다. 여기에서 그는 일상적인 용법에 호소한다. 그러한 권리들은 시민들이라고 불리지 않는 많은 사람들에게도 부여된다. 시민을 구성해야 할 기능들을 선택할 때, 아리스토텔레스는 당시 아테네의 관행을 따른다. 배심원이 되는 것과 민회의 회원이 되는 것, 이것들이 최소한의 기능들이다. 앞의 것은 다소 시민 개념에 부차적인 것처럼 보일 수밖에 없다. 배심원 체계가 없지만 시민권이 널리 퍼져 있는 정부 형태들이 있을 수 있다. 더 나아가, 최고의회의 회원 자격은 시민 자격에 필요한 부분이 아니다. 아리스토텔레스는 대의 정부의 가능성들을 내다보지 못하고 있다. 오늘날 우리는 의회 구성원들을 선출할 투표권을 갖는다는 데에서 최소한의 시민 자격을 찾고 싶어 한다.

아리스토텔레스가 직공 계층을 시민 자격에서 배제한 점은 놀랄 만하다. 그를 그렇게 움직인 이유는 "직공의 생활은 탁월성의 발휘와 양립할 수 없다"는 점이다.[41] 이렇게 되는 까닭은 두 가지다. (1) 첫째는 여가의 부족이다. 이 주장은 대의 정부의 출현과 더불어 힘을 잃는다. 최고의회에 앉아 있을 시간이 직공한테 없을 수 있지만, 그렇다고 그가 투표권을 갖지 말아야 할 이유는 없다. (2) 아리스토텔레스는 손으로 하는 일이 실제로 혼을 자유롭지 못하게 만들고, 혼을 빛나는 탁월성에 어울리지 않는 것으로 만든다고 주장한다. 여기에서도 그의 판단은 너무나 성급하다.

플라톤은 시민에게 노동을 허용하는 반면, 아리스토텔레스는 그것을 배제하지만, 사실상 둘은 거의 차이가 없다. 왜냐하면 플라톤은 시민에게 복종의 기능 외에 정치적인 기능을 부여하지 않지만, 아리스토텔레스는 시민에게 여타의 고차적인 기능을 발휘할 능력이 없다는 이유로 복종의 기능을 시민에게 허용하는 쪽으로 기울기 때문이다. 두 사람 간의 차이는 시민에 대해 그들이 내린 정의에 달려 있을 뿐이다. 플라톤의 국가에서의 노동은 바로 아리스토텔레스가 국가의 일부가 아니라 국가의 생존을 위한 수단이라고 부를 법한 것이다. 우리는 아리스토텔레스가 여기에서, 다른 곳에서도 드물지 않게 그랬듯이, 다소 성급하게 자신이 애용하는 목적과 수단이라는 공식을 적용했다고 의심하지 않을 수 없다. 사회는 실

---

[41] 《정치학》 3권(Γ) 5장 1278a 20.

제로 하나가 다른 하나의 복지에 이르는 수단일 뿐인 두 부분으로 쪼개질 수 없다. 모든 인간 존재는 독자적으로 살 만한 가치가 있는 삶에 대한 능력이 있고, 아주 교양 있는 구성원들뿐만 아니라 아주 비천한 구성원들을 위해서도 권리들을 보장하는 것은 국가가 할 일이다. 국가에 관한 순수하게 평등주의적인 이론들은 지나치게 이런 방향으로 흐른다. 이 이론들은 실제로 어떤 사람들이 다른 사람들보다 더 '좋은 삶'을 살 수 있게끔 해 주는 능력의 차이들을 무시하는 경향이 있다. 아리스토텔레스의 이론은 불평등한 점들이 존재한다는 것을 우리에게 기억하게 한다는 점에서 가치가 있다. 그러나 주민을 국가의 부분들로, 국가를 위한 생존 조건일 뿐인 것들로 단순하게 나누는 일은 복잡한 능력 단계를, 또는 ―다른 곳에서 아리스토텔레스가 강조하듯― '불리한 상황 속에서도 빛을 내는'[42] 탁월성의 힘을 전혀 정당하게 다루지 못하고 있다.

{ 정치체제의 분류 }

아리스토텔레스의 논의는 시민에 관한 여러 가지 고찰로부터 정치체제의 분류로 나아간다.[43] 정치체제는 한 국가 내의 공직들, 특히 고위 공직들에 관한 편제(編制)로서 정의된다. 정치체제의 본질은 권력을 누가 갖느냐에 달려 있다. 그런데 국가의 형성은 사람들이 여러 가지 공동의 관심사에 의해 함께 모이는 데에 기인한다. 이 경우는 주인과 노예가 결합하는 경우와 다르다. 뒤의 경우에서는 본질적으로 주인에게만 관심이

---

42 《니코마코스 윤리학》 1권(A) 10장 1100b 30.
43 《정치학》 3권(Γ) 6-9장.

쏠리고, 노예의 질이 저하되어 주인이 영향을 받는 경우에 한해서만 노예에게 관심이 집중된다. 그러므로 공동의 관심사를 겨냥하는 정부들만이 진정한 정부들이다. 통치자들의 관심만을 고려하는 정부들은 왜곡된 형태들이다. 이렇게 해서, 정부의 동기는 우리에게 정부들에 대해 핵심적인 구분 기준을 제공한다. 두 종류 각각에 일인, 소수, 다수에 의한 통치가 있다.[44] 이렇게 해서 우리는 다음을 얻는다.

올바른 정치체제	왜곡된 형태
군주정	참주정
귀족정	과두정
정치체제[혼합정][45]	민주정

이 분류는 대개는 플라톤의 《정치가》에[46] 나와 있는 것에서 가져온 것이다. 그러나 그곳의 분류 원칙은 다르다. 법을 존중하느냐 그렇지 않느냐에 따라 정치체제들이 구별된다(이것은 아리스토텔레스가 민주정의 하위종들과 과두정의 하위종들을 서로 떼어 두기 위해 사용한 구별이다). 더 나아가, 플라톤은 두 가지 주요 그룹 각각에서 통치자들의 수에 의해 세 가지 종을 구별하지만, 아리스토텔레스는 질적인 구별을 택한다. 왜냐하면 순수하게 수적인 구별을 사용하면 어려움이 생기기 때문이다.[47] 부유한 다수에

---

44 《정치학》 3권(Γ) 7장.
45 아리스토텔레스는 인정된 용어가 없어 이 정치체제에 상위 개념인 politeia[정치체제]라는 이름을 부여한다. 이것을 그는 《니코마코스 윤리학》 8권(Θ) 10장 1160a 36에서 금권정이라 부른다. 금권정은 재산 조건에 근거한 정치체제이다.
46 《정치가》 297c-303b.
47 《정치학》 3권(Γ) 8장.

의한 통치는 민주정이 아니고, 가난한 소수에 의한 통치도 과두정이 아니다. 그러나 만일 우리가 통치 집단의 상대적인 수뿐만 아니라 부의 정도를 정의(定義) 속에 포함하여 과두정을 부유한 소수에 의한 통치로, 민주정을 가난한 다수에 의한 통치로 정의 내린다면, 우리는 네 가지 가능한 조합 중 둘을 빠뜨릴 것이다. 수는 실제로 무관한 것이다. 과두정은 본질적으로 부유한 사람에 의한 통치이고, 민주정은 가난한 사람에 의한 통치이다. 이런 관점에서, 혼합정은 중간 계층에 의한 통치이다.[48] 주민을 부유한 사람 또는 특출한 사람들과 가난한 사람 또는 대중으로 분류하는 것은 대부분, 여기에 때때로 중간 계층이 부가되기도 하지만, 아리스토텔레스가 행하는 분류 작업의 토대를 이룬다.[49]

다른 곳에서도,[50] 두 가지 원칙을 결합하여, 그는 민주정을 가난한 다수에 의한 통치로, 과두정을 부유한 소수에 의한 통치로 정의 내린다. 그러나 이것은 그의 저술 중 그가 정치체제의 주요 유형들 내에서 발견될 수 있는 구별들을 강조하고 있는 일부에 있다. 그리고 우리는 엄격한 유형의 민주정과 과두정만이 그런 이중의 조건을 충족시키고 있음에 틀림없다고 생각해야 한다. 다른 구절에서는 보다 충분하게, 과두정의 통치자들은 좋은 태생, 부, 교육의 특징을 가진 사람들로 서술되고, 민주정의 통치자들은 비천한 태생, 가난, 평범한 직업의 특징을 가진 사람들로 서술된다.[51]

정치체제들 간의 차이를 다르게 서술하는 방식도 있다. 공직이 부여되

---

48 《정치학》 4권(Δ) 2장.
49 《정치학》 4권(Δ) 4장 1291b 15-17, 11장 1295b 1-3, 5권(E) 3장 1302b 40-1303a 13, 4장 1304a 38-b 4.
50 《정치학》 4권(Δ) 4장 1290a 30-b 20.
51 《정치학》 6권(Z) 3장 1317b 38.

는 원칙이 무엇인지를 물을 수 있다. 이에 대한 대답은 과두정에 관련해서는 '부'일 것이다. 부는 과두정들이 국가에서 가장 중요한 것으로 간주하는 것이다. 그리고 당연히 과두정들은 사람들이 나라의 부에 기여하는 정도에 토대를 두고 공직을 부여한다. 그러나 가난은 민주정들이 공직을 부여하는 근거가 아니다. 그것들은 자유민 신분에 근거하고, 모든 자유인들에게 동등하게 공직을 부여한다. 더 나아가, 군주정들과 귀족정들에서 권력이 부여되는 토대는 군주의 단독성이나 통치자의 소수성이 아니라 군주가 지닌 최상의 탁월성이나 지배 계층의 상대적인 탁월성이다. 이와 비슷하게, 혼합정은 부와 수를 조합한 원칙에 입각하여, 또는 아리스토텔레스가 때때로 말하듯이 비천한 유형의 탁월성, 즉 시민 군대의 탁월성에 기초하여 공직을 부여한다. 반면, 참주의 권력은 무력과 기만에 토대를 둔다.

다른 곳에,[52] 국가에 대한 다른 분석이 나온다. 동물의 종들을 열거할 때, 우리는 먼저 동물의 삶에 필요한 기관들과 이것들의 다양한 형태들을 결정해야 한다. 이것들에 대한 가능한 조합들의 결과로서 다양한 종류의 동물들이 나올 것이다. 국가의 기관들은 식량 생산 계층, 직공 계층, 상인 계층, 품팔이꾼들, 전사들, 재판관들, 자기 재산으로 공무를 이행하는 계층, 공직자 계층, 심의 집단이다.[53] 이렇게 기능에 근거하여 국가를 분석한 것에 정치체제들의 분류가 상응할 것이다. 그러나 한 개인이 그러한 기능들 가운데 여럿을 이행할 수는 있지만, 어느 누구도 동시에 부유하고 가난할 수는 없다. 이를 바탕으로 정치체제들을 민주정과 과두정으로 분류하는 보통의 견해가 나온다. 국가를 기능의 측면에서 다루는 것은 아리

---

52 《정치학》 4권(Δ) 4장 1290b 22-1291b 13.
53 여기에다 《정치학》 7권(H) 8장 1328b 22-24에 나오는 성직자 계층을 추가할 것.

스토텔레스가 실제로 제공하고 있는 것보다 더 귀중한 분류의 토대가 될 수 있었다. 그러나 그런 것은 이따금 《정치학》에 다시 나오지만,[54] 그 결과가 완성되지는 않는다.

이런 다양한 관점들을 수용하게 되면 정치체제들에 대한 아리스토텔레스의 분류는 쫓아가기 힘든 것이 된다. 그러나 사실 그것은 조금만 교차된 구분에 이르고, 다른 어떤 토대를 수용하는 것보다 더욱 구체적으로 다양한 정치체제들에 관한 그의 생각을 드러내는 데에 도움이 된다. 우리로서는 현실의 종류들을 단 하나의 구분 원칙에 의거하여 분류하는 것에 대한 아리스토텔레스의 경고를 새겨 두는 것이 좋을 것이다.[55]

그의 핵심적인 구분 원칙과 세분 원칙들은 여전히 정치체제들을 구분하는 데에 흔히 사용되고 있다. 앞의 것은 우리가 입헌정과 독재정을 구별하는 것에 상응한다. 그리고 우리는 여전히 그가 했던 것만큼 군주정, 귀족정, 과두정, 민주정을 구별한다. 그의 것과 다른 방식으로 정부들을 구획하는 노선들도, 즉 일차 정부와 대의 정부로, 단일국가와 연방과 제국으로, 중앙집권의 정부와 지방분권의 정부로, 성문 헌법과 불문 헌법, 연성(軟性) 헌법과 경성(硬性) 헌법으로 구별하는 것도 똑같이 중요하게 되었다. 대의 정부에 대해서 일차 정부에 대해서만큼 그것이 군주정의 형태인지 귀족정의 형태인지 민주정의 형태인지 말하기가 쉽지 않다.

《정치학》의 빼어난 장들 중 하나에서,[56] 아리스토텔레스는 귀족정, 과두정, 민주정을 지지하는 사람들이 내세우는 요구는 정의 개념을 다른 방식으로 적용하는 데에 의존한다고 지적한다. 그들은 모두 정의는 평등한

---

54 《정치학》 4권(Δ) 14장 1297b 39, 6권(Z) 1장 1316b 39-41, 7권(H) 8장 1328a 21-23.
55 《동물의 몸에 관하여》 1권(A) 1장.
56 《정치학》 3권(Γ) 9장.

사람들에게는 평등을, 평등하지 못한 사람들에게는 불평등을 뜻한다는 점에 동의한다. 문제는 평등과 불평등을 구성하는 것이 무엇이냐는 것이다. 부에서 우월한 사람들은 자신들이 모든 점에서 우월하다고 생각하고, 국가에 자신들이 관여하는 몫은 자신들이 가진 재산에 비례해야 한다고 주장한다. 자유민 신분의 면에서 다른 사람들과 평등한 사람들은 모든 측면에서 평등하다고 생각하고, 모든 자유인들이 평등한 정치적인 권리를 가져야 한다고 주장한다. 그러나 국가는 결연을 위해, 부정의로부터의 보호를 위해 존재하지 않고(그럴 경우, 각 사람은 하나로 간주되고 어떤 사람도 여럿으로 간주되지 않을 것이다), 물품의 교환을 위해서도 존재하지 않는다(그럴 경우, 부유한 사람이 권력을 가질 것이다). 부가 국가의 목적이라면, 무역 협정을 맺은 두 국가는 하나의 국가가 될 것이다. 단일한 국가라면 공동의 공직과 모든 구성원들의 선(善)을 위해 관심을 가져야 한다. 도덕적인 목표가 없다면, 국가는 결연에 지나지 않게 되고, 법은 사람들을 좋게 만들 어떠한 적극적인 힘도 없이 부정의에 맞서는 관행이자 안전장치에 지나지 않는다. 두 국가가 인접해 있고 통혼이나 무역의 권리를 갖는다고 하더라도 한 국가가 되지는 않는다. 두 국가 간의 거리 때문이 아니라, 그들의 교류 대상들이 갖는 제한된 성격 때문에 한 국가가 이루어지지 못한다. 국가는 완전하고 자족적인 삶을 위한, 잘 삶의 공동체이다. 지역, 통혼, 범죄 방지와 무역 조정을 위한 법의 공유는 한 국가이기 위한 필요조건들이지만, 그것이 하나의 국가를 만들지는 않는다. 만일 국가가 고귀한 행위들을 위해 존재한다면, 권력은 자유인에게도 태생이 좋은 사람에게도 부유한 사람에게도 가지 않고, 유능한 사람에게 가야 할 것이다. 좋음이 부족한 어떤 것의 견지에서 평등을 해석하는 사람은 '정의의 일부만을 말하고 있다.'

이것보다 더 높고 더 적극적인 국가 이상은 여태껏 표현된 적이 없다.

우리는 헉슬리(T. H. Huxley)가 말하는 '행정 허무주의', 즉 국가는 한 개인이 타인의 자유를 방해하려고 기도할 때에만 그 개인의 자유에 간섭해야 한다는 '야경'국가 이론보다 그것이 우월하다고 인정할 수 있다. 그러나 우리는 아리스토텔레스가 '조직화'에 반대되는 극단을 향해 지나치게 가지 않는지 물을 수 있다. 그는 사람들이 법률에 의해 도덕적인 사람이 될 수 있다는 것을 믿지 않는다. 그러나 그는 국가가 일정한 유형의 행위에 상벌을 지움으로써 좋은 것을 하고 나쁜 것을 삼가는 습관을 일으킬 수 있다고 믿는다. 이것이 도덕성은 아니지만, 그는 그것이 도덕성의 선결 조건이라고 주장하고, 그것에 도덕성이 뒤따르기 쉽다고 주장한다. 그리고 경험은 확실하게 그가 옳다는 것을 보여 준다.

3권(Γ)의 나머지 부분에서는 긴 논쟁이 펼쳐진다. 여기에서, 어떤 정치체제가 이상적인지를 결정할 작정으로, 다양한 올바른 정치체제들의 진가들이 공평하게 논의된다. 그 물음에 대한 아리스토텔레스의 대답은 마지막 두 장에 아주 뚜렷하게 주어져 있다. 이와 더불어 그는 자주 다른 물음, 즉 '사람이 맨 위에 있어야 하는가, 법이 맨 위에 있어야 하는가?'라는 물음으로 되돌아간다.

먼저, 다수에 의한 통치 쪽으로 저울이 기운다. 다수가 통치해야 한다는 주장에 일정한 가치를 부여하는 근거로 네 가지가 제시된다. (1) 많은 일반인들이 소수의 유능한 사람들보다 집단적으로는 더 나을 수 있다. 아리스토텔레스는 마치 지혜와 탁월성이 한데 모일 수 있는 것처럼 말한다. 그리고 너무 쉽게 다른 영역에서, 예를 들어, 음악과 시를 판단하는 데에서 다수의 의견이 소수의 의견보다 더 나을 수 있다고 생각한다. 실천적인 문제들에서도 그의 취지에는 많은 진실이 담겨 있다. 한 사람이나 소수의 똑똑한 사람들이 고안한 계획에 많은 일반인들의 상식이 집중되면, 당사자들이 의심하지 못한 결함들이 나타나는 일이 흔히 발생한다. 사람들은 위원회가 가장 현명한 위원보다 더 현명하다고 말한다. 아리스토텔레스는 이 주장의 보편적인 적용을 허용하지는 않는다. 그는 어떻든 그것은 다수에게 일정한 집단적인 기능들을 허용하자는 주장일 뿐이고, 교육을 덜 받은 계층의 개인들한테 행정 업무를 맡기자는 주장은 아니라고 지적한다. (2) 대중을 모든 공직 참여에서 상시적으로 배제하는 것은 불만을 퍼뜨릴 수 있기 때문에 위험하다. (3) 특히, 통치자들을 선출·재선출하거나 면직시키는 권한을 일반인들에게 부여하는 것에 대해서는 이야기할 것이 많다. 뒤의 기능에 관련해서, 지성을 갖춘 문외한은 어떠한 기술에서도 전문가처럼 올바르게 판단할 수 있을 것 같다. 그리고 앞의 기능과 관련해서, 사용자는 건축자보다 집의 우수성에 대해더 잘 판단하고, 잔칫상은 요리사보다 손님이 더 잘 판단한다. 사람은 자신의 통치력이나 실제 통치의 우수성에 대해 직접 적절하게 판단하지 못한다. 통치자들은 그들의 통치에 의해 이익을 보거나 고통을 받는 사람들 —신발이 어디가 죄이는지를 아는 사용자들— 에 의해 관직에 오르고, 또 관직으로부터 물러날 수 있어야 한다.[57] (4) 개인은 감정의 지배를받기 쉽다. 대중 모두가 한꺼번에 어떤 감정에 빠질 것 같지 않다.[58] 아리스토텔레스는 여기에서 군중을 마치 그들이 고립된 개인들인 것처럼 다루고 있고, 이런 가설 위에 개연성의 법칙들을 적용하고 있다. 그는 군중이 지나치게 열광적인 구성원들의 감정에 의해 휩쓸리기 쉽다는 사실을모르고 있다. 그러나 그 자신은 똑같이 탁월한 많은 사람들이 이들의 것들과 같은 양의 탁월성을 가진 한 사람보다 덜 잘못을 저지르기 쉽다는결론만을 인정한다.

---

57 《정치학》 3권(Γ) 11장.
58 《정치학》 3권(Γ) 15장 1286a 31-b 7.

다수의 주장이 분명하게 굴복하는 경우가 한 가지 출현한다.[59] 그것은 있을 것 같지 않은 경우이다. 여기에서는 국가의 한 사람이 탁월성에서 다른 모든 사람을 개별적으로 초월할 뿐만 아니라 그들 집단을 전체적으로 초월한다. 그러한 사람에 대해 여러 가지 법 조항을 만드는 것은 불합리할 것이다. 민주정의 국가들이 그러한 종류의 사람들을 다루는 방식은, 그들을 수용할 수 없다는 것을 알고서 그들을 도편 추방하는 것이다. 그러나 유일하게 적절한 방식은 그들에게 기꺼이 복종하는 것이다. 이것 ―완전한 사람의 일인 통치― 은 아리스토텔레스에게 이상적인 정치체제다. 그러나 그는 그러한 종류의 사람들은 드물고 결코 발견되지 않는다는 것을 알고 있다.

{ 군주정 }

이는 자연스럽게 군주정에 관한 보다 명시적인 논의로 이어진다.[60] 아리스토텔레스는 다섯 가지 유형의 군주정 ―(왕이 모든 것에 책임을 지지는 않고 전쟁 시에만 종신의 지휘권을 갖고, 종교의식을 주관하는) 스파르타의 유형과 절대 군주정, 그리고 이것들 사이에 있는 세 가지 형태들― 을 열거한다. 스파르타의 또는 최소의 유형은 살펴볼 필요가 거의 없다. 그것은 독립된 형태의 정치체제가 아니다. 왜냐하면 정치체제라면 어느 때든 종신의 총사령관을 인정할 것이기 때문이다. 우리는 최대의 유형을 살펴보

---

59 《정치학》 3권(Γ) 13장.
60 《정치학》 3권(Γ) 14~18장.

기만 하면 된다.[61] 군주정의 진가들은 다수의 주장들을 지지하며 제시되었던 논증들을 언급하며 고찰된다. 그리고 이로부터 다수의 유능한 사람들의 통치, 즉 귀족정이 그들보다 나을 바 없는 한 사람의 통치보다는 낫다는 결론이 나온다. 군주정에 대해 일어날 법한 반론이 몇 가지 지적된다. 왕은 당연히 제 자식들에게 왕위를 물려주길 바랄 것이나, 그들이 그럴 만한 자격이 있다는 보장은 없다. 왕은 자신이 거느리는 친위대를 부적절하게 이용할 수도 있다. 그러나 주로 논의된 문제는 왕이 맨 위에 있어야 하는지 아니면 법이 맨 위에 있어야 하는지의 문제다.[62] 한편으로, 무감정의 이성인 법이 맨 위에 있어야 한다고 말할 수 있을 것이다. 다른 한편으로, 법은 그것을 세운 불완전할지도 모를 정부의 색깔을 띨 수 있다. 법은 그것의 일반성 때문에 모든 특수한 사례들에 대비할 수 없고, 의학이라든가 다른 어떤 학문에서 고정된 규칙들에 의해 일을 처리한다는 것은 불합리할 것이라고 주장할 수도 있다. 그러나 법이 결정할 수 없는 곳에서 개인은 결정할 수 있을까? 의학에 빗대는 것도 확실하지 않다. 의사는 환자에게 최선을 다하지 않을 동기가 없지만, 통치자들은 종종 악의와 편파에 의해 움직인다. 더 나아가, 성문법이 너무 경성(硬性)일 경우, 우리는 더 중요한 법의 종류인 불문법과 관습법에 기댈 수 있다. 결론적으로, 법은 가능한 곳에서는 지켜져야 하고, 개인들에게 남겨야 하는 것은 법이 침묵하는 특수한 사례들을 다루는 것이다.

아리스토텔레스의 이런 견해는 다소 특이하다. 도대체 법 자체는 어디에서 오는가? 그것은 일인, 소수, 다수의 통치에 의해 제정되었음에 틀림

---

61 《정치학》 3권(Γ) 15장.
62 《정치학》 3권(Γ) 10장 1281a 34-39, 11장 1282b 1-13, 15장 1286a 7-24, 16장 1287a 18-b
    23.

없고, 그것을 창안한 사람들이 지닌 결함에 노출되어 있을 수밖에 없다. 그가 의도하는 바는 입법부의 통제를 받지 않은 통치 행위에 대한 우리의 불신에 어느 정도 일치한다. 그러나 그는 이보다 더 나아가려고 한다. 그는 민회 ―우리의 의회에 가장 근접하게 상응하는 아테네의 제도― 의 투표에 의한 결정들마저도 불신하고, 아테네는 법보다 투표에 의한 결정을 우선시함으로써 파멸되고 있다고 생각한다. 그는 의회가 나날의 활동을 통해 어떤 것은 합법이고 어떤 것은 불법인 것으로 만들 수 있는 제도에 만족하지 않고, 법을 근본적으로 변경하는 것에 맞서 공들여 예방책을 강구하는 쪽을 좋아할 것이다. 그는 상대적으로 영구적인 법을 갖고자 할 것이고, 법의 변경을 예외적인 것으로 간주하면서 입법부의 기능을 법을 보완하는 것에 제한하려 할 것이다.

주인과 노예의 관계와 마찬가지로 왕과 신민(臣民)들의 관계가 반드시 자연스럽지 못할 것은 없다고 아리스토텔레스는 결론을 내린다.[63] 모든 것은 다음의 두 가지에 달려 있다. (1) 왕은 자신의 복지가 아니라 신민들의 복지를 추구해야 한다. (2) 그는 탁월성 면에서 반박의 여지 없이 그들보다 우월해야 한다. 실제로 우리는 사람들에게 속한 특수한 성질을 고려하지 않고서는 그 사람들에게 어떤 통치가 최선인지 단언할 수 없다. 이들이 어느 한 사람이나 가문이 탁월성 면에서 다른 사람이나 가문보다 두드러지는 곳의 사람들인가? 그렇다면, 그들은 왕에 의해 가장 잘 통치된다. 지닌 탁월성으로 말미암아 정치적인 명령의 능력을 갖게 되는 자들이 일군의 사람들을 자유인들로서 통치할 수 있는 곳의 사람들인가? 그렇다면, 그들은 귀족정에 의해 가장 잘 통치된다. "진가에 따라 부유층에게 공직을 부여하는 법 아래에서 번갈아가며 지배하고 복종할 수 있는 호전적

63 《정치학》 3권(Γ) 17장.

인 다수가 자연스럽게 존재하는" 곳의 사람들인가? 그렇다면, 이 사람들에게는 혼합정이 적합하다. 아리스토텔레스는 "사람들 사이에 있는 신과 같은 존재"의 군주정을 선호한다. 왜냐하면 초월적인 탁월성은 어느 다수 속에서보다는 한 사람에서 발견되기가 더 쉽기 때문이다. 그러나 그는 이것은 거의 실현 불가능한 이상이라는 점을 인정한다. 그가 후에 (7권에서) 묘사하는 이상 국가는 높이 빛나는 탁월성을 지닌 사람들에 의한 정부이다. 여기에서는 그러한 자격을 갖추지 못한 사람은 시민으로 인정되지 않고, 모든 시민이 번갈아가며 지배하고 지배된다. 그러나 그는 더 나아가 이것이 인간의 본성에게는 거의 너무 높이 던져진 이상이라는 것을 안다. 따라서 그는 당시의 그리스 국가들에게 실천 가능한 이상으로서 혼합정을 제시한다. 여기에서 통치의 자격은 높이 빛나는 탁월성이 아니라 중간 계층의 견실한 군사적 탁월성이다. 그는 민주정은 지속될 개연성이 다분하고,[64] 정치가가 가장 잘 실천할 수 있는 일은 그것에다 과두정의 색채를 강하게 가미함으로써 그것을 절대 안전한 것으로 만드는 일이라고 생각한다.

{ ## 국가 형태론 }

4권(Δ)-6권(Ζ)과 더불어 우리는 원래 독립적인 논문이었던 것으로 보일 법한 것에 이른다. 이 논문은 정치체제의 종류들과 하위 종류들을 상세하게 다룸으로써 성격 면에서 저술의 나머지 부분보다 더 전문적이다. 지금까지 정부의 여섯 가지 형태들 중 군주정과 귀족정을 논의했다.[65] 혼

---

64 《정치학》 3권(Γ) 15장 1286b 20.

합정, 참주정, 과두정, 민주정에 관한 논의가 남아 있다.[66] 뒤의 둘은 4권 3-6장에서 서로 대립된 상태에서 논의되고, 혼합정은 4권 8장, 9장, 11장에서, 참주정은 4권 10장에서 논의된다.

참주정은 최선의 정부가 왜곡된 것으로서 최악의 것이고, 과두정은 그 다음으로 나쁜 것이고, 민주정은 결코 왜곡된 형태와 다르지 않으면서도 세 가지 왜곡된 형태들 중 가장 참을 만한 것임에 틀림없다는 점이 공리와 같은 것으로서 주장된다. 그다음에 아리스토텔레스는 더 나아간 논의의 계획에 대한 윤곽을 그린다. 우리는 다음과 같은 것들을 탐구해야 한다.

(1) 얼마나 많은 다양한 정치체제들이 있는가?(4권 3-6장)
(2) 어떤 정치체제가 정상적인 상황에 적합한 최선의 것이고, 이상적인 정치체제 다음으로 차선의 것인가?(4권 11장)
(3) 열등한 종류의 정부들 중 어떤 것이 각 종류의 주민에 적합한가?(4권 11장)
(4) 이러한 형태들은 어떻게 조직되어야 하는가?(4권 14-16장, 6권)
(5) 정치체제들은 어떻게 파괴되고 유지되는가?(5권)

아리스토텔레스는 민주정에서 다섯 가지 다른 유형들을 알아낸다. 이 유형들은 제도들의 성격과 그것들이 발생하는 곳에 사는 주민들의 성격에 의해 구분된다.[67] (1) 엄격하게 평등에 기초를 둔 민주정이 있다. 여기

---

65   이 진술(4권 2장1289a 30)은 3권(Γ)에 귀족정을 다루는 소실된 부분이 있음을 함축하는 듯 하다. 이 장의 각주 1 참조. 아리스토텔레스는 4권(Δ) 7장에서(8장 1293b 33-42, 1294a 19-25 참조) 느슨하게 귀족정이라 불리는 것의 세 가지 유형에 관한 언급을 덧붙인다.
66   《정치학》 4권(Δ) 2장.

에서 부유한 사람은 가난한 사람보다 우선권을 갖지 않고, 가난한 사람이 부자보다 우선권을 갖지 않는다.[68] (2) 공직자들이 낮은 재산 조건에 기초를 두고 선출되는 민주정이 있다. 이것은 농업이나 목축업을 하는 사람들에 자연스러운 정치체제이다. 그들은 아리스토텔레스에 따르면 민주정을 하기에 가장 좋은 요소이다. 아리스토텔레스는 그러한 주민들을 상대로 유리한 점은 그들이 너무 바쁘고 너무 멀리 있어서 민회의 드문 모임에 참석하여 공직자들을 선출하고 감사(監査)하는 것 이상의 것을 할 수 없고, 기꺼이 통치권을 보다 나은 사람들에게 양도하려 한다는 점이라고 다소 냉소적으로 힘주어 말한다. 그가 보기에 그것을 좋은 민주정으로 만들어 주는 것은 그것이 전혀 민주정이 아니라는 점이다. 그러한 국가에서, 법은 투표에 의한 결정 사항들의 공격으로 상처입지 않는다. 가장 나은 사람이 통치하지만, 그는 보통선거에 의해 강제되는 저지를 받지 않으면 안 된다.[69]

두 가지 중간 유형 다음으로[70] 우리가 얻는 유형에서는 민회 근무에 대한 수당이 지급되고 투표에 의한 결정 사항들이 법을 대신한다. 사람들은 민중선동가들에 의해 흔들린다. 부자들은 피해를 입는다. 공직자들의 권위는 훼손된다. 직공과 인부가 최고의 권위를 갖는다. 이 유형은 참주정과 아주 유사하고, 이것과 마찬가지로 아리스토텔레스한테는 전혀 정치체제라고 볼 수 없는 것이다.[71] 그는 정치체제들이 군주정의 형태로부터

67 《정치학》 6권(Z) 1장 1317a 18-33 참조.
68 이 유형은 4권(Δ) 4장 1291b 30-38에서만 구분된다. 4권(Δ) 6장과 6권(Z) 4장에서 그것은 두 번째의 것과 함께 취해진다. 이것과는 재산 조건이 없다는 점에서 다른 것처럼 보인다.
69 《정치학》 4권(Δ) 4장 1291b 39-41, 6장 1292b 25-33, 6권(Z) 4장 1318b 6-1319a 24.
70 세 번째 유형은 4권(Δ) 5장 1292b 1, 6장 1292b 34-38을 보라. 네 번째 유형은 4장 1292a 2-4, 6장 1292b 38-41을 보라. 이 유형들은 6권(Z) 4장 1319a 24-b 2에서는 서로 구별되지 않은 채로 언급되어 있다.

귀족정, 과두정, 참주정을 거쳐 민주정으로 변천하는 역사적인 경향을 알아낼 뿐만 아니라, 민주정이 가장 온건한 형태로부터 가장 극단적인 형태로까지 진행하는 역사적인 경향을 알아낸다.[72] 이와 비슷하게 과두정의 네 가지 유형들과[73] 참주정의 세 가지 유형들이[74] 구별된다.

다음으로, 아리스토텔레스의 논의는 아주 드물어서 이전 사람들이 간과했던 정치체제,[75] 즉 혼합정으로 건너간다. 이것은 과두정과 민주정의 혼합이다. 그러나 그 용어는 (아리스토텔레스가 지적하듯이) 보통 민주정 쪽으로 기울어 혼합된 정체(政體)들에 적용되고, 과두정으로 기울어 혼합된 정체들은 느슨하게 귀족정이라 불린다.[76] 혼합정의 특징은 공직을 배분할 때 부와 자유민 신분을 고려한다는 점이다. 혼합의 방법에 세 가지가 있다고 지적된다.[77] 이 가운데 둘은 두 가지 정부 형태로부터 전체적으로 또는 부분적으로 제도들을 차용하는 데에 있다. 세 번째의 것은 두 가지 정부 형태의 법규들 사이에 놓인 중간 법규를 채택한다. 이렇듯, 혼합정은 높은 재산 조건이 있지도 않고 재산 조건이 전혀 없지도 않음으로써 자연스럽게 과두정과 민주정 사이의 중간 길로 나아간다. 그것은 실제로 중간 계층에게 권력을 위임할 것이다. 그리고 이 점은 아리스토텔레스가 나중에 주로 강조하는 그것의 특징이다.

동경의 대상일 뿐인 이상 국가를 무시하면서, 우리는 이제 어떤 것이

---

71 《정치학》 4권(Δ) 4장 1292a 4-37, 6장 1292b 41-1293a 10, 12장 1296b 26-30, 14장 1298a 28-33, 6권(Z) 1장 1317a 24-29, 4장 1319b 1-11.
72 《정치학》 3권(Γ) 15장 1286b 8-22, 4권(Δ) 6장 1292b 41, 13장 1297b 16-28.
73 《정치학》 4권(Δ) 5장 1292a 39-b 10, 6장 1293a 12-34. 14장 1298a 34-b 5, 6권(Z) 6장 참조.
74 《정치학》 4권(Δ) 10장.
75 《정치학》 4권(Δ) 7장.
76 《정치학》 4권(Δ) 8장.
77 《정치학》 4권(Δ) 9장.

대부분의 국가들에게 최선의 정치체제인지 말할 수 있다.[78] 우리는 《니코마코스 윤리학》에서 행복한 삶은 중용의 삶이라는 것을 배웠다. 행운의 선물들이 너무 지나치거나 부족한 상태로 주어져 있을 때, 우리는 이성을 따르기 어렵다. 너무 많이 가진 사람들은 난폭해지기 쉽고, 너무 적게 가진 사람들은 못된 짓을 저지르기 쉽다. 앞의 사람들은 학교에서조차 복종하는 습관을 배우지 못해서 복종할 줄 모른다. 뒤의 사람들은 아예 지배할 줄 몰라 노예처럼 지배될 수밖에 없다. 이렇게 해서, "주인과 노예의 도시가 한쪽은 경멸하고, 한쪽은 시기하며" 생겨난다. 그러므로 양극단 사이에서 균형을 잡을 수 있는 중간층 시민들의 비율이 높은 도시국가가 행복한 국가이다. 이 계층은 상대 계층들이 제휴할까 두려워할 필요가 없는 유일한 계층이다. 부유층과 빈곤층은 항상 서로를 신뢰하기보다는 중간 계층을 신뢰할 것이(라고 아리스토텔레스는 주장한)다. 중간 계층이 없으면 과두정이나 민주정이 발생하고, 어느 것이든 쉽게 참주정으로 넘어갈 수 있다. 하지만 민주정은 중간 계층이 더 두텁기 때문에 과두정보다 안전하다. 대부분의 정부들은 단지 중간 계층이 너무 얇았기 때문에 민주정이거나 과두정이었다.

아리스토텔레스는 스파르타의 혼합정 말고는 다른 어떤 실제적인 사례를 언급하며 '혼합정'을 설명하지 않지만, 그가 기원전 411년의 아테네 정치체제를 생각하고 있다는 점은 의심할 여지가 없다. 이 체제에서 권력은 중무장 보병 5,000명에게 있었고, 민회 참석에 대한 수당 지급 체계는 폐지되었다. 《아테네인들의 정치체제》로부터[79] 우리는 투퀴디데스와 마찬가지로 그가 이 정치체제의 창시자인 테라메네스를 위대한 그리스 정

---

78 《정치학》 4권(Δ) 11장.
79 《아테네인들의 정치체제》 28장 5절, 53장 2절.

치가들 중 한 사람으로 여겼다는 것을 안다.

그의 논의는 이제 자신의 탐구 주제 중 보다 특수한 부분 —심의적인, 행정적인, 사법적인 요소들[80]— 으로 나아간다. 이것들을 그는 다른 곳에서보다 더 분명하게 여기에서 국가의 가장 중요한 부분들로 여긴다. 그의 목표는 이런 요소들 각각에 관련하여 어떤 제도들이 각 형태의 정치체제에 적합인지를 보여 주는 것이다. 그가 심의적인 요소를 다루는 곳에서 가장 주목할 만한 점은 심의하는 사람들을 다양한 계층들에서 같은 수로 뽑아야 한다는 권고이다.[81] 이것은 대의 정부가 될 것이다. 그러나 아리스토텔레스는 이것이 멀리까지 미치는 중요성을 깨닫지 못한다. 그는 행정적인 요소를 살펴보고,[82] 다음과 같은 점들에 따라 다양한 방식의 임명을 구별한다.

(1) 모든 시민들이 또는 일부 시민들이 임명한다.
(2) 모든 시민들이 또는 (재산 자격, 태생, 자질에 의해 구별된) 일부 계층이 선출될 수 있다.
(3) 임명은 투표 또는 추첨에 의해 이루어진다.

더 나아가, 이 세 가지 항목들 중 어느 하나에 있는 두 가지 선택지는 모든 시민들이 어떤 공직에 임명되고 특정 시민들만이 다른 공직에 임명되는 방식으로 결합될 수 있다. 이렇게 해서 '3×3×3'개의 방식들이 가능하다. 아리스토텔레스는 이 방식들의 대부분을 검토하고 그것들에 적합한

---

80 《정치학》 4권(Δ) 14-16장.
81 《정치학》 4권(Δ) 14장 1298b 21-23.
82 《정치학》 4권(Δ) 15장.

정치체제를 지정한다. 다른 곳에서 그는 국가에 (a) 본질적이고 (b) 바람직한 통치 장치에 대해 흥미롭고도 상세한 설명을 제공한다.[83]

그는 계속해서 6권(Z)에서 민주정(1-5장)과 과두정(6장, 7장)에 적절한 조직을 상세하게 논의한다. 그는 민주정의 이끎음들이 자질의 차이를 고려하지 않은 평등의 권리와 자기가 좋아하는 일을 할 허가로 해석된 자유의 권리라고 생각한다.[84] 이 두 가지 권리의 결합으로부터 전혀 지배를 받지 않든지, 아니면 적어도 번갈아가며 지배해야 한다는 요구가 나온다. 이런 근원들로 향해 가며 아리스토텔레스는, 정도의 차이는 있지만 모든 민주정들에서 발견되는 경향이 있는 정치체제적인 제도들을 추적한다. 그러나 그는 가장 진정으로 민주정적인 정책들은 민주정을 그것의 가장 특징적인 형태로 정립할 정책들이라고 생각하는 것은 잘못이라고 강조한다. 그러한 통치에 가장 유리한 정책들은 그것을 가장 오래 지속시킬 정책들이다.[85] 반대 계층을 희생시키지 않고 이 계층에게 관대하게 대하는 것이 가장 올바른 지혜이다. 더 나아가, 회의에 참석한 사람들에게 수당을 지급하는 일은 민주정의 특징이지만, 현명한 민주정 지지자라면 이를 민중들이 구호 대상자가 되는 지점까지 밀고 나가지는 않을 것이다 ― 그 대신, 그는 상대적으로 궁핍한 시민들이 농사나 장사를 개시할 수 있도록 정책들을 고안하여 이들의 번영과 자존심을 촉진하는 데에 앞장설 것이다.

---

83 《정치학》 6권(Z) 8장.
84 《정치학》 6권(Z) 2장.
85 《정치학》 6권(Z) 5장. 5권(E) 9장 1309b 18-1310a 36, 11장 1313a 20-33, 6권(Z) 7장 1321a 26-b 1 참조.

국가 병리학

아리스토텔레스의 논의는 이제 혁명의 원인들과 과정, 그리고 그것을 예방하는 수단으로 향한다. 5권(E)은 방대한 양의 역사적인 정보를 담고 있지만, 우리의 목적에 더 부합하는 것은 아리스토텔레스가 국가라는 몸이 질병에 걸리는 원인들을 진단하면서, 그리고 질병의 치료법을 지시하면서 보여 주는 성숙한 정치적 지혜이다.

그는 혁명의 정도가 다양하다고 지적한다. 그것은 정치체제의 변화라는 형태를 띨 수도 있고, 혁명의 장본인이 정치체제는 그대로 두고 권력을 손에 넣는 것으로 만족할 수도 있다. 더 나아가, 혁명은 단지 과두정을 이전보다 더 또는 덜 과두정의 성격을 띤 것으로 만들거나 민주정을 이전보다 더 또는 덜 민주정의 성격을 띤 것으로 만들 수 있다. 아니면 마지막으로, 그것은 어떤 한 가지 제도에만 반대하는 쪽으로 향하고, 그 밖의 통치 형태는 그대로 둘 수 있다.

아리스토텔레스는 먼저 혁명의 일반적인 원인들에 몰두한다. 그것의 근원은 사람들이 마음에 품는, 한쪽으로 치우치고 비뚤어진 정의관에서 발견된다. 민주정 지지자들은 사람들이 똑같이 자유롭기 때문에 무조건 평등해야 한다고 생각한다. 과두정 지지자들은 사람들이 소유한 부가 똑같지 않기 때문에 무조건 불평등해야 한다고 생각한다. 이것이 혁명가의 심리 상태이다.[86] 그의 목표는 이익과 명예이거나 손실과 불명예의 회피이다. 이런 심리 상태로 이끄는 원인들은 다른 사람들이 이익과 명예를 독점하는 것에 대한 분개, 오만, 두려움, 특정인들의 부당한 득세, 경멸, 국가

---

86 《정치학》 5권(E) 2장.

의 어떤 부분에 일어나는 불균형한 성장, 선거 음모, 불충실한 사람들에게 부주의하게 공직을 허용함, 조그만 변화들을 소홀히 함, 국가 안에 있는 요소들의 이질성이다. 자신의 풍부한 역사 지식 덕분에 아리스토텔레스는 이러한 혁명의 원인들을 적절하게 예를 들며 설명한다.[87]

그다음에, 그는 특수한 종류의 국가들 ―민주정(5장), 과두정(6장), 귀족정과 혼합정(7장)― 에서 혁명이 일어나는 원인들을 검토한다. 민주정은 보통, 부자들을 그런 지배 체제에 맞서 단결하도록 유도하는 민중선동가들의 월권에 의해 전복된다. 아니면 민중선동가들은 참주정을 세울 수도 있다. 과두정은 (1) 억압적인 지배 때문에 일어난 반란에 의해 전복되거나, (2) 과두정의 구성원들을 민중선동가의 역할을 하도록 이끄는 이들 자신들 간의 경쟁심에 의해 전복된다. 귀족정에서 혁명은 때때로 국가의 공직이 너무 작은 집단에 한정됨으로써 발생한다. 하지만 보통, 귀족정이나 혼합정은 그 안에 있는 민주정의 요소와 과두정의 요소가 잘못 혼합됨으로써 붕괴된다. 혼합정은 민주정으로 바뀌기 쉽고, 귀족정은 과두정으로 바뀌기 쉽다. 그러나 반동으로 말미암아 때로는 혼합정이 과두정으로, 귀족정이 민주정으로 바뀌기도 한다. 아리스토텔레스는 외국이 혁명을 일으키는 데에 미치는 영향의 결과에도 주목한다.[88]

그는 다음으로 혁명을 예방하는 법들을 살펴본다.[89] 가장 중요한 것은 특히 사소한 일들에서 준법정신을 유지하는 것이다. 변화의 발단들을 경계해야 한다. 두 번째 규칙은 사람들을 속이는 술수들에 의존하지 않는 것이다. 경험은 그런 장치들이 쓸모없다는 점을 보여 준다. 더 나아가, 귀

---

87 《정치학》 5권(E) 3장, 4장.
88 《정치학》 5권(E) 7장 1307b 19-24.
89 《정치학》 5권(E) 8장, 9장.

족정과 과두정은 정치체제에 내재한 어떤 안정성 때문이 아니라, 통치자들이 명예심이 강한 사람들을 명예 문제에서 부당하게 대하지도 않고 대중을 이득 문제에서 부당하게 대하지도 않으며 지도력이 있는 사람들을 국정에 참여시키고 일정 정도 민주적인 제도들을 채택함으로써 피통치자들과 좋은 관계를 유지하기 때문에, 지속될 수 있다. 통치자는 또한 사람들 앞에다 외부 공격의 위험을 두어야 하고, 필요하다면 그들이 경각심을 갖도록 위험을 날조해야 한다. 지배 계층은 모든 수단을 다하여 제 나름의 연대성을 유지해야 한다. 부의 분배에서 일어나는 변화가 지닌 정치적인 효과를 주의 깊게 관찰해야 한다. 어떤 개인이나 계층이 너무 강력해지는 것을 허용해서는 안 된다. 부자와 빈자가 서로를 통제하도록 설정하거나, 권력을 중간 계층에게 주어야 한다.

아리스토텔레스가 아주 강조하는 점은 통치자들이 공직으로부터 재산 모을 기회를 얻어서는 안 된다는 점이다. 그는 보통 사람들이 공직자 나리들이 자신들의 것을 빼앗는다고 의심하지 않는 한 권력이 없어도 만족한다는 정도를 과장하고 있을지도 모른다. 이에 따라서, 그는 공직자들의 회계 자료에 대한 아주 세밀한 조사를 규정한다. 과두정이 가난한 사람들을 억압하고 민주정이 부유한 사람들을 억압하는 것을 옹호하기는커녕, 그는 지배 집단은 피지배자들에 대한 행동에서 특히 신중해야 한다는 점이 아주 중요하다고 지적한다. 이들에게 고위 공직을 제외한 모든 공직에서 평등권이나 우선권이 주어져야 한다.

고위 공직을 맡으려면 세 가지 —현재의 정치체제에 대한 충성심, 행정능력, 도덕성— 가 요구된다.[90] 세 가지를 다 갖출 수 없을 경우엔 어떻게 선출해야 하는가? 우리는 어떤 성질들이 흔한 것이고, 어떤 성질들이 드

---

90 《정치학》 5권(E) 9장.

문지를 고려해야 한다. 장군을 선출할 때에는 군사적인 기술이 드물기 때문에 도덕성보다는 기술을 고려해야 한다. 재무관을 선출할 때에는 필요한 지식이 흔하기 때문에 도덕성을 고려해야 한다. 이것은 담당할 공직의 특수한 업무에 대한 후보자들의 적합성에 관하여 아리스토텔레스가 많은 이야기를 하고 있는 몇 안 되는 구절 중 하나다. 보통, 그는 정의를 탁월성에 대한 보답으로 말하고, 공직을 그것에 대한 보답으로 생각한다. 이는 행정 권력을 여러 개의 평의회에 분산시킨 결과, 어떠한 공직자도 개인으로서 커다란 이익이나 해를 끼칠 수 없었던 아테네의 관행에 부분적으로 기인한다. 그러나 우리가 '탁월성'이라고 옮기는 단어는 도덕적으로 뛰어난 것뿐만 아니라 지적으로 뛰어난 것을 뜻한다는 점, 그리고 본질적으로 아리스토텔레스의 원칙과 우리의 원칙은 통치할 자격을 가장 잘 갖춘 사람이 통치해야 한다는 것을 뜻한다는 점을 기억하는 것이 보다 중요하다.

민주정처럼 보이는 수많은 관행들이 민주정의 타락이고, 과두정처럼 보이는 수많은 관행들이 과두정의 왜곡이라고 그는 지적한다. 민주정과 과두정을 극단으로 밀고 나가서는 안 된다. 그렇지 않으면 그것들은 자멸할 것이다. 중용을 추구해야 한다. 그러나 무엇보다도, 통치 형태에 맞춰 교육이 이루어져야 한다. 사람들은 "과두정 지지자들이나 민주정 지지자들이 기뻐할 행위들이 아니라 과두정이나 민주정의 존립을 가능하게 만드는 행위들을 하도록" 교육을 받아야 한다. 젊은 과두정 지지자들은 사치스러운 삶 속에서 양육되어서는 안 되고, 젊은 민주정 지지자들은 자유란 마음 내키는 대로 하는 것이라는 생각 속에서 양육되어서는 안 된다. "사람들은 정치체제의 규칙에 맞게 사는 것을 노예 생활로 생각해서는 안 된다. 왜냐하면 그것은 그들을 구원해 주기 때문이다."

아직 군주정과 참주정에서 일어나는 혁명의 원인과 예방책에 대해 말하는 것이 남아 있다.[91] 군주정은 귀족정의 성격을 띤다. 참주정은 극단적인 민주정과 극단적인 과두정이 혼합된 것이다. 그러므로 이런 통치 형태들에 대해 말했던 것이 군주정과 참주정에도 적용된다. 왕권은 그 권력이 제한됨으로써 보존된다.[92] 참주정은 (1) 전통적인 방식으로, 사람들 사이에 불신을 심고 그들의 힘을 빼앗으면서 그들을 굴복시킴으로써 유지되거나, (2) 참주의 통치를 보다 왕의 통치와 비슷하게 만듦으로써 유지된다. 참주는 국가의 아버지, 시민들의 수호자, 절제 있는 삶을 사는 사람, 저명인사들의 동료, 대중의 영웅이란 모습을 보여야 한다. "이렇게 해서 그의 성품은 탁월하게 되거나, 적어도 반은 탁월하게 될 것이다. 그리고 그는 악하게 되지 않고, 반만 악하게 될 것이다."

{ 이상 국가 }

최상의 정치체제를 다룬다고 공언하는 《정치학》의 권들은[93] 실제로는 정치체제와 관련된 문제들을 거의 다루고 있지 않다. 그것들은 이상 국가의 건설에 관한 일반적인 소론으로 드러나고, 무엇보다도 이상 국가의 교육 제도를 다루고 있다.

이상적인 정치체제를 묘사하기 위해서는 먼저 어떤 삶이 가장 바람직한지를 결정해야 한다. 아리스토텔레스는 먼저 윤리학에 고유한 이론들을 요약한다. 모든 선(善)들은 외적인 선, 신체의 선, 혼의 선으로 나눌 수

---

91 《정치학》 5권(E) 10장, 11장.
92 《정치학》 5권(E) 11장.
93 《정치학》 7권(H), 8권(Θ).

있고, 행복한 사람은 이 세 가지를 다 가져야 한다. 그러나 이 모든 것들이 같은 가치를 갖는 것은 아니다. 왜냐하면 (1) 우리의 경험은 적절한 외적인 선과 결합된 고도의 탁월성이 아주 적은 탁월성을 지닌 최대의 외적인 선보다 더 행복을 산출한다는 점을 보여 준다. 외적인 선은 우리가 그것을 일정한 한도 내에서 소유할 때에만 우리에게 좋다. 그 이상이 되면 해로울 수 있다. 그러나 아무도 어떤 사람이 탁월성을 지나치도록 소유할 수 있다고 주장하지는 않을 것이다. (2) 외적인 선과 신체의 선은 혼을 위해서 바람직한 것이지만, 그 반대는 아니다.

탁월성이 개인에게 가장 중요한 것이라면, 그것은 개인들로 된 국가 전체에 가장 중요한 것임에 틀림없다. 그러나 국가는 좋은 행동을 실행하기에 충분할 정도로 외적인 선을 가져야 한다.

탁월성의 삶이 최선의 삶이라고 인정하더라도, 우리는 여전히 일과 정치의 삶이 최선의 삶인지 아니면 관조적인 삶이 최선의 삶인지 물을 수 있다.[94] 어떤 사람들은 다른 사람들에 대한 정치체제적인 통치조차도 개인이 잘 사는 데에 방해가 된다고 생각한다. 어떤 사람들 —스파르타 정권을 찬미하는 자들— 은 독단적인 통치만이 행복과 일치한다고 생각한다. 그리고 실제로 대부분의 국가들에서, 법률이 무엇인가를 겨냥하고 있다고 말할 수 있다면, 그것은 권력의 유지를 겨냥한다. 그러나 (1) 다른 사람들이 '남을 섬기도록 태어난 것이' 아니라면, 그들에 대한 지배가 옳다고 진실로 주장될 수 없다. 지배는 그것이 지닌 여러 가지 장점에 상관없이 어떤 희생을 치르더라도 정당화될 수 없다. 그리고 (2) 도시는 고립된 상태에서 행복할 수 있다. 도시의 부분들이 상호 작용함으로써 행복한 활동을 위한 충분한 기회를 제공할 수 있다.

---

94 《정치학》 7권(H) 2장.

양쪽의 견해 모두 부분적으로 옳고 부분적으로 그르다.[95] 앞의 것은 전제군주의 삶보다 자유민의 삶을 더 나은 것으로 생각한다는 점에서는 옳지만, 모든 통치가 전제적이라고 생각하는 점과 활동보다 무위를 더 높이 평가한다는 점에서는 그르다. 뒤의 것은 통치 권력이 모든 것들 중 최고라고 생각한다는 점에서 그르다. 통치는 그것이 자연적으로 열등한 사람들에 대한 것일 때에만 좋다. 그것은 그때 좋은 것이다. 더 나아가, 활동하는 삶이 반드시 다른 사람들과의 관계를 포함하는 것일 필요는 없다. 사유는 그 자체로 활동이고, 신의 삶에 가장 닮은 것이기 때문에 최고의 활동이다.

이러한 예비적인 언급들로부터 아리스토텔레스의 논의는 이상 국가에 대한 묘사로 건너간다.[96] 일정한 조건들이 필요한데, 그것들은 다음과 같다. (1) 인구. 여기서 중요한 것은 단지 수가 아니다. 시민이 아닌 사람들(농부, 상인, 직공, 날품팔이)의 수는 절대로 아니다. 중요한 것은 도시에 특유한 일을 해낼 역량이다. 한 뼘밖에 안 되는 배나 400미터가 넘는 배는 전혀 배가 아니다. 이런 한계 내에서도, 실제로 배이긴 해도 너무 작거나 너무 커서 제대로 항해할 수 없는 배들이 있다. 도시가 자급자족할 수 있으려면 최소한도의 인구가 필요하다. 그러나 최대한도의 인구를 넘어서면 좋은 통치와 질서가 불가능하게 된다. "스텐토르[50명이 지르는 만큼 큰 목소리를 가진 영웅, 호메로스의 《일리아스》 5권 785행 참조]의 목소리를 갖지 않고서야 누가 그토록 많은 군중의 전령이 될 수 있겠는가?"시민들이 법정에서 재판하고, 사람의 자질에 따라 공직을 배분하려면, 서로의 성격을 알아야 한다. 인구가 너무 많으면 이런 일들이 아무렇게나 진행될 것이

---

95 《정치학》 7권(H) 3장.
96 《정치학》 7권(H) 4-12장.

다. 요컨대, 국가는 전체가 한눈에 들어올 수 있는 정도여야 한다.

여기에서 최소한도와 최대한도는 정해져 있지 않다. 완전함은 한계에 달려 있지 단지 크기에 달려 있는 것은 아니라는 아리스토텔레스의 견해는 거대 제국을 광신적으로 감탄하는 것을 건전하게 교정해 준다. 그러나 자급자족의 요구는, 우리가 물질적인 필요를 고려하든, 도덕적이거나 지적인 필요를 고려하든 그가 적절하다고 생각한 것보다 더 큰 공동체를 정당화할 뿐만 아니라 그것을 요구한다. 우리는 아리스토텔레스가 생각한 상한선이 어떤 점에서 편협한 것이라고 보아야 한다. 우리는 목청 좋은 한 명의 읍사무소 직원이 영국의 인구를 상대할 수 없다는 사실에 심란해질 필요가 없다. 사법적인 결정에서, 우리는 배심원이 소송 당사자들의 전반적인 성격에 관해 너무 많이 알지 않는 편이, 설령 안다 하더라도 그러한 앎을 참작하지 않는 편이 좋다고 생각한다. 정부를 선택할 때, 우리는 우리가 권력을 위임하는 인물들에 대해 개인적으로 알 필요가 있다고 생각하지 않는다. 우리는 보통 아주 많이는 아니더라도 그들의 경력에 대해 충분히 알고 있다. 피통치자들의 질서에 관련하여, 우리는 질서는 아리스토텔레스가 숙고한 것보다 많은 인구에 걸쳐서도 유지될 수 있다고 단언해도 좋다.

(2) 영토.[97] 영토는 자유롭고 여유 있는 삶을 보장하기에 충분할 정도로 커야 하지만, 사치를 조장할 만큼 커서는 안 된다. 그것은 적들에게는 접근하기 어렵고, 주민들에게는 빠져나가기 쉬워야 한다. 그것은 인구처럼 한눈에 들어올 수 있는 정도여야 한다. 영토가 바다와 연결되어 있는 것이 전쟁이 일어났을 때의 안전을 위해서나 생필품의 공급을 위해서 유리하다.[98] 인구 증가와 낯선 전통에서 자란 이방인들의 유입이 질서에 해로

<hr>

97 《정치학》 7권(H) 5장, 6장.

울 것이라는 흔한 두려움은 너무 진지하게 받아들일 필요가 없다. 그러나 도시는 외국인들을 위한 시장이 아니라 자체 수요를 위한 시장이어야 한다. 즉, 무역을 할 때 무제한의 부를 겨냥하지 말고, 필요한 특정 물품을 수입하고 잉여 생산물을 수출하는 것을 겨냥해야 한다.

(3) 시민들의 성격.[99] 그리스 민족은 북쪽 지역 민족의 기개와 동쪽 지역 민족의 지능을 겸비하고 있다. 그래서 그리스 민족만이 자유와 좋은 정치체제를 겸비하고 있고, 단일국가를 형성할 수 있게 된다면 세계를 통치할 수 있을 것이다. 지성과 기개를 가장 완전한 겸비하는 것이 도시국가 시민들에게 가능한 최상의 성격이다.

자연의 모든 복합체가 그것의 유기적인 부분들이 아닌 일정한 조건들을 요구하듯이, 국가도 유기적인 부분들 외에 일정한 조건들을 요구한다.[100] 국가의 부분들을 그것의 필요한 조건들로부터 구별하기 위해서 우리는 그것의 기능들을 열거해야 한다. 국가에는 (1) 농부, (2) 직공, (3) 전사 계층, (4) 부유 계층, (5) 사제, (6) 올바르고 유익한 것에 관한 재판관이 있어야 한다.[101]

어디까지 이러한 기능들이 같은 사람에서 결합될 수 있어야 하는가?[102] 직공에게는 탁월성이 없고 농부에게는 정치적인 의무를 수행하기에 필요한 여가가 없다. 더 나아가, 전사와 재판관이나 의원에게 각기 다른 성질들이 필요하다 —한쪽은 힘이 필요하고 다른 쪽은 지혜가 필요하다. 그러나 힘의 균형을 잡을 줄 아는 사람들은 통치권을 영구히 박탈당하는 것

---

98 《정치학》 7권(H) 6장.
99 《정치학》 7권(H) 7장.
100 《정치학》 7권(H) 8장.
101 여기에다 《정치학》 4권(Δ) 4장 1290b 39-41에 나오는 상인 계층과 공직자 계층을 덧붙일 것.
102 《정치학》 7권(H) 9장.

에 동의하지 않을 것이다. 그러므로 같은 사람들을 젊었을 때에는 전사가 되게 하고, 나이가 들면 통치자가 되게 하고, 바쁜 삶을 보낸 뒤에는 사제가 되도록 하자. 마지막으로, 토지는 이 계층의 소유물이어야지 경작자의 소유물이어서는 안 된다. 왜냐하면 경작자는 시민이 아니라 노예이거나 이민족 일꾼일 것이기 때문이다. 이렇게 해서 우리는 다음과 같은 골격을 얻게 된다.

(1) 나중에 통치자가 되고 그 후 사제가 될, 줄곧 부유한 전사.
(2) 농부.
(3) 직공.

이렇듯 앞의 여섯 계층은 세 계층으로 축소된다. 그리고 첫 번째 계층만이 도시의 유기적인 부분이다.

아리스토텔레스는 토지 공유에 반대하는 주장을 펼쳤지만, 단합을 촉진하는 수단으로 평가하는 공공 예배와 공동 식사에 드는 비용을 충당하도록 토지의 일부를 국유화할 것을 규정한다.[103] 사유지로 말하자면, 각 시민은 한 필지는 변경에, 다른 필지는 도시 가까이에 가져야 한다. 이렇게 해야 올바른 분배가 이루어지고 모두가 국가 영토의 방어에 관심을 가질 수 있다.

이상적인 그리스 도시를 꾸미는 것에 대해 특히 흥미롭고 생생하게 그림을 그린 뒤에,[104] 아리스토텔레스는 8권(Θ) 끝까지 몰두하게 될 주제, 즉

---

103 《정치학》 7권(H) 10장.
104 《정치학》 7권(H) 11장, 12장.

교육 문제에 착수한다. 우리의 목표는 최선의 통치 형태를 찾아내는 것이고, 이것은 행복의 기회를 최대한 제공하는 형태일 것이다. 그런데 행복은 주로 탁월성에 달려 있고, 부차적으로만 외적인 선에 달려 있다. 그리고 탁월성은 세 가지 것 —본성, 습관, 그리고 이성에 의거한 삶의 규칙—에 달려 있다. 교육은 뒤의 둘과 관계한다.

　교육은 지배와 복종의 역할이 교체되어야 하느냐, 아니면 영구적이어야 하느냐에 따라 달라진다.[105] 그런데 일반적으로 시민들 가운데 아무도 영구적인 통치자가 될 만큼 나머지 사람들보다 논란의 여지 없이 우월하지는 않을 것이다.[106] 따라서 먼저 시민들이 좋은 피지배자가 되도록, 그리고 이렇게 됨으로써 좋은 지배자가 되도록 가르쳐야 한다. 그런 복종에는 품위를 떨어뜨리는 요소가 없다. 왜냐하면 명예로움과 불명예스러움은 행위 자체보다는 행위가 향한 목적에 들어 있기 때문이다. 인간의 목적은 분명히 지배를 구상할 수 있는 혼의 부분, 즉 이성에서 발견되지 그 지배를 따르기만 하는 부분에서 발견되지는 않는다. 이성에는 다시 두 가지, 즉 실천적인 이성과 사변적인 이성이 있고, 이 가운데 뒤의 것이 더 높은 수준의 것이다. 앞의 것은 전쟁에, 일반적으로 일에 관계하고, 뒤의 것은 평화에, 일반적으로 여가에 관계한다. 그리고 일과 전쟁은 분명히 여가와 평화를 확보하는 것을 겨냥한다. 따라서 전쟁과 정복을 국가 존립의 모든 이유와 최종 목표로 여기는 것보다 더 큰 정치적 과오는 있을 수 없다면서 아리스토텔레스는 스파르타의 제도에 열광하던 당시의 세태를 비난한다. 사람들은 먼저 자신이 남의 노예가 되지 않도록 대비해야 한다. 둘째, 피통치자의 이익을 위해 지배권을 획득해야 한다. 그리고 셋째,

---

105 《정치학》 7권(H) 14장.
106 이것은 귀족정의 이상, 즉 최고인 소수에 의한 통치의 이상을 포기하는 결과가 된다.

노예가 되어 마땅한 사람들을 상대로만 주인이 되도록 해야 한다. 왜냐하면 국가의 도덕성은 개인의 도덕성과 같은 규칙을 갖기 때문이다. "개인에게나 국가에게나 최선의 것은 같다." 이상 국가에 대한 열망을 지닌 아리스토텔레스는, 도덕성보다 국가를 앞세우거나, 개인들을 단결시키는 도덕 규칙들보다 더 편의를 도모하는 특별한 도덕 규칙을 국가가 가진다고 여기는 망상으로부터 완전히 벗어나 있다.

몸이 혼보다 더 일찍 발달하고, 욕구가 이성보다 더 일찍 발달한다.[107] 그러므로 교육은 몸에서 시작하여 욕구로 나아가고, 마지막으로 이성을 다루게 될 것이다. 그러나 그것은 혼을 위해 몸을 단련하고, 이성을 위해 욕구를 단련한다. 입법자는 젊은이들이 태어나기 전부터 그들에게 관심을 기울이기 시작해야 한다.[108] 그래서 아리스토텔레스는 나아가 우생학 ─적절한 결혼 연령과 부모가 갖춰야 할 체질─ 에 관한 자신의 견해를 서술한다. 그리고 아이들의 음식, 운동, 놀이에 대한 가르침을 덧붙인다.[109]

각각의 통치 방식은 시민들이 지닌 특성에 의해 형성되고 유지된다. 그리고 국가는 이러한 특성을 교육에 의해 육성해야 한다. 따라서 교육을 부모들에게 맡겨서는 안 된다. 그것은 공적이어야 하고, 모든 시민들에게 동일한 것이어야 한다. 어떠한 시민도 그 자신에게 속하지 않는다. 모두가 국가에 속하고, 국가는 국가의 부분들을 각각 돌보아야 한다.[110]

우리는 여기에서 아리스토텔레스가 나아가 기술하는 교육의 세부 사항으로 들어갈 수 없다. 문제가 되는 교육이, 국가의 조건이지만 국가의

---

107 《정치학》 7권(H) 15장.
108 《정치학》 7권(H) 16장.
109 《정치학》 7권(H) 17장.
110 《정치학》 8권(Θ) 1장.

부분은 아닌 계층의 교육이 아니라, 시민의 교육이라는 점을 기억해 두어야 한다. 이는 교육이 균일하게 이루어진다는 점을, 그리고 그것이 그다지 유용한 것이지 않고 아주 눈에 띄게 도덕적인 것이라는 점을 설명해준다.[111] 그의 국가에서 시민들은 절대로 생계를 꾸릴 필요가 없기 때문에, 직업적인 기술 훈련은 불필요하다. 그들은 훌륭한 군인과 피통치자가, 그리고 후에 훌륭한 통치자가 되도록 훈련을 받을 뿐이다. 그리고 국가를 훌륭한 삶에 방해가 될 만한 것들을 제거하는 것만으로 보지 않고, 직접적으로 도덕적인 행위자로 보기 때문에, 당연히 아리스토텔레스는 우리가 강조하는 경향보다 더 많이 도덕 교육을 강조한다. 우리도 놀이와 수업을 도덕적인 효과를 가진 것으로 생각하지만, 우리는 이 효과가 아리스토텔레스가 받아들이는 것보다 덜 직접적이라고 생각한다. 그리고 우리는 아이들을 돌보면서 그런 목적이 강요되지 않을수록 좋은 도덕적 효과를 더 얻을 수 있을 것이라고 생각한다.

교육에 관한 논의가 완성되지 않은 채로 남겨져 있을 뿐만 아니라 다른 많은 것도 이상 국가를 다루는 데에서 빠져 있다. 심의회, 집행부, 사법부의 조직이나 절차에 대해 아무런 논의도 없다. 아리스토텔레스의 상상력이 바닥났는지, 아니면 저술의 일부가 소실되었는지 우리는 알 길이 없다. 그러나 그는 당연히 플라톤처럼 좋은 교육이 제공되면 국가에 필요한 나머지 것이 모두 뒤따를 것이라고 생각했을 것이다.

---

111 개별 학문과 철학을 다루는 부분은 원문에서 누락되어 있다.

9장
연설술과 창작술

{ 연설술 }

    그리스인들은 정치적인 기질의 민족이었고 논쟁을 좋아하는 민족이었다. 그리고 연설의 기술은 현대의 민주사회에서 그렇듯이 그들에게는 남에게 영향을 미치는 유용한 수단이었다. 그들이 지닌 끊임없는 지적 호기심의 정신에 힘입어, 말하기에 관한 이론은 그것의 실행이 못지않게 중요한 현대의 공동체들에서보다 더 그들로부터 주목을 받았다. 몇 가지 '연설의 기술들'이 아리스토텔레스의 시대 이전에 쓰였다. 하지만 그는 그것들이 모두 연설의 논증적인 요소를 소홀히 했고, 청중의 감정을 유발하는 것과 같은 외적인 문제들에 공을 들였다고 불평한다. 그 자신도 감정에의 호소가 맡는 역할을 인정하지만, 감정은 연설 자체에 의해 산출되어야지, 그리스 법정에 흔한 값싼 우발적 장치들에[1] 의해 산출되어서는 안 된다

---

1   예를 들어, 눈물 흘리는 과부와 고아들을 끌어들이는 것.

고 주장한다. 실제로, 그는 연설술에 관해 이전의 작가들이 지닌 결함을 그들이 더 고귀한 정치 연설의 분야보다는 법정 연설에 몰두한 것과 결부하여 생각한다. 이런 두 가지 측면에서 그는 이전 사람들에 대한 개선에 착수한다.[2] 연설의 논증적인 요소는 처음부터 줄곧 강조된다. 연설술은 대화술과 짝을 이루는 것이거나 대화술의 분과이다.[3] 그것은 과학적인 증명보다는 대화술에 관련되어 있다. 대화술과 마찬가지로 그것은 특정 학문의 지식을 전제하지 않는 논증들을 다룬다. 지적인 사람이라면 그것을 사용할 수 있고 따를 수 있다. 원칙적으로, 연설술은 대화술처럼 어떠한 주제에 관해서든 논할 수 있지만, 실제로 그것은 사람들이 숙고하는 주제들에 대부분 제한되어 있고, 이렇게 해서 그것은 논리학 이외의 다른 학문과 연결되어 있다. 그것은 '대화술의 가지이자 정치학이라고 불려야 적합할 성격에 관한 연구의 가지'이다.[4] 앞의 것에서는 형식을 얻고, 뒤의 것으로부터는 내용을 얻는다.

연설술은 "주어진 주제에 대하여 사람들을 설득할 수 있는 방법들을 보는 능력"이다.[5] 설득 수단에는 두 가지가 있다 — 이미 존재해서 사용하기만 하면 되는 (증언, 고문, 문서상의 증거와 같은) 연설술 바깥의 수단과 말하는 사람이 발견해 내야 하는 연설술적인 수단이 있다. 뒤의 수단에는 세 가지가 있다. 말하는 사람의 성격에 달려 있는 수단(예를 들어, 그가 청중이 자신의 성격을 호의적으로 생각하도록 꾀는 연설 장치들), 청중을 일정한 감

---

2 《연설술》 1권(A) 1장.
3 《연설술》 1권(A) 1장 1354a 1, 2장 1356a 30.
4 《연설술》 1권(A) 2장 1356a 25. 아리스토텔레스의 연설술 개념은 플라톤이 《파이드로스》에서 그것을 대화술과 심리학에 기초를 둔 철학적인 학문으로서 정의 내리고, 그러한 노선에서 아카데미아가 연설술을 실천한 것에 많은 은혜를 입고 있다.
5 《연설술》 1권(A) 2장 1355b 26.

정에 빠뜨리는 수단, 그리고 바로 논증의 힘으로써 어떤 것을 증명하거나 증명하는 것처럼 보이게 하는 수단이 있다. 먼저 세 번째 종류의 설득 수단이 고찰된다. 이것에는 크게 두 개의 하위 종류 —예시와 엔튀메마— 가 있다. 연설술의 이것들은 각각 귀납과 삼단논법에 대응한다.[6] 이것들 중 뒤의 것이 특별히 연설술적인 방법, '설득의 몸통'이다.[7] '예시에 의한 논증들도 그에 못지않은 설득 수단이지만, 엔튀메마[연설술적 추론]가 더 많은 박수갈채를 받는다.'[8] 사용될 논증 방식은 물론 연설자의 작업 조건에 의해서 지시된다. 그런데 그가 다루어야 할 주제들은, 그것들이 일정한 기술 및 학문의 영역 밖에 있는 한, 우리가 이리저리 숙고하는 것들이다. 그리고 연설자가 상대해야 할 사람들은 긴 추론 과정을 쫓아갈 능력이 없는 사람들이다. 그러므로 그는 개연적인 것들을 다루고(확실한 것들은 숙고할 문제가 아니기 때문이다), 인정될 법한 전제들을 으뜸 원리들로부터 이끌어 내지 않고 그것들을 당연한 것으로 받아들이면서 짧은 추론 과정들을 사용할 것이다.

엔튀메마에는 크게 두 가지가 있다. 어떤 학문, 예를 들어 윤리학이나 자연학의 탐구 주제를 다루는 특수한 논증들이 있고, topoi(말 그대로는 논증들이 발견될 수 있는 자리들), 말하자면 논증들이 자주 출몰하는 지역들로부터 끌어낸 일반적인 논증들이 있다. 말하는 사람이 사용하는 특수한 논증들의 양이 많을수록 그는 연설술의 영역을 떠난다. 사용할 수 있는 일반적인 논증들의 수가 상대적으로 적다는 점을 고려하여, 아리스토텔레스는 말하는 사람이 특수한 논증들도 사용하는 것을 허용하고, 먼저 이것

---

6   이 책의 87쪽 참조.
7   《연설술》 1권(A) 1장 1354a 15.
8   《연설술》 1권(A) 2장 1356b 22.

들을 논할 것을 제안한다. 말하는 사람의 작업 조건을 고려할 때, 그는 그것들을 대부분 윤리학과 정치학으로부터 끌어낼 것이다.[9]

그러나 먼저 그는 연설술의 세 영역을 구분한다. 듣는 사람이 구경꾼이거나 판단을 내리는 사람일 수 있고, 판단을 내리는 사람은 과거의 행위나 미래의 행위들에 대해 판단한다. 이렇게 해서, (1) 미래의 어떤 과정이 이롭다는 것 또는 해롭다는 것을 보여 주는 조언자의 연설이 있고, (2) 과거의 어떤 행위가 합법적이라는 것 또는 불법적이라는 것을 보여 주는 변론자의 연설이 있고, (3) 현재에 존재하는 것으로 여긴 어떤 것이 고귀하다는 것 또는 추하다는 것을 보여 주는 것이 목적인 '보이기' 연설이 있다. 아리스토텔레스는 진지하게 반어적인 어투로, 정치 연설자는 그가 옹호하는 과정이 정의롭지 못하다는 것을 인정할 수는 있지만, 어떠한 경우든 그것이 이롭지 못하다는 것을 인정해서는 안 된다고 언급한다. 변호자는 변호의뢰인이 해로운 행동을 했다는 것을 인정할 수는 있지만, 그가 법을 어겼다는 것을 결코 인정해서는 안 된다. 찬양자는 찬양의 대상이 되는 사람이 제 이익에는 무관심하다는 것을 인정할 수 있지만, 그를 위해 도덕적인 정직성만은 반드시 주장해야 한다.[10]

아리스토텔레스는 나아가 정치 연설(1권 4-8장), 찬양 연설(9장), 그리고 법정에서의 변론 연설(10-14장)에 각각 적합한 논증의 종류들을 이미 언급한 '연설술 바깥의' 증명들을 추가하면서(15장) 지적한다. 이 장들의 골

---

9 《연설술》 1권(A) 2장. topos[자리]는 '많은 엔튀메마들이 관련되어 있는 것'(2권 26장 1403a 19)으로서 규정된다. topoi[자리들]는 또한 stoicheia('논증의 구성 요소들')로 불린다(같은 곳). 키케로와 퀸틸리아누스는 그것들을 사냥감의 출몰 지역에, 금속을 찾을 수 있는 광맥이나 광산에, 그리고 가까이 갈 수 있는 창고에 비유한다(Cicero, *Topica*, 2. 7; *De oratore*, II. 34. 147, 41. 174; *De finibus bonorum et malorum*, IV. 4. 10; Quintilianus, V. 10. 20-22).

10 《연설술》 1권(A) 3장.

자는 일종의 대중적인 정치철학 및 도덕철학이다. 이것은 때때로 다른 곳에 표현된 그의 학문적인 견해와 비교할 목적을 위해서는 흥미로운 것이다(예를 들어, 법정 연설 부분은 책임과 정의에 관한 《니코마코스 윤리학》의 이론을 조명한다). 그러나 아리스토텔레스는 그가 여기에서 그러한 주제에 대하여 말하는 것이 지닌 순수 대중적인 성격을 주의 깊게 지적한다. "누군가가 대화술이나 연설술을 능력으로서 내세우지 않고 학문으로서 내세울수록, 그는 그것들을 재정립하려고 시도하다가 단지 논변들이 아니라 일정한 주제들에 관한 학문들로 넘어감으로써 그것들의 본성을 무심코 파괴할 것이다."[11] 마지막 15장은 성문법으로부터 불문법에까지 호소하는 것과 같은, 변호자의 직무에 속한 다양한 기술들에 대한 생생하고도 재미있는 설명을 제공한다. 그것은 아리스토텔레스가 제대로 주목한 연설술의 특성, 즉 그것은 '반대되는 것들을 증명한다'는[12] 점을 다른 어느 구절보다 아마도 더 잘 예증할 것이다.

지금까지 그는 윤리학과 정치학에서 끌어낸 '특수한 증명들'을 다뤘다.[13] 기대와 달리 논증의 '자리들'로 나아가지 않고, 그는 이제 다른 주요 설득 수단들에 손댄다. 그것은 바로 말하는 사람이 자신의 성격에 대한 호의적인 인상을 전달하는 수단(2권 1장)과 청중에게 다양한 감정들을 불러일으키는 수단(2-11장)이다. 우리는 18장에서 비로소 자리들에 관한 논의에 이른다. 12-17장은 '성격'을 지금까지 언급한 방식과 다른 방식으로 다루는 부분이다. 청중의 나이를 고려할 때, 행운이 주는 선물의 측면에서 그들의 처지를 고려할 때에 그들에게 기대될 수 있는 성격들을 다룬

---

11 《연설술》 1권(A) 4장 1359b 12-16.
12 《연설술》 1권(A) 2장 1355a 29-36.
13 단, 그는 '상대적인 크기'라는 topos[자리]를 《연설술》 1권(A) 7장에서 유용성에 적용하고, 1권(A) 14장에서 정의(正義)에 적용한다. 2권(B) 19장 1393a 8-16 참조.

다. 그런 성격들을 고려하여, 연설자는 그가 바라는 감정들이 청중들에게 일어나도록 말하는 방식을 자연스럽게 조절한다. 이렇듯, 이 부분은 앞부분을 보충하는 부분이다. 18장과 19장에서 아리스토텔레스는 마침내 연설의 '자리들', 즉 가장 일반적인 논증들이 발견될 수 있는 '지역들'에 이른다. 이것들의 수는 넷이다 — '가능과 불가능', 특히 정치 연설에 적합한 '미래', 특히 법정 연설에 적합한 '과거', 그리고 특히 찬양 연설에 적합한 (상대적인 크기를 포함한) '크기'. 이 지역들은 각기 다양한 일반적인 논증들을 산출한다. 예를 들어, '어떤 것이 가능하다면, 그것에 반대되는 것도 가능하다', '어떤 것이 가능하다면, 그것과 비슷한 것도 가능하다', '더 어려운 것이 가능하다면, 더 쉬운 것도 가능하다.' 그다음에 아리스토텔레스는 더욱더 일반적인 것, '공통의 설득 수단들' 또는 모든 연설술의 논증이 어떤 것이든 속하는 형태들에, 즉 예시(20장)와 엔튀메마(21-24장)에 손댄다. 뒤의 것은 gnōmē[격언] 또는 일반적인 도덕 감정을 포함한다. 이것은 나머지 부분이 표현되지 않은 채로 남은 삼단논법의 대전제나 결론이다. 23장에서 우리는 새로운 세트의 topoi[토포스들] 28개를 발견한다. 이것들은 18장과 19장에서 언급된 네 개와 사뭇 다르다. 두 가지 세트의 상호 관계는 곤혹스럽다. 이는 아마도 《연설술》이 여러 번에 걸친 강연들에 대한 기록물을 나타낸다고 생각함으로써 가장 잘 설명될 수 있을 것이다. 23장의 토포스들은 《토포스론》에 열거된 것들에서 뽑은 것들이다 — '반대되는 것들'이라는 토포스, '비슷한 굴절어들'이라는 토포스, '상관된 용어들'이란 토포스, '더욱더'(a fortiori)라는 토포스 등이 있다. 우리는 또한 《소피스트식 논박》에 나오는 오류들과 비슷한 오류들의 목록을 갖는다 (24장). 마지막으로, 논박의 방식들에 관한 설명(25장)과 있을 법한 두 가지 오해를 해소하는 논의(26장)가 추가되어 있다.

이렇게 2권(B)이 끝나고, 3권(Γ)은 연설술에 관한 내용을 설득의 재료

(즉, 지금까지 다뤘던 주제들인 논증, 성격, 감정), 문체, 배치로 완전히 새롭게 구분하면서 시작한다. 이것은 이것저것을 모아 놓은 조각처럼 보인다. 딜스는 3권은 원래 문체와 배치에 관한 독립된 작품이었고, 아리스토텔레스가 나중에 연설술의 주제에 관한 두 권의 책에다 덧붙인 것이라고 주장한다.[14] 그럴 가능성이 크다.

문체는 2-12장에서 다루어지고, 배치는 13-19장에서 다루어진다. 발성법, 즉 목소리의 크기, 높이, 리듬에 관한 조정이 먼저 연설술 바깥의 것으로서, 단지 비속한 청중 때문에 필요한 것으로서 짧게 처리된다. 문체와 관련하여, 아리스토텔레스는 초기의 연설술 연구자들은 작가[시인]들의 어조를 모방했지만, 산문의 문체는 시의 문체와 본질적으로 다르다고 지적한다. 그는 작가들도 일상적인 말의 문체에 보다 적합한 문체를 받아들이는 판에, 산문 작가들이 창작의 어조를 모방하는 것은 특히 이상하다고 덧붙인다.[15]

문체의 본질적인 미덕은 첫째, 명료해야 하고, 둘째, 적절해야 한다는 것, 즉 평범하지도 호화롭지도 않아야 한다는 것이다. 아리스토텔레스는 먼저 이것이 함축하는 바를 단어의 선택에서 살펴본다. 명료함은 생각을 표현하기 위해 일상적이고 간단한 단어를 사용함으로써 확보되지만, 이보다 뭔가가 더 요구된다. 평범함을 피하기 위해서는 뭔가 화려하고 색다른 것을 끌어들여야 한다. "왜냐하면 사람들은 자신들과 떨어져 있는 것에 놀라고, 놀라운 것은 즐겁기 때문이다."[16] 그러나 산문은 이것을 시처럼 많이 허용하지는 않는다. 그것의 주제가 더 낮은 단계의 것이기 때문

---

14 H. Diels, Über das dritte Buch der aristotelischen Rhetorik, in *Abhandlungen der Königlichen Akademie der Wissenschaften zu Berlin*, *Philologisch-historische Klasse* 4(1886), 1-34쪽.

15 《연설술》 3권(Γ) 1장.

16 《연설술》 3권(Γ) 2장 1404b 11.

이다. 시에서도 우리는 노예나 아주 젊은 사람의 입에 멋진 언어가 오르는 것을 좋아하지 않는다. 다루는 주제의 위상에 맞게 어조를 낮추거나 높여야 하고, 이것을 남모르게 해야 한다. 마치 최고 배우의 목소리가 항상 자신이 맡은 인물의 목소리처럼 보이듯이, 연설이 자연스럽게 보이도록 해야 한다. 아리스토텔레스는 아주 평범한 단어들을 주의 깊게 선택함으로써 시적인 효과를 유발하는 에우리피데스의 절묘한 능력에 주목한다. 시에서나 쓰이는 낯선 단어들, 복합어들, 신조어들은 피해야 한다. 연설자는 모든 사람들이 사용하는 것만 ―일상어들과 비유들만― 을 사용해야 한다.[17] 진부하고 딱딱한 수식어만은 꼭 피해야 한다.[18]

아리스토텔레스의 논의는 한 단어의 선택에서 벗어나 이것들을 문장으로 결합하는 데로 나아간다. 이곳의 소제목들은 올바른 문법(5장), 품위(6장), 적절함(7장), 리듬의 조화(8장), 페리오도스[완결문]의 구성(9장), 생생함(10장, 11장), 그리고 연설술의 세 가지 부분 ―정치적인 것, 법정의 것, 찬양하는 것― 에 적합한 문체(12장)이다. 이 장들에는 예리하고 제대로 된 관찰이 많이 담겨 있고, 이것은 그 후 문체에 관한 저술들의 기반이 되었다. 우리는 그다지 진부해지지 않은 것으로 보이는 몇 가지 점들을 지적하는 데에 만족할 수밖에 없다. 아리스토텔레스는 산문에는 운율이 없이 리듬이 있어야 한다고 주장한다. 리듬을 너무 많이 표출하면 인위적으로 보이고, 연설자의 의도로부터 주의를 흐트러뜨릴 것이다. 리듬이 전혀 없는 연설은 무한히 뻗은 단어들처럼 보인다. 닥틸로스 운보[韻步, ―ᴗᴗ]와 스폰데이오스 운보[――]는 산문에 쓰기에는 너무 고상하다. 이암보스[ᴗ―]는 너무 일상 언어적인 리듬이다. 트로카이오스 운보[―

---

17 《연설술》 3권(Γ) 2장.
18 《연설술》 3권(Γ) 3장.

~]는 너무 경쾌한 선율이다. 그러므로 아리스토텔레스는 파이안 리듬[-
⌣ ⌣ ⌣ 또는 ⌣ - ⌣ ⌣ 또는 ⌣ ⌣ - ⌣ 또는 ⌣ ⌣ ⌣ -]에 찬성을 표명한다. 이것
은 특정 운율의 토대가 아니기에 다른 리듬들보다는 덜 두드러진 것이다.
그는 - ⌣ ⌣ ⌣ 을 문장의 처음에, ⌣ ⌣ ⌣ -을 문장의 마지막에 두고 결합
하는 것을 옹호한다. 문장 전체에 속한 더 큰 리듬을 다루면서, 그는 느
슨하게 엮인 헤로도토스의 문체보다는 촘촘한 페리오도스의 문체를 선
호한다. 그는 문장을 시작, 중간, 끝을 가진 페리오도스로 엮을 때 나타나
는 대치(對置)와 균형, 음의 유사의 가치에 주목한다. 그는 "우리의 눈앞
에 사물들을 데려오는" 언어의 우수성을 인정한다. 그런 언어는 사물들
을 '생생하게 재현한다.' '방정한 사람'보다 '꽃다운 젊음이 가득한 사람'
이 얼마나 더 생생한가![19]

배치의 문제로 향하면서 아리스토텔레스는 당대 사람들이 그 일부가
실제로 일정한 종류의 연설에 특유했던 부분들로 연설들을 공들여 구분
한 것을 두고 비웃는다. 본질적인 부분은 둘이다 ─ 문제를 말하는 것, 그
리고 그것을 증명하는 것. 그러나 그는 이소크라테스가 연설을 서론, 문
제의 진술, 입증, 결론으로 구분한 것 정도만 기꺼이 수용한다. 이것들은
이후의 장들에서 연설의 세 종류 ─정치 연설, 법정 연설, 찬양 연설─ 에
관련하여 다루어진다. 서론은 14장, 15장에서, 진술은 16장에서, 입증은
17장에서(질문을 이용하는 것에 대한 논의가 18장에 추가된다), 결론은 19장에
서 다루어진다.

《연설술》은 언뜻 보기에는 인간의 나약한 심정을 이용할 줄 아는 사람
이 문예 비평을 2류의 논리학, 윤리학, 정치학, 법률학과 별나게 뒤범벅
해 놓은 것처럼 보일지 모른다. 이 책을 이해하고자 할 때, 그것이 가진

---

[19] 《연설술》 3권(Γ) 11장 1411b 24-29.

순수 실천적인 목적을 명심하는 것이 중요하다. 그것은 그런 주제들 중 어떤 것에 대한 이론적인 저술이 아니다. 그것은 말하는 사람을 위한 편람이다. 그리스인들은 연설술의 주제에 아주 깊은 관심을 보였다. 아리스토텔레스는, 스스로도 말하듯이, 이 분야에서는 다른 어떤 방향에서보다 덜 선구적이었다. 그러나 그의 저술은 엄청난 권위를 얻었다. 그의 이론들은 그 주제에 대한 그리스, 로마, 근대 작가들의 저술 속에 몇 번이고 되풀이하여 나타난다. 그가 말하는 것의 많은 부분은 그리스 사회의 조건에만 적용되지만, 꽤 많은 부분이 영구적으로 진실이다. 만일 《연설술》이 아리스토텔레스가 남긴 대부분의 저술들보다 지금 생명력이 덜하다면, 그것은 아마도 연설자들이 오늘날 교습보다는 타고난 재능과 경험에 더 의존하는 경향이 있기 때문일 것이다(그리고 이것은 옳다). 그리고 그것은 청중이 여느 때처럼 연설술에 쉽게 흔들리면서도, 이런 사실을 부끄러워하고 그런 속임수가 어떻게 이루어지는지를 아는 데에 관심을 별로 갖지 않기 때문일 것이다. 이러한 이유들 때문에 우리는 그 책을 아주 짧게 다뤘다. 그리고 그것의 전반적인 윤곽에 관한 설명을 제공하는 것으로 만족했다. 이 설명은 독자들이 그 책에서 가고자 하는 길을 찾는 데에 도움을 줄 것이다.

{ 창작술[20] }

《창작술》[시학]은 다른 한편으로 아리스토텔레스의 저술들 중 가장 생

---

20 《창작술》에 관한 나의 설명은 *Mind* (N.S.) 4(1895), 350-64쪽에 실린 하디(R. P. Hardie)
   의 논문 The Poetics of Aristotle에 많은 은혜를 입고 있다.

명력 있는 축에 든다. 아리스토텔레스의 어떤 저술도 그것보다 일련의 뛰어난 해석자들의 주목을 이끌지 못했고, 어떤 저술의 의미도 그것보다 선명하게 논쟁되지 않았다. 그리고 만일 —그의 주요 관심사와 동떨어진 주제이기도 한— 이 조그만 조각글 외에 그의 저술이 아무것도 우리에게 남아 있지 않다고 하더라도, 우리는 여전히 그것의 작가를 가장 위대한 분석적 사상가들 중 한 명으로 인정할 것이다.

아리스토텔레스에서 poiētikē란 용어의 의미는 여러 가지다. 가장 일반적인 의미에서 그것은 삶의 기술과 학문에 대립된 것으로서 유용한 기술과 예술을 뜻한다. 《창작술》에서 그것은 이보다 좁은 의미를 갖는다. 그것은 예술과 외연이 같은 '모방'의 유(類)에 속한다.[21] 그러나 그것은 그런 유의 전부가 아니다. 색깔과 형태로써 모방하는 기술들과 목소리로써 모방하는 기술들이 구별된다.[22] 그리고 뒤의 표현이 아리스토텔레스가 창작술을 조형 예술에 대립된 것으로서 부르고자 할 것에 대략 상응할 것이다. 하지만 대략 그럴 뿐이다. 왜냐하면 우리는 기악을 그곳으로 데려오려면 '목소리'를 '소리'로 일반화해야 하고, 더 나아가 춤을 그곳으로 데려오려면 일반화를 더 해야 할 것이기 때문이다. 그렇다면, 음악, 춤 그리고 우리가 창작[시]이라고 부르는 것에 공통되고, 아리스토텔레스가 그것들을 단일한 그룹으로 만들도록 이끈 것은 무엇인가? 그는 그토록 많은 말들에서도 그것을 우리에게 말해 주지 않지만, 우리는 그가 뜻하는 바를 그가 그 그룹을 세분하는 원리들을 살펴봄으로써 알 수 있다. 이 원리들은 모방의 수단, 대상, 방식이다.[23] (1) 그 그룹에 적합한 수단들은 리

---

21 《창작술》 1장 1447a 13-16.
22 《창작술》 1장 1447a 18-20.
23 《창작술》 1장 1447a 17.

듬, 말, 가락이고, 이것들이 공통으로 가지고 있는 것은 시간적인 연속이다. 이것은 그림이나 조각이 효과를 산출하는 공간적인 연장(延長)에 대립된다. 물론 시각적이고 공간적인 현상들이 극에서 맡는 역할이 있지만, 아리스토텔레스는 이것이 아주 부차적인 역할이라고 생각한다.[24] 우리는 그가 배우들이 막 뒤에서 공연을 하더라도 큰 손실이 아니라고 생각했을 것이라고 추측할 수 있을 것이다.[25]

가락은 리듬 없이는 결코 존재하지 않는다. 이렇게 해서 세 가지 수단의 일곱 가지 가능한 조합은 5개로 감소된다. '창작'에는 따라서 다음과 같은 부문들이 있다.

리듬 ·······	춤
말 ········	산문적인 모방 (소극, 소크라테스적 대화편들)
리듬+말 ····	비가(悲歌), 서사시
리듬+가락 ····	기악
리듬+말+가락 ·	서정시, 비극, 희극[26]

창작을 산문으로부터 구별하는 것은 운율이 아니라 창작이 '모방'이라는 점이 지적된다. 소극(笑劇)처럼 성격과 태도에 관한 허구적인 소품들은 운율은 없지만 창작이고, 엠페도클레스는 운율을 넣어 글을 쓰지만 작

---

24 《창작술》 6장 1450b 16-20, 14장 1453b 3-11, 26장 1462a 10-13, 17.
25 만일 우리가 '리듬'이란 말이 운율과 구분되어 갖는 넓은 의미를 고려하고, 산문에도 리듬이 있어야 한다고 말해진다면(《연설술》 3권 8장 1408b 30), 리듬은 아리스토텔레스가 창작이라고 부르는 것 모두에 공통된 수단이다.
26 《창작술》 1장 1447a 23-b 29.

가는 아니다. 그렇다면 모방이란 무엇인가? 아리스토텔레스는 결코 우리에게 말해 주지 않는다. 그는 플라톤으로부터 그 단어를 문예 비평에 필요한 수단의 일부로서 넘겨받는다. 플라톤에서 예술은 실재의 낮은 단계에서 모사에 의해 감각 대상들을 모방한다.[27] 그리고 이것은 두 가지 점을 근거로 그가 예술을 비난하도록 이끈다. 예술가는 늘 다른 어떤 사람인 체한다. 그가 전투를 기술할 때면, 어떻게 전투를 벌여야 하는지를 아는 것처럼 잘못 주장한다. 아킬레우스가 하는 말을 표현할 때면, 자신이 아킬레우스인 체한다. 어떤 사람은 이것을 "플라톤의 국가에서, 삶은 체스 판의 정사각형들처럼 구획되어 있다. 그리고 그가 그린 공동체의 특색을 이루는 탁월성인 정의는 우리 자신의 정사각형들 위에서 움직이도록 되어 있고, 결코 이웃 사람의 정사각형들 위에서 움직이지 않는다. 그러나 작가는 그곳을 침범하는 사람이다"라고 잘 표현했다.[28] 그리고 둘째, 예술가는 결코 실재를 직접 모방하지 않는다. 그는 감각 대상들을 모방하고, 이것들은 실재의 희미한 그림자일 뿐이다. 아리스토텔레스는 이 견해를 명시적으로 뒤엎지는 않지만, 그것을 고칠 자료는 제공한다.[29] 예술은 "성격과 감정과 행동"을[30] 모방한다 — 감각세계가 아니라 인간의 정신세계를 모방한다. 모든 예술들 중 가장 모방이 덜한 것, 즉 단순히 기존의 어떤 것을 복제하려 한다는 비난을 받을 염려가 가장 적은 것은 음악이다. 그러나 아리스토텔레스에서 그것은 가장 모방이 심한 것이다.[31] 이

---

27 물론 《국가》에서 소크라테스가 표출한 견해들이 어느 정도로 플라톤 자신의 생각을 대변하는지는 말하기 힘들다.

28 A. O. Prickard, *Aristotle on the Art of Poetry*, London 1891, 33쪽.

29 실제로 플라톤 자신이 그것을 풍부하게 제공하고 있듯이.

30 《창작술》 1장 1447a 28.

31 《정치학》 8권(Θ) 5장 1340a 18–b 19.

것은 그것이 가장 표현이 풍부한 것임을, 가장 성공적으로 감정을 구현하는 것임을, 또는 (감정은 혼 안에만 존재하니까, 보다 엄밀하게 말하자면) 예술가가 느끼거나 상상한 것과 유사한 감정을 다른 사람들에게 가장 효과적으로 불러일으키는 것임을 의미할 수 있을 뿐이다. 예술들이 택하는 각기다른 수단들을 살펴볼 때에도 같은 결론이 나온다. 모든 창작술들은 행동을 '모방하지만', 극(劇)은 분명히 그것을 훨씬 더, 아주 완벽하게 재현한다. 그리고 만일 다른 것들이 재현을 겨냥한다면, 그것들은 그런 열등한수단들을 사용함으로써 시간만 낭비하게 될 것이다. "창작은 역사보다더 철학적이고 더 의미심장하다. 왜냐하면 창작은 본질적으로 보편적인것들을 더 말하지만, 역사는 개별적인 것들을 말하기 때문이다"라는 잘알려진 구절은[32] 같은 가르침을 한 번 더 지적한다. 창작은 개별적인 것을재현하는 것이 아니라, 보편적인 진리를 새롭게 구현하는 것을 목표로 삼는다. 물론, 창작을 이렇게 보편적인 것으로 생각하는 데에는 위험이 있다. 그것은 시가 실제의 사람들과 가공의 인물들을 흥미롭고 유쾌한 것으로 만들어 주는 개별적인 특성이 벗겨진 일반적인 유형의 인물들을 표현한다고 말하는 견해로 변질되기 쉽다. 아리스토텔레스의 이론은 종종 그렇게 해석되었다. 그러나 그를 그렇게 해석하는 것은 보편적인 것을 단지"여러 가지 것들에 대해서 서술될 수 있는"[33] 것으로 생각하는 것이고, 아리스토텔레스에게 보편적인 것은 필연적인 것이라는 점을[34] 망각하는 것이다. 역사는 원인에 결과가 필연적으로 잇따름이 수많은 뜻밖의 간섭에의해 모호해지는 사건들을 기술한다. 창작은, 특히 비극은 피할 수 없는

---

32 《창작술》 9장 1451b 5-7.
33 예를 들어, 《명제에 관하여》 7장 17a 39.
34 예를 들어, 《뒤 분석론》 1권(A) 6장.

운명이 한 인물에 드리워져 있음을 묘사한다. 우리는 대체로 아리스토텔레스가 비극을 살펴볼 때 이 원칙에 충실하다는 점을 보게 될 것이다. 하지만 그는 '모방'이란 용어의 영향을 완전히 털어 내지는 못한다. 만일 그랬더라면, 그는 아마도 다른 단어를 선택했을 것이다. 그리고 우리는 그것이 그의 사유에 악영향을 끼친 증거들을 보게 될 것이다.

그가 창작을 여러 종류로 나누는 곳으로 되돌아가 보자. (2) 두 번째 분류 원칙은 다음과 같다. 모방자는 행동하고 있는 사람들을 모방하고, 이들은 보통 사람이 갖는 수준의 본성보다 높거나, 그것과 같거나, 그것 아래이다.[35] 이것은 앞서 인정된 창작의 종류들 각각을 셋으로 구분하는 독립적인 원리이다. 그것이 아리스토텔레스에게 갖는 주요 가치는 좋은 인물들에 대한 묘사인 비극을 나쁜 인물들에 대한 묘사인 희극으로부터 구별하게 해 준다는 점이다.[36] 그는 나중에 이 설명을 다듬는다. 희극은 보통보다 더 나쁜 사람들을 "아무 잘못이나 모든 종류의 잘못이 아니라 특정한 한 가지 잘못, 즉 우스꽝스러운 것에 관련하여 묘사하고, 이것은 추한 것의 일종이다. 우스꽝스러운 것은 남한테 고통이나 해를 끼치지 않는 실수나 결함이다."[37] 그리고 비극은 인물들을 실제로 좋은 사람으로 묘사하지만, 우리가 동정심을 잃을 정도로, 우리들 이상으로 좋은 사람으로 묘사하지는 않는다.[38] 그리고 더 나아가, 창작의 각 종류에서 더 높은 유형의 인물을 묘사하는 것을 실행하는 사람들이 있고, 더 낮은 유형의 인물들을 묘사하는 것을 실행하는 사람들이 있다.[39]

---

35 《창작술》 2장.
36 《창작술》 2장 1448a 16-18.
37 《창작술》 5장 1449a 32-35.
38 《창작술》 13장 1453a 7-8.

창작에서 좋은 사람 또는 나쁜 사람으로 묘사된 인물들에 대한 이런 분류는 아리스토텔레스가 늘 최초로 출현한 것이자 플라톤에서 특히 강했던, 미학적인 비평에서의 도덕적인 경향에 의해 얼마나 많은 영향을 받고 있는지를 가리킨다. 아리스토텔레스는 플롯이 요구할 때에만,[40] 그리고 부차적인 역할에서만 극에서 나쁜 인물들을 허용한다. 그에게는 [셰익스피어의] 맥베스나 리처드 3세나 사탄처럼 단순한 강렬함에 의해 우리에게 관심을 얻는 주인공의 가능성에 대한 착상이 없다. 그의 생각은 물론 그리스극의 전통에 의해 제약된다. 그러나 클뤼타임네스트라의 것과 같은 성격은, 만일 그가 충분하게 그것을 검토했더라면, '좋음'을 '위대함'이나 '강렬함'으로 대체하도록 그를 이끌었을 것이다.

(3) 셋째, 모방은 ―그러나 분명히 이것은 말을 사용하는 것들에만, 우리가 의미하는 창작에만 적용된다― 서술체의 것과 극적인 것으로 구분된다.[41] 이것은 서사시와 극의 구별을 제공한다. 이 구별은 첫 번째의 구분 원리가 제공한 구별에 추가된 것이고 이것보다 더 중요하다. 극에서 행동은 행동에 의해 모방된다.

아리스토텔레스는 다음으로[42] 창작의 기원을, 특히 극의 기원을 추적한다. 창작의 기원은 두 가지 원초적인 본능, 즉 모방 본능과 다른 사람들이 모방한 것들을 기뻐하는 본능에 있다. 우리는 모방된 것들이 그 자체로 고통스러운 것일지라도 그것들을 기뻐한다 ― 이 언급은 아리스토텔레스가 모방을 순수하게 복제로 생각하는 것으로부터 벗어나 있다는 점을 보여 준다. 아리스토텔레스는 두 번째 본능을, 너무 주지주의적인 방식으

---

39 《창작술》 2장 1448a 11-16, 25장 1460b 33-35.
40 《창작술》 15장 1454a 28, 26장 1461b 19-21.
41 《창작술》 3장. 플라톤의 《국가》 392d-394b 참조.
42 《창작술》 4장.

로, 앎을 추구하는 본능의 형태로서 설명한다. 이 형태는 모든 정신적인 진보의 출발점이다. 그는 즐거움이란 예술 작품이 무엇을 재현하고자 계획되었는지를 알아내는 데에 놓여 있다고 말한다. 그러나 부수적으로, 그는 우리가 예술 작품들에서 얻는 즐거움의 또 다른 근원이자 똑같이 중요한 근원 —색깔, 가락, 리듬과 같은 것들을 감각적으로 기뻐함— 을 조명한다.

이러한 근원들에서 비롯하는 창작은 작가들이 보이는 성격의 차이에 따라 여러 종류로 나뉜다. "보다 진지한 작가들은 고상한 행동을 재현하려 했지만, … 보다 비천한 부류의 작가들은 천한 사람들의 행동을 재현하려 했다."[43] 그렇게 해서 한편으로는 독설이 산출되고, 다른 한편으로는 찬가, 찬사, 서사시가 산출된다. 궁극적으로, 두 주류의 움직임은 각각 희극과 비극에서 절정에 이르렀다. "왜냐하면 이 새로운 예술 양식들은 옛날의 것보다 더 웅대하고, 더 존경받을 만한 것이었기 때문이다."[44] 보다 정확하게 말하자면, 비극과 희극은 각기 디튀람보스[주신 찬가]와 남근 찬가와 관련해 즉흥적으로 말해진 부분을 도입함으로써 발생하였다. 아리스토텔레스는 비극이 일찍이 춤과 관련되어 있다는 점도 주목한다.

서사시와 비극은 "장중한 운율로 진지한 것들을 모방한다"는[45] 점에서 일치한다. 그것들은 (1) 서사시는 한 가지 운율을 사용하고 서술체 형식이라는 점에서 다르고, (2) 서사시는 시간이 제한되어 있지 않지만, 비극은 "가능한 한 태양이 한 번 도는 시간 안에 또는 이에 가깝게 끝내려고 노력한다"는[46] 점에서 다르다. 아리스토텔레스는 여기에서 이후의 관행

---

43 《창작술》 4장 1448b 25.
44 《창작술》 4장 1449a 5.
45 《창작술》 5장 1449b 9(I. Bywater의 독법).
46 《창작술》 5장 1449b 12.

에서처럼 그리스에서 극과 서사시가 보이는 길이의 실제적인 차이를 설명하고 있고, 묘사된 행동이 더 길게 지속되는 것으로부터 그 차이를 도출하고 있다. '시간의 통일성'에 관한 아리스토텔레스의 언급으로 추정되는 이 구절은 자신의 규준을 서술하지 않고, 그리스극의 관행에 관한 역사적인 사실을 서술할 뿐이다 ─ 하지만 그는 확실히 시간의 통일성이 그가 유일한 통일성으로서 강력히 주장한 '행동의 통일성'으로 이끌린다고 생각했을 것이다.[47] '장소의 통일성'에 관한 언급도 마찬가지로 미미하다.[48] 그는 비극이 여러 장소에서 동시에 일어나는 행동들을 재현할 수 없다고 말할 뿐이다. 셋째로, (3) 서사시와 극은 그것들을 구성하는 요소들 면에서도 다르다. 극은 서사시가 사용하는 리듬과 말에 더해 가락이라는 수단을 사용한다.

아리스토텔레스는 이제 비극을 정의하는 데로 나아간다.[49] 그것은 "진지하고 좋은, 일정한 크기를 가진, 완결된 행동의 모방이다. 그것은 즐거운 장식물들을 지닌 말로써 그것을 모방하고 이런 각 종류의 장식물은 작품의 부분들에 따로 도입된다. 그리고 전달의 형식이 아니라 실연의 형식이고, 동정과 두려움을 일으키는 우연한 일들로써 이런 감정들의[50] 카타르시스를 성취한다." 이 정의를 이루고 있는 부분들 ─유(類, 모방), 그리고 모방의 대상, 수단, 방식을 언급하는 종차[본질적인 차이]들─ 에 우리는 이미 친숙하다. '즐거운 장식물들을 지닌 말'은 '말＋리듬＋가락'을 뜻하는 것으로서 설명된다. '작품의 부분들에 따로 도입되는 각 종류의 장식물'은 비극이 디튀람보스와는 달리 합창 부분에서만 가락을 사용한다

47 《창작술》 8-11장.
48 《창작술》 24장 1459b 22-26.
49 《창작술》 6장.
50 즉, '또 다른 동정과 두려움의 감정들'(이라고 나는 생각한다).

는 사실을 언급한다.[51] 이런 종차들로써 비극은 그리스 문학에, 그리고 아마도 어떤 문학에 있는 다른 모든 형태들과 충분히 구분되지만, 아리스토텔레스는 다른 특징들을 추가한다. (1) 재현된 행동은 완결된 것이어야 한다. 즉, 그것에 시작, 중간, 끝이 있어야 한다. 그것은 왜 그것이 시작하거나 끝나는 곳에서 그렇게 시작하거나 끝나야 하는지 우리가 그 이유를 알 수 있는 방식으로 결합된 것이어야 한다.[52] 그것에 그 자체로 우리가 비교적 이해할 수 있고, '어떻게 이것이 생겨났지?'라는 물음을 억지로 일으키지 않는 시작이 있어야 한다. 그리고 그것에는 만족스럽고 '그리고 그다음엔?'이란 물음을 일으키지 않는 끝이 있어야 한다. 또한 시작에 의해 필연적으로 요구되고 끝을 필연적으로 요구하는 중간이 있어야 한다. 그리고 더 나아가, (2) 그것에는 일정한 크기가 있어야 한다.[53] 아리스토텔레스는 각 사물에는, 그것이 배든 도시든 예술 작품이든, 적절한 크기 제한이 반드시 있다고 언제나 확신한다. 특히, 아름다움은 크기에 달려 있다. 대상이 너무 작으면, "우리의 지각은 그것이 순간적으로 다가올 때 식별할 수 없다." 너무 크면, "보는 사람이 그것의 단일성과 전체성을 놓치게 된다." 볼 수 있는 아름다운 전체가 한눈에 들어올 크기여야 하듯이, 좋은 비극의 플롯은 한 번의 기억에 들어올 길이여야 한다. 관심 유발은 누적되는 것이므로, 행동이 우리의 관심을 완전하게 불러일으키기 위해서는 일정한 길이가 있어야 한다. 그것은 일정한 길이를 넘어서서는 안 된다. 그렇지 않으면, 피로로 말미암아 관심이 분산될 것이다. 이런 종차에 의해 비극은 그것의 역사적인 발원인 하찮은 즉흥시와 구별된다. 그

---

51 《창작술》 1장 1447b 27 참조.
52 《창작술》 7장 1450b 23-34.
53 《창작술》 7장 1450b 34-1451a 15.

러나 동시에 그것에 의해 훌륭한 비극과 형편없는 비극이 구별된다. 이 두 가지 종차가 모두 흥미롭다. 왜냐하면 여기에서 아리스토텔레스는 아주 명시적으로 극작가가 다른 모든 예술가처럼 겨냥한다고 생각되는 미의 형식적인 조건들을 언급하기 때문이다. 다른 곳에서 언급된[54] 미의 세 가지 조건 중 '균형'이 빠져 있다. 아마도 이것은 조형 예술에 보다 적합할 것이다. 시작, 중간, 끝과 관련된 조건은 '질서'와 동일시된다.[55] 그리고 크기에 관련된 규칙에서 우리는 세 번째 조건인 '한계'를 인정할 수도 있다. (3) 완전한 것이 되려면, 정의는 비극의 목적인을 언급해야 한다. 아리스토텔레스는 정화를 그것의 목표로 듦으로써 이를 행한다. 도서관을 꽉 채울 정도로 많은 책들이 이 유명한 이론에 관해 쓰였다. katharsis[카타르시스]를 의식(儀式)적인 정화로부터 끌어낸 비유로 받아들이고, 비극의 목적은 도덕적인 것, 즉 감정의 정화라고 보는 견해와 카타르시스를 나쁜 체액의 배출로부터 끌어낸 비유로 받아들이고,[56] 비극에 지정된 목적은 도덕과 무관한 것으로 보는 견해가 주로 대립되어 있다. 앞의 견해는 수많은 저명인사들의 지지를 받고 있고, 주로 레싱(G. E. Lessing)이란 인물과 연결되어 있다. 뒤의 견해는 일찍이 르네상스에서 지지를 얻었고, 베르나이스(J. Bernays)의 논증에 의해 거의 확고하게 자리를 잡았다.[57]

---

54 《형이상학》 13권(M) 3장 1078a 36.

55 《창작술》 7장 1450b 35.

56 일찍이 고르기아스는 창작의 효과를 약을 써서 나쁜 체액을 배출하는 것에 비유했다 (*Helenes Enkomion*, 8-14). 그에게는 감정을 불러일으킴으로써 감정을 배출하는 것에 관한 이론은 없다.

57 밀턴(J. Milton)은 중간의 견해를 표명한다. "비극은, 고대에 창작된 것처럼, 다른 모든 창작들 중 가장 장중하고, 가장 도덕적이고, 가장 유익하다. 그래서 비극은 동정과 두려움, 또는 공포를 일으킴으로써 마음으로부터 그러한 격정들과 이와 비슷한 격정들을 씻어 낼 힘을 가졌다고 아리스토텔레스는 말했다. 그것은 그러한 격정들이 잘 모방되는 것을 읽거나 봄으로써 일어난 일종의 기쁨에 의해 그것들을 적절한 정도로 진정시키거나 감소시키는 것이

우리는 비극의 직접적인 목적과 궁극적인 목적을 구분할 수 있다. 그것
의 직접적인 목적은 동정과 두려움을 불러일으키는 것이다. 주인공의 지
나간 고통, 현재의 고통에 대한 동정을, 주인공에게 닥쳐올 고통에 대한
두려움을 불러일으키는 것이다. 사람들은 때때로 《연설술》에 나오는 구
절들에[58] 힘입어, 관객이 품는 동정은 주인공을 위한 것이고, 두려움 —유
사한 운명이 자신에게 닥치지나 않을까 하는 두려움— 은 관객 자신을 위
한 것이라고 생각했다.[59] 그러나 보통의 관객이라면, 이를테면 아리스토
텔레스의 전형적인 주인공인 오이디푸스의 운명을 두려워할 것 같지 않
다. 이런 가설이 통하려면, 두려움은 우리들 각자 앞에 놓인 미지의 운명
에 대한 모호한 두려움으로 일반화되어야 한다. 그러나 이것의 흔적은 아
리스토텔레스에 없다. 실제로, 그는 두려움이란 주인공을 위한 것이라고
직접적으로 말한다.[60] 정말이지, 우리가 두려움을 느끼기 위해서는 주인
공이 "우리 자신과 비슷해야" 한다. 이는 일정 정도의 비슷함이 없이는 우
리가 그를 위해 동정적인 두려움을 느낄 수 없기 때문이다.

비극이 동정과 두려움을 불러일으킨다는 점은 누구나 아는 지식이다.

다. 자연에도 그의 주장을 실증할 자체 효과들이 없지 않다. 왜냐하면 의술에서, 그처럼 우
울한 모습과 성질을 가진 것들이 우울증에 사용되고, 신 체액을 제거하기 위해 신 것이, 짠
체액을 제거하기 위해 짠 것이 사용되기 때문이다"(『투사 삼손』 서문). 다음을 참조하라.

  "그가 이런 커다란 사건으로부터
  참된 경험을 새로 얻어,
  하인들을 조용히 위로하며 내보낸 뒤,
  그의 마음은 가라앉고, 모든 격정이 사라졌다."(『투사 삼손』 종결부)

  밀턴의 견해가 나온 근원에 대해서는 *Journal of Philology* 27(1899/1901), 267-75쪽에 실
린 바이워터(I. Bywater)의 논문 Milton and the Aristotelian Definition of Tragedy 참조.
58 《연설술》 2권(B) 5장 1382b 26, 8장 1386a 26.
59 G. E. Lessing, *Hamburgische Dramaturgie*, 75. Stück.
60 《창작술》 13장 1453a 5.

그리고 그 점은 플라톤이 비극을 공격한 핵심 근거들 중 하나이다. 그는 감정을 자극함으로써 비극은 우리를 더욱 감정적이고 나약하게 만든다고 말했다. 아리스토텔레스는 비극의 한층 더한 효과는 우리를 더 감정적이게 만드는 것이 아니라 감정을 정화하는 것이라고 말함으로써 암묵적으로 그에게 회답한다. 이것이 카타르시스의 의미라는 점을 《정치학》의 두 구절은 보여 준다.[61] 여기에서 아리스토텔레스는 일정한 종류의 음악 ―'윤리적인' 또는 '실천적인' (즉, 특정의 성격이나 행동을 촉구하는) 음악들에 대립되어 '신들리게 하는'이라 불리는 음악― 이 가르침이나 기분 전환을 겨냥하지 않고, 카타르시스를 겨냥한다고 기술한다. "어떤 혼들 안에서 격렬한 형태를 띠는 감정은, 예를 들어 동정과 두려움, 그리고 신들림은 많고 적음의 차이만 있을 뿐 모든 혼 안에 존재한다. 왜냐하면 이런 감정에 휩쓸리는 사람들이 있지만, 우리는 신성한 선율들의 결과로 그들의 몸이 ―그들이 신비스러운 광란으로 혼을 부추기는 선율들의 영향을 느꼈을 때― 마치 치료와 정화를 받은 것처럼 회복되는 것을 본다. 그렇다면, 똑같은 치료법이 동정이나 두려움에, 일반적으로 감정에 특히 빠지기 쉬운 사람들에게, 그리고 각자 그러한 감정들을 겪을 가능성이 있는 다른 모든 사람들에게 적용되어야 한다. 모든 사람들은 어떤 방식으로든 정화될 필요가 있고, 그들의 혼은 가벼워지고 기쁘게 될 필요가 있다. 바로 이런 방식으로 감정을 정화하는 선율들도 사람들에게 해롭지 않은 즐거움을 선사한다." 이 구절은 더 나아가 카타르시스에 관한 더 완전한 설명을 《창작술》에서 찾도록 언급한다. 의심할 여지 없이, 이 언급은 소실된 2권(B)을 가리킨다.

여기에서 주목해야 할 점이 세 가지 있다. (1) 먼저, 정화하는 선율들은

---

61 《정치학》 8권(Θ) 6장 1341a 21-25, 7장 1341b 32-1342a 16.

윤리적이고, '교훈' 즉 성격의 개선을 겨냥하는 선율들과 구별된다는 점이다. 이것은 그 자체로 비극에 관한 아리스토텔레스의 설명을 격정들의 정화를 수반하는 도덕주의적인 설명으로 만드는 사람들을 반박하기에 거의 충분하다. 비극의 목적을 포섭하는 목적은 즐거움이다. 예술 일반은 즐거움을 겨냥하는 것들에 속하고, 생필품들을 생산하는 유용한 기술들과 앎을 겨냥하는 학문들로부터 구별된다.[62] 그러나 카타르시스로부터 일어나는 즐거움은 단지 기분 전환과 오락에서 나오는 즐거움과는 다른 특별한 것이다.[63] 비극 작가는 다른 어떤 즐거움이 아니라, 동정과 두려움을 덜어 줌으로써 일어나는 즐거움을 산출하도록 해야 한다. 아리스토텔레스가 심미적인 즐거움을 즐거움 일반에 포함되는 한 가지 종(種)으로, 그리고 다양한 기술들에 의해 산출된 즐거움들을 포함하는 즐거움으로 확실하게 인정했는지는 의문이다. (2) 말은 치유적인 것이고, 아리스토텔레스의 생물학적인 저술들 및 히포크라테스의 저술들과 관련지어 면밀하게 검토해 보면 볼수록 더욱 분명하게 치유적인 것으로 드러난다.[64] (3) 아리스토텔레스가 다른 곳에서 보이는 용법은 '그러한 감정들의 정화'는 아마도 (보통 더 그렇다고 추정하였듯이) '그것들 안에 든 열등한 요소들의 제거'가 아니라, '그것들의 제거'를 뜻할지도 모른다. 그러나 그것은 그것들의 완전한 제거를 뜻하지 않는다. 아리스토텔레스는 두려움과 동정

---

62 《형이상학》 1권(A) 1장 981b 21. 《창작술》 4장 1448b 13, 18, 24장 1460a 17, 26장 1462a 16, b 1 참조.

63 《정치학》 8권(Θ) 6장 1341b 38-41, 1342a 16-28, 《창작술》 13장 1453a 35, 14장 1453b 10, 23장 1459a 21, 26장 1462b 13.

64 이러한 해석을 확인해 주는 몇 가지 구절들이 고대 문헌에 있다. Plutarch, *Quaestiones convivales*, 3. 8. 657 A; Aristides Quintilianus, *De musica* 3. 25 (ed. A. Jahn, Berlin 1882, 13쪽); Iamblichus, *De mysteriis*, I. II, 3. 9(ed. G. Parthey, Berlin 1857); Proclus, *In Platonis Rempublicam commentarii*. I(ed. W. Kroll, Leipzig 1899/1901, 42, 49-50쪽).

으로 향한 모든 경향으로부터 완전히 벗어나는 것이 사람에게 좋다고 생각하지 않을 것이다. "우리가 마땅히 두려워해야 할 것들이 있고",[65] 동정해야 할 것들이 있다. 그것은 "그것들이 너무 지나친 한에서 그것들을 제거함"을 뜻한다. 카타르시스를 의학적으로 관련짓는 데에는 결코 이러한 해석을 금지하는 것이 없다. 그리고 상식은 이 해석을 지지한다.

거기에 암시된 과정은 정신분석학자들이 중요시하는 '해제 반응', 즉 강한 감정의 제거와 매우 비슷하다. 하지만 그들이 비정상적인 사례들에서 해내려고 시도하는 것을 아리스토텔레스는 비극이 정상적인 관객에 미치는 영향으로서 기술한다는 점에서 차이가 있다. 대부분의 사람들이 실제로 지나친 동정과 두려움의 경향을 보이는가? 그리고 그들은 실제로 비극의 주인공이 겪는 일들을 목격함으로써 안도감을 느끼는가? 위대한 비극 작품을 보거나 읽음으로써 우리가 어떻게든 은혜를 입는다는 점, 그리고 동정과 두려움에 의해 비극이 효과를 산출한다는 점은 의심할 여지가 없다. 그러나 그 이유를 다른 곳에서 찾을 수도 있지 않을까? 자신들의 삶에서 동정과 두려움을 느낄 기회가 적어서 그러한 감정들을 결핍한 사람들이 한번 자기 자신 밖으로 나와 인간 감정의 높이와 깊이를 깨닫게 되는 것이 아닐까? 이것이 우리 경험의 확장이자 이에 수반되는 '자기-앎과 자기-존중'의 가르침,[66] 즉 비극에 놓인 가치의 진정한 근거가 아닐까? 아리스토텔레스의 설명은 아마도 끊임없이 인생의 어두운 측면에 의해 억압되기 쉬운 존재들에게 해당될 것이다. 그리고 그는 그다지 보통 사람을 염두에 두고 있지 않다. 왜냐하면 보통 사람은 아리스토텔레스가 낮게

---

65 《니코마코스 윤리학》 3권(Γ) 6장 1115a 12.
66 P. B. Shelley, Defence of Poetry, in *Prose Works* (ed. H. B. Forman), 3권 116쪽(E. F. Caritt, *Theory of Beauty*, London 1923, 140쪽에 인용됨).

평가하는 행복한 결말을 좋아하기 때문이다.[67]

아리스토텔레스의 논의는 비극에 대한 정의로부터 그것의 요소들을 열거하는 데로 건너간다. 이것들은 중요한 순서대로 다음과 같다. (A) 재현된 대상에 관련된 요소 — 플롯, 성격, 생각. (B) 재현 수단에 관련된 요소 — (앞서 말과 리듬으로서 기술된 두 가지 수단을 포함한) 언어 형태, 선율. (C) 재현 방식에 관련된 요소 — (배우들의 분장에 특히 관련된) 외관[시각적인 수단 또는 장치]. 아리스토텔레스는 플롯이 성격과 생각보다 더 중요하다는 것을 보여 주려고 고심한다. 그리고 이는 성격을 극에서(또는 소설에서) 주요소로 생각하는 사람들의 비판을 일으켰다. 이들은 성격과 생각과 분리된 플롯은 아무런 도덕적 또는 지적 성질을 갖지 않는 인물들이 해내는 일련의 동작들로 전락한다고 주장한다. 그리고 그러한 플롯 —평범한 인물들이 연기해 나가는 줄거리— 은 아무런 예술적 가치도 없다고 주장한다. 이러한 대립은 확실히 이상한 것이다. 어떻게 무대 위의 사람들이 어떤 종류의 의도와 어떤 정도의 지성을 자신들이 하는 행동에다 수반하지 않은 채로 극의 전개를 통과할 수 있겠는가? 그리고 어떻게 인물이 일정한 플롯 없이 표현될 수 있는가? 그렇게 극단적으로 추상하는 데로 밀고 나가서는 안 된다. 우리는 (1) 플롯과 성격의 대립은 현실태와 잠재태의 대립을 보여 주는 한 가지 사례라는 점을 주목함으로써 아리스토텔레스의 의도를 찾아낼 수 있다. 플롯에 대립될 때의 성격은 현실태로 있지 않는 한에서의 성격일 뿐이고, 형이상학적 원리들에 따라[68] 아리스토텔레스는 현실태로 있는 성격인 플롯에 우선권을 줄 수밖에 없다.[69] 그

---

67 《창작술》 13장 1453a 23-39.
68 《형이상학》 9권(Θ) 9장.
69 《창작술》 6장 1450a 16-23.

리고 연극을 좋아하는 대부분의 사람들은, 특별히 어떤 것을 행하지 않는 인물들을 교묘하게 또는 심원하게 묘사하는 것보다는 인물들이 평범한 경우라도 흥미로운 플롯에 훨씬 더 관심을 쏟는다는 것은 확실히 맞다. (2) 대부분 아리스토텔레스는 《창작술》에서 '성격'과 '생각'을 성격과 사유가 말에 드러남의 뜻으로 사용한다.[70] 그런데 우리는 도덕적이고 지적인 성질에 대한 가장 중요한 극적인 표현이 행동에 있다고 동의할 것이다. '플롯'은 이렇게 해서 가장 중요한 부분인 성격과 생각을 자신 안에 흡수하고, 의심할 여지 없이 극의 주요소가 된다. '성격'과 '생각'은 행동에 가장 잘 드러나는 것을 말에다 보완적으로 드러내는 것이 될 뿐이다. 그는 '생각'은 창작술 이론의 문제라기보다는 연설술의 문제라고 명시적으로 말한다.[71]

다른 요소들에 관련하여, 우리는 아리스토텔레스가 선율을 비극의 최대 '감미료'로서, 즉 아주 유쾌한 것이지만 부속물인 것으로서 기술하고, '외관'을 모든 요소들 중 가장 창작술 바깥에 있는 것으로서 기술한다는 점을 주목할 수 있다.[72] 그는 비극의 효과는 극이 실제로 공연되는 것을 필요로 하지 않는다는 점을 인정한다. 플롯으로 되돌아가면서, 아리스토텔레스는 한 사람에 관련된 것이라고 플롯의 통일성이 이루어지는 것은 아니라고 지적한다.[73] 인생에서 일어나는 수많은 일들은 서로 무관하다. "이야기는 … 하나의 행동을, 하나의 완결된 전체를 재현해야 하고, 그것

---

70 《창작술》 6장 1450a 6, 29, b 5, 9, 11, 19장 1456a 36. 특히 6장 1450b 8 참조. "극에서 성격은 행동하는 사람들의 도덕적인 의도를, … 그 의도가 행동으로부터 분명하지 않은 곳에서, 드러내 준다." 15장 1454a 18에서만 '성격'은 행동에 성격이 드러남을 포함한다.

71 19장 1456a 34-36. 6장 1450b 6-8 참조.

72 《연설술》 1권(B) 2장 1355b 35, 3권(Γ) 1장 1404a 16에 나오는 atechna[기술 바깥의 것들] 참조. 창작술에서의 외관은 연설술에서의 어조에 해당된다.

73 《창작술》 8장 1451a 16.

의 몇 가지 사건들은 어느 하나라도 자리를 옮기거나 빠지면 전체가 연결이 안 되고 뒤죽박죽이 되어 버릴 정도로 밀접하게 연결되어 있어야 한다."[74] 이것이 아리스토텔레스가 규정하는 유일한 통일성이고, 이보다 더 나은 규정은 주어질 수 없을 것이다. 이렇게 해서 "작가의 임무는 일어난 일이 아니라 일어날 법한 일을 기술하는 것이다."[75] 이런 의미에서, 창작의 일반성이 아니라 창작의 내적인 통일성에 관련하여, 아리스토텔레스는 창작이 역사가 우리에게 말해 주는 것보다 더 보편적인 것들을 말해 준다고 기술한다.[76] 비극이 역사적으로 유명한 이름들을 고수하는 것은 단지 이전에 일어났던 일이 분명히 일어날 가능성이 있고, 이런 이유로 설득력이 있기 때문이다. 그리고 사실상 그것은 때때로 성공적으로 이런 전통에서 벗어난다.

지금까지 아리스토텔레스는 비극을 완결된 행동의 모방으로 부르는 것이 어떤 의미인지를 설명해 왔다. 그러나 그것은 또한 동정과 두려움을 불러일으키는 사건들의 모방이다. 그러한 사건들은 "예기치 않게 그리고 동시에 하나가 다른 하나의 결과로서 일어날 때" 최대의 효과를 거둔다.[77] 이런 종류의 사건들은 단순한 플롯에 대립하여 복잡한 플롯이 갖는 두 가지 특징인 '운명의 반전'과 '발견'의 표제하에 요약될 수 있다.[78] 모든 진정한 비극은 정말로 행복에서 불행으로의 변화 또는 불행에서 행복으로의 변화를 함축한다. '운명의 반전'으로써 아리스토텔레스는 《오이디푸스 왕》에서 사자(使者)가 오이디푸스의 태생을 밝힐 때와 같은, 단일한 행동

---

74 《창작술》 8장 1451a 31-34.
75 《창작술》 8장 1451a 36.
76 《창작술》 8장 1451b 6.
77 《창작술》 8장 1452a 4.
78 《창작술》 10장.

이나 장면의 한계 내에서 일어나는 변화를 의미한다. 아리스토텔레스가 주의를 환기하는 플롯의 세 번째 특별한 요소는 파토스, 즉 무대 위에서 공연되는 죽음, 고통 등과 같은 것이다.[79]

최고의 비극은 앞서 규정된 의미에서 복잡할 것이라고 그는 생각한다.[80] 세 가지 플롯은 피해야 한다. "좋은 사람이 행복에서 불행으로, 또는 나쁜 사람이 불행에서 행복으로 옮겨 가도록 보여서는 안 된다. 앞의 상황은 두려움도 동정도 불러일으키지 않고, 우리에게 불쾌감만 준다. 뒤의 상황은 모든 것들 중 가장 비극적이지 못한 것이다. … 그것은 우리의 인간적인 감정이나 두려움이나 연민에 호소하지 않는다. 다른 한편으로, 극악한 사람이 행복에서 불행의 상태로 떨어지도록 보여서는 안 된다. 그러한 스토리는 우리의 인간적인 감정을 불러일으킬 수는 있지만, 우리를 두려움이나 동정으로 움직이지는 못할 것이다. 동정은 부당한 불행에 의해 일어나고, 두려움은 우리 자신과 같은 사람의 불행에 의해 일어난다."[81] 그렇다면, 비극에 적절한 주인공은 "중간 유형의 인물이다. 그는 남달리 탁월하거나 정의롭지는 않은 사람이지만, 악덕과 악행 때문이 아니라 판단상의 실수 때문에 불행의 상태에 빠지게 되는 사람이다.[82] 그리고 그는 큰 명망과 행운을 누리고 있는 사람이기도 하다."[83] 아리스토텔레스가 이

---

79 《창작술》 11장.
80 《창작술》 13장 1452b 30-32.
81 《창작술》 13장 1452b 34-1453a 6.
82 hamartia는 판단상의 실수에 한정되어야 할 것처럼 보인다. 《니코마코스 윤리학》 5권(E) 8장 1135b 12-18과 《연설술》 1권(A) 13장 1374b 6에서 hamartēma가 그런 의미로 쓰였다. ha-martia는 때때로 성격의 결함에 대해서 쓰이지만(《니코마코스 윤리학》 3권 7장 1115b 15, 12장 1119a 34, 7권 4장 1148a 3), 그런 의미는 《창작술》 13장 1453a 15의 di' hamartian megalēn[판단상의 중대한 실수]에 의해 여기에서 배제된다. 성격상의 중대한 결함이 mochthēria[악행]에 대립된다고 말할 수는 없을 것이다.
83 《창작술》 13장 1453a 7-10.

러한 구성을 선호한 것은 의심할 여지 없이 부분적으로 《오이디푸스 왕》에 근거하고 있다. 이것은 《안티고네》가 헤겔이 애호하는 극이었던 것만큼이나 그가 애호하던 극이었다. 그런 구성은 의심할 여지 없이 매우 비극적인 구성이다. 예컨대 [셰익스피어의] 《오셀로》를 보라. 그러나 다른 것들도 아마도 그에 견줄 만할 것이다. 안티고네나 코르델리아를 그것에 포함하기는 어렵다.[84] 이들은 오히려 아리스토텔레스가 ―형편없는 것이라고 배척한 것이 아니라 최고의 것이 아니라고― 배척한 첫 번째 유형에 속한다. 그리고 맥베스와 리처드 3세는 아리스토텔레스가 배척한 세 번째 유형이 어느 것처럼 비극적일 수 있다는 것을 보여 주는 듯하지만, 코리올라누스와 안토니, 햄릿과 리어는 판단의 결함보다는 의지의 결함을 통해 고귀한 인물들이 몰락하게 되는 것을 보여 준다.

아리스토텔레스는 나아가 동정이나 두려움의 감정을 불어넣을 것 같은 상황을 명확히 말한다.[85] 비극적인 행위를 꾀하거나 행하는 사람은 그것이 행하여지는(또는 행해져야 할) 사람의 적이어서도, 그 사람과 무관해서도 안 되고 그의 친구이거나 친족이어야 한다. 이상적인 플롯에서 그는 행위를 그런 관계를 모른 상태에서 꾀할 것이고, 때가 되면 그런 관계를 발견하게 될 것이다.

'발견'의 여섯 가지 형태가 열거되고,[86] "표지(標識)와 목걸이와 같은 인위적인 물건"으로부터 일어나는 발견이 아니라, [소포클레스의] 《오이디푸

---

84 안티고네의 운명이 그녀 자신의 잘못에서 유래한다는 점을 보여 주고자 한 헤겔의 시도는 확실히 잘못된 것이다. 실제 삶에서와 마찬가지로, 비극에서 인간의 운명은 종종 맞물려 있어서, 사람들은 다른 사람들의 실수 때문에 고통을 겪는다. 그럼에도 그런 테마는 그러한 이유 때문에 비극적이다.

85 《창작술》 14장.

86 《창작술》 16장.

스 왕)과 [에우리피데스의] 《타우리스의 이피게네이아》에서처럼 "있을 법한 사건을 통해 깜짝 놀라게 될 때"[87] 일어나는 발견에 영예가 주어진다. 작가가 인물들의 입장에 서서 생각하는 것이 중요하다는 점을 보여 주면서, 아리스토텔레스는 작가를 두 종류로 나누는 흥미로운 구분을 내민다. "창작은 타고난 재능을 가진 사람이나 광기가 있는 사람을 요구한다. 앞의 사람은 필요한 기분에 쉽게 빠질 수 있고, 뒤의 사람은 제 감정이 아닌 상태에 있을 수 있기 때문이다."[88] 이것은 고전주의적인 유형과 낭만주의적인 유형, 또는 니체의 표현에 따른 아폴론적인 유형과 디오뉘소스적인 유형과 다르지 않다. 아리스토텔레스가 이런 착상을 발전시키지 않고 있다는 것은 상당히 아쉬운 일이다. 또 다른 흥미로운 분류는 비극을 운명의 반전과 발견의 비극, 파토스의 비극, 성격의 비극, 외관의 비극으로 분류하는 것이다. 작가는 가능한 한, 이 모든 흥미로운 요소들을 결합해야 한다.[89] 서사시적 스토리 전체를 하나의 비극에 꾸려 넣으려는 시도가 어리석은 일이라는 점은 잘 지적되어 있다.[90]

아리스토텔레스는 '성격'에 관하여 네 가지 규칙을 정한다.[91] 성격들은 (우리가 보았듯이 아주 좋지는 않더라도) 좋아야 한다. 그것들은 예를 들어, 성별에 적합한 것이어야 한다. 그것들은 전설 속의 원형과 비슷해야 한다. 그것들은 오직 일관적으로 비일관적일지언정 일관적이어야 한다. 무엇보다도, 플롯에서처럼 성격에서도 필연적인 것 또는 개연적인 것이 겨냥되어야 한다. 말과 행동은 성격으로부터 흘러나와야 한다. 극에서 개

87 《창작술》 16장 1455a 16-20.
88 《창작술》 17장 1455a 32-34.
89 《창작술》 18장 1455b 32-1456a 4.
90 《창작술》 18장 1456a 10-19.
91 《창작술》 15장.

인들이 '생각'을 나타내는 적당한 방식에 대해서 아리스토텔레스는 우리에게 《연설술》을 참조하라고 말한다.[92] 그가 '언어적 표현'에 대해서 말하는 것은 부분적으로는 '말의 부분들'에 관한 흥미로운 분석이고,[93] 부분적으로는 어떻게 창작이 일상어를 이례적인 형태들에다, 특히 비유에다 재치 있게 혼합함으로써 명료함을 고상함과 결합할 수 있는지에 관한 많은 제안들이다.[94] "이것만은 남한테 배울 수 없는 것이다. 그리고 그것은 천재의 표징이기도 하다. 왜냐하면 좋은 비유는 비슷하지 않은 것들에서 비슷함을 간파하는 것을 뜻하기 때문이다."[95]

다양한 문학 형태들의 특징에 대한 진정한 감각은 아리스토텔레스가 서사시를 비극과 비교하는 장들에 나타난다. 둘은 행동의 통일성을 위해 갖춰야 할 조건의 측면에서 서로 닮았다.[96] 그것들에 같은 종류 —단순한 것과 복잡한 것, 성격의 스토리와 파토스의 스토리 등— 가 있다는 점에서, 그리고 서사시가 노래와 외관을 배제한다는 점을 제외하면, 그것들에 같은 요소들이 있다는 점에서도 서로 닮았다. 그것들은 (1) 길이 면에서 다르다. '작품이 한눈에 들어올 수 있어야 한다'는 같은 일반적인 원칙은 효력이 있지만, 서술 형식을 가진 서사시는 동시 다발적으로 일어나는 일들을 기술할 수 있기 때문에 더 길게 펼쳐질 수 있다. 이것은 서사시에 "웅대함과 더불어 다양한 관심과 다양한 종류의 삽화(揷話)들에 대한 여지를" 제공한다.[97] 극에 이러한 삽화들이 물릴 정도로 많게 되면 극을 망치기 쉽

---

92 《창작술》 19장 1456a 34.
93 《창작술》 20장, 21장.
94 《창작술》 22장.
95 《창작술》 22장 1459a 6-8.
96 《창작술》 23장.
97 《창작술》 24장 1459b 28-30.

다. 그것들은 (2) 운율 면에서 다르다. 자연은 서사시가 "장중하고 무게 있는 운율"을 쓰도록 가르쳤다 ― 그렇기 때문에 나머지 것들보다도 더 방언과 비유를 용인한다.[98] (3) 서사시는 "놀라움의 주요소인 있을 법하지 않는 것을 더 허용한다. 왜냐하면 서사시에서는 행동하는 인물들이 우리 눈앞에 보이지 않기 때문이다. 헥토르를 추격하는 장면은 무대 위에서는 우스울 것이다. … 그러나 서사시에서는 그런 불합리를 눈감아 준다."[99] 하지만, 서사시에서도 있을 법하지 않는 일들은 효과를 더 놀라운 것으로 만듦으로써 창작 자체의 목적에 이바지할 때에만 정당화된다.

그렇다면 둘 중 어떤 것이 더 나은 예술인가?[100] 통용되는 의견은 유행이 되어 버린 저속한 과장 연기 때문에 서사시보다 비극을 낮게 평가한다. 아리스토텔레스는 이러한 반대 의견을 부적절한 것으로 판단하고, 다음과 같은 점들을 근거로 비극에 영예를 돌린다. (1) 음악과 외관이 효과를 더해 주기 때문에, 비극은 서사시보다 풍부한 형태이다. (2) 비극은 읽을 때에도 더 생생하다. (3) 비극은 더 집중적으로 효과를 얻는다. (4) 비극은 행동의 통일성이 더 크다. 그리고 (5) 비극은 창작의 특별한 효과 ―동정과 두려움에서 일어나는 즐거움― 를 더 완벽하게 산출한다.

《창작술》에서 많이 논의되는 창작의 형태는 비극과 서사시뿐이다. 희극의 역사에 관한 장이 있고,[101] 그것의 본성은 소실된 2권(B)에서 논의되어 있는 것처럼 보인다. 2권에 포함된 다른 주요 문제는 우리가 갖기 위해 그토록 많은 것을 쏟아야 하는 카타르시스에 관한 완전한 설명이었다. 비극이 동정과 두려움의 정화를 산출하듯이, 희극은 아마도 웃음으

---

98 《창작술》 24장 1459b 34-36.
99 《창작술》 24장 1460a 12-17.
100 《창작술》 26장.
101 《창작술》 5장.

로 향한 경향에 대한 정화를 산출하는 것으로 기술되었을 것이다. 서정시에 대해서는 디튀람보스[주신 찬가]와 노모스[송가(頌歌)]만이, 그것도 부차적으로만 언급되어 있다. 아리스토텔레스는 의심할 여지 없이 서정시가 창작의 이론보다는 음악의 이론에 속한다고 생각하였다. 《창작술》은 따라서 창작 일반에 관한 이론과는 거리가 멀고, 더구나 예술에 관한 이론은 더욱 아니다. 우리는 어떠한 완전한 미학 이론도 그것에서 끌어낼 수 없다. 더군다나 완전히 일관된 미학 이론은 말할 것도 없다. 하지만 그것은 다른 어떤 책보다도 수많은 예술에 관한 풍요로운 착상들을 포함하고 있는 듯하다. 그것은 몇 번이고 되풀이하여 미학 이론을 망쳐 놓은 두 가지 실수 —미적인 판단을 도덕적인 판단과 혼동하는 경향과 예술을 실제에 대한 복제 또는 사진으로 생각하는 경향— 로부터 벗어나는 시작을 알린다. 분명히, 아리스토텔레스가 하는 말들에는 미를 물질과 도덕적인 관심 모두로부터 독립된 좋음으로서 인정한다는 점이 은연중에 들어 있다. 그러나 그는 미의 본성에 관한 명확한 서술로 나아가는 데에는 성공하지 못했다.

| 참고 문헌 |

아리스토텔레스에 관한 일반 저술

Grote, G.: *Aristotle*, ed. 3, London 1883.

Gercke, A.: article, 'Aristoteles' in Pauly's *Real-Encyclopaedie*, Stuttgart 1896.

Zeller, E.: *Die Philosophie der Griechen*, II, 2, ed. 4 (Anastatic), Berlin 1921; Eng. trans., 2
　　　vols., London 1897.

Case, T.: article, 'Aristotle', in *Encyclopaedia Britannica*, 11판, Cambridge 1910, 501-22쪽.

Gomperz, T.: *Griechische Denker*, vol. 3, Leipzig 1902; Eng. trans., vol. 4, London 1912.

Brentano, F.: *Aristoteles und seine Weltanschauung*, Leipzig 1911.

Hamelin, O.: *Le Système d'Aristote*, Paris 1920.

Rolfes, E.: *Die Philosophie des Aristoteles*, Leipzig 1923.

Jaeger, W.: *Aristoteles*, Munich 1923; Eng. trans., ed. 2, Oxford 1948.

Stocks, J. L.: *Aristotelianism*, New York 1925.

Mure, G. R. G.: *Aristotle*, London 1932.

Cooper, L.: *Aristotelian Papers*, Ithaca, New York 1939.

Taylor, A. E.: *Aristotle*, London 1943.

Robin, L.: *Aristote*, Paris 1944.

Mansion, S.: *Le Jugement d'Existence chez Aristote*, Louvain and Paris 1946.

Cherniss, H. F.: *Aristotle's Criticism of Pre-Socratic Philosophy*, Baltimore 1935.

　　　_____ *Aristotle's Criticism of Plato and the Academy*, vol. 1, Baltimore 1944.

Rose, V.: *De Aristotelis Librorum Ordine et Auctoritate*, Berlin 1954.

　　　_____ *Aristoteles Pseudepigraphus*, Leipzig 1863.

Eucken, R.: *Die Methode des Aristotelischen Forschung*, Berlin 1854.

Shute, R.: *On the History of the Process by which the Aristotelian Writings Arrived at Their Present
　　　Form*, Oxford 1888.

482

Schwab, M.: *Bibliographie d'Aristote*, Paris 1896.

Heiberg, J. L.: *Mathematisches zu Aristoteles*, Leipzig 1904.

Lones, T. E.: *Aristotle's Researches in Natural Science*, London 1912.

Giacon, C.: *Il Divenire in Aristotele*, Padua 1947.

Moraux, P.: *Les Listes Anciennes des Ouvrages d'Aristote*, Louvain 1951.

Heath, T. L.: *Mathematics in Aristotle*, Oxford 1949.

Van der Meulen, J.: *Aristoteles, die Mitte in seinem Denken*, Amsterdam 1951.

Düring, I.: *Aristotle in the Ancient Biographical Tradition*, Göteborg 1957.

Aristoteles Latinus: codices descripserunt G. Lacombe et L. Minio-Paluello, 1939, 1955.

일반 편집, 번역, 주석

Aristotelis Opera, Berlin 1831-1870. Vols. 1, 2. Text, ed. I. Bekker; and Fragments, ed. V. Rose; Vol. 3. Latin translations; Vol. 4. *Scholia*, ed. C. A. Brandis and H. Usener; Vol. 5. *Index Aristotelicu*s, ed. H. Bonitz.

토이브너(Teubner) 텍스트: *Categories, De Interpretatione, Prior* and *Posterior Analytics, Meteoro-logica, De Mundo, De Generatione Animalium*을 제외한 모든 작품들. *Rhetorica ad Alexandrum*은 Spengel-Hammer의 *Rhetores Graeci*, vol. 1에 있다.

로엡(Loeb) 편집(텍스트와 번역): *Posterior Analytica, Topics, Sophistici Elenchi, De Generatione et Corruptione, Meteorologica, De Mundo, Historia Animalium, De Generatione Animalium, Fragments*를 제외한 모든 작품들.

옥스퍼드 번역 전집, ed. J. A. Smith / W. D. Ross, 1908-1952.

Commentaria in Aristotelem Graeca (23 vols.), Berlin 1882-1909, with *Supplementum Aristotelicum* (3 vols.), 1882-1903.

Richards, H.: *Aristotelica*, London 1915.

논리학

김진성 역주: 《범주들·명제에 관하여》, 이제이북스 2008.

김재홍 옮김: 《변증론》, 길 2008.

김재홍 옮김: 《소피스트적 논박》, 한길사 2007.

Organon: text, Latin trans., and comm., J. Pacius, Frankfort 1597.

_____ text and comm., 2 vols., T. Waitz, Leipzig 1844-1846.

Aristotele, *Organon, Introduzione, tradizione e note*, G. Colli, Turin 1955.

De Interpretatione and *Posterior Analytics*: comm., St. Thomas Aquinas, Rome 1882.

Prior and Posterior Analytics: introduction, text, and commentary, W. D. Ross, Oxford 1949.

Posterior Analytics: Latin trans. and comm., J. Zabarella, Venice 1582, etc.

Topica et Sophistici Elenchi: text, W. D. Ross, Oxford 1958.

Sophistici Elenchi: text, trans., and comm., E. Poste, London 1866.

Zabarella, J.: *Opera Logica*, Venice 1578, etc.

Bonitz, H.: *Ueber die Categorien des Aristoteles*, Vienna 1853.

Apelt, O.: Kategorienlehre des Aristoteles, in *Beiträge zur Geschichte der Griechischen Philosophie*, Leipzig 1891.

Trendelenburg, F. A.: *Elementa Logices Aristoteleae*, ed. 9, Berlin 1892.

Maier, H.: *Syllogistik des Aristoteles*, 3 vols., Tübingen 1896-1900.

Calogero, G.: *I Fondamenti della Logica aristotelica*, Florence 1927.

Solmsen, F.: *Entwicklung der Aristotelischen Logik und Rhetorik*, Berlin 1929.

von Arnim, H.: *Das Ethische in Aristoteles' Topik*, Vienna 1927.

Becker, F. A. R.: *Die aristotelische Theorie der Möglichkeitsschlüsse*, Berlin 1933.

Gohlke, P.: *Die Entstehung der aristotelischen Logik*, Berlin 1936.

Grabmann, M.: *Bearbeitungen und Auslegungen der aristotelischen Logik aus der Zeit von Peter Abaelardus bis Petrus Hispanus*, Berlin 1937.

Miller, J. W.: *The Structure of Aristotle's Logic*, London 1938.

Mansion, S.: *Le Jugement d'Existence chez Aristote*, Louvain and Paris 1946.

Viano, C. A.: *La Logica di Aristotele*, Turin 1955.

자연철학

Physics: text, Latin trans., and comm., J. Pacius, Frankfort 1596, etc.

_____ Latin trans. and comm., J. Zabarella, Venice 1600.

_____ comm., St. Thomas Aquinas, Rome 1884.

_____ text and comm., W. D. Ross, Oxford 1936.

_____ text, W. D. Ross, Oxford 1950.

_____ Bk. II. French trans. and comm., O. Hamelin, Paris 1907.

De Caelo, text, trans., intrd. and notes, W. K. C. Guthrie, London and Cambridge, Mass.

1939.

De Caelo, I–III, *De Generatione et Corruptione, Meteorologica*, comm., St. Thomas Aquinas, Rome 1886.

De Caelo, text, D. J. Allan, Oxford 1936.

De Generatione et Corruptione, text and comm., H. H. Joachim, Oxford 1922.

Meteorologica, text, Latin trans., and comm., 2 vols., J. L. Ideler, Leipzig 1834–1836.

_____ text, trans., and notes, H. D. P. Lee, London and Cambridge, Mass. 1952.

_____ text, F. H. Fobes, Cambridge, Mass. 1919.

Aristotle's Chemical Treatise, Meteorologica, Book. iv, with intrd. and comm., I. Düring, Gothenburg 1944.

Zabarella, J.: *De Rebus Naturalibus*, Cologne 1590, etc.

Bergson, H.: *Quid Aristoteles de loco senserit*, Paris 1889.

Gilbert, O.: *Die Meteorologischen Theorien des griechischen Altertums*, Leipzig 1907.

Duhem, P.: *Le Système du Monde*, vol. 1, Paris 1913.

Mansion, A.: *Introduction à la Physique Aristotélicienne*, ed. 2, Louvain and Paris 1945.

Carteren, H.: *La Notion de Force dans le Système d'Aristote*, Paris 1924.

Edel, A.: *Aristotle's Theory of the Infinite*, New York 1934.

Sorof, G.: *De Aristotelis Geographia capita duo*, Halle 1886.

Bolchert, P.: *Aristoteles' Erdkunde von Asien und Libyen*, in *Quellen und Forschungen zur alten Geschichte und Geographie*, Berlin 1908.

Runner, H. E.: *The Development of Aristotle illustrated from the Earliest Books of the Physics*, Kampen 1951.

생물학

Historia Animalium: text, German trans., and comm., 2 vols., H. Aubert / F. Wimmer, Leipzig 1868.

De Partibus Animalium: trans. and notes, W. Ogle, London 1882.

Düring, H. I.: *Aristotle's De Partibus Animalium, critical and literary commentaries*, Gothenburg 1945.

De Generatione Animalium: text, German trans., and notes, H. Aubert / F. Wimmer, Leipzig 1800.

Meyer, J. B.: *Aristoteles' Thierkunde*, Berlin 1855.

Kroll, F.: *Zur Geschichte der aristotelischen Zoologie*, Vienna 1940.

심리학

김진성 역주: 《자연학 소론집》, 이제이북스 2015.

유원기 역주: 《영혼에 관하여》, 궁리 2001.

De Anima: comm., St. Thomas Aquinas, Turin 1936.

_____ text, Latin trans., and comm., J. Pacius, Frankfort 1596, etc.

_____ Latin trans., and comm., J. Zabarella, Venice 1605, etc.

_____ text and comm., F. A. Trendelenburg, ed. 2, Berlin 1877.

_____ text, trans., and comm., E. Wallace, Cambridge 1882.

_____ text, French trans., and comm., G. Rodier, 2 vols., Paris 1900.

_____ text, trans., comm., R. D. Hicks, Cambridge 1907.

_____ text, A. Forster, Budapest 1912.

_____ text, W. D. Ross, Oxford 1955.

Averrois Cordubensis Compendium librorum Aristotelis quod Parva Naturalia vocatur, L. Shields,
　　　　Cambridge, Mass. 1949.

Parva Naturalia: comm., St. Thomas Aquinas, Venice 1588.

_____ text and comm., W. D. Ross, Oxford 1955.

De Sensu and *De Memoria*: text, trans., and comm., G. R. T. Ross, Cambridge 1906.

_____ comm., St. Thomas Aquinas, Turin 1928.

_____ text, A. Förster, Budapest 1942.

De Somno et Vigilia liber adiectis veteribus translationibus et Theodori Metochitae commentario: H. J.
　　　　D. Lulofs, Leyden 1943.

De Insomniis et De Divinatione per Somnum: text and Latin trans., 2 vols., H. J. D. Lulofs,
　　　　Leyden 1947.

Chaignet, A. E.: *Essai sur la Psychologie d'Aristote*, Paris 1883.

Griffin, A. K.: *Aristotle's Philosophy of Conduct*, London 1931.

Nuyens, F.: *L'Évolution de la Psychologie d'Aristote*, Louvain, The Hague and Paris 1948.

Brentano, F.: *Aristoteles' Lehre vom Ursprung des menschlichen Geistes*, Leipzig 1911.

Cassirer, H.: *Aristoteles' Schrift 'Von der Seele'*, Tübingen 1932.

형이상학

김진성 역주: 《형이상학》, 이제이북스 2007.

조대호 옮김: 《형이상학》 1·2, 나남 2012.

Metaphysics: text, German trans., and comm., A. Schwegler, 4 vols., Tübingen 1847-1848.

_____ text and comm., H. Bonitz, 2 vols., Bonn 1848-1849.

_____ text and comm., W. D. Ross, 2 vols., Oxford 1924.

_____ trans., J. Warrington, London 1956.

_____ text, W. Jaeger, Oxford 1957.

_____ Bks. I-XII, comm., St. Thomas Aquinas, Turin 1935.

_____ Bk. I, trans. and notes, A. E. Taylor, Chicago 1907.

_____ Bk I, French trans, and comm., G. Colle, Louvain and Paris 1912.

_____ Bks. II, III, French trans., and comm., G. Colle, Louvain and Paris 1922.

_____ Bk. IV, French trans., and comm., G. Colle, Louvain and Paris 1931.

Robin, L.: *Théorie Platonicienne des Idées et des Nombres d'après Aristote*, Paris 1908.

Werner, C.: *Aristote et l'Idéalisme Platonicien*, Paris 1910.

Jaeger, W. W.: *Studien zur Entstehungsgeschichte der Metaphysik des Aristoteles*, Berlin 1912.

Ravaisson, F.: *Essai sur la Metaphysique d'Aristote*, ed. 2, Paris 1913.

Chevalier, J.: *Notion du Nécessaire chez Aristote et ses Prédécesseurs*, Lyon 1914.

Stenzel, J.: *Zahl und Gestalt bei Platon und Aristoteles*, Leipzig 1924.

von Arnim, H.: *Die Entstehung der Gotteslehre des Aristoteles*, Vienna 1931.

Hartmann, N.: *Aristoteles und das Problem des Begriffs*, Berlin 1939.

Weiss, H.: *Kausalität und Zufall in der Philosophie des Aristoteles,* Basel 1942.

Oggione, E.: *Aristotele, La Metafisica*, Milan 1950.

Gajendragadkar, K. V.: *Aristotle's critique of Platonism*, Mysore 1952.

Wundt, M.: *Untersuchungen zur Metaphysik des Aristoteles,* Stuttgart 1951, 1953.

Nogale, S. G.: *Horizonte de la Metafisica Aristotelica*, Madrid 1955.

Owens, J.: *The Doctrine of Being in Aristotelian Metaphysics*, Toronto 1951.

윤리학

이창우·김재홍·강상진 옮김: 《니코마코스 윤리학》, 이제이북스 2006.

천병희 옮김: 《니코마코스 윤리학》, 숲 2013.

송유례 옮김: 《에우데모스 윤리학》, 한길사 2012.

Nicomachean Ethics: comm., St. Thomas Aquinas, Turin 1934.

_____ text and comm., A. Grant, 2 vols., ed. 4, London 1885.

_____ text, I. Bywater, Oxford 1890.

_____ comm., J. A. Stewart, 2 vols., Oxford 1892.

_____ text and comm., J. Burnet, London 1900.

_____ comm., H. H. Joachim, Oxford 1951.

_____ Bk. V, text, trans., and comm., H. Jackson, Cambridge 1879.

_____ Bk. VI, text, trans., and comm., L. H. G. Greenwood, Cambridge 1909.

_____ Bk. X, text and comm., G. Rodier, Paris 1897.

Le Plaisir, Ethique à. Nicomaque VII 11-14, X 1-5, with trans. and notes, A. J. Festugière, Paris
      1936.

Eudemian Ethics: text, Latin trans., and comm., A. T. H. Fritzsche, Ratisbon 1851.

_____ text and trans., H. Rackham, Cambridge, Mass. 1952.

_____ text, R. R. Walzer / J. M. Mingay, Oxford 1991. [* 옮긴이]]

von Arnim, H.: *Die drei aristotelischen Ethiken*, Vienna 1924.

_____ *Eudemische Ethik und Metaphysik*, Vienna 1928.

_____ *Nochmals die aristotelischen Ethiken*, Vienna 1929.

_____ *Der neueste Versuch die Magna Moralia als unecht zu erweisen*, Vienna 1929.

Brink, K. O.: *Stil und Form der pseudo-aristotelischen Magna Moralia*, Ohlau 1933.

Walzer, R.: *Magna Moralia und Aristotelische Ethik,* Berlin 1929.

Mansion, A.: *Autour des Éthiques attribuées à Aristote*, Louvain 1931.

Schilling, H.: *Das Ethos der Mesotes*, Tübingen 1930.

Hartmann, N.: *Die Wertdimensionen der Nicomachischen Ethik*, Berlin 1944.

Hamburger, M. E.: *Morals and Law: The Growth of Aristotle's Legal Theory*, New Haven 1951.

정치학

천병희 옮김: 《정치학》, 숲 2009.

최자영·최혜영 공역: 《고대 그리스정치사 사료: 아테네·스파르타·테바이 정치제도》, 아리
      스토텔레스, 크세노폰 외 저, 신서원 2002.

Politics: comm., St. Thomas Aquinas, Venice 1595.

488

_____ text, German trans., and comm., F. Susemihl, Leipzig 1879.

_____ text and comm., W. L. Newman, 4 vols., Oxford 1887-1902.

_____ trans. with an intrd., notes and appendices, E. Barker, Oxford 1946.

_____ text, W. D. Ross, Oxford 1957.

_____ Bks. I-III, VII, VIII, text and comm., F. Susemihl and R. D. Hicks, London 1894.

Athenaion Politeia: text and comm., J. E. Sandys, ed. 2, London 1912.

_____ text, F. G. Kenyon, Oxford 1920.

Barker, E.: *Political Thought of Plato and Aristotle*, London 1906.

von Arnim, H.: *Zur Entstehungsgeschichte der aristotelischen Politik*, Vienna 1924.

연설술과 창작술

천병희 옮김: 《시학》, 문예출판사 2002.

Rhetoric: text, Latin trans., and comm., L. Spengel, 2 vols., Leipzig 1867.

_____ text and comm., E. M. Cope / J. E. Sandys, 3 vols., Cambridge 1877.

_____ text, W. D. Ross, Oxford 1959.

_____ text, R. Kassel, Berlin 1976. [* 옮긴이]]

_____ introduction, E. M. Cope, London and Cambridge 1867.

Kraus, O.: *Neue Studien zur Aristotelischen Rhetorik*, Halle 1907.

Poetics: text, Latin trans., and comm., T. Tyrwhitt, Oxford 1794.

_____ text and comm., J. Vahlen, ed. 3, Leipzig 1885.

_____ text, trans., and essays, S. H. Butcher, ed. 3, London and New York 1902.

_____ text, trans., and comm., I. Bywater, Oxford 1909.

_____ text and trans., D. S. Margoliouth, London 1911.

_____ text and comm., A. Rostagni, Turin 1927.

_____ text and comm., A. Gudeman, Berlin 1934.

_____ text, R. Kassel, Oxford 1965. [* 옮긴이]]

_____ trans. and notes, T. Twining, ed. 2, London 1812.

Cooper, L.: *The Poetics of Aristotle, its Meaning and Influence*, New York 1924.

_____ *Aristotelian Papers*, Ithaca, N. Y. 1939.

Bernays, J.: *Zwei Abhandlungen über die Aristotelischen Theorie des Drama*, Berlin 1880.

Lucas, F. L.: *Tragedy in Relation to Aristotle's Poetics*, London 1927.

Cooper, L. / Gudeman, A.: *A Bibliography of the Poetics of Aristotle*, New Haven, etc. 1928.

de Montmullin, D.: *La Poétique d'Aristote: Texte Primitiv et Additions, Ultérieures*, Neuchatel 1951.

조각글

Dialogorum Fragmenta: text and comm., R. Walzer, Florence 1934.

Fragmenta Selecta, text, W. D. Ross, Oxford 1955; *Select Fragments*, trans. W. D. Ross, Oxford 1952.

Bignone, E.: *L'Aristotele perduto e la Formazione di Epicuro*, Florence 1936.

Bidez, J.: *Un Singulier Naufrage littéraire dans l'Antiquité*, Brussels 1943.

Wilpert, P.: *Zwei aristotelische Frühschriften über die Ideenlehre*, Regensburg 1949.

의심스러운 작품

De Mundo: text, W. L. Lorimer, Paris 1933.

De Coloribus: text and comm., C. Prantl, Munich 1849.

Mechanica: text and comm., J. P. van Cappelle, Amsterdam 1812.

Musical Problems: text, trans. and comm., F. A. Gevaert / J. C. Vollgraf, 2 vols., Ghent 1899-1902.

Stumpf, C.: *Pseudo-aristotelischen Problem über Musik*, Berlin 1897.

De Lineis Insecabilibus: German trans. and notes, O. Apelt in *Beiträge zur Geschichte der Griechischen Philosophie*, Leipzig 1891.

De Melisso Xenophane Gorgia: text, H. Diels, Berlin 1900.

Oeconomica, I: text and comm., B. A. van Groningen, Leyden 1933.

Rhetorica ad Alexandrum: text, C. Hammer in *Rhetores Graeci*, vol. 1, pp. 8-104, Leipzig 1894.

_____ trans., H. Rackham, London 1937.

| 참고 문헌 보충 |

텍스트

아리스토텔레스의 작품 대부분은 지금 옥스퍼드 고전 텍스트(Oxford Classical Texts) 시리즈에서 얻을 수 있다. 거의 모든 작품이 실린 로엡(Loeb) 편집에는 텍스트와 번역이 나란히 실려 있다.

번역, 주석이 달린 번역

The Complete Works of Aristotle in two volumes (Princeton 1984)는 반즈(J. Barnes)가 개정한 옥스퍼드 번역 전집이다.

A New Aristotle Reader (ed. J. L. Ackrill, Oxford and Princeton 1987)에는 선별된 작품들에 대한 최근의 번역이 (그리고 약간의 참고 문헌이) 실려 있다.

철학적인 주석이 달린 많은 새 번역들이, 특히 클래런던 아리스토텔레스 시리즈(Clarendon Aristotle series, Oxford)와 해킷 출판사(Indianapolis)에서 출간되고 있다.

다른 작품들

저술에 대한 소개가 실린 유용한 참고 문헌은 *Articles on Aristotle* (J. Barnes / M. Schofield / R. Sorabji, eds. London): 1. *Science* (1975); 2. *Ethics and Politics* (1977); 3. *Metaphysics* (1979); 4. *Psychology and Aesthetics* (1979)에서 찾아볼 수 있다.

(영어로 된) 최근의 저술에 관한 좋은 지식은 다음과 같은 논문집에서 얻을 수 있다(이것들 대부분에는 참고 문헌이 포함되어 있다).

Berti, E. (ed.): *Aristotle on Science: the Posterior Analytics*, Padova 1981.

Judson, L. (ed.): *Aristotle's Physics: a Collection of Essays*, Oxford 1991.

Gotthelf, A. (ed.): *Aristotle on Nature and Living Things: philosophical and historical studies*, Pittsburgh and Bristol 1985.

Gotthelf, A. / Lennox, J. G. (eds.): *Philosophical Issues in Aristotle's Biology*, Cambridge 1987.

Devereux, D. / Pellegrin, P. (eds).: *Biologie, Logique et Metaphysique chez Aristote*, Paris 1990.

Nussbaum, M. C. / Rorty, A. O. (eds.): *Essays on Aristotle's De Anima*, Oxford 1992.

Scaltsas, T. / Charles, D. / Gill, M. L. (eds.): *Unity, Identity and Explanation in Aristotle's Metaphysics*, Oxford 1994.

Rorty, A. O. (ed.): *Essays on Aristotle's Ethics,* Berkeley 1980.

Keyt, D. / Miller Jr., F. D. (eds.): *A Companion to Aristotle's Politics*, Oxford 1991.

Furley, D. J. / Nehamas, A. (eds.): *Aristotle's Rhetoric: Philosophical Essays*, Princeton 1994.

Rorty, A. O. (ed.): *Essays on Aristotle's Poetics*, Princeton 1992.

| 아리스토텔레스의 후계자들과 주석가들 |

학교장들*	기원전(B.C.)	페리파토스학파의 다른 주역들
아리스토텔레스	약 334년-322년	
테오프라스토스	322년-288년	에우데모스, 아리스토크세노스, 디카이아르코스, 파니아스, 클레아르코스, 메논
스트라톤	288년-269년쯤	팔레론의 데메트리오스
뤼콘	약 269년-225년	히에로뉘모스
케오스의 아리스톤	225년-190년쯤	
크리톨라오스	약 190년-155년	포르미온, 소티온
디오도로스	140년쯤 활약	
에륌네오스	110년쯤 활약	
x		
y		
안드로니코스	40년쯤 활약	보에토스, 알렉산드리아의 아리스톤, 스타세아스, 크라티포스, 니콜라오스, 소시게네스, 크세나르코스

그리스 주석가들	기원후(A.D.)	
아스파시오스	110년쯤 활약	아드라스토스, 헤르미노스, 아카이코스, 아리스토클레스
알렉산드로스	205년쯤 활약	
포르퓌리오스	약 233년-303년	
덱시포스	350년쯤 활약	
테미스티오스	약 317년-388년	
쉬리아노스	430년쯤 활약	
암모니오스	485년쯤 활약	

필로포노스	약 490년-530년	보에티우스
심플리키오스	533년쯤 활약	
올림피오도로스	535년쯤 활약	
엘리아스	550년쯤 활약	
다비드	575년쯤 활약	
아스클레피오스	570년쯤 활약	
미카엘	1090년쯤 활약	
에우스트라티오스	약 1050년-1120년	
스테파노스	1150년쯤 활약	
소포니아스	1300년쯤 활약	

* 처음 여섯 명의 학교장에 대한 연도는 교장직무기간으로 추정되는 연도를 가리킨다. 에륌네오스와 안드로니코스 사이에 이름이 소실된 두 명의 교장(x, y)이 있었던 것으로 보인다.

494

| 찾아보기 |

* 'n'은 'note'(각주)의 약자로, 예를 들어 127n은 127쪽의 각주를 가리킨다.
  'f'는 'following'(뒤쪽)의 약자로, 37f는 37쪽과 그 뒤쪽인 38쪽을 가리킨다.

──────── 인명 ────────

——————— 저 술 ———————